文化史散论

冯尔康 著

南开大学历史学院◎编

天津出版传媒集团

天津人民出版社

图书在版编目(CIP)数据

文化史散论 / 冯尔康著；南开大学历史学院编. --
天津：天津人民出版社，2019.9
（冯尔康文集）
ISBN 978-7-201-15063-5

Ⅰ.①文… Ⅱ.①冯… ②南… Ⅲ.①文化史–中国
–文集 Ⅳ.①K203-53

中国版本图书馆 CIP 数据核字(2019)第 156736 号

文化史散论
WENHUASHI SANLUN

出　　版	天津人民出版社
出 版 人	刘　庆
地　　址	天津市和平区西康路 35 号康岳大厦
邮政编码	300051
邮购电话	(022)23332469
网　　址	http://www.tjrmcbs.com
电子信箱	reader@tjrmcbs.com

策划编辑	韩玉霞
责任编辑	韩玉霞
特约编辑	李佩俊
装帧设计	明轩文化·王烨

印　　刷	河北鹏润印刷有限公司
经　　销	新华书店
开　　本	710 毫米×1000 毫米　1/16
印　　张	23.75
插　　页	4
字　　数	400 千字
版次印次	2019 年 9 月第 1 版　2019 年 9 月第 1 次印刷
定　　价	220.00 元

前　言

　　"文化史"一度是学术界大热课题,究竟什么是文化史,我做微观史学研治,不会探究它的概念,更不能做系统研究,然有多篇文章涉及文化史,故命名"散论"。因为是散论,倒涉猎文化史论题的若干方面,请允许我次第道来。

　　皇帝崇拜文化心态方面,有两篇文章予以抨击。传统史书是帝王将相传记,历史演义亦复如此,当今充斥影视剧舞台的戏说历史剧中的皇帝,不论编导的主观意识怎样,客观上往往产生颂扬皇帝的效果。历史上农民就是皇权主义者,造反者造前朝皇帝的反,成功了,步前朝皇帝的后尘,成为新王朝的皇帝。我于1980年刊出《郑和下西洋的再认识——兼论"下西洋"同封建专制政治的关系》①,批评明成祖因夺位不正的不利处境而以外事转移内事视线的行为。此后连续著文,论说皇帝崇拜心态的形成及其恶劣影响、在这种心态支配下可悲的命运。我拳拳之心,是希望大众思想中不再有皇帝崇拜的因素。

　　传统文化的再认识。对传统文化的态度,在20世纪大部分时间里是彻底批判的,及至世纪晚期,有人提倡弘扬传统文化。我对传统文化中的伦理内容,也即人际关系的处理准则、做人的诚信要求等持肯定态度,认为是建设社会新伦理的文化资源。

　　生命观与宗教、卫生栏目的几篇文章,阐述了社会如何在医疗制度方面尊重生命和个人,非议医疗中以权与钱为准则的行为,对医疗单位漠视一般病人的生死表示异议,同时赞扬对社会医疗史的研究,对人体奥秘(如"特异功能")及相关观念("术数")的探讨持乐观其成的态度。

　　中华文化传播域外,是我多年关注的课题。明清时期朝鲜李朝国君及民

---

　　①《南开史学》1980年第2期。

间因感恩明朝援助抗倭,按照中华礼仪观念和制度举行崇祀仪式,纪念已故宗主国君主,反映中华文化东被朝鲜半岛。本卷有两篇对此作出评介。

满族文化的议题,主要是探讨民族文化如何正确对待外来文化,怎样理解本土化。

《红楼梦》研读。我写过两个关于《红楼梦》的小册子,不用说是关注对它的研读的。我从自身研读实践中深切理解"回归文本"阅读与研究的意义,脱离文本视之为政治历史小说、反满小说、传记小说,不无猜谜的味道;回归文本重在对它的人物形象艺术性的鉴赏。

文化史杂谈方面。涉及面较广,有古人文学艺术活动,还有饮食方面的,女性心理状态的,古代建筑的当代文化价值的,民间故事传播的,成语考索的,等等。谈不上有什么学术价值,唯解读《论语》《孟子》的饮食规范、沦落女子为何受褒扬、节烈女子的精神世界、南朝士族文化活动等几篇文章是下了一些功夫的,对于古代宫廷谏诤戏的"干预生活",抱着乐道、欣赏的态度。

(2019 年 2 月 19 日,2019 年 5 月 20 日定稿)

编者按

为避免文集各卷内容重复,敬请读者垂注:

一、作者为"冯尔康文集"10 卷本所作的自序《学无止境,是我治学的座右铭》,置于文集的《社会史理论与研究法》之卷首。

二、作者历年著作之总目《冯尔康著作目录》,以及《冯尔康文集总目录》,置于文集的《师友述怀·序跋札记》之卷末。

以上 3 篇内容,不再一一列入文集每卷之中。读者如有需要,可以参阅。不便之处,敬请谅解。

目　录

解题(常建华) / 1

皇帝崇拜文化心态

皇帝崇拜文化心态探究 / 1

乾隆间下层民众生活状况、心态与皇帝崇拜

　　——以《乾隆英使觐见记》《马戛尔尼使团使华观感》记叙为例 / 11

传统文化再认识

论历史上爱国思想的发展和实践 / 44

关于历史课的爱国主义教育

　　——以中学历史课本中"郑和下西洋"为例 / 50

略论当代中华文化建设与资源利用 / 55

古代做人伦理的现代价值

　　——《砥节砺行——寻找品格的磨刀石》序 / 63

从"杀熟"说到对传统文化的态度(二题) / 75

全球化时代中华传统文化的现代价值

　　——中华传统文化与世界多元文化的交融 / 80

对传统文化区分为糟粕与精华有益吗?

　　——中华传统文化的当代价值点滴谈 / 91

生命观与宗教、卫生

皇家的生育及生育观念散论 / 97

古人端午节的生活

　　——卫生预防知识的体现 / 135

生命尊严与医疗观念四题 / 139

走进科学研究中最落后的人体科学

　　——姚周辉著《神秘的幻术》序 / 144

将明清民众术数活动放在社会文化史中研究的专著

　　——宫宝利著《术数活动与明清社会》序 / 150

一位韩国青年学人对蒙藏学的钻研

　　——金成修著《明清之际藏传佛教在蒙古地区的传播》序 / 156

中华文化在朝鲜半岛

朝鲜大报坛述论

　　——中朝关系和中国文化传播的一个侧面研究 / 161

韩国朝宗岩大统庙述略 / 181

满族文化

由清代满族文化特性想到民族文化与外来文化关系 / 186

17 世纪满族人的命名 / 189

古人文学艺术活动

南朝士大夫与歌舞 / 195

南朝王谢家族的文艺生活 / 199

古代宫廷谏诤戏 / 204

"李天下"唐庄宗 / 210

明代宫廷戏剧和太监讽谏戏 / 214

《红楼梦》研读

清世宗的《悦心集》与曹雪芹的《好了歌》

　　——思想观念似同而实异趣 / 217

思考与抨击传统伦理虚伪性的曹雪芹 / 228

从《红楼梦》说到上层社会生活 / 239

与《红楼梦》爱好者漫谈阅读方法 / 246

文化史杂谈

从《论语》《孟子》饮食规范说到中华饮食文化 / 249

古代著名沦落女子为何受到褒扬 / 259

清代节烈女子的精神世界 / 267

避暑山庄的当代文化价值 / 278

"天道酬勤"成语的检索 / 280

峨眉行四题
——文化兼容中警惕芜杂 / 285

大众的史学读物及相应的文笔 / 294

清代帝王敬天的政治思想浅谈 / 296

失败的外交事例
——写在马戛尔尼使华 200 周年之际 / 302

利顺德饭店的历史启示 / 305

历史之谜

漫话历史疑案 / 310

北宋词人李清照有否再婚 / 318

李师师与宋徽宗的故事之真伪与结局如何 / 322

十二道金牌召岳飞之疑 / 326

黄天荡之战的真伪 / 330

韦贤妃何以能南返 / 334

文天祥被俘后是否提出过要当道士 / 337

文天祥之妻有否自杀殉夫 / 341

贾似道为什么叫"蟋蟀宰相" / 344

八股文始于何时 / 348

张太后的家政与明英宗的不知生母 / 352

边氏抚育独生子的方法 / 353

解　题

常建华

本卷收录有关文化史的文章 50 篇,虽名为"散论",然而分为九个栏目类,散而不乱。我们就以此分类介绍。

一、皇帝崇拜文化心态

"心态"一词在社会史、文化史研究中占据重要地位,以至有"心态史学"的说法。冯先生曾在收入文集的《社会史研究的探索精神与开放的研究领域》一文中,引用英国著名史学家霍布斯鲍姆有关心态史学的论述,如霍氏在《从社会史到社会的历史》一文中所说社会史当中富有趣味的研究工作之一的"'心态'或集体意识之历史及人类学意义底下的'文化'历史","学者对'心态'之历史所产生的兴趣都代表了一个更直接的处理社会史之方法论问题的方法。"①可见在霍氏看来,"心态"属于集体无意识的文化行为,不仅是社会史研究的对象,而且具有方法论的意义。冯先生在文中也概括"心态史学:对人们的社会活动进行心理分析,它分析的不是个人,而是科学地从个人伸展到群体,所以它研究的是群体的意识,是民众的意识。这种意识还不能为思想史明确地总结,它还是一些概念模糊的思维活动,是隐藏的潜意识,但它与人们的行为有更直接的关系,利用它研究社会历史是非常有意义的"。此外,收入文集的《简述文化史与社会史研究的结合》一文,也介绍了心态史学研究的内涵。

在有着二千年皇帝制度的中国传统社会,无疑皇帝崇拜的文化心态是根

---

① 格劳巴德等编:《当代史学研究》,李丰斌译,台湾志文出版社版,第 41、48 页。

深蒂固的。冯先生认为皇帝崇拜文化心态不适应现代社会,对这种心态予以批判,并研究其历史上的成因与表现。《皇帝崇拜文化心态探究》一文,论述了现代人的皇帝崇拜文化、历史上的皇帝崇拜现象、皇帝崇拜与等级观念并行而益彰显、皇帝崇拜与天命观、关于清除皇帝崇拜文化心态等五个方面的问题。《乾隆间下层民众生活状况、心态与皇帝崇拜——以〈乾隆英使觐见记〉〈马戛尔尼使团使华观感〉记叙为例》利用《乾隆英使觐见记》《马戛尔尼使团使华观感》的记叙,指出皇帝的权威从民众的皇帝崇拜深层次地揭示出来,民众见到天子御容既被感动又受威慑而下意识地行起跪拜大礼。中国下层民众具有尽心尽力的劳作态度,他们因信仰神灵和命运,安贫守分,是吃苦耐劳、可悯可叹的守法良民。建立在勤劳朴实民众基础上的清朝政权巩固,清朝皇帝享有隆重尊君礼仪,为其服务的官僚体制就像一架机器,听其指令有序高效地运转,高度集权的皇权达到无以复加的程度。

二、传统文化再认识

传统文化的再认识。作为传统文化的爱国主义如何看待?《论历史上爱国思想的发展和实践》一文分析独到,冯先生归纳道:"历史上爱国思想,大体上可以分为四个方面的内容,一是尽忠于一个王朝的社稷观,即为其兴盛、延续、保存而奋斗;二是在一些王朝的皇室内部斗争中,部分朝臣反对篡位者,坚持正统观;三是保卫汉民族及其政权,具有汉民族气节观;四是第三种观念向多民族方向的发展,成为中华民族气节观。"他更深刻指出:"正是由于历史上爱国思想与实践,常常不能和谐统一,造成无数爱国者的悲剧。"冯先生总结说:"爱国思想,在古代其核心是维护社稷,安定天下。"他还清醒地指出:"对爱国思想也要作全面分析,因有时代的局限性,其中不乏消极成分,今天看来不足称道。"敏锐地观察到:"古人讲爱国,往往把个人利益与国家利益分割开来,似乎两者是绝对矛盾的,爱国忠臣就须为帝王、朝廷去死,不要性命和家庭,更不要说个人的幸福生活。'文死谏,武死战'成了最高的爱国忠君准则,似乎不如此就不是爱国忠臣。"冯先生发掘出唐代魏徵的良臣观,高屋建瓴地提出:"在国家面前,爱国者不宜于强调个人利益,但是作为国家的代表——朝廷(政府)却要爱惜爱国人民的热忱和力量,予以保护,让它充分发挥出来,以利国家的发展。"

冯先生以中学历史课本中"郑和下西洋"为例,在《关于历史课的爱国主义教育——以中学历史课本中"郑和下西洋"为例》一文中,讨论了如何进行中外历史比较、忌讳现代化的比附、理解历史与爱历史爱国家等问题,强调在中外历史比较中,尊重祖国,同时也要尊重他人之国,庶几或可避免偏颇之弊;不能过分强调"和平"以及"共享"原则,违背历史真相;讲爱国,得分清国家、政府、人民三者之间的关系。

　　利用传统文化是为了当代的文化建设,《略论当代中华文化建设与资源利用》就此讨论。冯先生指出 20 世纪是人类社会制度实验及文化批判的时代,认为应有尊重传统文化的态度,辩证地、历史地分析传统文化中的有益与无益因素,努力挖掘其积极成分。指出传统文化在今天的价值,反映在传统伦理中的仁爱精神、传统文化中的中庸理念、重视后代品德和文化教育的观念、发挥历史学和历史文献学的优长这四个方面。并从清理 20 世纪学术文化史、民间文化资源、本土化前提下的借鉴西方文化资源三方面,建议善于利用建设当代中华文化的资源。

　　《从"杀熟"说到对传统文化的态度(二题)》继续讨论传统文化还有没有什么资源可供后人利用,冯先生就 1935 年中国本位文化、全盘西化、西化各种观念的讨论分析,认为"这些对中国传统文化中优良内涵的认识为当时的讨论丰富了内容,从后人来看,这种争论本身也是一种学术遗产,为今日建设新文化的有益资源,有益于识别、吸收传统文化中的优良因素"。并就学术争论与中庸理念发表见解:中国本位文化传统则更需要重新认识,以什么样的中国文化贡献于人类社会?

　　作于 2003 年初的《对传统文化区分为糟粕与精华有益吗?——中华传统文化的当代价值点滴谈》文稿,是针对海外中文报纸有关中华传统文化的信息,思索中华传统文化的当代意义而发。这涉及如何看待文化传统,先生提出:"不必将传统文化区划为糟粕与精华,免得那样板着面孔,苛刻于古人,不如从今人出发,把它分作有益与无益两类,接受其有益因素,扬弃其无益成分。有益、无益是对后人而言,随着不同时代人们的要求而定,没有永恒的标准,不会出多大的毛病。"冯先生提倡发扬亲情、泛亲情精神,刻苦耐劳、勤俭持家的精神。

　　《古代做人伦理的现代价值》是冯先生《砥节砺行》一书的自序,也在探讨当代文化建设问题。文中指出古人做人的行事与道德标准体现在立志与理想、道德良知、勤奋刻苦、闻过知耻、折节改行、廉洁奉公等方面,传统伦理道德有着可以继承的因素,肯定"抽象继承法"的方法论价值,强调现代化与传统的互补,主张传统文化中某些成分应时变成为现代文化组成部分,倡导做有社会公德的人和合格公民。冯先生给出的现代人,"是有公德,真正懂得自有、平等、博爱、民主、人权的道理,善于理性思维,坚持真理,懂得并维护自身公民的权利,努力承担应尽义务,是讲公德的合格人"。

《全球化时代中华传统文化的现代价值——中华传统文化与世界多元文化的交融》文稿作于 2017 年,冯先生在 1935 年中西文化问题讨论基础上继续思考,"从七个方面说明中华传统文化具有可传承的现代因素,即传统伦理中仁爱精神是正确处理人际关系、国际关系的准则,人与自然关系的天人合一世界观有益于正确处理人与自然的关系——天人和谐关系,传统文化中的中庸理念是处理不同社会集团和国际关系的伦理原则,极端重视文化教育以提高人的素质有益于社会发展,中国菜好吃——中华饮食将日益吸引各色人等,自我反省的高标准做人道德的追求,重新认识家庭家族文化有其正面价值。全方面地涉及到个人做人准则——如何自处和处理好人际关系,以高标准要求做道德高尚的人;让中华文化与世界多元文化交融,秉持互鉴态度,吸收其他文化之长,希望中华文化能对他人有所裨益;社会应成为公平、公正的和谐社会;国际关系处理中,秉持共赢原则,维护正义,和平发展,争取实现人类大同社会"。热切希望华人认识与实践中华传统文化中那些有现代价值的因素,加强自身伦理建设,提升社会道德水准,从而贡献人类社会。

三、生命观与宗教、卫生

《皇家的生育及生育观念散论》一文,是提交 2001 年 5 月 20—22 日南开大学中国社会史研究中心举办的"历史上的中国人口行为国际学术讨论会"的论文。冯先生认为,皇家的生育关乎到婚姻、家庭、人口、朝政以及人类自身再生产的意识,讨论的问题有:一后群妃制度的实质是为延续子嗣,育嗣观念下的选择"宜子"皇后,祈冀生子的诸种信念与表达方式,保胎分娩的措施与礼仪、皇子的养护,多子女观、多子女与多夭折。冯先生总结皇家生育及生育观的特点:强烈的生育男儿观念及由此而来的生育功能为家庭的第一功能,生育信仰贯穿于帝后夫妻生活的方方面面,多子女与多夭亡,皇家生育状况与朝政清浊有着某种一致性。

医疗卫生方面有 2 篇文章。《古人端午节的生活——卫生预防知识的体现》写作较早,是普及文化知识的文章,呼吁人们重视传统节日。文中指出了古人以五月为恶月,人们怕有触犯,禁忌就多,端午节的生活,就因恶月而产生它的一些内容和形式。2012 年 7 月 24—27 日,南开大学中国社会史研究中心举办了"日常生活史视野下中国的生命与健康国际学术研讨会",开幕式邀请冯先生演讲,《生命尊严与医疗观念四题》是冯先生的演讲稿,冯先生提出四个问题:生命尊严的内涵在历史上的变化发展与丰富;无条件的治病救人应是医疗机构的基本准则,以体现尊重生命尊严;当今社会和医疗机构需要杜绝金钱至上的过度身体检查和过度治疗;活得尊严与辞世尊严——安乐死是人类社会发展的必然选择。

涉及宗教、民间信仰的 3 篇书序,饶有趣味。《走进科学研究中最落后的人体科学》是姚周辉著《神秘的幻术》的序,肯定姚先生的探索富有学术价值:论证与肯定降神附体活动有为人治病等功效,不纯是骗术;认为施行催眠术,在诱发人体特异功能,造成术师和被试验者的超常表现,产生治病等效果,这就是所谓"降神附体"及其作用;对降神附体活动与认识中的神学、迷信观念作用的探究。冯先生也提出疑问和姚先生讨论:降神术是一源的,还是多源的?如何在降神附体的一种活动中区分出科学与迷信两种性质?对巫师、催眠术、"附体者"等降神附体活动的主要参与人的寿命似宜作专题研究,坚持多学科的综合研究方向和方法。

冯先生为宫宝利著《术数活动与明清社会》所作序名为《将明清民众术数活动放在社会文化史中研究的专著》,书序对于作者的研究予以多方面的肯定:探讨术数各种形式的渊源、发展趋势和明清时期的状况,指明术士群体,说明术数适应科举士人需求的特点,论说术数的科学性与虚妄性,概述术数的社会需求与功能,术数史研究的学术与现实意义。称赞该书"揭示明清时期人们的术数观念和活动状况,是社会文化史领域一部有创建的学术专著"。同时提出自己的三点见解:古代术数俗信风源在上,等级之分的荒谬,所谓"信则灵、诚则灵"。

《一位韩国青年学人对蒙藏学的钻研》是为金成修著《明清之际藏传佛教在蒙古地区的传播》所作序言,肯定作者新的学术发现:蒙古人产生恢复蒙古政治的理念,并有所实践;藏传佛教在蒙古传播的本质是政治改革工具,不只是文化现象，而是16、17世纪蒙古政治改革的主要工具；蒙古引进藏传佛教，不是为与蒙古固有的萨满教的结合，而是恢复成吉思汗、忽必烈时代的大蒙古国秩序，确保该政权的正统性，利用了佛教，使得16世纪藏传佛教成为蒙古政治改革论的主要内容，融入成吉思汗在内的佛教世界成为蒙古政权的新模式；"印藏蒙同源论"，实系蒙古中心论，是为恢复蒙古政治制造舆论，而不表明蒙古佛教对西藏佛教的依赖性；无所谓红教、黄教之争，自始就是黄教的传播，批评格鲁派史学观对叙述蒙古历史的影响，指出喀尔喀哲布尊丹巴呼图克图的前身是格鲁派哲蚌寺的创始者嘉央曲杰，哲布尊丹巴与格鲁派领袖达赖喇嘛之间的矛盾来自喀尔喀中心论与格鲁派教权主义的冲突。强调作者新见解的提出，建立在占有多种文字的大量的史料基础上，利用汉文、蒙文、藏文以及英文、日文、满文的原始资料和研究成果，资料充实，论证有力。

四、中华文化在朝鲜半岛

冯先生以朝鲜王朝的两座庙宇为例探讨了中国文化的传播。《朝鲜大报坛述论——中朝关系和中国文化传播的一个侧面研究》发表于台北的《韩国学报》。18、19世纪，朝鲜国王在宫中秘密设立大报坛，祭祀明朝皇帝，并当作国家大事来进行。冯先生利用朝鲜《李朝实录》有关记载，详细考察了大报坛的建置，大报坛规制与中华礼仪文化，祠祀反映的尊明反清思想，李朝的尊明反清政策，朝鲜接受儒家思想及其作用。指出："朝鲜大报坛的建立及其规章制度，无不以中国祭礼为模式，并从中国礼仪思想中寻找根据，坛庙形制、神位、乐舞、祭品、牲牛、斋戒、祭祀级别，在中国祭礼中有详细的定则，为朝鲜君臣的学习提供了可能。"认为："朝鲜所吸收的中国文明，在观念形态上主要是儒家大一统思想，即君主集权意识，所谓尊王攘夷，其核心内容就是尊君，仪礼的繁文缛节，皆是为崇奉君主而设。"强调："儒家讲仁义，讲人伦，抽象地评论它，那是反映了人类的美好愿望和道德准则。18、19世纪的朝鲜君臣，在处理鲜、明与鲜、清关系上去实践了，儒学起了它的作用。"

《韩国朝宗岩大统庙述略》就朝鲜王朝民间在朝宗岩建成大统庙纪念明太祖、怀念明朝进行论述，指出维护朝宗岩的社会力量有两种人，一种是朝鲜人中的崇明反清派，另一种是在朝鲜的明人后裔。认为大统庙祭典活动所反映的是纪念明帝的思想，李朝君臣具有中国儒家春秋大义和仁义观念，明遗民后裔的尊君尊祖和卫道思想。

五、满族文化

中华文化是多民族文化,各民族之间互相交流、互相影响,清代的满族文化表现尤为突出。冯先生的两篇文章讨论满族文化问题,《由清代满族文化特性想到民族文化与外来文化关系》是篇短文,文中提出清代满族文化的特点是:发展时期的开放吸收性,统一中国初期的文化扩张性,统一后保持民族文化努力之坚韧性。认为在处理民族文化与其他文化、外来文化的关系上,应注意留心于文化的主体性、宽容性和调整性诸方面。

《17世纪满族人的命名》一文,列出17世纪满人为子孙所起名字的多种含义:动物、属相、矿物、山河、用物、数目、排行、体型、身体部位、优良品格、吉祥字样等,认为17世纪满人命名中借用动物、矿物、属相、山河等的名称,反映出那时满人对大自然的认识及与自然物的关系。17世纪末期以后,满族人命名日益重视吉祥幸福、品格修养和字义文雅方面,而反映自然崇拜观念的名字逐渐减少。满人从汉人的命名观念里,学习到赋予名字以深刻的社会含义,改变了旧日的简单命名状况。

六、古人文学艺术活动

这部分有5篇短文,可以分为两组内容。一组论述南朝士大夫的文学艺术,有2篇文章。《南朝士大夫与歌舞》重点考察了齐太祖萧道成设宴华林园,令与宴文武大臣"各效伎艺"之事。指出这个晚宴有弹奏、歌唱、朗诵、跳舞,还有武术,丰富多彩。表演者是文武大臣,出身世族者较多,文化素养较高。褚彦回、王僧虔、柳世隆的弹唱艺术说明世族读书人普遍有这种修养,原因是南朝世族成员多有文艺才能。文学与艺术紧密相联,当时骈体文、辞赋流行,这类文体便于谱曲歌唱,文人容易兼有文学与艺术两种才能。

《南朝王谢家族的文艺生活》指出,琅玡临沂王氏与陈国阳夏谢氏是与南朝相始终的历史上有名的世族。王、谢家族人才多,有政治家、军事家、文学家、书法家、思想家、艺术家,而即使政治军事家,也是学者型的。这两个家族的文化素质高,表现在文学文艺如书画等方面,歌唱、弹奏、跳舞也是王、谢族人的艺能和喜好。王、谢家族文艺修养的形成,有其社会和自身的原因:王、谢二族重视文化教育;社会上层和王、谢二族均重视文学艺术;文学艺术是维护世族的必要条件。

另一组论述戏剧与宫廷生活、宫廷政治的关系,有 3 篇文章。《古代宫廷谏诤戏》发幽阐微,介绍地位卑微的宫廷演员以演出的形式,通过其故事情节和艺术形象,给君主以富有政治内容的暗示,希望被君主领会和接受。如楚庄王心爱的马死了,命群臣给马治丧,要以礼盛葬,乐人优孟以表演讽谏,劝其正常葬马而应重视百姓。楚庄王做寿摆酒宴,优孟以孙叔敖的扮相给楚庄王拜寿,告诉楚庄王如何善待臣下。再如优旃是秦朝的宫廷演员,身材短小而善于表演滑稽戏。他的讽谏与优孟有共同点,就是通过表演正话反说,顺着帝王的思想把话说到极点,然后急转直下,点出原先设想的危害,令人猛省。还有宋代,宫廷艺人可以把时事编为戏剧,演给皇帝后妃观赏。先生认为,指斥时弊的讽谏戏是我国戏剧史上的一个传统,千百年相沿不衰。而且,也总有帝王具有纳谏的雅量。

《"李天下"唐庄宗》探讨了后唐庄宗李存勖的兴亡与优伶的关系。唐庄宗喜好看戏,自身也乐于扮演,并以皇后的家事为题材演出,唐庄宗本身取了艺名"李天下"。唐庄宗与伶人的关系更表现在任用他们做官,侦刺官员和民情。优伶败坏政事,以至招来了杀身之祸,宠信优伶对于唐庄宗是一大败政。

《明代宫廷戏剧和太监讽谏戏》指出,阿丑的几出小戏,生动地揭露了成化年间的寺宦擅权、朝政腐败,表现出他要求皇帝整顿吏治的愿望。微贱的阿丑关心朝政和民间疾苦,敢于利用自己演员的角色谏讽皇帝,明宪宗通过看阿丑的戏,了解了有些事情的真相,加以处理。先生强调,阿丑和他同行的时事讽谏戏表明,"干预生活",确实是我国古代戏剧的一个优良传统。

上述 5 篇短文基于读史札记,写作不仅采取归纳与综合,而且注意联系现实谈感悟,颇具现代感,文法洒脱,很有可读性。

七、《红楼梦》研读

冯先生多年研读《红楼梦》,又研究雍正及清史,对于二者的理解有着互动式的双向启发,其研究成果则别出心裁。早在 20 世纪 80 年代初,他就发表《清世宗的〈悦心集〉与曹雪芹的"好了歌"——思想观念似同而实异趣》一文,先生把《悦心集》与"好了歌"联系起来考察,以评价雍正帝的思想和政治。先生阅读《悦心集》一些诗文,觉得与《红楼梦》中的"好了歌"和"注"非常相似!都属于看破人生的文字,冯先生认为二者思想内容有相同之处。《悦心集》所收的文章主张"戒贪去妄",即戒贪子色财禄,主张人生知足,宣扬人生如梦,一切皆空。反映的观念属于两种思想体系:因知命而淡泊的儒家诚静观念,色空出世的佛家信念。"'好了歌'把人们所热衷的荣华富贵都看透了,把人生也看透了。他劝人抛弃尘缘,出世做神仙,是宣传佛教的色空观念。"二者都讲荣华富贵是过眼烟云,不值得追求,倡导捐弃七情六欲的出世。然而,"编著者的心情、目的并不相同:一个用以进行政治斗争和维护君主政权,一个是在作新的人生的探讨,而无结果时,表现出矛盾的心理;一个是儒佛合流的说教,一个是无可奈何的哀音"。最后作者就比较研究法谈了看法:有联系的两种或多种事物才能比较,而共同点只能从诸事物的实际中寻觅出来;正确运用历史比较法,可以对历史作出比较公正的评价。经过比较,《红楼梦》"好了歌"和"注"的佛家思想明显地暴露出来,易于被人们认识。

《思考与抨击传统伦理虚伪性的曹雪芹》原是为白寿彝总主编《中国通史》第十卷而作,收入本书作了修订。考虑到通史的要求,写法比较具有综合性与准确性,即便如此,该文也显示出冯先生与众不同的一些看法。该文概述了曹雪芹的生平和家世、《红楼梦》的创作和高鹗的续修,探讨了曹雪芹在《红楼梦》中展示的思想意识,冯先生认为《红楼梦》的故事与作者的家世有一些吻合,说明曹雪芹要暴露雍正朝的抄家风,曹雪芹认为家庭遭殃是失去靠山,是雍正帝代替康熙帝的缘故。《红楼梦》在广阔的领域内反映了抨击君主专制的意识,即揭露君权的残暴,暴露君主专制政体下官僚政治的黑暗,披露传统伦理道德的腐朽、虚伪,抨击君主专制制度制造的婚姻悲剧,揭露君主专制教育制度的腐败,痛恨假道学的理学,揭露君主社会等级制度的不合理,提供社会生活内容的方方面面,涉及农民与政府的不协调关系。冯先生认为曹雪芹用超越前人的思想进行创作,表现在同情女子,批判男子压迫女子的思想意识;主张建立在具有新思想成分基础上的爱情观点;对奴仆的某种同情。同时也指出:曹雪芹在书中表现了对社会现实的不满,对一些新因素的憧憬,但对君主专制制度并不是决裂的态度;《红楼梦》中还有着历史循环论、宿命论、色空观念等唯心主义观念。

还有二篇演讲稿。《与〈红楼梦〉爱好者漫谈阅读方法》作于 2007 年 10 月

23 日,是为南开大学历史学院的同学演讲的提纲式稿件,反映出冯先生的一些主张:最根本的是读文本,作艺术之欣赏;边阅读边思考边欣赏前贤经典解读之作;从"红学"研究史吸取经验,避免走弯路。《从〈红楼梦〉说到上层社会生活》作于 2010 年 4 月 19 日,是为南开学校《红楼梦》爱好同学的演讲稿,主要谈了三个问题:读名著,终身受用;《红楼梦》创作时代的上层社会生活;上层社会生活的等级性与宗法性。

八、文化史杂谈

《孟子》云"食色性也",可见食乃人之本性,文化所寄也。《从〈论语〉〈孟子〉饮食规范说到中华饮食文化》一文,利用儒家经典《论语》《孟子》涉及的饮食生活和观念,考察先秦时期中华饮食文化的特色,不能不说这是一个有效的研究方法。冯先生认为古人饮食讲求"食不厌精,脍不厌细",注重饮食卫生;古人食品虽多,但食物不充足,行旅要自带粮食,"通行饮食"治罪;家庭饮食遵循孝道原则,先敬老人;社会上饮食活动尊卑有序,敬重长者,克己待人,体现等级制度和宗法精神;政府重农耕和不违农时,以保障民食的生产;中华饮食文化特点在于精妙的烹饪技术与美食的讲求,注重饮食礼仪,饮食是社交的重要内容。冯先生还做了有趣的比较,中国以饮食文化著称,而"性文化"是西方文化的一个重要特征。

女性文化也受到冯先生关注。《古代著名沦落女子为何受到褒扬》由历史上名妓的文采、风情谈起,深入探索她们在传统男性为主体的社会受到赞扬的原因:适应上层男性社会生活需要,被捧成名角;超俗的真情相恋,受到一点同情、理解或尊重;爱才与重才轻德;抒发政治情怀,鞭挞无耻男性。《清代节烈女子的精神世界》指出,清代社会也能见到殉情而死的现象,许多寡妇选择了留下来养老抚孤的生活之路。支配女子节烈行为的主导思想是从一而终的名节观,一些寡妇、贞女将她们的不幸遭遇视为命中注定,守清的贞女是清代社会新现象。节烈女子的思想和行动,在清代受到主流社会的大肆褒扬,也有人认为鰲妇的殉死不值得,是愚蠢行为。冯先生还强调,宜深入探讨节烈女子的行为、意念与家庭、社会的关系问题。

《避暑山庄的当代文化价值》是一篇论文提纲,收入《清代研究与避暑山庄》一书,冯先生指出清代避暑山庄文化问题包括:近似两京制的制度文化,理政、休闲互动关系的理政观,融汇南、北方文化与各民族文化形成的园林建筑文化,多元文化理念的展示。认为从政治文化来看,避暑山庄文化遗产可以成为当代思想文化建设的宝贵资源:气度恢宏地承认和吸收一切有益的文化资源,放眼世界与民族主义,从政的灵活性。

《"天道酬勤"成语的检索》一文,反映了冯先生锲而不舍的治学精神,他以顾炎武做学问以不知为耻的态度,找寻"天道酬勤"一语的出处,读者可以从冯先生寻找的过程,领略"天道"的酬勤——不断接近语源。

《峨眉行四题——文化兼容中警惕芜杂》探讨游览佛教圣地峨眉山听到的三个历史故事:明太祖朱元璋避难到峨眉,明神宗万历帝为母后做寿在峨眉建造佛寺,清圣祖康熙帝为寻找父皇私访峨眉。经冯先生分析,朱元璋没有到过峨眉山,他的故事不知从何说起;万年寺无砖殿系万历皇帝母子所建,故事当属实情;康熙帝给伏虎寺赐字确有其事,而来此私访顺治帝,则属无根之谈。三个与寺庙有关的皇帝故事,半真半假。冯先生认为故事反映了民众隐藏的皇帝崇拜文化心态。

关于中外文化的交流问题,《失败的外交事例——写在马戛尔尼使华200周年之际》一文作于1993年8月12日,冯先生的思考是:"任何外国优秀文化传到中国,都有个中国化的问题,但其前提却是要对它有正确认识,而要做到这一点,则需要懂得西方文化和能运用西方思维方式。反之,西方人认识东方也一样,也要能具有东方文化知识和东方人的思维意识。"

此外,《大众的史学读物及相应的文笔》针对商务印书馆国际有限公司印行的《中国古代生活丛书》,提出普及性历史读物的表现手法有如下特点:用生动的事实反映历史,采用平铺直叙的写法,深入浅出,图文并茂。

九、历史之谜

冯先生1995年8月22日所作《漫话历史疑案》说到,出席1992年台湾《历史月刊》举办"清宫疑案大家谈"座谈会,促使他思考历史疑案何以成为疑案,以及如何破解。先生提出疑案的产生可以分为11种类型:历史真相不明,文献记载存疑,史书记载不清晰,文献歧义,记载错误,文献记载无异词而事情不易被人理解,起初文献无疑异而后人翻案,事情蹊跷令人不解,化名或笔名后人无法确知其人,传说或附会形成疑团,准神话衍化。解谜则有三种方法:其一,警惕主观性,摒弃政治、伦理观念的干扰;其二,丰富知识,完善知识结构,扩大视野,对历史疑案作多学科知识的理解,或许有助于疑团的清理;其三,准情度理分析历史疑案。这样的论述,实不多见,可知先生对于历史疑案问题的深入思考。

事实上,冯先生对于历史疑案的上述分类与解决的系统新看法,除了他深厚的治史功力使然,也基于1986年至1987年写的十多篇探讨历史之谜的普及性短文。

这些短文有多篇是关于宋代的。《北宋词人李清照有否再婚》一文就李清照同时代人说她年近半百第二次出嫁,明清时期却有很多学者极力给她辩护,指责再婚说是对她的侮辱,不可信。是宋人的记载可靠,还是明清学人的辩驳有理?冯先生综合分析后,认为事实是李清照再婚过。《李师师与宋徽宗的故事之真伪与结局如何》一文认为宋徽宗出入平康李师师家确有其事,并有周邦彦等人的词曲为他们的往来推波助澜。至于封明妃造地道之类的具体情节,疑是小说家敷衍出来的,因为宫中爵位要经过政府正式册封,这就不可能出现封明妃的事。李师师的下落,我们只能老实地说不知道。《十二道金牌召岳飞之疑》一文指出,岳飞在绍兴七年(1140)北伐中原之始节节胜利中,却于七月下旬从郾城班师。对于此事,说班师与金牌传诏无关不合事实,只看到金牌传诏而忽视前线已出现不利于岳家军的形势,也不能明了班师的究竟。金牌传诏是情理中的事,也是事实,是造成岳飞班师的重要原因,这是无可怀疑的。

《黄天荡之战的真伪》强调,1130年发生的宋金黄天荡之战,双方的统帅分别是韩世忠、完颜宗弼(兀术),四十天里宋军在镇江附近的黄天荡与金军相持,成功地扼制金军渡江二十八天,迫使其改变在镇江渡江的计划,到建康才渡过长江。宋人因在黄天荡成功地扼制了金军渡江,故乐于以黄天荡表示宋金的这次战斗,而金军虽受一些挫折,但总是完成了战略退却的目标,是最终的胜利者。《韦贤妃何以能南返》一文认为,靖康二年(1127)春天,金朝把宋朝皇帝、后妃等三千余人俘虏北去,宋高宗生母韦贤妃也是这批人中的一员,韦贤妃于绍兴十二年(1142)离开金朝,到了南宋都城临安。韦贤妃得以南返,是宋高宗实行对金朝的屈辱求和政策,以要回生母作为投降的借口和遮羞布,以实行孝道为由钳制朝中抵抗派,达到求和的目的。至于金朝同意放出具有人质性质的韦贤妃,则是为了实现和议,巩固对宋战争的胜利,也是给宋高宗投降受辱有个台阶可下。

《文天祥被俘后是否提出过要当道士》一文指出,《宋史》说文天祥想当道士是不合事实的。不过事出有因,一方面是文天祥同道家有纠葛,另一方面则是宋朝降官有此主张。《文天祥之妻有否自杀殉夫》认为,有关文天祥夫妇的记载中,人们出于对文天祥的崇敬,常常按照自己的信念来加以记录,往往赋予感情色彩。一些古人认为欧阳夫人殉夫自尽才配得上她的丈夫,所以流传了种种殉夫的说法,文家本身不以殉夫说为荣而承认此事。《贾似道为什么叫"蟋蟀宰相"》指出,斗蟋蟀主要是贾似道晚年的事,占他的精力不能说是非常多的,管他叫蟋蟀宰相,这是总观他的为人与政治而言的,他败坏朝政,使南宋国是日非,国力日弱,而包括斗蟋蟀在内的极度声色犬马之乐,也是他政治败坏的表现。宋朝与唐五代相比,处于社会重建与转型的历史时期,宋朝又面临外部其他民族政权强大的军事压力,两宋的历史多少带给人扑朔迷离之感,冯先生的上述文章辩难决疑,知人论世,给人种种启迪。

《八股文始于何时》指出,对于八股文起始于何时,学者们说法不一。《明史》说定制于明初,是明太祖和诚意伯刘基商议的办法。顾炎武《日知录》认为始于明宪宗成化(1465—1487)年间。商衍鎏《清代科举考试述录》论证较详细,说它"定于明初,完备于成化,泛滥于有清。"冯先生也认为明初已经确定了八股文制度。《张太后的家政与明英宗的不知生母》指出,明英宗临终之际,皇后钱氏告诉他:你一向尊为母后的宣宗孙皇后并不是亲生母亲,生母只是一个宫女,早死了。英宗贵为天子,不知生母,反映的是明代宫中管理的混乱。清代的史官称赞明朝的家法超过汉唐,就在这样的皇家,竟然发生了害死皇帝生母、且使皇帝终生不知其母的悲剧。这两篇短文涉及科举制度、后宫制度,对于认识明朝是有帮助的。

民众对于历史之谜有着浓厚兴趣,冯先生的上述论文对于将学术研究成果转化为大众知识是一种有益的工作。文中对于重点文献史料的解读、多元史料的综合分析,对学历史的专业人士来说也不无参考价值,真可谓是雅俗共赏。

皇帝崇拜文化心态探究

历史上形成的皇帝崇拜文化,表现为皇帝自我宣扬,臣下对皇帝讴歌颂德,百姓接受并笃信好皇帝,奸臣成为皇帝罪恶的挡箭牌,造反者对皇帝往往多所原谅;形成并延续皇帝崇拜文化的政治伦理是天命论,以及血统论和等级观念;二三千年的皇帝崇拜文化,成为积习,不会随着专制主义帝制的废除而在人们的文化心态上消失殆尽。

文章开篇写出上面一段话,意在先交代本文主旨。请有兴趣的读者接着往下看。

杭州岳庙前雕塑造像,秦桧、王氏夫妇跪在岳飞像前,受万人唾骂。宋金和约,秦桧是金朝奸细,杀害岳飞而和约成,确是罪大恶极,然而他是决策者吗?不然!是宋高宗乾纲独断,为何后世人乃至现世人主要怪罪秦桧,而宋高宗没有被万人唾弃!"万邦有罪,罪惟朕躬"(万方有罪,罪在朕躬),皇帝可以下"罪己诏",但是臣民不可以怪罪皇帝。这就是皇帝崇拜文化的现象。

一、现代人的皇帝崇拜文化心态

佛教圣地峨眉山,有几处为人们津津乐道而与皇帝有关的地方。唐宋古刹伏虎寺大殿"离垢园"匾额,康熙帝御笔,导游说是康熙皇帝微服私访出家的父皇顺治帝,至此题写。洪椿坪路上有康熙帝御笔的崖刻"忘尘虑",管理处牌示云:"忘尘虑"三大字崖刻于此。下方有峨眉山管理处立的牌示,写道:"君临天下,敬天地父母师长为先,康熙为寻出家的父亲顺治,从简潜行到了峨眉,被沿途的男耕女织,秀美景色,袅袅梵音,超凡脱俗所感悟,欣书'忘尘虑'三字,敕刻于岩上。"这儿说康熙私访,与伏虎寺导游所讲,均系一事,可知此间对康熙帝"私访"说法是很认真的。其实康熙帝没有去过峨眉山,但在四十一年(1702)接见过峨眉山卧云庵僧照玉等人,赐卧云庵佛经。又派人到峨眉山降香,给各大寺院御笔字联和佛家经典。康熙帝没有到过峨眉山,但与这里

1

佛缘笃厚,确是峨眉山的一笔宝贵遗产。

在洪椿坪有礼佛雕刻图(上方是楼阁、祥云,下方是相向而行的两组人群,右侧是信士,左侧是僧侣,互相合十致礼),在图的下方有今人用中英文书写的卧牌,中文有大字标题"明太祖朱元璋",接着写道:"相传朱元璋小的时候,安徽凤阳发生灾荒,他的母亲带着他投奔在峨眉山出家的舅舅宝昙和尚,受到佛法启迪。后来朱元璋做了皇帝,封宝昙为国师,主持峨眉山佛事。宝昙居蜀数十年,戒律大行,奠定明代峨眉山佛教鼎盛的基础。朱元璋亲撰律诗予以褒扬:'山中静阅岁华深,举世何人识此心。不独峨眉幻银色,从教大地变黄金。'"这儿讲朱元璋随从母亲到峨眉山,明白告诉人们是传说故事,不一定真实,而后来赐给所谓舅舅宝昙国师及七绝,则像是真有的事情。关于朱元璋青少年的经历,《明史》《明史纪事本末》,以及朱元璋亲自撰写的《御制皇陵碑》,都说得很清楚。他17岁时,家乡凤阳蝗灾、饥荒、瘟疫流行,父母兄长染上瘟疫丧生,他孤苦无法生存,由邻居老太介绍,进入皇觉寺做和尚、寺院也没有吃的,就外出游方觅食,先后到了合肥,河南的光州、固始、汝州、颖州,这样游历三年,返回皇觉寺,停留到25岁,乃投奔郭子兴反元部队。他的母亲死于瘟疫,哪里能带他逃荒峨眉山寻找娘舅?他在皇觉寺好几年,兵荒马乱中不会学到很多佛学知识,但总会得到一点,也无须去峨眉山领悟。所以到峨眉山得悟佛性之说难于得到事实的支持。至于舅舅宝昙,据史书记录,朱元璋父母、哥哥死后,家人只存一位寡嫂和一个侄儿,另有姐夫和一个外甥,若有舅舅这样的长辈,他也不会不承认而要隐讳,史书也不会漏载,因此舅舅之说恐无其人。

康熙帝给伏虎寺赐字确有其事,而来此私访顺治帝,则属无根之谈。朱元璋没有到过峨眉山,他的故事不知从何说起。与寺庙有关的皇帝故事,半真半假。是谁编故事,可能是好事的俗家,更可能是寺院自身,因为一旦与皇家沾上关系,住持地位上升,容易招徕信众,而且民众也爱听这种故事。这是笔者俗人的猜想,也许亵渎佛家,但是寺庙历来同皇帝关系匪浅,须知皇帝还设有僧录司衙门管理它呢!编造和流传皇帝的故事,笔者以为它反映了民众隐藏的皇帝崇拜文化心态。

不仅峨眉山与皇帝拉关系,曲阜孔府的传说故事亦然。孔林有一座坟,导游介绍,那是乾隆皇帝的公主,嫁给衍圣公。其实那是大学士于敏中的女儿,与乾隆帝没有关系。旅游业之外,起劲为皇帝造势的还有影视业,令皇帝及其后妃占据舞台;商家有异曲同工的作用,特别是饮食业、医药业,鼓吹什么御膳、某某皇帝酒(天津鼎级酒以宋太祖等四个皇帝命名)、太医方之类,《某太医谈养生集》,增加卖点。本来,在猛批皇帝是地主阶级总头目、罪恶的根源之后,皇帝一度臭不可闻。世事真是三十年河东三十年河西,风水轮流转,皇帝又交上好运了,被一片叫好声所围绕,差不多的皇帝,都成了"有道明君"。这表明人们内心深处欣赏帝王,对他们的行为、作风、生活有好奇,也有好感,这大约是血统论、好皇帝主义影响在起作用,当然好奇心亦成为一种因素。

二、历史上的皇帝崇拜现象

帝王自我欣赏,自我宣扬,封禅泰山,自我歌功颂德。暴君夏桀自比是永不落的太阳,老百姓恨他,诅咒他,恨不得与他一块死亡。秦始皇封泰山,立石刻,颂秦德,文曰:"皇帝之德,存定四极。诛乱除害,兴利致福。节事以时,诸产繁殖。黔首安宁,不用兵革。六亲相保,终无寇贼。欢欣奉教,尽知法式。六合之内,皇帝之土。西涉流沙,南尽北户,东有东海,北过大夏。人迹所至,无不臣者。功盖五帝,泽及牛马。莫不受德,各安其宇。"所以司马迁说秦始皇"自以为功过五帝,地广三王,而羞与之侔",不只是称"帝",而称"皇帝",称"朕"区别于自古圣王与臣民。①

臣下对皇帝讴歌颂德。诸如圣明天纵,神文圣武,开疆拓土,轻徭薄赋,爱民如子,乃真龙天子。造势者是大臣、御用文人和史官。秦始皇二十六年,丞相王绾、御史大夫冯劫、廷尉李斯曰:"昔者五帝地方千里,其外侯服、夷服、诸侯或朝或否,天子不能制。今陛下兴义兵,诛残贼,平定天下,海内为郡县,法令由一统,自上古以来未尝有,五帝所不及。"《南齐书》卷1《高帝纪上》云:"(萧道成)姿表英异,龙颡洪钟,鳞文遍体。"(第1册第3页)卷2《高帝纪下》赞:"与皇太祖,有命自天。"(第1册第40页)卷3《武帝纪》,世祖武皇帝,小名"龙儿",出生之夜,陈孝后、刘昭后,"同梦龙据屋上",故名。(第1册第43页)《新唐书》卷3《太宗纪》,谓唐太宗生于武功别馆,"时有二龙戏于馆门之外,三日而去"。年四岁,善相者谓李渊,公贵人,且有贵子;见太宗,曰"龙凤之姿,天日

---

① 《史记》卷6《秦始皇本纪》,中华书局点校本,第1册第236—245页。本文引用"二十四史"均为中华书局点校本,不再一一注明。

之表,年将二十,必能济世安民矣"。(第 1 册第 21 页)史臣曰:
"臣观文皇帝,发迹多奇,聪明神武。"(第 1 册第 63 页)《宋史》卷 1《太祖纪》,
"生于洛阳夹马营,赤光绕室,异香经宿不散,体有金色,三日不变……识者知
其非常人"。(第 1 册第 2 页)

百姓接受并笃信好皇帝。在古代,民家都供奉包括皇帝在内的"天地君亲
师"的牌位。"君"为五神之一,且在父祖之"亲"及师傅之"师"之上。可见君的
地位之崇高。"君"和"亲"在人们心目中的地位次序,有个变化过程。开始是亲
高于君。先秦人们对处理家庭利益与国家利益关系的看法,如若"出仕"与"事
亲"有了冲突,人们以事亲为重,就不出仕,而且出仕也是为得到俸禄以养亲,
出发点也不在为国君,而是为家庭。这就表明人们将家放在国之上。家、国利
益的冲突、忠孝孰先孰后的问题,在历史上长期存在。

楚国的伍子胥因父亲蒙冤而投奔吴国,领兵蹂躏楚国,鞭尸楚平王(或云
《史记》记载不实),显然是把家的利益放置在国之上。曹丕在当魏太子时,在
一次聚会中询问官员:当国君、父亲同时生病,只有一丸药,是给君主服用,还
是给父亲,结果是众说不一。表明此时人们并没有把国看在家之上。到了宋
代,大约是两晋南北朝以来长期民族战争的影响,在汉人中家国先后论才基
本统一,岳飞背刺"尽忠报国"四字,在忠孝不能两全时,将忠君(即国家)放在
首位,家庭置于其下。

到了后世,民间乃有"君恩重于亲恩"的说法。洪秀全先世、广东嘉应州进
士洪钟鸣作《原谱祖训续训》,专写"忠君"一条:"君恩重于亲恩,谚云:'宁可
终身无父,不可一日无君。'生当明圣省刑薄敛,敬先尊贤,永享太平。其敢忘
诸!"①以忠君重于孝亲,所以要做顺民。

平民和身居九重的皇帝关系疏远,还谈什么忠道?平江叶氏《家训》就此
教导族人:君主给百姓一个好的社会环境、生存环境,"家训莫大于人伦,人
伦莫先于君父。君也者,祖宗所赖以存身家,所赖以立子孙,所赖以生长陶
成,而绵绵延延维持于勿替者也"。首先说明宗族和家庭所以能够生存、延
续,就是因为有国君,接着说:"普天之下莫非王土,率土之滨莫非王臣,不必
搢笏垂绅也,即此食旧德,服先畴,凡隶版图,悉归统属,皆所谓臣矣。……况
自先世以来,久享太平之福,使吾侪得有今日,何莫非受用不穷、所当图报者

---

① 陈周棠校:《洪氏族谱》,浙江人民出版社,1982 年,第 20 页。

哉！"①草泽小民也是在皇帝治理之下，既然是子民，当然就得尽忠。

武进高氏更进一步讲皇帝圣明，为民造福，所以尽忠有理：皇帝对天下所有臣民都有恩，一个小民能种田，有居处，安居乐业，就是因为皇帝"宵旰忧劳，为之兴利备患"，否则怎能坐享太平之福。②皇帝夜不安寝，食不甘味，勤劳国事，小民才能勤耕力作，养妻育子，能不感戴君恩吗！这些训诫认为君恩大于亲恩，先尽忠后尽孝，是天经地义之事，与中古以前的人还要讨论忠与孝孰先孰后的思想状况不一样了。族规认为忠君，不得议论朝廷得失，否则是做人不当，还会惹是生非。直隶郎氏家规有可戒者十二则，其一不可是"妄议论"，谓昧理之谈，不经之吐，欲寡尤也得乎？况臣子而议君父，卑下而言高尊，虽不羁祸幸而免也，尚谨之哉。③任邱边氏祖训有二禁，一为"不许谈朝廷政事，道听途说是无涵养之人也"；二为"禁谈县父母得失，招祸在此，且失忠厚之道"。④崇拜皇帝，民间自称"小民""草民""蚁民"，自贬为微不足道之人，而突出皇帝的高大。

奸臣成为皇帝罪恶的挡箭牌。臣下不能议论君主是非，不得不曲意回避皇帝罪责；在不得不承认皇帝有责任的情形下，曲意为皇帝遮饰，并以谴责奸臣为皇帝开释。回叙岳飞之死的故事。绍兴八年宋金议和，岳飞反对，谓："夷狄不可信，和好不可恃，相臣（指左相赵鼎、右相秦桧）谋国不臧，恐贻后世讥议。"赵鼎主和，但反对下跪称臣，宋高宗不惜一切代价求和，希望速成，乃罢斥赵鼎，专用秦桧，并同意秦桧的"乞决和议，不许群臣干与"。反对和议的枢密副使王庶离去，秦桧却参奏他"卖直而去"，是让皇帝下不了台。宋高宗为议和，表示曲己为社稷，云："大金遣使至境，朕以梓宫未还，母后在远，陵寝宫阙久稽汎扫，兄弟宗族未得会聚，南北军民十余年间不得休息，曲己以就和。"似乎委屈之至！又云："若使百姓免于兵革之苦，得安其生，朕亦何爱一己之屈。"岳飞对秦桧诬陷，不上书自辩，认为"使天有目，必不使忠臣陷不义；万一不幸，亦何所逃"！在狱案上写"天日昭昭，天日昭昭"八字。宋高宗在秦桧等所拟刑罚下旨：岳飞特赐死，张宪、岳云依军法监斩。是宋高宗与秦桧为清除求和障碍而杀岳飞，宋高宗是主凶，是最终决策人，罪甚于秦桧。事实如此，反对和

---

① 民国《平江叶氏族谱》卷 1《家训五条》。

② 民国武进《毗陵高氏宗谱》卷 1《家训》。

③ 《郎氏族谱·郎氏家规》。

④ 任邱《边氏族谱》，乾隆三十五年刻本。

议的枢密院编修胡铨亦持宰相无谋之说，责备求和使王伦是"宰相无识"所用。并云："秦桧为心腹大臣，而不为之计，陛下有尧舜之资，桧不能致陛下于唐尧，而欲导陛下于石晋(石敬瑭、儿皇帝)。"用宋高宗受秦桧蛊惑蒙蔽来减轻他的责任。[1]再看杨贵妃之死。安史之乱，唐玄宗逃亡四川，是咎由自取，亡命路上，军士哗变，杀杨国忠及其姊妹，缢杀杨贵妃，消弭可能发生的政变，杨贵妃等成为替罪羊，陈玄礼曰："今天下崩离，万乘震荡"，即杨国忠之害。《旧唐书》卷106《杨国忠传》认为乘舆播迁，"皆国忠之召祸"。史臣曰："李林甫蔽主聪明，杨国忠致禄山叛逆，以玄宗之睿哲，而惑于二人者，盖巧言令色，先意承旨，财利诱之迷而不悟。"(第10册第3247、3256页)"蔽主聪明"，李林甫、杨国忠成为罪魁祸首，玄宗只是受蒙蔽而已。颠倒了肇事的主从关系，掩盖玄宗主恶的罪责。

造反者对皇帝或亦多所原谅，所谓"只反贪官，不反皇帝"，官逼民反，"替天行道"，等待招安。有造反者反皇帝的，如李密讨隋炀帝檄文，谓其罪"罄竹难书"。然而造反者中"只反贪官，不反皇帝"(除掉贪官，期盼明君，寄托皇帝身上)很多。朝廷剿抚并用，两宋是最明显的时代：要做官，先造反；受招安，去攻打新的造反者。宋朝招安，各予免罪，显示皇帝宽宏大量，海容反叛。明代武宗时，北直隶刘惠起兵，参加者赵镫更名怀忠，对招抚者云："群奸在朝，浊乱海内，诛杀谏臣，屏斥元老。乞皇上独断，枭群奸之首以谢天下，斩臣之首以谢群奸。"具有"清君侧"的味道。明末王左卦、张献忠被招抚。(《明史纪事本末》)1644年二月，李自成在太原檄文："君非甚暗，孤立而炀蔽恒多；臣尽行私，比党而忠公绝少。甚至贿通宫府，朝廷之威福日移；利入戚绅，闾左之脂膏尽竭。""公侯皆食肉纨绔，而视为腹心，宦官悉秕糠犬肫，而借其耳目。狱因累累，士无报礼之恩，征敛重重，民有偕亡之恨。"(《明季北略》、谢国桢：《南明史略》)认为主要是辅佐群臣的罪恶，崇祯皇帝并非太坏，只是受蒙蔽而不明。檄文是战斗宣言书，虽是指向崇祯皇帝，可是又为他开脱，罪在受蒙蔽，这是照顾到民众情绪，还是不要太给君主难堪。

皇帝挨骂，有女人伴随，女人是祸水，以此也或多或少减轻皇帝罪责。前述唐玄宗与杨贵妃关系之外，尚有最为著名的三组关系：夏桀与妹喜；商纣与妲己；周幽王与褒姒("千金难买一笑""烽火戏诸侯"故事主人公)。

---

[1] 本处引文均见王曾瑜：《荒淫无道宋高宗》，河北人民出版社，2007年，第160—247页。

三、皇帝崇拜与等级观念并行而益彰显

从政治伦理的等级观念分析皇帝崇拜长存的原因。

造反者打出皇族、贵族旗号,以此作为号召,发展壮大力量。陈胜起兵,"诈自称公子扶苏、项燕"①。扶苏,秦始皇长子,被秦二世矫诏所害;项燕,楚国贵族,项羽先人。希望以此二人名义获得起义者的拥护。西汉末年起义者中,樊崇自号"三老",汉朝制度,十亭为一乡,乡设三老、乡官,主管教化。如此小官,怎么能有号召力,于是立刘盆子为帝,刘盆子是城阳景王刘章(朱虚侯,刘氏反诸吕战争中突出立功者)之后,其父刘萌已在王莽时代废为平民,平民的樊崇等认为他有高贵血统,可以有号召力。立他的时候,刘盆子还是15岁不懂事的少年,披发徒跣,穿着破旧衣服,吓得要哭,只知道和牧童玩耍。(《后汉书》第2册第478—480页)就是这么个主儿,仅仅因为有皇家血统,就被当作旗帜。平民造反,无社会地位,不懂礼制,作风行事,乃至衣着,为人所贱视,难于发展,也不易维持政权,故需向规范了的社会上层学习。如更始政权的官员头戴无官职之平民帽(帻),身穿像女人穿的襦子("诸于"),上朝穿背心、短衣、锦裤,完全不像官样子,人们看着笑话,有识之士知道这种政权长不了,遂离去。北宋郓州李太造反,称李太子。康熙间,北京杨起隆造反,伪称崇祯帝的儿子"朱三太子",以号召民众。其后反清者多称朱三太子,至少有五起。可见平民造反者不得不借重皇族、贵族及其遵行的制度。

打出皇族、贵族旗号的同时,是造反者自身称王称帝,是皇权主义与等级观念的表现,并用各种谶纬之说表现出来。造反者称王始见于"鱼腹丹书""陈胜王"②。明末起义军书写"古元真龙皇帝",也打出真龙天子的旗号。李自成名讳改曰"昚(shèn)成",显现帝王避讳的气派。宋太宗继位,改名匡昚。李自成于他雷同,更显帝王之意。③

既利用皇族贵族,又自身称王称帝,充分反映的是君主专制社会的等级观念。

等级观念是贯彻于古代社会的主导思想,主流意识,根深蒂固。所有的人

---

① ② 《史记》,第6册第1950页。

③ 毛奇龄:《后鉴录》卷5。

都生活在一个特定的等级之中，公侯伯子男，或者说王公，是贵族等级；大大小小的官员，是官僚等级；退职的官员与有功名的读书人，是绅衿等级；以上社会集团是特权等级。农、工、商是平民等级，有平民的完纳赋役义务；娼优隶卒、奴隶是贱民等级，被奴役，被侮辱与被损害。皇帝也在等级之列，"天子建国"，处于第一等级的地位。至高无上的帝王和权力，天子独尊。刘邦之父刘太公之家臣云"天无二日，土无二王"，刘太公尊重汉高祖，益发显示皇帝权威。秦汉以降专制主义中央集权皇权逐步加强，皇权无可动摇。皇帝神圣不可侵犯，皇权加大，相权越往后越削弱，没有制度能够与皇权制衡。

等级制产生名分观念，尊名定分，人们各有各的本分，依本分行事。君臣、官民、父子、夫妇、主仆之间都有其名分，故臣民、奴仆要忠，为子要孝。等级社会，是人身依附关系社会，民依附于君，所以是君父子民关系。百姓虽然造反，亦是胆战心惊。皇帝所定法律中的"十恶"，严惩谋反者，即谋危社稷，谋大逆（谋毁宗庙、山陵、宫阙），谋叛（背本国，潜从他国），大不敬（盗乘舆服御物、玉玺）。十恶不赦的法律及对民人心理的影响巨大，唯有服从，轻易哪敢造反。

血统论维护等级意识。君主世袭，在一个家族传承，幻想万世一系，如秦始皇的始皇帝。司马迁在《史记》的《五帝本纪》《夏本纪》《殷本纪》《周本纪》，试图编制"上古万世皆一统，三代源于一系的世序"①，尧舜夏商周皆轩辕黄帝的后裔。于是贵者恒贵，贱者恒贱。"龙生龙，凤生凤，老鼠生儿会打洞。"是血统论、等级观念和宿命论的混合物。专制主义皇权必然制造皇帝崇拜，仰仗天恩，君有予夺之权。血统论的上一层理论是天命论。

君主专制是一种人治，因而形成好皇帝、清官的崇拜、信仰。

社会上虽然也有限制君权的舆论，如孟子的民贵君轻论，天人感应说，谏官、史官，但是没有能够阻止皇权的膨胀。民间也有取代皇帝地位的不安分的觊觎。项羽"彼可取而代之"，刘邦"大丈夫当如是焉"，俗语"皇帝轮流坐"。归根到底，还是君主专制。

---

① 孟世凯：《商史与商代文明》，上海科学技术文献出版社，2007年，第36页。

四、皇帝崇拜与天命观

从政治伦理的天命观分析皇帝崇拜长存的原因。"天人合一"实乃皇帝崇拜的思想基础。

1.皇帝,受命于天。《诗经·玄鸟》云:"天命玄鸟,降而生商",即殷契,殷商之先人。而后有商汤代夏。玄鸟,是凤凰;玄,是玄神。(郭沫若解)真龙天子,天之子,当然是天命。天命也是天意。

2."天人合一",尊天命,即崇奉天子。汉代大儒董仲舒讲天人合一,天子受命于天,因此尊天,尊天命,就是尊王,天下应"受命于天子",(《春秋繁露·为人者天》)"身以心为本,国以君为本"。(《春秋繁露·通国身》)其意皇帝受命于天——尊天命——尊天子。皇帝被置于神圣地位,皇帝实行大一统,乃天经地义之事。董仲舒讲的"合",合中有上下、左右、前后、表里之别,主从之别,下服从上,民服从君。这才合而为一。

3.天子对民人,行施教化权。圣人的天职是行教化权,董仲舒解"王"字,说:"古之造文者,三画而连其中谓之王。三画者,天地与人也,而连其中者通其道也。取天地与人之中以为贯而参通之,非王者孰能当是!"(《春秋繁露·王道通三》)

4.天不变,道亦不变,君民关系永恒,民永远服从君主。董仲舒云:"天不变,道亦不变。"否定矛盾的斗争性和矛盾双方地位的转化,否定事物的发展。道不变,天不变;道即经,权,可以变。

五、清除皇帝崇拜文化心态问题

帝王崇拜文化心态,在专制主义帝制废除之后,本应成为历史陈迹,然而今日仍有其遗存。因为二三千年的皇帝崇拜文化,成为积习,在人们的文化心态上积淀甚深。

如何看待专制主义制度下的皇帝,是极其复杂的历史问题。对帝王中的个人的评价自然因人而异,作为集合体,也有时代之别,但是君主专制主义应当批判。看秦始皇陵,作为文化遗存,世界十大奇观,然而秦人遭到残暴统治和摧残。汉武帝茂陵,有修陵人墓地,四万平米,收葬二万尸骨,残酷无比。所以皇帝崇拜文化要不得。

当今主要表现在民众对好皇帝、清官的厚望方面,人治社会必然寄希望于明君,现实中的某种人治社会因素也许就是它存在的空间。

根除人治,实现法治,在于民主政治的张扬,从三千年皇帝崇拜文化阴影中彻底解脱出来。

(2008 年 3 月 15 日草,载《广东社会科学》2008 年第 5 期)

乾隆间下层民众生活状况、心态与皇帝崇拜
——以《乾隆英使觐见记》《马戛尔尼使团使华观感》记叙为例

　　英国使臣乔治·马戛尔尼(George Macartney, 1737—1806)及其随员与陪伴、接待他们的清朝官员,与在官员指挥下为他们服务的民众接触较多,加之刻意观察中国国情、官风民俗,将感受记录下来,就有正使乔治·马戛尔尼的《乾隆英使觐见记》①《马戛尔尼勋爵私人日志》,使团主计官约翰·巴罗(John Barrow, 1764—1848)的《中国行记》②,副使乔治·斯当东的《英使谒见乾隆纪实》③,随员安德生的《随使中国记》等,笔者仅依据《乾隆英使觐见记》《马戛尔尼使团使华观感》及刘半农译作中摘录的《出使中国记》(《英使谒见乾隆纪实》)、安德生《随使中国记》(埃奈斯·安德逊,Aeneas Anderson)的部分资料,但是在此以前阅览过大量的传教士通讯录,并撰写出《清朝前期西洋传教士笔下中国人性格与中国政体》④,将两种史料比较鉴别,得知传教士与外交官社会角色不同,关注的事物与方法有所不同,但是他们对于清代前期中国人性格、中国政体的认识却多一致,是以再次执笔,利用马戛尔尼及其随员的记录,草成此文。

---

　　① (英)乔治·马戛尔尼:《乾隆英使觐见记》,中文本由刘半农译,有多种版本,最早的是上海中华书局1917年10月第1版,之后有天津人民出版社2006年版,重庆出版社2008年版,天津百花文艺出版社2010年插图版。笔者所读和本文引用的版本为天津人民出版社版,有林延清解读,封面书名作《1793年乾隆英使觐见记》,扉页云林延清编著,刘半农原译,版权页作《龙与狮的对话:英使觐见乾隆记》。

　　② 《马戛尔尼勋爵私人日志》《巴罗中国行记》,何高济、何毓宁译,合刻本名《马戛尔尼使团使华观感》,商务印书馆,2013年。《马戛尔尼勋爵私人日志》《巴罗中国行记》,刘半农分别译名《中国游记》《中国旅行记》,巴罗译作摆劳。

　　③ (英)乔治·斯当东:《英使谒见乾隆纪实》,版本甚多,初版于1797年伦敦;叶笃义译中文本,香港三联书店1994年版;山海书店1997年版;刘半农译《乾隆英使觐见记》题名《出使中国记》。

　　④ 原载《天津师范大学学报》(社会科学版)2016年第5期,收入《尝新集》,天津古籍出版社,2017年。

马戛尔尼及其随员甚为留意清代中国现状和历史，①笔下的中国下层民众的生存状态，可用"艰苦生活状况与认命的知足常乐心态"来概括；政治状况是政体完善得像一架机器那样有序运行，皇帝占有难以估量的巨大财富，官员练达，善于应酬，毫无人性地虐待民众。在马戛尔尼等人眼中，乾隆时期中国政体完善，行政效率在某些方面很高，统治基础因善良勤劳的民众而牢固；乾隆皇帝权威与奢侈生活在世界历史上罕见；透过溺婴弃婴现象看出民穷的社会弊病；满洲皇帝统治下民众不会有好生活；特别看到，民众的性格由集权政治所造成，全国上下人等以天朝上国自居，对洋人既蔑视又有所防范，故步自封，社会长期停滞不前，若有外国侵略，将不堪设想。

一、下层民众艰苦生活状况与认命心态

马戛尔尼一行自从 1793 年 7 月 3 日在浙江舟山与中国人交往，尤其是有两名定海领航员登上英国船，开始同中国下层民众在一起生活。25 日到达天津大沽口外，随即有中国搬运工上狮子号、印度斯坦号，将载运的物品搬移至中国驳船；8 月 5 日，他们乘坐中国船沿白河驶往北京；16 日到通州张家湾，与船户、水手共同生活 11 天。马戛尔尼等人在觐见乾隆帝以后，于 10 月 7 日离开北京，在通州张家湾取道水路南行，经过直隶、山东、江苏、浙江、江西，于 12 月 19 日抵达广东广州。此次在船上两个多月，加上进京的那段航行，为时近三个月。这期间接触的是中国船户、纤夫、搬运工、被抓伕的农民、被雇的穷人，护送的清朝官员及其下属、士兵、仆人，以及在航行中看到的农村妇女做农活，听说的京城仆人生活。这些人多是社会下层民众，马戛尔尼及其随员目睹他们劳作情状，写出他们的见闻与感受。

（一）下层民众的劳动状况

说到下层民众的干活，马戛尔尼和他的随员赞不绝口。1793 年 8 月 4 日，

① 黄一农在《印象与真相——清朝中英两国的觐礼之争》(台湾历史语言研究所集刊，第七十八本，第一分，1907 年 3 月)指出："马戛尔尼使团其实是一支大型的调查团，他们利用途经中国沿海和内陆的机会，对华进行大量的情资(含兵备、科技、动植物、地理、风土和社会)搜集。使团返英之后，个别成员开始因名或利竞相出版相关著作，有些还在文字之外搭配动人的黑白或彩色图像，且大多很快被欧美各国翻译，更常应市场需求而重印，深刻影响到此后至少半个世纪西方人心目中的中国印象。"他们出于"情资"需要用心搜集清代中国各方面资料，并表明他们的见解。恰可供今日研究者解读。

在大沽口外，马戛尔尼"观看中国苦力"将英船物品装到大驳船上，颇有感触地写道："装驳货物之人，均异常出力……见人人多筋骨坚壮，饶有气力，虽作事之时，歌唱呼唤，殊扰人耳，而秩序井然不紊，又能各尽其力，无贪懒嬉戏者，洵足多也。"①16日乘船到通州，停泊在张家湾，岸边有专为英使停放物品临时建造的两间仓库。一天之内，中国工役将英使37船物件搬移到仓库，有几件重量、体积大的物品，中国工匠用"臂力和其活泼之精神，合力舁之，自船至栈，直行不息，而观其神情又异常欣喜，初不若有人驱之迫之者。此或中国政体之完备，及人民天赋之独厚使然，非他国所能及也。盖中国苦力，具有一种无重不举之能力。若一物之重量过大，非一人所能举，彼等即以绳缚之，然后取粗竹二根穿诸绳中，每人各以竹之一端置之于肩，舁之前行。若此二人之力犹不能举，则更取二竹与前二竹相交做'十'字形，则人数即可添加一倍。万一再不能举，犹得以同样之加竹添人之法继之。务使物力不复能与人力敌，且呼且笑，异物疾行，若自忘其为苦力也者"②。这是赞叹搬运工人的劳作情景。

对于船夫的驾船、拉纤情形，他们看到的是同样艰辛地克服困难，令大小船只前行。马戛尔尼一行从张家湾出发时，使用大小船只37艘，平均每船坐十几人，加上行李和各种物品，估计重量"必在万斤以上"。而其时北方已进入枯水期，"水力已不能浮船，所以能前者，用人力强拉之，使船底与河底相擦而进耳"。尤其是有一条大船，载物太重，夫役"竭力拉之，竟然不进咫尺"，不得不将其上的物品分装到小船上才能前进，就这样，10月11日这天，"船户及纤夫竭全日之力，所行不过十数华里"。就在这一天，船夫、纤夫下到冰冷的水里推船、拉船："一时天气极冷，河水几欲结冰，而船户及拉纤人等因此系官家所雇船只，倘不设法令其前进，大人、老爷们必不答应，乃不避劳苦合数十人之力，齐至水中推之、拉之，冀其少进，而自夜半以至日出，人人力竭神疲，船终不动。"③后来于12月11日从江西南康府乘船前行，"见河水益行浅促，船户推挽船只之苦百倍于前"。"自此以后，各船船户每日至少必匍匐于水中二十

① 《乾隆英使觐见记》，天津人民出版社，第20页；下引该书资料，简单注作：觐见记及页码。
② 觐见记第46页。
③ 觐见记第168—169页。

余次,合力推动船只,亦有终日匍匐于水中者。"①"纤夫多劳苦不堪"②,是马戛尔尼及其同行者的共识。纤夫是官方抓来的农民,被迫充当苦力。乾隆帝指令向英国使团提供食物和夫役:"不特该贡船所需食物,应由地方官办给;即需用人夫,以及备办沿途供顿等事,俱系地方官专责。"③所以马戛尔尼也知道:"凡中国官船或公事船所过之处,纤夫应由沿路地方官代办召集……工值极薄,普通人民每不愿承命,地方官乃不得不按户勒派,往往有较为殷实之农户自己不愿当差者,别出重值雇人以为代,亦云苦矣。"④

雇役算是较文明的,严重的是半夜抓伕,如同巴罗所说:"船只在御河航行需用人拉纤,而这些人是从河畔村庄强征来干这苦力活的。通常的做法是在船到达前派遣士兵或官员的随从,趁天黑突然把这些可怜的家伙从床上叫起来。但满月的日子,一般休息的时间推迟,大家有了警觉,所以,当官员派遣的役吏到达,可能被拉差的人都躲藏起来,因此除震耳的锣声、号角声和爆竹声外,我们还时时听到那些不愿拉纤的人挨杖和受鞭打的惨叫声。早晨拉纤的人齐集,我们不能不对他们产生怜悯。他们大多是老弱病残,有的瘦里巴干,面带病容,衣着褴褛,一般人看来应上医院就医,而不应去干苦活。"⑤抓伕的具体到人情形,是定海的事例:总兵官拘拿民人充当领航员,一群"样子极可怜的人,他们被押进大堂,跪下诉说他们的资历",即说明航海经历,其中有两个人海上经验较多,但已经改业做生意,若应这个差役,就不能养家糊口,"跪着乞求放掉他们……长官不为所动,命令他们在一个时辰内准备上船"。二人乃哭别妻儿,登上狮子号从事领航差役。⑥

马戛尔尼原先听说中国女子缠足,不会从事笨重的体力劳动,及至到大沽口,中国人好奇心驱使前往观看英船情形,马戛尔尼从而在人丛中看到"妇女数人,亦系大足,轻便善走",与传闻中缠足情况不同,后乃知下层妇女,"便于作工自活计,缠者甚少"。同时也理解她们饱受风霜之苦:"此种食力自活

　　① 觐见记第 209 页。
　　② 觐见记第 181 页。
　　③《大清高宗纯皇帝实录》卷 1431,五十八年六月丙戌条。《清实录》(第二七册)《高宗实录》(一九),中华书局影印,1986 年,第 135 页;下引该书资料,注作:乾隆实录卷、年及册页。
　　④ 觐见记第 182 页。
　　⑤《马戛尔尼使团使华观感》第 413 页。
　　⑥《马戛尔尼使团使华观感》第 146—147 页;觐见记第 9—10 页。

者,肌肤为风霜所剥……面色遂见侵于风霜,致中年之人带有老年之貌。"①后来行船在江西赣州境内,见"穷苦妇女多不缠足,且不着履袜,能负重以行远,亦能为种种劳动之事,凡男子所能者,渠等无不能之。衣饰亦与男子大同小异,除挽发做髻及两耳戴有耳环外,其余无一不与男子相同。此等女子体质最强且能耐苦,中国下流社会之人咸以娶得江西老婆为交好运云。"②巴罗亦说江西女子从事农活:"在江西省,妇女扶着单柄犁,在已经整治好的土地上耕作,是很普通的事。"又说:"许多妇人被迫背着婴儿干活,丈夫却任性去赌博,或者清闲度日。我时时看见妇女拖曳轻犁和耙子。"③山东渔家女子"协助拉网,干各种捕鱼的活"④。广东肇庆妇女驾舟。⑤

综合马戛尔尼、斯当东、巴罗等人所述下层民众劳作状况:(甲)尽心尽力的态度。做活不偷懒耍滑,用现代话说是有着强烈的敬业精神,当然,也是怕出事,像官府派差的定海那二位领航员,技术不高,可是承担的责任重大——领航外国"贡使"船只,一旦出事就有被处斩刑之忧。英国人说他们"已尽其所能,但他们既无技术又乏判断力,也许应宽大地原谅他们"⑥。(乙)勤勉。吃苦耐劳,勉力从事,如夜间在冰冷水中作业,在浅水滩匍匐拉纤,只有吃得这种苦,才能令船在枯水期行驶。如此难于想象的劳苦,令马戛尔尼无限感慨:"中国船户犹能出死力以拽之。吾英苦力见之未有不为之咋舌者也。"⑦"此种耐劳之苦力不惟吾欧洲无之,即西印度之黑人恐亦不能如是也。"⑧(丙)勤勉基础上产生的劳动技巧,运用丰富的经验,生出智慧,如杠抬重物的方法。(丁)高效率和质量保证。张家湾临时建立两间仓库,是数百名民工在两天内建造的。马戛尔尼一行37船物件,工役用了不到一天的工夫就全部移置仓库。⑨或如巴罗所说:"中国的搬运工表现得敏捷,有力量和灵活,我认为世无其匹,绝非

---

① 觐见记第23—24 页。
② 觐见记第208 页。
③ 《马戛尔尼使团使华观感》第195 页。
④ 《马戛尔尼使团使华观感》第444 页。
⑤ 《马戛尔尼使团使华观感》第464 页。
⑥ 《马戛尔尼使团使华观感》第151 页。
⑦ 觐见记第199 页。
⑧ 觐见记第208 页。
⑨ 觐见记第46 页。

其他国家的人在短时间内能够做到。"①从大沽口到通州张家湾的水运、从张家湾到北京圆明园的陆路运输的英使六百多件物品无一遗失，无一受损。就此，巴罗说：中国人的"认真、沉着和稳重，我们已看到令人信服的证明"②。(戊)干活中的乐观精神，英国"使团雇用的人也总是显得愉快满意；游船上水手始终高高兴兴……为减轻体力，划船行动保持一致，一般由一个头头粗声领唱，全体水手跟着合唱。""中国人合唱的主要目的在于把快乐和节拍结合在一起。"③他们实际是喊号子，统一步伐，以利作业的进行，同时也提升劳作情绪，振奋精神，有益于完成活计。(己)女子从事重体劳动，与男子一样，能够自谋生计。

(二)下层民众的生活状况

下层民众生活状况，概括地说：吃食粗粝，以贵人残羹为美食，衣衫不整，居住草屋，在船上则是"狗洞"。

清朝政府以远远超过需要的高标准供应英国人饮食，他们的残羹剩饭，船夫视为美食佳肴，所以英国人说：纤夫"十分感谢我们赏赐给他们剩余的东西，我们喝(过)的茶叶，他们贪婪索取，烧开后使用。他们的主食包括一点米饭，一些蔬菜和炒过的葱，一天只吃两顿"④。巴罗引用荷兰人的话说，"在荷兰，最穷的乞丐都会从医院接受一份整洁的食物"⑤。不比较还不显中国下层民众饮食之劣，一对比，连欧洲乞丐都不如，惨到何种程度！中国人把供给英国人而被他们扔掉的死猪、死鸡当美食捡起来珍藏：在大沽口外，官员供应的食物送到狮子号，有的猪、鸡在途中碰撞死亡，英国人"不屑地把它们弃之入海，但中国人忙着把它们捡起来，洗干净，用盐腌上"⑥。真是可怜啊，捡来的死猪、死鸡还舍不得当时吃，要腌上，大约要等到年节才食用。"可怜的半饥饿的中国人，生活在水上，喜欢吃各种动物肉，甚至腐坏的都吃"⑦。法国人传教士马若瑟(Joseph de Premare，1666—1736)就中国农民的饮食之恶劣，也与欧洲

---

① 《马戛尔尼使团使华观感》第 163 页。
② 《马戛尔尼使团使华观感》第 160 页。
③ 《马戛尔尼使团使华观感》第 159—160 页。
④ 《马戛尔尼使团使华观感》第 410 页。
⑤ 《马戛尔尼使团使华观感》第 234 页。
⑥ 《马戛尔尼使团使华观感》第 152 页。
⑦ 《马戛尔尼使团使华观感》第 211—212 页。

穷人生活对比过，与英国人所述相同，为不使文章拖沓，马若瑟所述情形请阅注释①。由于吃食艰难，"吃饭"成了见面话——含有祝愿的意思。巴罗获知，"南方几省的老百姓，打招呼的话是：ya fan，吃过饭了吗？中国老百姓希望享受的最大乐趣就是吃饱饭"②。中国人的基本愿望是能够吃饱饭。一般百姓如此，社会上层吃喝不愁，由于吃饱愿望的惯性，追求吃好东西，吃奇珍异兽，比如巴罗说陪同他们游西湖的官员，"对湖里的鳝鱼和准备供应的好吃东西感兴趣，对植物却兴趣索然，无意为花草停留下来"③。生活情趣不高，吃饭问题困扰的折射反映。

衣衫褴褛和无行装。斯当东说，英使团在从天津到北京船上的纤夫，"多穿其原有之青布衫，亦有衣服不完，情状至觉可怜者"。返程从北京出发，"乃改用一种红边之制服，头上戴一大帽，有红色之扁平结子，拉纤时自远望之，为状较前整齐多矣"④。巴罗也说到纤夫改变着装的事：总督长麟在江南，"碰巧看见半饥半裸的纤夫。也许对他们可怜的样子感到羞愧，也许出自对他们境况的同情，他命令马上给他们发套新衣服。当我们的人员在早晨集中时，我们吃惊地看到纤夫们衣着的大变化，每人都穿上一套镶红边的蓝棉布上衣，一条新的白裤，头戴一顶插羽毛的漂亮高帽子"⑤。斯当东与巴罗所说的改换像样制服的地点不同，但事情是一致的。无疑是官方觉得纤夫衣冠不整在蛮夷面前丢了我大清朝的脸，乃下令给他们发衣装。

水手栖息之惨状——住"狗洞"。水手驾驶英使乘坐的豪华客船，斯当东是这样描述的："高爽宽大，实为吾英所未见。其顶棚之高，自远望之，几如水面流动之家屋"，内分三大舱，头舱用作安放行李和仆人卧所；中舱，装饰华丽的会客厅；房舱，隔成二三间，为卧室。房舱的后头为厨房，再后面的小舱，"形

---

① 马若瑟于 1700 年（康熙三十九年）11 月在江西抚州的通信中说到中国人的勤劳与生活清淡："我们不能像责备欧洲多数穷人那样责备中国穷人游手好闲，以为只要他们愿意劳动便能维持生计。因为这些不幸者的辛苦超出了人们一切想象。一个中国人整天双手翻地，而且往往在水深入膝的水田里劳动，但晚上若能就着淡而无味的清水汤吃一小碗饭便是幸事。这便是他的日常生活。"见杜赫德编：《耶稣会士中国书简集——中国回忆录》，大象出版社，2005 年，第一卷第 151 页；朱静编译：《洋教士看中国朝廷》，上海人民出版社，1995 年，第 26 页。

② 《马戛尔尼使团使华观感》第 222 页。

③ 《马戛尔尼使团使华观感》第 425 页。

④ 觐见记第 182 页。

⑤ 《马戛尔尼使团使华观感》第 445 页。

如狗洞,则舟子之卧所。船上舟子甚多,试问此小小一舱,安足供其寝处,则以中国舟子,咸不必有余地以供其放置行李之用,其所备行李,均驮于身上。日则以之为衣,夜则以为卧具也"①。巴罗的记叙相同,说船员的居处"像狗窝一样小。中国水手不需行李间,他的全部衣物都在背上"②。这种"狗洞"式舱房矮小,低头弓腰才能进入,赤贫的水手除了身上穿的衣服,别无他物,无需有摆放行李的空间。豪华客船上的水手,其饮食,其居处何其惨矣。

陆地的民居——泥土茅屋。斯当东在从大沽口沿白河往天津行船,见两旁房屋甚多,"悉以泥土与草料造成"③。巴罗多次描述居民房屋状况,如说"农舍十分破旧,毫无舒服感"④。浙江常山县,"渔夫的茅屋"⑤。他概述中国人居住房室的感觉:对"农舍大多破烂、肮脏相当吃惊。破旧的房屋,有的用半烧制的砖,有的用泥土修造,屋顶用稻草或芦苇搭盖,有的茅屋四周有泥墙,或者用粗制的芦苇、高粱杆围起来,其中一般住着两三代人,还喂养牛、猪、鸡和其他家禽"⑥。他唯一说到扬州邵伯镇民居较好:"一般是两层房屋,建筑显然不错,用石灰刷白,保持整洁。"⑦毫无疑问,下层民众居住的是破旧泥土草房,德国人李希霍芬的访华记录可为斯当东、巴罗佐证。⑧

下层民众的生活状况,总起来说是勉强糊口。巴罗曾将他经过的所谓"中国人口最多和丰产的省份"直隶、山东、江南、浙江、江西五省中的农民生计作出比较,认为直隶农民最苦。他素描式地写道:"他们的房屋矮小破烂,土地耕作很差……他们的房屋是四面泥墙,屋顶铺芦苇、稻草或高粱杆,房屋外一般都是土墙围绕,或者说结实的高粱杆篱笆屋内用草席分成两间,每间墙上开一小孔通风和进光线。……百姓大多穿蓝棉衣、棉裤,戴草帽,穿草鞋。他们的

---

① 觐见记第22—23页。

② 《马戛尔尼使团使华观感》第153页。

③ 觐见记第23页。

④ 《马戛尔尼使团使华观感》第161页。

⑤ 《马戛尔尼使团使华观感》第427页。

⑥ 《马戛尔尼使团使华观感》第409页。

⑦ 《马戛尔尼使团使华观感》第420页。

⑧ 在1793年之后的1868年,德国人李希霍芬访华记录里的京津民房状况:天津"房子是用麦秆混着泥土(红土)建成,并且在村子里紧紧挨在一起,整条路上只有一所稍好些的房子,是一所出租屋"。"北京城的房屋又矮又破。"而在南方的宁波情形好得多:"房子建得不错,一部分用木头,一部分用砖,偶尔还能看到石头院墙。"不过该地与广州是"最富有最安全的中国城市"。见费迪南德·冯·李希霍芬著,E.蒂森选编:《李希霍芬中国旅行日记》,李岩等译,商务印书馆,2016年,第13—14、30页。

寝具是芦苇席或竹席,枕头是个圆木头,铺的是皮革,或者用大尾羊毛制成的毡毯,但不是纺织而成,而是像制帽子一样打压出来,有时用填塞毛发或稻草的床垫。主要用具是两三个罐子,几个最粗糙的浴盆,一口大铁锅、一口煎锅,一个可挪动的炉子。桌椅是不需要的,男女都席地而坐。他们就这样围着大铁锅,吃饭时每人手拿一个盆。面黄肌瘦足以说明缺乏营养。食物主要是米饭、粟,或其他谷物,加点葱蒜,有时,作为享受,用哈喇油炒菜,油是各种植物榨出的,如芝麻。""各种鱼都缺少。""穷人吃得起不过是猪肉和米饭。"冬天,农民"缺乏燃料、衣服,甚至无庇护所,据说成千上万的人被冻死、饿死",所以卖儿卖女。①江南、浙江民众生活比北方要好一点。扬州"居民的穿着比我们迄今看到的要好"②。苏州"城内外无数居民都衣着更好,看上去更满足和愉快,胜过我们在其他地方所见。他们几乎都穿丝着绸"③。虽有程度差异,"从百姓总的情况看,可以得出结论说,尽管勤奋,他们仅勉强能够糊口"④。

(三)下层民众的精神状态

从六个方面观察,即职业信仰,一般的信仰,讲求孝道,休闲娱乐,赌博恶习,非议他人。

职业信仰的祭祀河神。马戛尔尼、巴罗等人看到与他们接触最多的船户、水手祭祀河神的虔诚仪式,那是在客船从运河穿过黄河时进行的祭祀河神:渡河前船户杀牲(猪、鸡),将猪肉、鸡肉放在船头,用牲血、羽毛涂、粘贴船头、船面,另备三个小杯,分别置放酒、油、盐(或油、米、面、盐),船主向船头方向叩头;开行,船主立于船头一侧,另一侧有一水手执持铜锣,到黄河中流湍急处,鸣锣为号,船主举杯,将杯中物倾倒水中,燃放爆竹,烧镀金锡纸,众人举手向河神致敬,过了急流,船主行三叩首礼,祭祀完毕。⑤及至马戛尔尼使团船行在赣江上,到第十五处险滩,船夫看到两三只遇难船骸,很是恐惧,"像传说中的乡巴佬,不是奋力抢险,而是开始敲锣求河神保佑,烧檀香打动河神发善心"⑥。祭祀河神,表明船户、水手有类似行业神的信仰,祭祀是祈求河神保佑

---

① 《马戛尔尼使团使华观感》第435—437页。

② 《马戛尔尼使团使华观感》第420页。

③ 《马戛尔尼使团使华观感》第421页。

④ 《马戛尔尼使团使华观感》第428页。

⑤ 《马戛尔尼使团使华观感》第417—418页;觐见记第184—185页。

⑥ 《马戛尔尼使团使华观感》第432页。

航行顺利平安,获得人身安全。

希图通过占卜求神获知命运。马戛尔尼说他发现中国"老百姓都极其迷信。他们严格选择吉日和避免凶日,一如他们的长辈,都相信手相术、占卜术、占星术"①。巴罗更了解到寺庙求签问吉凶的过程:"每个城、镇和村庄,有时在树林里,有时在山头,及极荒凉之处,都建有小庙,大门一直为那些想求神问卦的人敞开。事实上,中国宗教的实用部分可以说就在预测命运上。教士并不需要解释算卦书。若有人要出行、或买妻、建房,最重要的是埋葬已故的亲人,对这些事拿不准吉凶,那么他就到附近的庙去……每座庙的坛上都摆着一个木筒,内装若干小签,签头上写有一些字。他拿着筒摇动,直到落出一支签,看了签上的字再去查一本通常挂在庙墙上的书。就这样抽几次签,如果三次抽到好签,他认为就是吉兆。"事后,应了签上的话,他就去庙里烧香还愿。②不能抛头露面的妇女,"某些时候可到庙里去求神问卜,不会遭到指责挑剔。不妊妇女甚至被允许到庙里去抚摸小铜佛的肚皮,求保佑可以很快怀孕生子"。由于妇女不便外出,又需要算命,"因此出现一批算命先生……靠挨家给人算命为生……他们得知主人生辰八字后,就给人预测未来"③。此外,为求吉利,中国人以"九"为吉利数字,④如九月九日重阳节,表示尊重老年人。人无论身份高下都相信占星术。认命,是中国人的哲学,是接受、实践命定论者。从求神问卜,可知中国人心态,很现实,关心的是现世幸福,这就是巴罗说的:"百姓担心今生的不幸,而不是害怕来世的惩罚,他们想的是尽量平息神的愤怒,化解面临的灾祸。"⑤

笃诚于孝道伦理。中国人讲求家庭伦理,父慈子孝。马戛尔尼就此说:"没有一个国家比中国更讲孝道和感恩的了。"⑥他和巴罗还注意到中国人的孝行意识,贯注在亲人生前和死后两个方面。"中国家庭和朝廷一样也维持等级隶属关系。父权虽无限,但始终表现出仁爱和宽大……在亲情的纽带没有被父亲折磨的地方,它就日愈加强,终生不变。中国各阶层特点中,没有比这

---

① 《马戛尔尼使团使华观感》第 19 页。

② 《马戛尔尼使团使华观感》第 402 页。

③ 《马戛尔尼使团使华观感》第 401 页。

④ "像印度人一样,中国人也偏爱数字九。"《马戛尔尼使团使华观感》第 368 页。

⑤ 《马戛尔尼使团使华观感》第 404 页。

⑥ 《马戛尔尼使团使华观感》第 34 页。

种极其值得尊重的融洽关系更令人注目了。亲情和责任手挽手共行，从不希望分离。父亲的慈爱总是感受得到，始终增长；儿子的依赖也完全为父亲所理解，他从不想减轻它……根据中国人的观念，一户家庭只有一致的利益，其他的想法都是非自然的和不道德的。"①中国人相信祖宗亡灵会保佑子孙，为此要有感恩的祭祀："善人都必须在家庙里严格举行祭祖的典仪……不愿举行这种重大典仪的人将因此受到惩罚，死后灵魂被剥夺访问祖宗祠堂的权利。"②使团成员对中国人的孝道更有着两点深刻的认识，一是指出孝道不只是道德观，而是法律、习惯的强制执行。这就是巴罗说的："孝道在中国不是道德观，而是长期以来取得独断法律效能的规定；不妨如实说它存在于政府的准则上，而非存在于百姓的思想中。""父母权威性得到法律和风俗的肯定，从各方面看都如同具有最强的法律效力。"③二是理解中国人的尊崇祖先是可爱的弱点："在这方面(祭祖)，中国人的迷信，说到底，是一种可爱的弱点。设若人死后的灵魂可以保佑活着的人，那么人们肯定应向关爱过自己的人献祭，而不是向那些除名字外一无所知的人礼拜。"④

强烈的好奇心。中国人的词汇里有"出洋相"一词，意思是出丑，观看马戛尔尼一行，是真正欣赏出洋相的洋人，以寻求开心。马戛尔尼船只到舟山定海，"人人诧为奇观……上船观者甚众，拥挤不堪名状……多逗留徘徊不肯即去……然尚肯自守规则，未有野蛮之举动，于中有少数之人状貌粗蠢，若全无知识者，盖下流社会也"⑤。英使所乘船只停靠在海河天津城区，"岸上及船中之中国人民，咸企足引首，向吾船观看，面上各露惊异之色"⑥。看客中的许多人，"仅仅是出于好奇从几里远的地方赶来看我们的"⑦。使团人员往北京城的路上，"两旁排列着观众，有的骑马、步行，有的乘坐小车、手推车、马车、轿子"⑧。民众娱乐的机会很少，而好奇心人皆有之，看热闹，看出洋相就是一种

---

① 《马戛尔尼使团使华观感》第7—8页。

② 《马戛尔尼使团使华观感》第387页。

③ 《马戛尔尼使团使华观感》第196页；巴罗说孝道观念不存在于中国人思想中，有武断成分。

④ 《马戛尔尼使团使华观感》第390页。

⑤ 觐见记第6页。

⑥ 觐见记第36页

⑦ 《马戛尔尼使团使华观感》第409页。

⑧ 《马戛尔尼使团使华观感》第164页。

乐趣,能够观看英国人、英国船真正是千载难逢的机会,争相而往,是很自然的事情。这里需要留意的是中国人的好奇心,是为寻求刺激,找乐子,不是去探求新知识,去发明创造。

嗜好赌博。巴罗在《中国行记》里多次记录中国人的赌博行为,可知给他印象之深。他写道:"每逢几个中国人碰巧相遇,通常都赌博。"①"每逢闲汉有机会凑在一起,少不了试试赌博运气,中国人对此是有准备的。他外出时难得不在口袋里带一副牌,或一双骰子。""在许多城镇赌博之风十分盛行,以致几乎每个角落都有人玩牌或者掷骰子。他们甚至被控告常常拿他们的老婆孩子作大赌注。可以理解,在人们能够出卖子女为奴的地方,赌徒会毫不后悔地"冒险干这种事。②为了赌博,竟然随身带着赌具,更有甚者,拿妻儿作输赢的赌资,恶劣到极点。中国人不仅在国内赌钱,并把这种恶习带到移居地。所以巴罗又说:"赌博,中国人无论到什么地方都免不了这种恶习。据说在我们的一个东方殖民地(威尔士王子岛),允许中国人定居,他们每年上交一万美金为取得开赌场和卖鸦片的许可。"③

爱议论他人的恶习。"中国的交往老是一个样,大家不外谈论东家长西家短,当官的怎样不公,奸商怎样欺诈,又有那个人弄虚作假。"④下层民众聚在一起,免不了说闲话,议论张家长李家短。爱管闲事,又不当面说,有搬弄是非之嫌。背后议论人,是不道德的行为。至于评论当官的事,老百姓不知官场情况,知道一点也不敢说。这种议论是官方人士之间进行的。

要而言之,马戛尔尼、巴罗、斯当东等人观察到中国下层民众具有尽心尽力的劳作态度,苦干巧干的作风,高效而保证质量的成效,妇女与男子一样从事重体力农耕活计。他们的生活状况是,饮食粗粝,衣着不整,居室简陋,异常

---

① 《马戛尔尼使团使华观感》第 201 页。

② 《马戛尔尼使团使华观感》第 204 页。

③ 《马戛尔尼使团使华观感》第 424 页。巴罗在此处提到中国人卖鸦片,他进而说到上流社会吸食鸦片的情形:"上层社会在家里好抽鸦片烟。尽管政府采取措施禁止输入,这种毒品仍大量走私到国内,但对老百姓来说,抽烟花费太大。海关官员免不了受贿……孟加拉的当地船只大多把鸦片运往中国,但伦敦开往中国船上的土耳其烟更受欢迎,以将近两倍于前者的价钱出售。"两广总督公告说明鸦片之害,但他"从容自得每日享用鸦片"。(《马戛尔尼使团使华观感》第 201—202 页。)这是极其值得注意的事情。雍正朝就禁止鸦片贩卖,乾隆朝后期已有多渠道的鸦片进口,不难理解半个世纪后鸦片战争的发生。

④ 《马戛尔尼使团使华观感》第 424 页。

清苦。而他们因信仰神灵和命运，①安贫守分，得过且过。父慈子孝，家庭和睦，进而促成社会稳定。但是有嗜赌恶习，爱说闲话，是精神空虚的表现。归结成一句话是：吃苦耐劳、可怜可叹的守法良民。

写到这里，不妨用马戛尔尼使团人员比较北京人和伦敦人的一天生活来表达他们对中国平民生活看法。他们说："北京的大街上，傍晚五六点钟，难得看见有人行走，到处都是猪、狗。居民干完了白天的活，此时都各自回家，吃饭，同时按他们大皇帝的习惯，日落就睡觉。同时候的伦敦，从海德公园一端到迈尔区(Mile End)则人群壅塞，几乎阻断了道路。在北京，一大清早，百姓就像蜂群嗡嗡喧闹；而此时，相反的，清晨的伦敦街道上几乎空无一人。晚上八时，哪怕在夏季，北京城门也是关闭的，门钥匙交给城守，不得以任何理由开启。"②北京人，更不要说中小城市、乡村人了，基本上是日出而作日落而息，是农业社会的生活方式，平民百姓生活简单、平淡。

二、无以复加的皇权

作为使臣的马戛尔尼是为国事来华，觐见乾隆皇帝，与包括领班军机大臣和珅在内的中央大员多次会谈，被他们引领参观避暑山庄，同伴送的侍郎松筠、两广总督长麟促膝交谈，和副将王文雄、道员乔人杰的密切关系如同朋友，向他们索取土地、人口统计数字的资料，从而对皇帝、政体、官场以及中国社会有了切身的感受，加上在朝廷当差的西洋传教士向他述说中国国情，增强、印证他们的认识。笔者先叙述他们对清朝皇权和政体的认知，第三节来说明他们看到的清朝社会弊病。

（一）东方雄主的权威为西方雄主望尘莫及民众帝王崇拜情结

马戛尔尼不止一次地宣称英国皇帝是西方第一雄主，乾隆皇帝是东方第一雄主，如在 8 月 6 日，马戛尔尼对直隶总督梁肯堂说："敝国皇帝为西方第一雄主；贵国皇帝，则为东方第一雄主。"③9 月 11 日，马戛尔尼在和珅等人面

---

① "中国人在谈论本国或外国发生的大事时，往往归之于天意和中国帝王之意。"（《马戛尔尼使团使华观感》第 404 页。）

②《马戛尔尼使团使华观感》第 365 页。

③ 觐见记第 27 页。

前颂扬乾隆帝，"敝使到中国后，闻乾隆皇帝多福多寿，年逾八十而精神矍烁，乃过少年，其臣下亦多欢悦爱戴。此种盛境，不特敝使为之欣忭。即吾英国皇帝以西方第一雄主之资格，亦当为此东方第一雄主额手称庆"①。虽然说东方、西方各有第一雄主，但是马戛尔尼同时认识到东方雄主的威严和权威性是西方雄主不能望其项背的。

8月7日，梁肯堂在大沽口外回拜马戛尔尼，因年事已高，并不登上马戛尔尼的狮子号，只是人到岸边，派人送名帖（名片），马戛尔尼因此看到下属对总督的礼节：总督下轿，"其随从之厮役立即下跪，向大人行礼。兵士及属官之骑马者亦下马而跪。其尊严殆非吾西方之帝王所能及也"②。总督的尊严，西方君主不能及，惶论皇帝了！9月14日马戛尔尼等人前往避暑山庄万树园觐见，在乾隆帝将要经过的路边等候，朝廷大臣亦然，皇帝驾临，马戛尔尼的感受是"驾前列鼓乐仪仗，备极喧赫"。具体地说："乾隆帝坐于一无盖之肩舆中，用十六人抬之；舆前有执事官多人，手执旗伞旌节之属。"大臣们立即行跪拜礼。③御用仪仗队，是他人所不能企及的。乾隆帝赐宴群臣和使节，马戛尔尼与斯当东接受皇帝亲赐的酒，宴罢，马戛尔尼的记录云："此御前宴会自始至终，秩序异常整肃，执事官按序进馔，既恭敬万状，与宴者亦都沉默不喧，全幄上下人等不下数十，而侧耳听之，竟寂无声息，是可见东方人对于帝王所具之敬礼，直与吾西人对于宗教上所具敬礼相若也。"④斯当东记录得更细致："饮宴时，酒馔而外，执事官兼以茶进，唯进馔或进酒于他桌之前均用双手平托，进至御前两手高举出于额上，以示尊敬。"⑤"除皇帝先自启口，与他人谈话，他人逐语回答外，其余与宴之人均不能自由谈话……东方皇帝之尊严即此可见一斑矣。"⑥整个宴会中，只有皇帝任意行动，与他人交谈，与宴者不要说喧哗，连交头接耳也不允许；执事官上食有严格的皇帝与官员礼敬程度的差异，就因为这种种区别，马戛尔尼、斯当东才异口同声感叹中国皇帝的极度尊严，为西方帝王所不能享有。

---

① 觐见记第 95 页。

② 觐见记第 28—29 页。

③ 觐见记第 99—100 页。

④ 觐见记第 195 页。

⑤ 觐见记是 103 页。

⑥ 觐见记第 105 页。

马戛尔尼于 9 月 2 日从北京出发去热河，8 日到，他说北京、热河之间道路颇为平坦，最后二日"所经之路尤完整可喜，然此路并非御道。御道乃为与此路平行之一路，平时严禁人行，必皇帝出巡始能盛列銮仗，驰骤于其路上。此等帝王之尊荣，恐读遍世界各国历史，不能复有第二国似之者也。本月下旬，皇帝将自热河回銮，故御道之上此时已开始修理，加敷黄土。黄土者，御道之特别标识也。御道之长，凡 126 英里，所用修道兵丁有二万三千之多"。在平坦道路之外，另设御道，唯供皇帝驰骋，真是马戛尔尼说的"此等帝王之尊荣，恐读遍世界各国历史，不能复有第二国似之者也"①。

皇帝的无比威严还表现在龙椅（御座）方面，八月十三日（西历 9 月 17 日）乾隆帝生日，时在圆明园正大光明殿安装英使礼品的巴罗目睹对龙椅跪拜情景："宫内的王公大臣穿上礼袍，会集一起，在朝见大殿向宝殿敬礼。在这种情形下，宝座前的地上摆设三个小三脚架，一个放上一杯茶，另一个放上一杯油，在一个是米，或许表示皇帝是土地的主人，这三种则是土地的主要产物。"太监告诉他，这一天，"全国各地的政府官员，当天要向印在黄绸上皇帝的名字跪拜"②。乾隆帝身在热河，留在京城的亲王大臣因为万寿节要在正大光明殿向龙椅行跪拜礼，龙椅成为皇帝的替身、象征。皇帝的权威真是无所不至。皇帝并不现身，臣民却对龙椅、皇帝牌位、御容行大礼，英国人说这是皇帝让人畏惧的一种手段："中国皇帝极少公开露面，仅保留崇高身影的做法，看来是建立在极不相同的一种自我保护策略上。统治者背后运用权力，让远近都感受到影响，比经常在群众前现身，更能打动人心，更令人生畏。"③诚然，皇帝不露面，令人有神秘莫测之感，就更有权威。

皇帝的权威，更从民众的皇帝崇拜深层次地揭示出来。前述狮子号停泊舟山，各类社会人士上船观赏，马戛尔尼就此捕捉到一种怪异行为：他们"于舱中见壁间悬一中国皇帝之御容，彼辈立即俯伏于地以至恭敬之状，向地皮亲吻数四"。这种现象也为斯当东不完全理解："彼辈向地皮亲吻，起立。而后咸向吾辈作喜色，似谓汝辈外国人，乃亦敬重吾中国皇帝，悬其像于船中，殊足感谢也。"④"向地皮亲吻"，初到中国的马戛尔尼、斯当东不知是怎么回事，

---

① 觐见记第 88 页。
② 《马戛尔尼使团使华观感》第 180 页。
③ 《马戛尔尼使团使华观感》第 344 页。
④ 觐见记第 6—7 页。

刘半农业已指出这是磕头，是民众见到真龙天子御容既被感动又受威慑而下意识地行起跪拜大礼。就中确实有双重含义，一为尊崇皇帝，是帝王崇拜的产物与表现；二为自豪，我们的皇帝，连外国人都敬重，能不"吾皇万岁万万岁"吗!? 包括底层民众的崇敬，反映出皇帝不仅有至高无上的权力，同时拥有至高无上的威望，也即是国家、臣民至高无上的权威。

　　前面说到中国人上到狮子号观看，在船外探视，固然是好奇心所驱使，其实还有一层意思，被巴罗看透了，他说：在定海，"早晚都有当地百姓拥来参观。据说中国人好奇，但这次没有显出来；另一种好奇看来是想仔细看一看有幸去见他们大皇帝的人，而不是得到传闻想去看一看稀奇东西。尽管我们的船和他们自己的大不相同，但他们并不在意，反之，他们只要看上客人一眼，好奇心也马上得到满足。到处都有含糊的喊叫，包括'大皇帝'(Ta-whang-tee)的尊号，意思看来是说：'这些人是去朝见我们的大皇帝？'定海的群众更加突出这句话，几乎只听见'大皇帝'和'红毛'的词句，这指的是皇帝和英国人"①。原来定海人上船是为看有幸去看皇帝的洋人。羡慕他们幸运，能够朝见皇帝。这种行动只能说明百姓的皇帝崇拜意识深入骨髓。②

　　总起来说，马戛尔尼持东西两雄主说，其坚称英皇是西方雄主说很自然——尊重本国君主嘛！而东方雄主说虽有作为客人的礼貌成分在内，但是更主要的是承认事实，是真真切切地明了中国各种制度、礼仪，民众心态，从而获知中国皇帝无以复加的权威，远在世界各国君主之上。

　　(二)皇帝最为富有和极其奢侈的生活

　　英国使团带来的礼品，归类为19大件，有天体运行仪和望远镜，座钟(地理运转全架)，天体仪(天体全图)，杂样器具11盒(可以计算满月、新月和月亮的其他变化)，试探气候架(预报气象仪器)，增加人力仪器的巧架子，可以随意转动椅子，可以融化金属的白金火镜，各种图片和画像，玻璃镶金彩灯，毛瑟枪、连珠枪和利剑，铜炮、榴弹炮数门，可装备110门大炮的军舰模型等。③马戛

---

　　①《马戛尔尼使团使华观感》第147—148页。
　　②应当指出，民众的皇帝崇拜情节是皇帝和当权者制造的，拙文《皇帝崇拜文化心态研究》(《广东社会科学》2008年第5期)已有论述，狮子号船舱有乾隆帝御容像画，他听说了，甚为关注，特令征瑞到船上探明究竟，画像是否像其本人，可是征瑞害怕登船，没有完成这项差使，被将三级，可知他强烈关注人们对他的崇拜。(觐见记第89页；《马戛尔尼使团使华观感》第179页。)
　　③觐见记第227—229页。

尔尼设计将何种礼品置放圆明园正大光明殿之何处:地球仪、浑天仪置于龙椅两侧,折光镜、行星仪、天体运行仪、大自鸣钟、风雨表各置相宜之处,配上瓷器、瓷像,"集此种种精美可观之物品于一处,恐地球虽大,更无第二处与此中国圆明园之宝殿比也"①。颇以礼品之科技含量、美观、实用而自豪。待到参观避暑山庄,见到各种绝大之玉瓶、玛瑙,最良之瓷器、漆器,"藏欧洲之玩物及音乐、唱歌之器者,余如地球仪、太阳系统仪、时钟、音乐自动机以及一切欧洲所有之高等美术品,罔不具备。于是,吾乃大骇,以为吾所携礼物,若与此宫中原有之物相较,必如孺子之见猛夫,战栗而自匿其首也。然而华官复言:此处收藏之物若与寝宫中所藏妇女用品较,或与圆明园中专藏欧洲物品之宫殿较,犹相差万万。吾直不知中国帝王之富力何以雄厚至此也"②。中国皇室之富有为世界各国所不能比拟,对于原先自得心理,就羞惭得无地自容了。③

皇帝自奉极其奢侈,令马戛尔尼等人惊叹不已。他看到避暑山庄万树园御幄,陈设的"桌椅及一切木器既穷极华丽……不禁念及亚洲人生活程度之高级、帝王自奉之奢侈,乃远非吾欧洲人所能及也"④。他比较中西上层社会生活程度,在房屋建筑、室内陈设、饮食、珍玩等等方面,中国皇帝的挥霍享乐,欧洲社会上层决不能及。⑤至于御道,马戛尔尼是从皇帝的权威角度看待的。笔者多次去过承德,阅读过康熙帝、乾隆帝先后御撰成的《御制恭和避暑山庄图咏》等书,不知有御道的事,今从马戛尔尼的记载中获知,这是难于想象的事情。御道长达 126 英里,即中国里 407 里,它的建设是多么严重的人力物力和土地资源的耗费!当然,皇帝不会计较这些,因为土地是他所有,军工由他

---

① 觐见记第 62 页。

② 觐见记第 110 页;《马戛尔尼使团使华观感》第 187 页。

③ 早在康熙年间,皇室收藏的钟表之富有,就让人惊讶莫名了。康熙五十九年(1720)俄国使臣伊斯梅洛夫来到北京,康熙帝令传教士马国贤带领他参观皇家钟表收藏,马国贤说从这儿你才能知道富有的观念。他引领伊斯梅洛夫参观的情形是:"补充一个小插曲,也许能够给出一个中国皇帝是多么富裕的概念。一天我奉命为公使和他的一些随员们展示一下陛下的钟表收藏。一踏进房间,伊斯梅洛夫伯爵大吃一惊,这么多数量和品种的钟表展示在他的面前,他开始怀疑这些东西都是赝品。我请他亲手拿几件看看,他照办后,吃惊地发现它们全是极品。当我告诉他,现在看到的所有钟表都是准备拿来送礼的,陛下拥有的钟表数量远不止这些时,他更是惊讶不已。"(马国贤著:《清廷十三年——马国贤在华回忆录》,李天纲译,上海古籍出版社,2004 年,第 99 页。)

④ 觐见记第 106 页。

⑤ 巴罗从英国人的室内陈设角度观察,疵议中国皇家陈设使用性能差:没有玻璃窗、火炉、壁炉、沙发、写字台、吊灯、镜子、书橱、印刷品、绘画。(《马戛尔尼使团使华观感》第 225 页。)

役使,他的需要,就是头等重要的事,①修御道,唯其如此才更能凸显皇帝的尊荣与权威。

(三)皇帝集权的机制像一架机器有序高效地运转

对于中国公文传递之快速,耳闻目睹的马戛尔尼颇为惊讶。他与松筠"一路同行,吾见其每日必收发文书多件……至于华人传递文书之迅速则诚有出吾欧人意料之外者。大约为程一千五百英里,费时不过十日或多至十二日"②。也就是说输送公文的差役以每日约行三四百华里的速度在进行。斯当东另外获知,紧急公文传递,每行十或十二英里换一个人,不分昼夜晴雨拼命前行,因换人马,不显疲劳,"故速率之大至可骇异"③。尽管他们知道得不少,对于清朝驿递制度还是不甚了然。军机处的公文,依据其内容的重要性,制定出每日发送历程,或三百里,四五百里,六百里,甚至八百里。④关于接待英使的事,乾隆帝给有关督抚及接待钦使征瑞叠发上谕,此类公文,不止一次地下令"将此由五百里各传谕知之"⑤。不只这件事情让他们惊异中国行政效率之高,更从对他们携带来华物品的输送方面,体认到管理机构的完善,马戛尔尼因而说:"中国朝廷,其组织之法,足令上方之力直达下方,为状殆类一机器,但令此机器之原动力一发,则机器各部依其秩序而转动,不辍不滞,凡人力能为之事,莫不能任之,洵可异也"⑥。是的,清朝完善的行政管理制度,真是如同一架庞大机器,皇帝一发令,立即运转起来,而且是有序的、高效的。外国人怎能不叹服——"洵可异矣"。这是高度君主集权体制下的产物。

各种尊君的繁琐而庄重礼仪,占有不可数计的财富,唯有皇帝才能驰骋的御道,世界之最的奢华生活,整个官僚体制就像一架机器唯皇帝之命而运转,这一切无不表明:中国高度集权的皇权达到登峰造极的程度,为世界王权之最,其他国家的君主无可比拟。

---

① 马戛尔尼说:"在中国,皇帝的利益始终是头等重要的事。"(《马戛尔尼使团使华观感》第31页。)

② 觐见记第180页。

③ 觐见记第180页。

④ 赵翼:《檐曝杂记》卷1《廷寄》,中华书局,1982年;王昶:《春融堂集》卷47《军机处题名记》,嘉庆12年刻本。

⑤ 《清高宗实录》卷1433,五十八年七月乙卯条,第27册第160页。

⑥ 觐见记第29页。

三、社会弊病与隐忧

马戛尔尼等人既看到中国皇帝权威的无所不至,又观察到这种制度下的诸多弊病。

(一)故步自封,不讲科学,不图改良军队装备

马戛尔尼认为康熙帝以后的中国政府不重科学,特别在军队武器装备和化学、医学三个方面。在18世纪的西方人意识里康熙帝看重西学、西士,有口皆碑,马戛尔尼也不例外。他说"吾闻康熙大帝御极之日亦颇重科学,一时西洋教士来华当差者为数甚多",但是"大帝殡天之后,后嗣竟不克继其大志"。不再重视科学,虽然还用一些西洋人当差,"而政府对于彼辈初不重礼,几有全不理会之态",中国的士人"所研究者初无成绩之可言,即或有成绩亦不切实用,遂至中国政府不复以科学为人生所急,而对于西洋物质上之进步亦以此一概抹杀"①。一句话,康熙帝后嗣雍正帝、当今的乾隆帝不以科学为重,本国出不了科学人才,对懂得科学的西人也不尊重。说得具体点,他有兴趣向清朝官员谈的是化学和医学,而对中国军火落后则不必对中国人讲了,就落笔于日志。

马戛尔尼对长麟、乔人杰等人说,"中国工业虽有数种,远出吾欧人之上,然以全体而论,化学上及医学上之知识,实处于幼稚之地位。吾至中国见其人民中瞽者极多,跛者亦随处皆是,而目瞽则无良药以疗之;足跛则但能支之以棒而不能装用木足。因曰:'国家人口之繁盛与否,与医学、化学至有关系,倘医、化两学不能发达,则人民死于非命者甚多,国势必不能强盛'"。长麟说:"这话讲得很有道理。"马戛尔尼继续说:"敝国人士对于医、化两学研习颇勤,现在已发明妙术多种,如溺水之人可用机械的手续使之复活,失明者可用glan coma 抽出法,使其重明,足抱残疾,则可装用木足令其行动如常。"②马戛尔尼将英国工业、医学发展与中国对比,在医学上,西医在眼科、外科方面确有优长,义足技术就是显例。当船行到广东韶州、清远之间,马戛尔尼见山间蜿蜒小路,尽头是黑色堆集物,"问诸华人,始知黑堆系山中开出之石炭。此石

---

① 觐见记第207页。
② 觐见记第206页。

炭一物中国出产颇富,然中国以科学的工业未曾发达之故,无所用此也"①。广东民间开采煤炭、铜矿,朝廷时而允许,时而禁止。矿业不能发展,是朝廷传统的重农抑商方针和惧怕矿工聚众发生治安事故,因此限制了近代工业的产生。马戛尔尼对长麟只说中国化学、医学不发达,是客气话,他的真正看法是:"至于科学,中国肯定远远落后于欧洲。他们仅具备非常有限的数学和天文学知识。"②他若说实话,听话的官员肯定不会接受。

马戛尔尼返程,乾隆帝特意指示沿途军队操演,令其观看军威。所以自杭州至广州,多处地方有军事演习,马戛尔尼开始以为是对自己表示尊重,而后明白有示威涵义,并且藐视清军的冷武器装备。船到赣州时,"当地兵队整列出迎。至此,吾当总括一笔,盖吾辈一路至此,每过兵站,兵士殆无有不行迎接之礼者,均高举军旗,奏乐鸣炮"③。南康府以后的军士列队使他想到,"其人数之众多,军容之整肃,于行礼之中似夹有示威之性质,乃不能令我无疑……今兵队向吾等行礼而夹有示威之性质者,吾料其心中必蓄有一语,谓汝辈洋人看者,吾中国兵备甚佳,汝等若敢犯顺,吾辈无时不有对付之具"④。他不仅明白清朝显示威力的意图,更从士兵的演练中获知军队的虚实。他看到士兵手持刀枪剑戟,故云:"以余观之,此种宽衣大袖之兵,既未受过军事教育,而所用军器不过刀枪弓矢之属。"⑤又说:"中国目下之军队,则可决言其必无火器。既无火器,而犹故步自封。"⑥还说,"每支军队有一定比例的火绳枪手",在每个省军械库里有燧发枪。在乾隆末年对廓尔喀用兵,"八万中国士兵中,仅三万人有火器,而且都是火绳枪"⑦。他以为清军没有火器,是指没有火炮,其实是有火炮的,只是很少,而且巴罗在梅岭关口看到卫兵"有两门旧炮,非常可能是200年前耶稣会士铸造的"⑧。就清军装备仍处于冷兵器时代的事实,马戛尔尼观察到的是清朝并不想做出改进。他为显示英国武器和科学的先进,

① 觐见记第 211 页;《马戛尔尼使团使华观感》第 464 页。
② 《马戛尔尼使团使华观感》第 61 页。
③ 觐见记第 208 页。
④ 觐见记第 215 页。
⑤ 觐见记第 215 页。
⑥ 觐见记第 113 页。
⑦ 《马戛尔尼使团使华观感》第 47 页。
⑧ 《马戛尔尼使团使华观感》第 435 页。

邀请曾任两广总督、"以熟于西洋事务自命"的福康安观看英国卫队的新式火器操演:"'带有卫队一班,颇精于欧洲新式之火器操法,倘异日大人有暇,敝使拟请大人观操,弗审大人亦肯赏光否?'福大人意颇冷淡,岸然答曰:'看亦可,不看亦可,这火器操法谅来没有什么稀罕。'"①颇能打仗的福康安对新式武器毫无兴趣,更不必说其他人了。

在近代工业文明业已诞生于西方之时,"吾(马戛尔尼)欧洲诸国前此亦用刀枪弓矢为战器,今则大半已用火器代之矣"②,自诩为世界文明中心的中国犹茫然无知,故步自封,倒让马戛尔尼窥知中国虚弱的端倪,所以他说,就凭冷兵器装备的中国军队,"一旦不幸,洋兵长驱而来,此辈果能抵抗与否?尚属一不易置答之疑问也"③。真让他言中了,这个洋兵入侵者不是他人,恰恰就是英国军队。想当初福康安对火器冷淡态度,后世人才懂得坚船利炮的厉害——兴起富国强兵的洋务运动。这种历史玩笑,不,历史的惩罚,不能单纯归咎于乾隆帝、福康安们,是天朝制度决定的,比如在军队中倚重八旗军、轻视绿营,不能平等对待,军饷、装备都不相同,以火炮配给规制来说,主要是给八旗军。康熙帝重视铸造火炮,为的是由八旗军掌握,汉人山西总兵官金国正请求捐造子母炮,康熙帝不允许,因为"子母炮系八旗火器,各省概造,断乎不可"。雍正帝原先不知道先帝有此谕旨,允许地方提督总兵官造炮,得知康熙帝旨意,收回成令,只准盛京、宁古塔、黑龙江三处"照前设立子母炮一百位,此外各省旧存子母炮及捐造者,悉令查明送部"。各省驻军每千名配给威远炮四位、子母炮六位,应配足。④比不发展火炮装备更严重的是从上到下对科学无好奇心,⑤根本不可能发展近代工业、农业和军工。

(二)官员为完成伴送差事毫无心肝地虐待平民

前述马戛尔尼所见下层民众勤劳俭朴品质,是单纯从民众方面来绍述的,再从民众与官府关系来看,伕役、船户是在官吏鞭打下干活的,那么官员

① 觐见记第112—113页。
② 觐见记第118页。
③ 觐见记第215页。
④《清世宗宪皇帝实录》卷56,五年四月丙午条,《雍正朝起居注册》
⑤马戛尔尼说:"无论乾隆本人,还是他身边的人,对这些东西(新的科学仪器)都没有好奇心。此外,现政府的政策不鼓励新事物,尽量防止百姓抬高外国人,贬低自己。"(《马戛尔尼使团使华观感》第63—64页。)

是什么情形呢？马戛尔尼等人发现官员毫无人性地虐待平民，民众则逆来顺受。官员之所以如此恶劣，乃因他们负责接待使臣是一种承担重要责任的差事，又是一种美差，为完满交差就无情地役使应役的下层民众。

1.官员接待、伴送英使是美差

已经过了八旬圣寿两年了，极西方的英国使臣突然来祝寿，以"十全老人"自诩的乾隆皇帝喜出望外，真是威名远播啊，天下共主呀！各国使臣进贡，天朝体制是只允许从广州进入，而后北上，可是英使以礼品多为由，要求直达直隶天津进京，乾隆皇帝鉴于英吉利"遣使纳贡，甚为恭顺"①，破例允许，降旨军机大臣："应付外夷事宜，必须丰俭适中，方足以符体制——此次英吉利国贡使到后，一切款待固不可踵事增华。但该贡使航海远来，初次观光上国，非缅甸、安南等处频年入贡者可比。梁肯堂、征瑞务宜妥为照料，不可过于简略，致为远人所轻。"②明确指示，接待规格高于周边属国使臣。高标准接待，令英使得益，对负责接待的征瑞、王文雄、乔人杰及其下属、各地方有关官员、军官的差使，同时是美差。浙江巡抚长麟奏报处置英使船只在舟山定海停泊及密谕商户不得同英国人贸易，乾隆帝以其"所办甚为周到，可嘉之至"，当即加恩——"赏给宫衔，并著赏大荷包一对、小荷包四个，以示奖励"③。征瑞奏报于六月二十二日引领英国贡船在大沽口外停泊妥当，乾隆帝降旨："给还征瑞佐领顶带，并著加赏大荷包一对，小荷包四个，以示奖励。"④与英使之来有关官员得到的加恩赏赐，《实录》记载多例，不必繁叙。与马戛尔尼接触最多的乔人杰、王文雄对前者说，我们很希望你常驻中国，因为"贵使回国之后，我们虽未必闲散，却是再找不到这种好差使了"。他们伴送英使，确实是美差。据事后巴罗听到的信息，"他们一到达北京立即得到晋升，乔(人杰)现在是朝廷高官"⑤。

英国使团享受高规格供应，有关官员跟着得益。马戛尔尼返程途中，从松筠话中得知此行中国供应用度："所用各项船只大小凡40艘，执事之人自大员至苦力船户为数约可一千。此项用费皇帝规定数目，每天以5000两为限，

---

① 乾隆实录卷1426，五十八年四月初一日，第二七册第72页。
② 乾隆实录卷1431，五十八年六月戊寅，第二七册第131页。
③ 乾隆实录卷1436，五十八年九月丁酉，第二七册第199页。
④ 乾隆实录卷1431，五十八年六月丙戌，第二七册第134页。
⑤《马戛尔尼使团使华观感》第470页；觐见记第145页。

32

倘或不敷,应由沿途地方供给。"①巴罗依据同样的信息,计算出他们在中国受到 74 天供应,总计 519000 盎司,即 17.3 万英镑。②给这么多的供应费,无怪乎英人说,"食必盛馔,羹味之鲜美,既为吾毕生之所未尝"③。"一路饮食,亦无日不有佳馔。"如有羊肉、猪肉、鹿脯、牛奶,前两种不足为奇,而鹿脯是满洲上层食物,但马戛尔尼等人不甚知其精贵,而对于牛奶,他们知道华人极少食用,但官员晓得英人每日必饮,并放进茶水里,乃于供给物品中增加牛乳,但是航行中买不到鲜奶,松筠命人购进二头牛取奶,专备一条船载运牛只,并多方寻觅才找到挤奶员。令英人"不得不感佩华官照料之周到"④。使团人员得到如此精心而挥霍的接待自应感激,不过马戛尔尼听了松筠等人用度说明,内心颇多疑问:"以物价极廉之中国,而吾等一日之用费竟有此至巨之数目,宁非咄咄怪事!当吾等居留北京时,日用之费自起居饮食以至于一切杂物,虽颇有失之过奢者,而谓每日需用一千五百两,则吾无论如何决不肯信,或者乾隆皇帝为优待吾等计,定此极丰之数。而墨吏极多,层层剥削之,规定之数与开销之实数相去,乃不可以道里计耳。"⑤他说对了,接待者及有关官员是墨吏,不一定人人皆是,但应是颇有其人。

乾隆帝恩赐银两的下达,所经过的有关衙门、官员,都要层层克扣。有位传教士告诉巴罗, 皇帝供给使团的银子,"政府的大员以及有幸奉命去照顾外国使团的人,认为这是皇帝恩赐的一笔大横财,在这份津贴和实际花费之间相差的钱数是一笔不小的财富"。王文雄向使团人员讲说这笔拨款的使用,"要经过若干官员之手,每经一次则减少一些,实际上全部的钱并没有都花在使团身上"⑥。不用说,有关官员得到一笔横财。另外,接待人员也能与使臣享受同样的美食。斯当东看出其中门道:"吾船或有所需,但有一人启齿,不问其价值如何,华官必立时代为置备。即华官之起居食御,亦精美异常。一若凡对吾英钦使所用所费,即豪侈万状,亦不必费一钱以买之者。而各华官际此盛会,亦得于例外加薪,下至厮役舟子工食亦较平时为倍,

① 觐见记第 167 页。

②《马戛尔尼使团使华观感》第 470—471 页。

③ 觐见记第 54 页。

④ 觐见记第 51、172—174 页;《马戛尔尼使团使华观感》第 407、410 页。

⑤ 觐见记第 167—168 页。

⑥《马戛尔尼使团使华观感》第 471 页。

无怪其欣然有得色,以承办此项差使为荣也。"①官员与使臣同样食用,不必自家破费,就有精美佳肴,何其美哉!至于舟子,是自炊自食,能得到使臣的残羹剩饭,幸运得点外快。此外,有关官员接受使臣礼品和贿赂。马戛尔尼离京之际,将自家所乘之车派人送给和珅,和珅回信拒收,但是并没有将马车发还,马戛尔尼乃去函索要,却没有得到回音。②这就是和珅收礼的高超伎俩。收受外宾贿赂是极其诡秘之事,一般不会败露。③

2.耽心于圆满交差

官员以接待外宾为美差,是事情的一个方面,同时他们必须完成接待差事。皇帝那么看重英使的到来,接待官员当然知道他们的责任之重大:将使臣安全送到行在,以便行觐见礼和为万寿典礼增彩;把贡品完好地送到京师和热河,供皇帝观赏;具有监视性质者④将贡使安全礼送出境,体现皇帝怀柔远人的对外方针。

三品大员到荒漠海滩监督驳运贡品,是负责任的表现。英使乘坐的船舶很大,不能驶入白河,是以停泊在大沽口外,需要改乘小船进京,所带物品亦需搬运到驳船上,其程序是:几艘大驳船装载物品,驶往大沽,再换小驳船,直驶运河终点通州张家湾。搬移物品,是一位三品官到船上监督执行,在苦力辛劳下两三天搬移完毕,这个过程中他天天到场,令人一一登记各个驳船所载物品名称、数量,指派几名下属,各负责一条船,出事故惟他是问。马戛尔尼对此颇有感触:"各驳船装运货物既毕,三品官即分派下级官员数人,令各司一船,以各船所装货物之细账付之,使为一船之长,担负职任,以防遗误。亦善法也。"⑤马戛尔尼说他们带来的是礼品,乾隆皇帝和官员观念里马戛尔尼是贡使,礼品实质是贡品,贡品就是皇上的物品,是圣神不可侵犯的宝物,不得遗

---

① 觐见记第29—30页。

② 觐见记第160—161页。

③ 比如雍正朝常保住伴送葡萄牙使臣麦德乐返回澳门,浙江总督李卫揭发他擅作威福,雍正帝令李卫和两广总督孔毓珣秘密调查他有无贪赃之事,孔毓珣回奏,常保住在广东,来回都派家人打前站勒索银两,"在澳门收受西洋人食物,则人皆知道,收受西洋人是何礼物,则外人不知"(见《朱批谕旨·孔毓珣奏折》,六年三月二十二日折,光绪十三年上海点石斋缩印本)。这虽是雍正朝的事,乾隆朝也会如此。

④ 长麟于十月折奏:"臣长麟于初十日管押贡使赴粤。"(乾隆实录卷1438,五十八年十月癸酉,第二七册第225页。)

⑤ 觐见记第20页。

失、损坏,这个责任重大。所以这位三品官就认真负责了。①三品官应当是行省按察使之类的大员,若是一般的改驳事务,何劳大驾亲临,唯因驳运的是贡品,他就必须具体而微地承担起责任来。

直隶总督移节天津迎接使臣。直隶总督驻节保定,乾隆帝为优待英使,特令总督梁肯堂到天津料理接待事务,可怜78岁的衰翁梁肯堂赶到大沽,下榻海神庙,马戛尔尼登岸拜访,梁肯堂出庙门迎接,"礼貌极滠(隆)",表示对英使到来,皇帝"异常满意";将供应使团未来12个月所需物品。②接见之后,又要登船回拜,唯因体衰,只到狮子号停泊处,令人送去名帖(名片),然后回天津,准备第二次宾主相见。他设行辕于河岸,使马戛尔尼所乘之船泊于行辕之侧,河对岸专设临时戏院,演出娱客,派人向英使致送宴会食品,以及其他日用食物、用品,马戛尔尼因此说"厚意殷殷,殊可感谢"③。

两个事例显示,官员接待英使上心尽职。这是皇帝的客人,焉敢掉以轻心。

3.为着差事凶恶地驱使平民

前述抓伕。半夜破门抓人,不从,一顿鞭打,还得跟着走。这还不是最恶劣的。要命的是恶劣环境下干活,被逼命般地挨受棍棒之刑和罚没工钱。当船行于山东境内,船上有拉纤的夫役18人,"用一头目领之。此辈举动素无秩序,

---

① 康熙帝派遣传教士洪若翰(Jean de Fontaney,1643—1710)前往西洋招募科学技艺人员,他于四十年(1701)带同应招募人员乘坐法国船昂菲特利特号达到雷州半岛电白附近的放鸡山小岛,遇风暴不能驶往广州,船上有给康熙皇帝礼品,驻军司马 li-Tousse(李)听说后,"大为震惊,如果在他管辖下出了事,他的脑袋,至少他的财产就保不住。在中国,如果出了事故,不管当事官员是否有错,都要归罪于他。李都司马上报告给了他的上司两广总督,一面听候总督指示,另一面也可减轻责任和耽心"。受洪若翰招引来的汤尚贤(Pierre-Vincent de Tartre,1669—1724)以亲身感受描述了官员对皇帝贡品极端谨慎态度:两广总督与洪若翰决定,将礼品就近运上岸,从陆路运往广州,然后再运送京城。随后,押运礼品的官员吩咐将礼品用草绳包扎好,以防挑夫用竹竿扛抬时有损失;运输途中,"每副礼品担上都插有一面黄色小旗,旗上的中国字警告老百姓避让。挑夫们都遵命写下他们的姓名和担保人姓名,每个挑夫身边都有一个士兵,士兵们有一个队长统管。押运礼品的地方官员们和他们的随从们前后照看着这支队伍,不让有人掉队。对于中国人来说,没有比皇帝的东西更神圣的了,即使是一件微不足道的东西,他们也把它奉若神明,小心保管好"。《洋教士看中国朝廷》,第9—12页;《耶稣会士中国书简集——中国回忆录》,第一卷第186—191页。三品官令下级官员各负责一条船的运输,与广东官员押送洪若翰带来的贡品,虽是陆路、水运方式不同,管理方法完全一致,可以想象船户也会写保单按手印的。

② 觐见记第25—27页。

③ 觐见记第31—35页。

至此乃稍觉整齐"①。此处之头目，笔者以为是从地方派来的胥吏或职役负责领工，督责纤夫有序劳作。北运河行程中，河水浅露，船户、纤夫只好日夜劳作，不得稍微休歇。这是"华官督令舟子前进，不任少歇"②。官员为赶行程，不会体谅民工的劳累。更严重的是一条大船搁浅，官员"见他船已进，此船独留，乃大发雷霆，命兵丁拉船户等至，一一用军棍重责之。呼号之声四彻于野，而华官之虎威自若，不为所动。后闻人言，船户因搁浅之故不特受责，且已由华官将其两日中应得之工资罚去，果尔，则船户费两日之光阴与劳力而所得之赏酬，乃为一顿军棍也"③。官员为完成护送差事，为赶行程而责打船户，理由"正大"，罚钱是应该的，他们的大道理就在这儿。他们哪里会把民人当人对待。这种情形，英国人都有点看不下去。斯当东说，"余来中国，几无日不见华官笞责小民，一若此为华官日课中必有之职务……凡中国人受笞，必号哭求救，声音绝惨。"④巴罗与他有同样的感觉："在中国旅行期间，我们难得一天看不到打板子。"⑤官员为保官位，穷凶极恶地虐待被役使民夫，那里还有天良可言。与此相对应的是懦弱而善良的民众，他们的不满只是表现在个别人的消极逃跑以避免徭役，以及敢怒不敢言。⑥

(三)透过溺婴弃婴得知社会大弊——民众贫困

乾隆五十年(1785)来到北京的法国教士劳克司神父，服务于朝廷，受派遣为马戛尔尼中文翻译。他对后者说："我辈读中国之历史，证以目睹，则中国社会似尚无显著之缺点。唯残害婴儿一事，吾西人以为极背天理，华人则视为无足轻重，即日日见之，亦不以为怪。"他道出一种普遍的社会现象——中国人溺婴、弃婴，并不以为是惨无人道的行为。他又说，弃婴多系夜间被置于住宅门前，有碍帝都观瞻，乾隆末年步军统领衙门乃在早上派巡逻车收集弃婴，以便拉到义冢掩埋。西洋教士得知，便忙活起来，每天赶到巡逻车旁，"遍察各婴儿之尸，见其中尚有气息者必抱归灌救，救活则就教堂中抚养之，长而施以

---

① 觐见记第181—182页。

② 觐见记第164页。

③ 《马戛尔尼使团使华观感》第470页。

④ 觐见记第38页。

⑤ 《马戛尔尼使团使华观感》第344页。

⑥ 马戛尔尼说："百姓极端憎恶曼达林和当官的人，他们害怕官吏任意处罚、迫害和凌辱他们，痛感官吏之不公，他们必须满足官吏的贪婪。"(《马戛尔尼使团使华观感》第11页。)

洗礼,是知此残余之生命系仰托上帝之佑护"①。巴罗听一位侨居伦敦、曾在中国福建传教多年的法国传教士讲,他到男仆家看望,见仆人将要把妻子刚生的婴儿投进水罐溺死,他对仆人说这样做"是违犯上帝和人性的",可是仆人表示:"因为无力负担,所以留下一条注定要吃苦受难的生命,还不如让他早早死去,这样倒可减轻罪过。"传教士见此情形就说不如我把婴儿抱到教堂施洗,拯救他的灵魂。仆人跟随到教堂,被传教士的行为引发父子之情,遂抱回家养育。②为何溺婴?那个仆人说"注定要吃苦受难的生命,还不如让他早早死去,这样倒可减轻罪过"。他说的不无道理,生在穷人家,终生受苦挨冻。贫穷,是中国人溺婴的根本原因。"京城居大不易",帝都尤难,一个仆人在艰难竭蹶中挣扎,不得不产生溺毙、遗弃亲生骨肉的念头。乾隆朝社会,表面上是盛世,透过溺婴现象,以及使团成员目睹的下层民众吃食不如西方乞丐,船上夫役住的是"狗洞",当然会发现民间贫困,会知道天朝盛世的虚假成分是多么严重!

(四)重满轻汉是清朝极大隐患

马戛尔尼作为政治家,有着敏感的政治嗅觉,他发现清朝政权内部满人(他所谓的"鞑靼")与"中国人"("华人"、汉人)的不协调,满官歧视汉官,尽管乾隆皇帝表示公正对待,但是满人、汉人都不相信。③皇帝不公正的主要内容有两方面:重用满人;不信任汉官。

马戛尔尼从伴送他的征瑞、王文雄、乔人杰三人作风、言谈获知满主汉从及他们之间的隔阂,且有一定的严重性。征瑞是满人,是三人中的主管,王文雄、乔人杰是汉人,听从前者指挥,伴使之间显现满汉的主从关系。乾隆帝对接待英使事务的安排,在直隶由总督梁肯堂主管,具体操办则以征瑞为钦差,他说"此事因征瑞系内务府人员。是以派令照料伴送,督押贡物"④。征瑞是内务府的人,内务府是皇帝管家衙门,是皇帝的家奴,清朝任用外事官员,多用内务府成员或满人,他们直接对皇帝负责,他们办事皇帝信得过。马戛尔尼来

---

① 觐见记第 74 页。

② 《马戛尔尼使团使华观感》第 213—214 页。

③ 马戛尔尼说:"皇帝作为其子民之父,虽然公开表示,希望大家明白他对鞑靼人和中国人一视同仁,但鞑靼人也好,中国人也好,都不被这番话欺骗。"(《马戛尔尼使团使华观感》第 11 页。)

④ 《大清高宗纯皇帝实录》卷 1431,五十八年六月丙戌条。《清实录》(第二七册)《高宗实录》(一九),中华书局影印,1986 年,第 135 页。

时用征瑞主管伴送,走时用满人松筠、觉罗长麟负责。与马戛尔尼会谈主要是满人和珅、福长安,马戛尔尼对参与的汉人大臣在日志中几乎没有着墨,因为他们只是作为陪衬而已。以上是马戛尔尼通过直接交往感受到的清朝重满轻汉职官制度,他还从服务于清廷的传教士获得许多相关信息。劳克司对他讲乾隆帝家事与满汉关系,比较详细地介绍和珅、福长安、福康安、阿桂身份、业绩,而对于汉人大学士、军机大臣则简略代过:"此外尚有三国老,均才力过人,富于经验,惜为华人而非鞑靼。皇帝虽以优礼待之,终未异以丝毫实权也。"①

皇帝重用满人,实际上轻视汉人,不完全信任汉人。马戛尔尼获知,"省的总督、军队的将官、国家的大臣,几乎全是鞑靼人。真正具体的工作及吃力的部门,主要由中国人负责,因为他们比鞑靼人受到更合格的教育,更有常识,更耐心"②。"鞑靼的权力增长,他们就减少对汉人的依赖,现在各部首脑都是鞑靼人,大臣也都是鞑靼人,有权有势的官位都由鞑靼人充任。"③皇帝的人事安排如此,满人官员自然轻视、排斥汉人同僚。征瑞任职长芦盐政,长芦盐场虽在直隶,总督不能管辖,他不是梁肯堂下级。在天津,梁肯堂、征瑞与马戛尔尼会商,后者往热河觐见行程,马戛尔尼表达愿望完毕,征瑞"忽趋至余前,若有急迫之事与吾商榷,不复顾及仪容礼貌者"。总督在场,征瑞就没有将汉人大员放在眼里,所以离开座位单独与马戛尔尼交谈。想象这种场面梁肯堂是何等尴尬呀!大约不仅这一次,令马戛尔尼感到征瑞"对其上官总督大人亦有不逊之气,何为而然,则非吾所悉也"④。马戛尔尼前往热河途中,住密云行宫,晚间,当地驻军满人统领送来水果,"此人举止动作颇彬彬有礼,有君子人气概且极有见解……然此人殊傲慢自大",令同级别的王文雄,在他面前"惶恐不敢就坐,则鞑靼官员之气焰,必有令中国官员不寒而栗者在也"⑤。汉人官员在心理上就觉得比满人低一等,成了受气包"小媳妇"。

官场如此,在民间,满人往往不把汉官放在眼里。马戛尔尼住在古北口外行宫那天,有满人到行宫偷窃,乔人杰、王文雄将他处了杖刑,他不服狂骂,

---

① 觐见记第73—74页。

② 《马戛尔尼使团使华观感》第25页。

③ 《马戛尔尼使团使华观感》第361页。

④ 觐见记第32—33页。

⑤ 觐见记第82页。

"谓中国官在长城之外,例无笞责鞑靼之权"。王文雄等人乃第二次对他用刑,行刑之后,被惩罚者例应感谢教诲,而其并不道谢就走了。乔人杰对马戛尔尼译员说,"鞑靼与华人之不能融合,将来贵使觐见时自能见之"。巴罗也注意到这件事,知道满人不服汉官,为什么,他不明白:是否"天性之不同,则非老于研究中国事情者不知也"①。

受歧视的汉人官员蕴含不满情绪。英使发现"中国人每当私下聚会时,鞑靼人的霸道和皇帝的偏心就成了共同话题,一直讨论的内容"。乔人杰、王文雄与征瑞共事,极度反感后者的跋扈作风,乃至向外国人马戛尔尼说出心里话:"乾隆皇帝鞑靼也,鞑靼不信华人,只信鞑靼。故国家无论何事,有华人办之,必有鞑靼掣其肘……皇帝必欲重任鞑靼,委(征瑞)以全权,事无巨细,概须由此鞑靼上达圣听。"而此人昏庸,"吾辈乃大觉扫兴"②。马戛尔尼还知道民间秘密宗教、秘密结社的反清复明活动,"各省都有不满分子组成的秘密会社,而政府虽严加防范,他们仍设法逃避监控,时时举行秘密聚会,重温过去的荣耀和独立,策划近期的行动,密谋复仇"③。

清朝皇帝虽然宣称满汉一体,但谁也不相信这种宣传,有清一代满人皇帝重满轻汉,满官控制实权,始终如一;被歧视受压抑的汉人蕴含着不满情绪,民间出现反清复明的秘密组织,终清朝之世皆是如此;满官的盛气凌人,汉官在压抑下不满,双方不会完全满汉一心。这是不争的事实,英国使臣在中国短短的几个月就意识到了。治史者应予相应的关注,不宜回避。

乾隆帝向英国人说:"天朝物产丰盈,无所不有。"④其时号称繁荣昌盛,版图达到一千三百万平方公里。然而故步自封,不讲求科学,不懂得世界已出现近代工商业,还是传统社会的那套办法管理国计民生,无从解决民众的贫困。官员为自身利益完成差事,不管百姓死活。溺婴之类的惨状表现出的民众疾苦,是一大社会问题。满汉歧视是又一个社会问题。盛世遮蔽不了社会病,而皇帝的骄淫自满,朝臣唯知服从皇帝,无有改良社会的可能。

① 觐见记第 84 页。
② 觐见记第 42—43 页。
③《马戛尔尼使团使华观感》第 26 页。
④《清高宗实录》卷 1435,五十八年八月己卯,第 27 册第 185 页。

四、余论:评马戛尔尼论清朝政体和下层民众前途

上面大体上介绍了马戛尔尼及其随员对清朝政体、民众的认识,接下来就此稍作分析,仅述三点:

(一)君主专制政体塑造民众缺少活力、安分守己性格

已经生活于英国资本主义社会的巴罗在《中国行记》提出一个重大的问题——乾隆时代中国处于何种历史发展阶段,即"按欧洲国家衡量的标准,中国应当属什么等级"①? 他在书中讲的中国社会情况,如民众在政府中没有发言权,②政府不懂得对私有财产的保护,政府、官员自行加税(特别是对外国商人),农业生产规模小,中国人人性被政治扭曲,女性受严重压抑,溺婴弃婴,等等。如果将他说的这些情形与英国大宪章内容作一对照,不难发现巴罗是按照英国资本主义制度来衡量中国社会水准的,从而看到中国制度性落后于欧洲。他的这种未加说明的、潜意识的比较,表明英国人在思索中国社会制度性质。对这一非常大的历史议题非本文所应研讨,在此仅拟说一说巴罗认为的中国君主制度与百姓性格形成的关系。

巴罗认为中国君主专制的强力控制塑造了中国人的性格,这种强力控制就是法律的实施,而其后果是百姓懦弱,没有朝气,缺少活力,政权长期稳定。

巴罗说中国人性为强有力的统治者——专制君主和社会状态制约,改变了本性:"强有力的统治者已经完全控制,而且按照他的思维塑造百姓的形象,百姓的伦理和品行则受政府法律的支配,几乎完全受其统治。"③又说:中国人的"行为都可能和社会状态有关,也和执政的政府有关,因它的影响,他们天生的性格明显经历了完全的变化"④。

巴罗从政府法律规章制度、颁布年历和邸报说明它们对百姓性格形成的影响:"中国人的本性因受政府法律和规章的影响几乎改变,在这个国家百姓

---

① 《马戛尔尼使团使华观感》第 479 页。

② "中国百姓在政府中没有发言权,他们没有想争取他们应有的权利,他们必定心甘情愿忍受压迫,遭践踏。帝王或者官员可以按己意随时行施手中的权力。百姓无意寻求反抗政府的方法,政府对此毫不担忧。"(《马戛尔尼使团使华观感》第 351—352 页。)

③ 《马戛尔尼使团使华观感》第 333 页。

④ 《马戛尔尼使团使华观感》第 160 页。

的生活方式、思想感情和道德情操比在别处受到更大的扭曲。"①他知道光是法律还不足以完全控制百姓思想和行为,他注意到比他略晚到过中国的荷兰人鲍(Mr Pauw,1739—1799)的话,"中国完全被鞭子和板子统治",他则补充"加上两样东西:年历和北京公报"。鞭子、板子是执行法律的暴力工具,而年历和邸报("北京公报")是思想统治工具。所以他解释年历"的刊行是为了传承迷信风俗,显然政府鼓励百姓使用"。公报"是一种媒介,把当今帝王的品质和仁爱传播到国家的每个角落"②,以教化百姓。

巴罗具体说明中国人性格改变的结果:"他们天性安静、顺从、胆小,但社会状况和实施的法律,把他们变得冷漠、无情,甚至残忍,这有许多事例可以清楚证明。"③"一方专制、独裁和压迫,另一方畏惧、虚伪和反抗。"④人性的冷漠无情、残忍最为恶劣,乃至将未死之人活埋;对落水人不救助,甚而捞取其帽子;溺婴、弃婴。⑤

严重的是造成人们缺乏活力,特别是年轻人。"男孩有时一起在学校读书,但构成他们教育大部分内容的僵硬礼仪,限制了他们生活中需要的一切游乐,完全压抑了他们的活力和进取心。上层社会的中国青年缺乏朝气,显得古板和严肃,始终承受岁月的压力。"⑥"不管好坏,中国政府在世界历史上空前成功地治理百姓,采取措施克服种种灾难,保持国家的稳定……有关事件的处理足以证明在这方面政府是有经验的。"⑦

(二)建立在勤劳朴实民众基础上的清朝统治机制完善、政权巩固,然有难于克服的隐忧

马戛尔尼看到中国下层民众"干事之勤恳,秩序之整肃"⑧,莫不为使团成员"啧啧称异","中国人民极有礼法,虽人众拥挤而秩序井然,不与他国人众拥挤时不规则之状况相似"⑨。这样勤劳守法的民众见到皇帝画像就诚惶诚恐

---

① 《马戛尔尼使团使华观感》第 205—206 页。

② 《马戛尔尼使团使华观感》第 349 页。

③ 《马戛尔尼使团使华观感》第 206 页。

④ 《马戛尔尼使团使华观感》第 333 页。

⑤ 《马戛尔尼使团使华观感》第 208—210 页。

⑥ 《马戛尔尼使团使华观感》第 196 页。

⑦ 《马戛尔尼使团使华观感》第 351 页。

⑧ 觐见记第 29—30 页。

⑨ 觐见记第 53 页。

地行起跪拜礼并感到自豪,不能不令人产生对中国皇帝、中国政体羡慕之情:一个"国家有此种下流社会以为其基础,诚令人艳羡不置也"①。清朝政权就像一架机器,皇帝一声令下,整个机器就运转起,行政效率在一些方面是很高的,如传递公文制度完善而迅速,如政令能够贯彻。如此等等,自然地认识到皇帝权威无比,清朝政权建立在牢固基石上的,是稳固的。但是有多种社会问题不易克服,即:(甲)观念上守旧,故步自封,是前进的沉重包袱。(乙)不注重科学,尤其不懂得发展化学化工和医学,不能有益于民生和改善民众健康状况。(丙)民众贫苦,溺婴固然是极不文明现象,却是民人贫穷的象征。(丁)以皇帝为首的满人压抑汉人,致使满汉不能一条心从事公务。

(三)清朝皇帝集权体制完善、行政效率高能够给民众带来福泽吗

政体完善,百姓就会受益得福吗?两者关系不是简单的逻辑推理所能得出结论的。马戛尔尼对此持有否定的见解。他在中国生活几个月后,就清朝不发展科学一事,对中国社会、民众前途有了概括性预测,于 11 月 30 日写道:"……中国政府不复以科学为人生所急,而对于西洋物质上的进步亦以此一概抹杀。果如是者,吾苟设为一言,谓中国上有鞑靼政府,而其所属人民得有修养元气之福泽者,则此言必为大误。它姑不论,近年中国各省兵乱之事,几于无岁无之,虽此种兵乱旋起旋灭,于国家大势无关,而祸根不除,人民之当其冲者,宛如病虐大寒大热交克其身,日日不已,有不筋疲力倦者乎?"②不讲科学,就不易发展生产,经济不能发达,民众生活就得不到改善,而祸乱频生,如不断出现兵变、民变,虽然被敉平,但使得受害的民众陷入极端困窘境地,哪里有福泽可言,哪里有幸福可言!应当说马戛尔尼的话不是武断的。清朝皇帝全力关注的是皇家富有,政府富有,百姓有了大灾大难,皇帝也会发帑银救济,但"小惠未遍",贫民只能在困苦中苟且偷生。试想,皇帝集权体制决定其自我调节能力极其微弱,职官制度中的重满轻汉方针,决定了满洲皇帝进行机制改良的不可能性,善良的民众在此种体制下看不到希望。君不见清末,革命派提出"驱逐鞑掳恢复中华",改良派希望实行君主立宪,皇家来了个"皇族内阁",导致全民失望,清朝灭亡。

拉杂写到这里,该归结内容要点了:

---

① 觐见记第 46 页。

② 觐见记第 207 页。

马戛尔尼等人观察到中国下层民众具有尽心尽力的劳作态度,苦干巧干的作风,保证活计的质量,妇女与男子一样从事繁重体力的农活;民众饮食粗粝,衣着不整,居室简陋,很是清苦;他们因信仰神灵、命运和好皇帝,安分守常。一句话,是吃苦耐劳、可悯可叹的守法良民。

清朝皇帝享有隆重尊君礼仪,占有不可数计的财富,专用的御道,生活奢华至极,为其服务的官僚体制就像一架机器,听其指令有序高效地运转,高度集权的皇权达到无以复加的程度,为世界王权之最,其他国家的君主无可比拟,但没有因此给百姓带来福泽。

建立在勤劳朴实民众基础上的清朝政权巩固,然有难于克服的隐忧。因为皇帝和官员故步自封,不讲求科学,不懂得发展近代工农商业,还是传统社会的那套办法管理国计民生,溺婴就表现出民众相当贫穷,成为社会问题,重满轻汉方针政策形成又一个社会问题。有着种种社会问题的社会、政权将有怎样的的前途呢?清朝统治者并未未雨绸缪!

(2017 年 10 月 31 日成稿,载《天津师范大学学报》2018 年第 3 期)

论历史上爱国思想的发展和实践

　　我国历史上爱国主义有个形成发展过程,它的内容不断拓宽,思想境界不断提高,成为中华民族和国家的一种凝聚力,激励人民为捍卫民族、国家而奋斗,是我中华立足于世界的思想保障之一,也是我国优秀文化传统的一个内容。在历史上,爱国主义在斗争中发展,民众与统治者有统一、有分歧。探讨爱国主义与实践的结合问题,是不可忽视的事情。

　　爱国主义,在我国历史上,人们主要把它理解为气节观,即对国家、民族无比的忠诚,为了它任劳任怨、历尽艰辛、不怕流血牺牲。不过古人所说的国家,系指一家一姓的王朝政权,民族也主要指汉族,因此,爱国思想,在古代包含着爱国君、爱王朝、爱汉民族,发展到近代为爱中华民族。

　　在"朕即国家"的古代,人们讲爱国就是爱国君,热爱国君个人,为了维护他的统治殚精竭虑,为了保卫他不惜身家性命。如楚汉之争中,汉王刘邦被项羽围困在荥阳,汉将纪信伪装为刘邦出降,使刘邦脱逃,而他却被项羽烧死,成为替君王杀身尽忠的典型。但是臣民热爱君主,存在着尽忠与尽孝的矛盾问题,当个人及其家庭、家族受到危害时,人们是先顾君主,还是先顾家庭呢?即先忠后孝,抑或先孝后忠呢?这有个认识变化的过程。大约在先秦时代,人们把孝、家庭放在忠于国君的前面。楚国伍子胥的父兄被楚平王无故杀害,子胥认为"父母之仇不与戴天履地,兄弟之仇不与同城接壤",他逃至吴国,率领吴军打败楚国,把已故的楚平王尸首挖出来鞭打三百下,替父兄报仇。由此一例可知战国时代孝的观念重于忠的观念,也就是说把家庭、家族的利益放在国君所代表的国家利益之上。到三国时代,曹丕在一次盛宴上让人讨论忠孝孰先孰后的问题,他问:国君和父亲都有病,有药一丸,只能救一个人,应该是先救君王,还是先救父亲?众人有说先救君的,也有说先救父的,莫衷一是。这说明三国时,君、父先后论尚未定于一说,不过比起先秦时代已经强调先君了。唐代以降先忠后孝论确立,人们把孝和忠糅合在一起,认为孝包含敬父母和忠君的双重意思,不忠就是不孝。这个意思的进一步发展是忠大于孝,民谚所谓"宁可终身无父,不可一日无君"。岳飞背刺"尽忠报国"四字,死于冤狱,即是忠于王朝的典型,又表明忠孝不能两全时,忠大于孝的观念的牢固确立。

在爱国君中,又分为两种情况,一是爱国君的特定个人,即对任何君主都要无条件尽忠。不论这个皇帝政事如何,为人如何,哪怕再荒淫无道,也要忠实于他,为他尽节。比如北齐宦官田敬瑄侍奉无道昏君北齐后主,当后主被北周军队追赶的紧急关头,田敬瑄被俘,他宁可被打死也不暴露后主的逃跑方向,以死忠于后主。一是爱王朝社稷。孟子讲"民为贵,社稷次之,君为轻"。把社稷和君主区分开来。社稷是一家一姓的政权,君主是皇家的一分子,可以代表社稷,但不等于社稷。因此,在忠君的观念里,王朝不可更改,而国君可以易人,这也就是孟子所讲的社稷比君主个人重要。这是主流观念。若君主有亏君道,臣下可以抛弃他,另立国君家族中的有道之人,这就是以社稷为重,并非是改朝换代,如霍光等废弃昌邑王,迎立汉宣帝,即是此情形。在重社稷中还有一种情形,是维护法统,反对篡位,如明初靖难之变,燕王朱棣(明成祖)举兵打败建文帝,取代其地位,忠于建文帝的方孝孺、齐泰等人誓死不顺从明成祖。明成祖叫方孝孺代他起草即位诏,方孝孺说成祖是篡位,明成祖则对他说无论建文帝及其弟弟或儿子做皇帝,还是由我本人登基,都是朱家内部的事,不用你操心,你只应当听新皇帝的话。结果,方孝孺坚持反对明成祖篡位的立场,虽遭灭十族的惨祸,也在所不辞。

中国在历史上形成以汉民族为主体的多民族国家,这里需要明确的是汉民族为主体,多民族国家是在斗争和融合中形成的,这中间就产生了爱汉民族的问题,也就是古人所说的"夷夏之防""华夷之辨"。忠诚于汉人朝廷,反对少数民族建立的王朝,就成为汉人的"爱国"气节问题。这个问题在古代随着民族交往的频繁而被人们所重视。孔子讲"微管仲,吾其被发左衽矣",管仲本来是公子纠的人,失败后归降齐桓公,帮助桓公成就霸业,孔子不责备他不忠于原主的失节行为,反而称赞他,盖取其扼制少数民族势力发展的作用。从孔子的语言中,可知春秋时代汉人已初步产生民族气节观念,但并不强烈。西汉初年韩王信、陈豨等人投降匈奴,并不以为可耻,其后韩王信部分遗胤回归汉朝,官封侯爵,仍为贵族。汉武帝时司马迁为投降匈奴的汉将李陵说话,可知汉初对华夷之辨尚不太看重。但也就在司马迁时代,汉中郎将苏武出使匈奴,被扣留,他宁死不屈,痛责原为汉官而降匈奴的卫律,被流放北海(今贝加尔湖),手持汉朝赐给的节杖,表示忠于汉朝。19年后苏武回归,汉宣帝在麒麟阁绘制名臣像,将苏氏列于其中。从苏武的表现和汉宣帝的表彰可知,汉朝时期汉民族气节观念有所发展。两晋南北朝是民族斗争和民族融合的重要时期,华夷之辨的观念向前推进,主要表现是汉人大举南徙,渡江建立汉人政权;思想上强调夷夏之防,如江统在《徙戎论》中所云:"非我族类,其心必异。"魏郡黎阳人桑虞,当羯族石勒建立后赵政权,他"耻臣非类",拒不出仕,后来就任武城令,也是因为这个地方靠近黄河,便于逃跑到南朝。宋、辽、金的战争和对峙,使汉民族观念再度发展,特别是在南宋时期,张珏、王坚等在合川钓鱼城面对蒙哥汗的进攻,坚守36年,到1276年南宋临安政权灭亡,帝昺等南走,钓鱼城军民犹为宋帝建立行宫,作为尽忠宋室的精神号召,即此一事,可知汉民族气节的高涨。至于众所周知的文天祥为宋朝杀身成仁的气概彪炳史册,诚如其诗"人生自古谁无死,留取丹心照汗青"所诩,就不必细说了。

历史步入近代,我国受西方殖民主义和日本军国主义侵略,成为半殖民地国家,各族人民在反对外国侵略中,突破汉民族意识,增强多民族国家观念。孙中山建立民国,实行汉满蒙回藏五族共和,即是这一观念的体现。人们在反对外来侵略战争中,倡言"保国保种",这是保卫汉满蒙回藏苗瑶黎各民族共建的国家,保卫各民族共同组成的中华族群(即中华民族)。

综上所述,历史上的爱国思想,大体上可以分为四个方面的内容,一是尽忠于一个王朝的社稷观,即为其兴盛、延续、保存而奋斗;二是在一些王朝的皇室内部斗争中,部分朝臣反对篡位者,坚持正统观;三是保卫汉民族及其政权,具有汉民族气节观;四是第三种观念向多民族方向的发展,成为中华民族气节观。

历史上对于爱国思想与行为,统治者在通常的情形下乐于提倡,以维护其政权,像前述汉朝表彰苏武那样。但是爱国成为突出问题的时候,多半在对外战争,国内民族战争,改朝换代及一个朝代内部君主更替失序的时期。这种特殊时期所发生的民众爱国行动,往往会形成风潮,甚至出现民众运动,因而可能同造成社会混乱、政治黑暗、对外无能的统治者或部分当权派发生冲突,使昏暴的统治者认为民众爱国危害其利益,因而采取压抑以至镇压的措施。因此民众的爱国思想及其实践,能不能达到预期目的,能不能为统治者所接受,要取决于统治者的政治态度和政策。一般说来,爱国思想的实现,要靠民众去争取,群策群力,并富有智慧和谋略,同时要靠明智统治者的支持,上下同心同德,才能使爱国思想形成的正义力量发挥巨大作用,达到目标,否则爱国力量将遭到迫害,以至被屠戮,目的不能实现。这里仅以北宋末年太学生伏阙上书及其失败一例,即可明了前言不虚。

宋徽宗时期,时人称为"六贼"的蔡京、梁师成等官僚、宦官秉政,政治腐败。1125年,金朝分两路向北宋进军,宋徽宗迫于形势退位为太上皇,宋钦宗继位。担忧国是的太学生陈东率领众多太学生到宫门上书,指责蔡京等人祸害国家,要求诛杀他们以安天下,朝廷不予理睬。次年陈东再次上书,宋朝以致死梁师成应付太学生。及至金兵到达汴京城下,爱国的主战派李纲等战斗失利,宋钦宗以取消李纲职务向金朝求和,投降派李邦彦、张邦昌得势。在这宋朝存亡的危急关头,陈东又一次率领太学生伏阙上书,赞扬李纲是社稷之臣,认为不应以小战失利归罪于他,要求恢复他的职务,让他主持政事。太学生的爱国行动,立刻得到居民和军士的支持,几万人聚集在宫门口,等候朝廷的回答,并殴辱李邦彦及宦官。钦宗迫于这种压力,不得不启用李纲。金朝东路军见到宋朝士气、民气旺盛,暂时退兵。宋廷回过手来惩治太学生和民众,想把太学生全部逮捕入狱,只因力不从心才作罢。金朝西路军又乘机加紧进攻,1127年俘掳宋徽宗、钦宗,灭掉北宋。徽宗的儿子高宗在商丘即位,建立南宋,信任投降派黄潜善、汪伯彦。陈东来到商丘,反对黄、汪掌政,要求高宗北上亲征,不能南逃。与此同时,江西人欧阳澈以布衣身份连续上书宋廷,陈述安边御敌之策,又步行到商丘,上书痛斥黄、汪误国。黄潜善将陈东和欧阳澈的上书联系起来以恐吓高宗,声称不杀陈东和欧阳澈,将会出现当年汴京太学生和市民运动,高宗为之惶恐,同意杀害他们。陈东临危不惧,慷慨就义,爱国运动至此失败。

正是由于历史上的爱国思想与实践,常常因为统治者考虑自身利益而令其不能统一,造成无数爱国者的悲剧:罢官、坐牢、杀戮以至株连九族、十族。究其原因,主要是古代君主专制制度高度限制人的思想和行为,不允许人们有超越限定范围以外的思想和行动,即使爱国、爱君、爱王朝,也要在最高统治者的允许范围之内,所以爱国的人,往往为昏暴的统治者所不容,得不到好结果。加之重气节的人个性一般比较强烈,正直无私,反对腐败,这就必然要触犯帮助皇帝作恶、自身贪婪无厌的官僚,受到他们的围攻,好运自然也就离开了他们。

爱国思想,在古代其核心是维护社稷,安定天下。诚如欧阳澈所说:我的上书,切中时弊,必然触犯权臣,也有天子不高兴的内容,我为什么还敢写呢?

因为我不怕死，杀了我，可以惊醒世人和当权者，造成天下太平局面，我的愿望就达到了。他们爱国是为了安定天下，百姓受福。所以爱国主义是凝聚民族、国家的精神力量，在历史上起过积极作用。苏武、刘琨、陈东、欧阳澈、岳飞、文天祥、方孝孺、于谦等人被视为爱国、有气节的楷模，鼓舞了一代又一代的国人为实现王朝的政治清明，为保卫中原王朝、"正统"王朝和中华国家而奋斗，抛头颅，洒热血，在所不惜。这种爱国精神在近代发挥重大作用，是我国没有沦落为殖民地的原因之一。

对爱国思想也要作全面分析，因有时代的局限性，其中不乏消极成分，今天看来不足称道。古代爱国即忠君，而君主可能昏暴已极，朝政可能败坏异常，因此对他们爱戴尽忠，实在是愚忠。这种忠君爱国，把个人作为一个君主、一个王朝的附属品，以为生命、地位是他们赐予的，不管他们的政治是否清明，是否值得去维护，一味为其效忠，乃至于死。这种忠节观实质上是君主专制下宗法性伦理观，是君为臣纲的具体化。以热爱汉族为内容的爱国思想，在历史上是合理的，表现了民族正气，但随着多民族国家的发展壮大，这种爱国思想就变成了狭隘的民族观念，不能适应变化着的时代要求。所以，对于古代的爱国思想要分析其实质，取其有益成分，去其有害因素。近代以热爱中华民族为内容的爱国观，有益于各民族的团结，这是对古代爱国思想的升华，把爱国思想发展到了一个新阶段，应予高度评价。

古人讲爱国，往往把个人利益与国家利益分割开来，似乎两者是绝对矛盾的，爱国忠臣就须为帝王、朝廷去死，不要性命和家庭，更不要说个人的幸福生活。"文死谏，武死战"成了最高的爱国忠君准则，似乎不如此就不是爱国忠臣。但是魏徵讲的做良臣的道理，发人深省。魏徵是历史上最有名的不怕死的谏净之臣，是热爱唐朝和唐太宗的，应该说是爱国的人。他有一次对唐太宗表白：希望陛下让臣做良臣，而不做忠臣。唐太宗不明白他说的良臣和忠臣的区别，他解释说良臣是自身获得好名誉，君主得到好尊号，子孙取得福和禄；忠臣的家庭被毁灭，国家也受到损失，忠臣虽以一死博得好名声，对国家又有什么用！唐太宗听了大受感动，要求他不要忘了这些话，同时表示自己也要以社稷为重，处理好君臣关系。魏徵说的良臣，是在处理君主、社稷、臣民三者关系中，对三方面利益都要照顾到，不能只顾君主朝廷，不顾臣民生死利害。只有三方面利益都顾全了，才符合爱国的本来愿望，国家才能兴旺，损害了哪一方，都与爱国本意不符，也达不到爱国目的。

魏徵的良臣观,在君主独尊的社会被埋没了,没有引起多少注意。其实魏徵的见识是相当深刻的。他所说的国家、君主、爱国臣民三个方面,应当以国家利益为第一位。如文天祥,南宋已被灭亡了好几年,仍不投降元朝,从容就义,他是在宋元民族战争中,把以宋朝为代表的汉民族国家放在至高无上地位,而不在乎君主之有无。以国为重,是中华民族的共识,是爱国主义的最主要内容。近代戊戌变法中六君子之一的谭嗣同,在顽固派拘捕面前,拒不逃亡,大义凛然地说出声震华宇的名言:"各国变法,无不从流血而成,今中国未闻有变法而流血者,此国之所以不昌也,有之,请自嗣同始。"他在我国处于外国资本主义侵略的严重危机面前,倡导改革,是最大的爱国者,又临危不惧,以就义唤醒国人继续奋斗,是以国家为重的爱国主义的一种典范,永远值得纪念。在国家面前,爱国者不宜于强调个人利益,但是作为国家的代表——朝廷(政府)却要爱惜爱国人民的热忱和力量,予以保护,让它充分发挥出来,以利国家的发展,而不是只顾执政集团的利益而利用它,或遏制它。

(载《南开学报》1996 年第 1 期)

关于历史课的爱国主义教育
——以中学历史课本中"郑和下西洋"为例

一、众口一词以"郑和下西洋"为爱国主义教育事例

现行高中中国古代史课本第六章第六节《明清时期的对外关系》,重点是介绍郑和下西洋及中俄雅克萨之战的历史。对于郑和下西洋的原因,教科书写道:"为宣扬国威,加强与海外诸国的联系,满足统治者对异域珍宝特产的需要,明成祖派郑和出使西洋。"说到下西洋的情节与意义:"郑和下西洋是中国历史上空前的主动外交。其规模之大,历时之久,航程之远,在世界航海史上也是空前的。他比欧洲航海家的远洋航行早半个多世纪。郑和不愧是世界航海事业的先驱。"说到下西洋的后果和历史局限性:"郑和下西洋的目的不是发展海外贸易,它采取的不计经济效益的政策,给明朝造成巨大负担。随着国力衰退,航海的壮举也悄然结束。"教科书还设计了以"郑和下西洋的历史作用和历史局限"为题的"活动课·辩论会",目的是"增强爱国主义情感,激发民族自豪感",这是点睛之笔,叙述及讨论郑和下西洋的历史,是向学生进行爱国主义教育。有关的论文、教材、辞书,均认为郑和下西洋是世界航海史上空前的壮举,有意或无意地以这一点宣扬民族自豪感,这一历史事件成为爱国主义教育的典型事例。

这些论点笔者完全同意。特别是上引教科书的观点,成功地吸收了改革开放以来的研究成果,摒弃了全盘赞扬的不实事求是的研究态度,对郑和下西洋历史事件的叙述和评价应当说是中肯的。不过,笔者想借教科书提出的"增强爱国主义感情,激发民族自豪感"问题,探讨历史研究、历史教材与爱国主义教育的关系,这是个大题目。

二、如何进行中外历史比较

不少文章为说明郑和下西洋征服海洋壮举的历史意义,同西方航海史上

远航时间、人数、船数进行对比:在时间上,比迪亚士在 1487 年发现好望角要早 82 年,比哥伦布在 1492 年到达美洲要早 87 年,比麦哲伦在 1521 年到达菲律宾早 116 年;在人、船方面,郑和第一次下西洋有大型宝船 62 艘,大者长 44 丈、宽 18 丈,官兵 27800 人,而哥伦布去美洲仅有船 3 只、80 余人,麦哲伦到菲律宾不过 5 条船、260 余人,达·伽马去印度有船 4 艘、约 160 人,与郑和船队无法相比。

陈述的这些事实,都是历史的真实。然而比对是否就此截止,是否还要比较什么内容,这是由作者研究目标所决定的。就郑和下西洋和地理大发现作比较,笔者以为还需要关注两个问题:

其一,历史后果。一个事件的历史意义,在很大程度上看它对当时以及后世社会生活的影响。15—16 世纪的中西航海史确实令人深思,西方只用了那么少的人力、物力,真是同永乐帝动用的人力、财力不可同日而语,如果比较一下两者的后果,则是另一种不可同日而语了。地理大发现所开始的殖民活动,揭开了西方资本原始积累的时代。殖民者进行海外掠夺,把大量黄金输入欧洲,引起“价格革命”。在物价上涨中,新兴的工业资产者发财致富,一部分农民发家,征收定额地租的地主经济遭到破坏。所以价格革命带动生产关系的变化,促进城乡资本主义的发生和发展,造成封建制的进一步衰落。地理大发现的后果如此,其重要意义也在这里。郑和下西洋的后果与此不同,中国君主利用经济富足和高技术水平从事航海活动,用重金聘请所至之地的国王、酋长来华,制造“万国来朝”的颇有虚幻成分的“鼎盛”局面,稳定永乐帝因篡位而形成的不稳定的政局,这是下西洋的首要目的。其次是购买上层社会所需要的珍珠、香料等奢侈品。下西洋贸易对官营手工业的发展不无好处,而限制、打击民间工商业的发展,整个讲做的是赔本买卖。因此永乐后期,官员李时勉等人说“连年四方蛮夷朝贡之使相望于道,实罢(疲)中国”(《明太宗实录》卷 120)。下西洋过后不久,兵部车驾郎中刘大夏说:“三宝下西洋,费钱粮数十万,军民死且万计,纵得奇宝而回,于国家何益? 此特一弊政耳。”(《殊域周咨录》卷 8《古里》)他们将郑和下西洋当作弊政来看待,认为是政治外交行为,而不是正常的经济贸易活动,结果是疲敝中国。两种后果,倒反映了事情的本质。

其二,中断的“第一”意义何在? 下西洋时代中国造船术、航海术最先进,处于“第一”的地位,但是后来中断了,成为昙花一现的事物,这样的“第一”,

强调它的意义在哪里？郑和下西洋发生得早，利用当时世界上最先进的造船术和航海术，船队规模大，航海持续时间长，在人类航海史上是空前的壮举，是中华民族对世界航海事业的贡献。它表明当时中国经济、文化的发达。这些都值得我们引以自豪，加以歌颂。问题是进行这样的中西对比想说明什么？一味地自诩"当年我们祖先如何如何先进"，是阿Q式的"十年浩劫"时代的思维逻辑，今人不宜固执。若用以总结历史的经验教训，寻找中国由先进变为落后的社会原因，激励国人奋发图强，将是有意义的，然而少见以此立论的文章。历史上的先进只应对后人起鞭策作用，而不应替落后作解嘲。郑和下西洋的时代，中国是周边国家及西洋的"中心"，这种自诩世界中心的观念源远流长。在清代，西方文明传入，开明人士虽未把它视作奇技淫巧，然而也认为中国古已有之，观19世纪大学士阮元主编的《畴人传》即可知。20世纪人们一方面反对"全盘西化"论，另一方面传统的中国中心论仍在或明或暗地流行着，因之片面地比较郑和下西洋与地理大发现，就不是奇怪的事情了。

"己所不欲，勿施于人"。你爱国，他人也爱其国。在中外历史比较中，尊重祖国，同时也要尊重他人之国，庶几或可避免偏颇之弊。

三、忌讳现代化的比附

教科书说："郑和船队到达各国，受到热烈欢迎。……郑和下西洋期间倡导的不欺寡、不凌弱、友好相处、共享太平，为亚非国家之间的交往确立了不成文的准则，对后世影响深远。"有的教材、论文、辞书，或谓："郑和使团奉行与海外诸国'共享太平之福'的和平外交方针，执行……对外开放政策，赢得了亚非许多国家对中国的信任与友谊。"或者说："郑和下西洋是和平进行的，没有征讨和杀伐。""……前者郑和是和平使者，后者哥伦布是入侵强盗，两者形成鲜明的对照。"这些文字，给读者传达的信息，不外是郑和是和平使者，所以受到热烈欢迎；郑和之行确立亚非诸国的和平相处原则；同样是远航，郑和是和平使者，哥伦布则是入侵强盗。如此说明与引导，不无历史问题现代化之嫌。"热烈欢迎""友谊"已是现代新闻报纸的常见语汇。郑和下西洋是和平进行的，只能说"基本上"如此。如果纯为和平外交及和平贸易，用27800人的庞大军队做什么？打击海盗是作用之一，难道就不包括制服那些不受招抚拒绝朝贡的人？郑和将锡兰国王亚烈苦奈儿俘虏到南京，永乐帝君臣视其为"禽兽"，可怜其愚昧无知，释放回国，又如何解释呢？过分强调"和平"以及"共享"原则，就违背历史真相了。与其说郑和同哥伦布有和平使者、入侵强盗之分，不如说赏赐使者与掠夺强盗之别，永乐帝时代有哪一个国家或地区威胁到中国安全，需要派遣郑和带着大军去做和平工作？永乐帝为宣扬国威，花钱去请人来朝贡，说郑和是"和平使者"未为不可，也许说他是"赏赐使者"更贴切一些。

现代化的比附不可取，对比的出发点是为借鉴。这里附带说一句，对郑和使团成员的选择，永乐帝是下了一番功夫的。郑和，回族人，信奉伊斯兰教自不必说了，当了大太监后，兼信佛教，他的随员、著作《瀛涯胜览》的马欢等人也是伊斯兰教信徒，下西洋所到之处，居民多信仰伊斯兰教或佛教，以郑和、马欢等人为使节，基于宗教信仰的相同，与所至各国君民交往自然方便，容易达到预期的效果。

四、理解历史与爱历史、爱国家

我国的历史，一度全面成为被批判对象，于是乎成为一部"吃人"的历史。所谓看来看去，说来说去无非是"吃人"现象。对这种观念持有异议的学者则要求人们，对本国历史应有"温情与敬意"，至少不要抱偏激的虚无态度。不爱本国历史，奢谈爱国，不是有点滑稽么？所以说，爱国首先对历史要有一个热爱的态度。

历史上有各种各样的事象，有美好与丑陋的区别，正面与负面、消极与积极之分，不论哪一方面，都不是历史研究者、爱好者表示肯定或否定的简单事情，关键是要理解性地说明历史：它为什么会是这个样子，而不是另外一种状态，它的正面意义、负面作用各在哪里，令人理解，而不是一味地批判或赞扬。人们懂得历史，自然而然地就会爱自己的国家。若持温情与敬意态度，历史知识越多，潜移默化的作用越大，必然增加对国家的感情。爱历史，就必须全面认识它，理解它，尽可能地避免对它的误解，这才有利于爱国观念的增强。爱国主义不是靠灌输深入人心的，是在人们历史知识丰富的情形下自然产生的。历史书不必以哪一个事件作为爱国事例，灌输，未必能够实现初衷。让人多获得历史知识，才是最重要的。

时代在变化，爱国思想、内容也不是一成不变的，而是会随着时代发生更新。在古代以热爱汉民族国家和王朝政权为内容，所谓民族气节，也是指此而言，那时将少数民族王朝视为异族政权，汉人反对它，就是气节高尚。及至辛亥革命以后，"五族共和"，民族气节扩展为中华民族的气节，不再仅是汉人的事情。可是传统的汉人国家的观念并未完全消失。在抗战时期出于对日战争的需要，将历史上汉人抵抗少数民族统治者的斗争大加歌颂，以蒙古灭宋、满洲灭明的历史，说明小而强的国家可以灭亡大而弱的国家，警惕被日本灭亡，鼓舞国人同日本侵略者战斗。看来，并未运用完整的热爱中华民族的观念，而是为"实用"讲那些历史事例。半殖民地时代，中国人争取独立，争取国家领土主权的完整，爱国的内容和表现是反对外国侵略者——帝国主义。二战之后，特别是新中国成立以后，情况变化了，爱国应当表现在建设富强的国家方面，让人民生活美满，而不是完全同以前一样反对帝国主义，反对超级强国的霸权主义。这种形势的变化，爱国主义内容的更新，需要体现在历史教科书上。像那样简单对比郑和下西洋与地理大发现的时间早晚、人数及船只多寡，得出先进与落后、和平使者与入侵强盗之别的结论，如果在 20 世纪上半叶的话，这些说法是可以理解的，到了下半叶还是说这类话，多少令人有狭隘之感，也令人感到观念的变更之难。

讲爱国，得分清国家、政府、人民三者之间的关系。众所周知，国家同政府不是一个概念。但是人们在讲到爱国时，常常将它们混淆为一，以政府代替国家。在传统社会，朕即国家的时代，爱国就是爱皇帝及其王朝，对国家与政府常常是不作区分的。不过我们如果仔细分辨的话，不难发现，即使在那种情况下，有时人们也会加以区别，所谓"天下者非一家一姓之天下也"，将中国与特定的某姓之王朝区别开来。

本文以中学历史课本中的"郑和下西洋"的评介为例，探讨历史课的爱国教育，所针对的问题，是历史课本所提出来的，并非说课本本身有多少缺点。其实它写得很好，前面已经说过，它成功地综合了当今的史学研究成果。本文所说的那些问题，尤其是简单的中西对比，是学术界的事，而不是课本的事。本文就是想讨论在历史教学中现代爱国教育的新概念，仅此而已。文中那些感想性的意见，敬祈方家指教。

(载《历史教学》2002 年第 10 期)

略论当代中华文化建设与资源利用

建设当代中华文化,笔者思考的是它的社会环境因素,试图说明建设者的应有态度以及进行建设的文化资源。

一、20 世纪是人类社会制度实验及文化批判的时代

"五洲震荡风雷激",这个在"文化大革命"中我们耳熟能详的语句,用来形容 20 世纪人类社会的急骤变动,也许是很贴切的。1917 年的俄国十月革命,产生了社会主义的苏联。第二次世界大战之后,出现了一批新民主主义国家,形成社会主义阵营,与资本主义世界形成两大阵营对垒的局面。90 年代初,建立 70 多年的苏联解体,其欧洲盟友恢复先前的社会制度,社会主义阵营遂不复存在。这是新的社会制度在向另一个仍然有着生命力的已有几百年历史的社会制度的挑战。就资本主义制度来讲,也在进行内部的更新,缩小贫富差别,实行高就业率、高福利政策,左翼政党不时地执掌政权;殖民地纷纷独立,建立民族国家,殖民主义灰飞烟灭。资本主义社会有其难于克服的弊病,怎样解决,用社会主义取代它,是一种实验,实验遭到极大的挫折,然而并未结束,而且也还有其他制度实验的可能。

这一个世纪,中国社会经历三次巨变,首先是辛亥革命,以共和政体代替君主专制;其次是新民主主义革命,共和国代替民国,国有制、农民集体所有制取代私有制,乃至试图改变集体所有制的人民公社制,所谓"共产主义是天堂,人民公社是桥梁"是也;接着是改革开放,恢复商品经济和多种所有制,打开国门,进入世界贸易组织。我们同世界其他国家一样,在进行社会制度的实验,只是在内容方面有自身的特色。

在进行社会制度实验的大背景下,传统文化不可避免地处于被冲击的地位,激进者、革命家以及某个时期的政府均以其阻碍社会前进,予以抨击、批判,而首当其冲的是作为其核心的儒家文化。一个世纪中国传统文化不断受

到批判,兹就其大者,罗列于次:

19世纪、20世纪之交,抨击传统制度文化。张之洞提出"中学为体,西学为用"的立国方针,"中学"虽然仍处于为"本"的地位,不过在西学冲击之下,已处在被动的守势,反映"中学"的处境岌岌可危,而社会舆论对科举、缠足、辫发的批评,是对传统的制度文化及习俗文化的鞭挞。

五四新文化运动,直指儒家文化,猛烈批判,倡言"打倒孔家店""覆孔孟,铲伦常",认为礼教是吃人的东西,一部二十四史就是吃人的历史,反对孝道,历来被尊为圣人的尧、舜、禹、汤、文、武、周、孔,神圣的典籍《三坟》《五典》《八索》《九丘》,前后七子、三国两汉文,皆在摒弃之列,同时主张废除姓氏及辈分,废除大家庭以至文言文,进而要求废止汉字。这样几乎全盘否定传统文化,其中主要是批判儒家纲常伦理、宗法制度和宗法思想。

20世纪50年代前半期的历次批判运动,清理在观念上与传统文化有或多或少联系的各种思想,如批判电影《武训传》及着意兴学的义丐武训,批判宣扬国故及杜威实验主义的胡适学术思想,批判乡村建设、教育救国、实业救国等"改良主义"思想。

"文化大革命"的十年,开始是横扫"四旧"——"旧思想、旧文化、旧风俗、旧习惯",以暴风骤雨般的群众运动将一切传统文化都当作垃圾予以清理,焚禁所谓"封资修"的图书;继而批孔,以孔子思想代表奴隶制及奴隶主,为奴隶制复辟的倒退观念,又找出什么"儒法斗争",以之为"四人帮"的极左路线张目,而批儒也达到历史上登峰造极的地步。与此同时,又按照传统的忠君文化,大搞个人崇拜,到处是塑像,跳忠字舞,家家张挂标准像,早请示、晚汇报,如同历史上的面对"天地君亲师"的神牌,甚至1973年九江长江大桥开工的日期也选在12月26日,以此传播过时的儒家忠君伦理观念;而横扫一切"牛鬼蛇神"之时,给他们剃"阴阳头",插草标(或类似之物)游街,则是传统的对待犯人办法的翻版。

粉碎"四人帮"之后、实行改革开放方针之初的批判封建专制主义。这时人们在思索为什么"四人帮"能够肆虐,令国家经济陷于崩溃的边缘,学术界有人认为这是封建王权主义、专制主义遗毒造成的,需要对它进行彻底的批判,还有人认为五四运动注意了"救亡",忽视了"启蒙",应当补课,继续清除专制主义余毒。

在20世纪的文化批判中,信仰外来文化的观念,如"全盘西化"论,也遭到质疑或批判,传统文化中的道家文化亦在被冲击之中,但是儒家文化是批判矛头之所向,儒家思想中的伦理文化和家族文化又是重点对象。它不断地遭受批判,给人一种感觉,19世纪末至20世纪80年代初期的百来年的中国,是批判传统文化的时代,当然,其时亦有抗争的力量在维护传统文化,不过不是主流,软弱无力,对此我们将在以下作出说明。

二、应有尊重传统文化的态度

对传统文化应抱理解、说明的态度。以敌视态度否定、批判传统文化,容易割断历史。历史是客观存在,今天是昨天的延续,这个道理人人都懂,但有时候会犯糊涂。历史给后人的遗产,有正面的,也有负面的,不管它是积极的还是消极的,后人是不能将它抹煞的。承认历史传统,就不能是简单地批判,而是要去理解它、说明它,扬其有益因素,弃其有害成分。现在学术界提出"主位观"的认识历史上人们社会行为的一种态度及观察方法,是有一定道理的。历史上人们的行为,不论是理性的或非理性的,都有他的根据,他的需要,他的原因;后人去认识它,首先应弄清事实,其次要了解人们为什么会那样行事。即要理解它,说明它,而不是简单地给它定性,去指斥它,批判它。定性、批判并非不需要,而是应抱着理解的态度,去作出说明。否定传统文化者,将传统文化中的消极成分看得过重,本身思想中理想的因素较多,而割断历史,不免有虚无的毛病。理想主义与虚无主义容或有一致性,也许在对待传统文化上表现出来。理解的态度,是对民族历史、传统文化含有一种敬意,钱穆在《国史大纲》中提出读史的应有信念:必须具有对"本国已往历史之温情与敬意","至少不会对其本国已往历史抱一种偏激的虚无主义,亦至少不会感到现在我们是站在已往历史最高之顶点,而将我们自身种种罪恶与弱点,一切诿卸于古人"。说得是何等中肯啊!

辩证地、历史地分析传统文化中的有益与无益因素,努力挖掘其积极成分。理解传统文化,自然也有个标准,但这不是以后人的科学文明水准去衡量古人、要求古人,否则只会视先人的行为为落后、愚昧、迷信,对他们多所误解。传统文化,很难绝对地区分为精华与糟粕,精华中有糟粕成分,糟粕中也许有精华成分,笔者以为以对今日社会"有益""无益"为区分、去取原则,或许更客观。比如历史上的科举制度,在隋唐时代出现及以后的一段时间内,对打破贵族与士族垄断官场,选拔人才,促进人口的社会流动都有好处,有益于社会发展;迨至明清时代,以八股文取士,限制人才的产生,不利于社会前进;清末变法,废科举,设学堂,是有益之举,然而增加上学成本,令穷人更难于进学堂,又因废除科举中南北、中卷制,使落后省份之读书人更难取得学历。所以废科举是好事,但也还有某种程度的消极面,如果不辩证地、历史地去作考量,简单地肯定或否定,均难从中得到应有的教益。再如,科举中殿试的历史,以往研究者不太留意,以为是形式,或者是皇帝及阅卷大臣以情感取人,不足为训,笔者曾经留心过清朝康熙帝、雍正帝的殿试试题,发现他们往往以所关注的政事、社会现象命题,希望贡士给他们出些主意,加强国家的治理。可知科举试题也是值得研究的事情,也有有益与无益的价值之别。以有益与无益区分传统文化,使用辩证的、历史的研究方法,努力挖掘传统文化中的有益成分,使它成为建设当代中华文化不可缺少的资源。

传统文化在今天还有哪些有价值的东西呢?就我国的现实情况,以及世界发达国家的情形来看,笔者以为下述四个方面是可以考虑的:

其一,传统伦理中的仁爱精神。发达国家社会的金钱至上,财富占有的不平均,生态环境的破坏,社会的某种不稳定,乃至恐怖主义的出现,俗话说"物质文明飙升,精神文明下降",有识之士为之担忧,寻找对策。一位在某某国家生活多年的学者回国后,谈其感触,谓某某国人是经济动物,而国人在向兽性发展。伤时疾俗,莫此为甚。我国传统伦理最讲究如何处理人际关系,最高的原则是"仁",主张"仁者爱人"。仁,是两个人的组合,是讲人群,而不是讲单个人,在群体之中,以互相爱护为游戏规则,反对绝对的利己主义,摒弃"拔一毛利天下而不为"的观念;与"仁"相对应的,或者说仁的另一个内涵,是"己所不欲,勿施于人",设身处地为对方着想,人际关系就容易和和。或谓这种儒家人伦是小农封闭社会的产物,在现代社会行不通。笔者不敢说"仁"的精神能够贯注于现代社会,不过可以作出努力,不妨试一试。就笔者所知,当今有的家族在制定新的家训、族规,讲求伦理建设,强调家族成员的互相尊重,注意克服家长制观念的影响,尤其讲究男女平等,丈夫尊重妻子,父母、公婆尊重子女、儿媳的人格,有的家族在续修家谱时,不仅书写出嫁女,还将女婿及其子女上谱,以此处理人际关系,力图营造和谐的家庭、家族气氛。20世纪初期、后期都有人说儒家伦理能救世界,笔者绝非持有此种见解,只是认为儒家伦理中的仁爱精神,可能有助于世界伦理建设而已。

其二,传统文化中的中庸理念。"天人和谐"一词,时下成为学术界使用频率较高的词汇,但对其所反映的道理却知之甚少,只是从生态环境的破坏,感到"人定胜天"的愿望,有积极的一面,而其破坏性可能更大,这就是忽视了"天人和谐"。"过犹不及",以"中"为理想。近日研治乾隆初政的历史,看乾隆帝及其子嘉庆帝君臣评价康熙、雍正、乾隆三朝的治国方针,认为康熙帝实行的是"宽仁"政策,雍正帝施行的是"严猛"方针,乾隆帝追求的是"宽严相济"的境界,康熙帝宽仁政策的实践,企盼社会的稳定,但是出现政事废弛的现象;雍正帝纠之以严猛之策,于是产生暴虐的弊病,他也知道被整饬者对他的不满,希望在条件允许的时候恢复到仁政方面,以为出现那种情形才是他的福气;乾隆帝试图用宽严结合的办法弥补前朝的缺失,争取达到中庸的境地。可知传统社会的君主在理论上讲是憧憬中庸之道的,期望出现中庸和谐的社会政治环境。今日世界性的恐怖主义的出现,笔者以为是弱势群体的非理智行为,是危害全人类的坏事,要消除它,就需要改善弱势群体的生存条件,使得国际社会自然地增强和谐因素,而以恐怖主义手段反对恐怖主义,恐怕难以达到目的。

其三,重视后代品德和文化教育的观念。传统文化重视教育,"天地君亲师",老师是受崇拜的三种人之一,"大成至圣先师"孔子的诞辰是国家纪念日,在清朝,甚至被定为大祀,与大行皇帝忌日的祀礼同等重要。人们早就懂得,给子孙千万财富,不如有文化、功名在身。正是看重教育,所以才特别尊师。我们从某些现象上对比,发现中国人对子女的教育投资及虔诚态度比西方人有过之而无不及,在海外的华人,出了很多科学家,还有不少诺贝尔奖得主。一个华人学生到移居地不久,就能在智力比赛中力拔头筹,不是家长刻意于教育培养怎么能够取得! 国内这几年希望拉动经济发展,想出许多办法,效果都不明显,但发展高等教育,结果非常灵验,父母对于子女的教育最舍得花钱,因而大城市中大多数的高中毕业生能够进入各种类型的高等学校就读。重视教育的思想,是传统文化的重要内容,后人的宝贵财富,事实上人们在自觉与不自觉地继承着。

其四,发挥历史学和历史文献学的优长。我国历史悠久,历史文献学、历史学夙称发达,我们的邻国往往要到中国古典文献中寻觅该国中古时代的历史资料。我国的典籍,在欧洲启蒙时代也发挥过积极作用。我们到一些历史较短的国家参观旅游胜地,常常感到自然景观很好,而缺少人文的东西。而我们不同,自然景观与人文景观是融为一体的,即使新开辟的景点,也会有丰富的文化内涵,因为我们有历史文化资源,有文献提供采择的素材。到了现代,我们的治史手段和方法不够用了,需要借鉴西方的史学思想和方法。但是我国的治史传统,在人们中形成的历史意识是极其深厚的,那些有悖历史常识的"戏说"影视片,能有那么多观众,也足以说明这一点。中国的历史学和历史文献学,是世界文化的瑰宝,如何发挥其作用,应当是我们考究的事情。

以上说的我国传统文化中的有价值的要素,不是简单地拿过来就用,而是有分析地选择运用,是传承其积极因素,这是毋庸赘言的道理。

三、善于利用建设当代中华文化的资源

传统文化本身是建设当代中华文化的基础,是传承的资源,其重要性自不待言,因此对传统文化的载体——历史文献,特别是儒家及各种学术流派的原典需要认真阅读、理解和吸收,对此无须多言,而对其他资源也应有所了解和说明。

(一)清理 20 世纪学术文化史,总结学术研究成果,吸收有益的成分,使之成为建设当代中华文化的重要资源

1.社会渐进论者的国学、国粹派的儒学资源

社会渐进论者深刻地认识到社会的弊病,觅求社会改良,其中有的人本来是相当激进的,如章太炎是反满革命领袖之一,胡适是新文化运动的旗手之一,但是 20 世纪二三十年代,他们同梁启超、梁漱溟及《学衡》派诸人笃信社会渐进论,潜心学术,主要研究经学、史学和典籍,成为倡扬国学的大师。章太炎晚年总结经验,认为孔学最适用于中国,作为中国人,应当有民族思想、民族感情、民族精神,有礼教道德,有历史文献知识,做人要遵照儒家伦理,"孝悌忠信"仍然有价值。为实践他的主张,在苏州开办"章氏国学讲学会",提倡民族主义,发扬孔子教育精神,讲授《尔雅》《尚书》《公羊传》;梁启超研究国学,撰著《清代学术概论》,宣传"复兴古学,以求解放"的思想,又作《中国近三百年学术史》,自云在接受西学的同时,"力谋中国过去善良思想之复活",并谓章太炎提倡种族革命,"同时也想把考证学引到新方向";《学衡》派坚持文言文,反对白话文,他们中的吴宓、陈寅恪、梅光迪、汤用彤,是留洋学者,学贯中西,而着意于保存传统文化。梁启超的观念时或变化,被人讥为"善变";章

太炎由激进的革命家,被他的弟子(如鲁迅)、再传弟子(如蔡尚思)视作尊孔读经大师,是不合时代潮流的历史落伍者。

如何理解章太炎、梁启超的变化?以落伍责备他们,固然可以,这是肯定当时社会激进潮流前提下的观点;设若换一种语境,是否可以理解为他们政治观念上不以激进为然,而信奉渐进,并不要彻底改造中国,所以对传统文化有所热爱,在其备受冲击之中,坚持儒家的基本观念。在批判传统文化的时候,国学、国粹派对传统文化的研究,有批评,如封建、君主制的思想要不得,业已过时;有赞扬,系有分析的肯定,主要在做人伦理。他们的研究活动使人知道传统文化不能全盘清除,内含不可抹煞的有益成分,可以继承、实践。他们的学术成果,为我们今天认识传统文化提供素材,可供建设当代文化的参考。

2.晚近新儒学的资源

章太炎、梁启超那一代人的国学研究,对后世的新儒学产生了启示作用,晚近新儒学代表人物杜维明认为他们是现代新儒学的先驱人物。初期的新儒学,梁漱溟、熊十力、张君劢和冯友兰是重要学者,他们以及康有为、梁启超,在西方文化盛行的情况下,认为儒家文化还有其价值,对儒家的人生观、宇宙观,对人生、宇宙、天人关系、人际关系等方面作出深刻思考,从各方面建构儒家学术框架。20世纪后半叶,尤其是七八十年代亚洲"四小龙"兴起之后,身在大陆以外的华人学者,研讨"四小龙"的发达与儒家文化的关系,形成新儒学的第三代,而在台港的徐复观、牟宗三起了承前启后的作用,撰著《两汉思想史》的徐复观自云:"没有五十年代台湾反中国文化的压力,没有六十年代内地反孔反儒的压力,我可能便找不到了解古人思想的钥匙,甚至我不会作这种艰辛的尝试。"可知新儒学是在社会反儒舆论情形下发展的。这时的研究已经处于全球经济一体化的时代,在这种大背景下的讨论,更需要深入探讨儒家思想的时代意义。

(二)民间文化资源

如果说国粹、国学、新儒学是社会精英的文化,此外还有一种文化,即大众文化,或曰民间文化。民间文化,体现在人们的日常生活之中,是鲜活的事象与意识,建设当代中华文化,应当是出于民间文化,而又提升民间文化。脱离民间文化,哪里可能有当代文化的建设?即使在"四人帮"肆虐最严重的扫"四旧"之日,春节不放假,但是工人到厂里并不干活,政府还是按照多年惯例,给每人发放半斤花生、二两瓜子的配给证,以应节景。民间文化岂可忽视!

民间文化确有值得提倡的优良成分,即以保护山林而言,以往见族谱中保护祖坟的族规,不许族人去砍伐树木,只许割茅草、捡树枝,否则重罚,捆绑打板子,罚款赔酒席,以为这是封建族权压迫族人的罪恶。当有了保护生态环境的意识之后,知道古人在讲究坟茔风水的同时,有意或无意地在保护生态环境,现在我们再到家族活动较多的地区作田野调查,就会发现人们自觉地封山育林,维护生存环境。这种保护生态环境的观念,是传承的,如果要让农民讲什么"天人和谐"的道理,他们多半不会讲,可是他们朴素地懂得这个原理。

我国老话,"礼失求诸野",它体现了精英文化与大众文化的关系,也即大传统与小传统的关系。民间文化蕴含着无尽的宝藏,是传统文化的重要组成部分,是建设当代文化的资源,需要与精英文化结合在一起,进行有机的吸收组合。

(三)本土化前提下的借鉴西方文化资源

在全球化的状况下,对西方文化汲取的本土化问题更显得突出了。在 20 世纪大多数时间里,人们没有"本土化"的概念,但是有"文化本位论"表示对西方文化的态度。20 世纪 30 年代,萨孟武、何炳松等人发表《中国本位文化建设宣言》,反对全盘西化论,倡扬本国本位文化,拒绝吸收外来文化。如果不吸收、创造新的文化,仅仅发扬本国文化,是不能跟上世界潮流的,所以新儒学家对全盘西化论、本位文化论均持批评态度。鲁迅主张"拿来主义",建设新文化不能不要外国的东西,但应主动去拿我们所需要的文化,而不是接受人家强加给我们的东西。关于中外文化关系的争论史,启示后人对本国文化与外来文化应抱有正确的态度。

殖民主义瓦解后,在对西方文化的态度中,产生文化的本土化观念,既要接受西方文化,又要同本民族的文化相结合,有选择地汲取。我国改革开放以后,人们迅速地接纳西方文化,西方各种学术流派的观念被介绍过来,不能说没有选择,然而有生吞活剥之嫌。现在本土化的观念才开始深入人心。究竟怎样才能实现本土化,这在加入世界贸易组织之后,是现实生活中的大课题,需要认真探讨,真正做到吸收西方文化中的有益成分,建设当代中华文化。

本土化、建设当代中华文化的另一种资源,是应予海外华人文化一席地位。在西方世界的华人,既要融入主流社会,又乐于保持中华文化,于是实践中华文化与西方文化的结合,如今他们中有人提出"大中华文化"的设想,即是一种表现。

建设当代中华文化,我们的资源甚为丰富,重要的是善于发掘和利用。

(载《广东社会科学》2003 年第 1 期)

古代做人伦理的现代价值
——《砥节砺行——寻找品格的磨刀石》序

笔者在书中讲了几十位古代人物故事,主要是反映他们为自身确定的做什么样的人,如何做人,终于成功的事迹。因叙述古人做人的伦理道德自必论及传统文化传承问题,在20世纪90年代初写作时,笔者多少有点不安——书中有否宣扬了传统伦理道德的糟粕,所以《后记》自我提出问题:是否"把封建伦理三纲五常中的一些东西,误以为是优秀传统文化加以介绍了"?这种担心源于对传统文化的研究和认识极其不足,因而又说:"大力开展对传统文化的科学的研究,是至关重要的事情,让我们就此多作努力!"20多年过后,学术界对传统文化的认知是大为提高了,笔者在这里将把学习的心得稍事清理,从伦理道德的层面略作剖析。当然,不能离开书中的那些人物故事。目的在于传统伦理道德对于现代人的做什么样人,如何做人,有没有借鉴因素,如果有的话,又在哪里呢?笔者以为有值得传承的精神财富,需要继承,既有益于个人,也有益于建立优良的社会道德。下面先交代古代做人伦理,接下来说明其有益于当今伦理道德建设的精华内涵,以及今日建设社会伦理的迫切性。

一、古人的做人行事与道德准则

各种古人故事,令我们得知,古人做人的方方面面,就其观念层面讲,主要有下述五个方面,即立志与理想,道德良知,勤奋刻苦与坚毅不拔精神,闻过知耻折节改行,为官作宦廉洁奉公。具体地讲:

(一)立志与理想

人需要有做人的志气,即有理想和努力的目标。志有所谓大志和一般志向的区分,项羽、刘邦分别见到秦始皇的出行盛况,项羽说"可取而代也",刘邦表示"大丈夫当如此也"。他们想做霸主,当统一六合的皇帝,是为大志,非一般人所敢想象。大多数人是在一定的现实条件下确立人生目标,有的人要做社稷之臣,安邦定国,辅佐君王安定天下,敢于向君主谏诤,同时讲求技巧,使唯我独尊的帝王能够接受,像汲黯、魏徵、陆贽、王恕那样争取做良臣,而避免做愚忠的忠臣;有的人为苍生谋求利益,如范仲淹的"先天下之忧而忧,后天下之乐而乐",明人蒋瑶、清人于成龙(北溟)之为民减轻负担;有的人立志兴家立业,发达家庭、家族,像傅毅要继承老祖宗、殷代傅说和汉代傅介子的事业,做出贡献;有的人出身卑下,但不甘心处于下僚、贱吏的卑微地位,寄人篱下、受人鄙视的处境,立志上进,像吕蒙之成为国士;有的人讲求生存之道,固守本分,不张扬,不妄动,像晋代著作《博物志》的张华,但是恶劣的政治环境,在皇家的血腥屠杀中丧失性命,未能如愿。立志有大小,在于个人所处环境和人生志向,但是无论如何,立志对于个人是绝对必要的,没有志向必是碌碌无为了此一生;有了志向,努力有目标,会产生动力,奋斗进取,会成为有益于社会、家庭的人。

(二)道德良知

人生的基本道德,即处世之道,有这么几个方面。

一是正直诚信。古人评论人常常使用的词汇是"君子""小人",君子大多用在评价士人以上人物方面,小人则侧重在大众方面,时至今日,人们还会说不讲信誉的人为"小人"。君子、小人之别,集中在为人是否正直,人若能处事公正,主持公道,讲求真理、正义,为此无私无畏,不趋炎附势,不做亏心事。还集中在是否诚信上,能否言行一致,诚恳待人,言必信,行必果。正直诚信,实质上是遵循实事求是原则处世,这也是君子、正人与小人、佞人的区别所在。王安石变法中的吕惠卿那一伙人,在传统史书上就被视作小人。(当然,对变法的看法不一,评价不同,此非本文主旨,这里不谈。)

二是善良。待人友善,富有同情心,乐善好施,民间门联常有"忠厚传家久""积善之家庆有余"句,自勉自励,以善良善行博取家世兴旺,绵延发达。"二十四史"义行传、孝义传记载了许多仗义疏财的人物,乐于助人的典型。南朝会稽人严世期,得知有三户人家生子,因贫穷将要溺毙,赶快送去衣服食粮,又为老年母女孀妇养老送终,被表彰为"义行严氏之闾"。现存山西运城清代晚期"李家大院",门楼院落的匾联突出地表现主家讲求行善的特点,北门楼悬挂"修德为善"匾,另一个门楼题名"广善门",一个厅堂的门联曰"孝行家规善行世道,仁和众志德留人心"。

三是担当。富有责任心,无论是对自己、家庭、社会,承担自身的责任,不依赖,不推诿,出事敢于担当责任,富有进取心。欧阳修晚年写作,更其认真,不是像青少年时代怕前辈老师批评,而是怕后生讥议,文章千古事,不可有一丝一毫的苟且。

四是谦逊。为人谦虚谨慎,不骄不躁,继续努力,不沾沾自喜。要能够严于责己,真是"每日三省吾身";宽于待人,所谓"克己待人",要有度量,原谅他人对自己的冒犯,不记仇,不报复。谦谦君子,是好品德。

五是荣辱感。为人处世应有荣辱感,获取社会舆论(古人的"月旦评")的好评,避免恶评,就要立身行事完全符合社会道德规范。

六是重大节。讲求气节的完善,忠于国家,忠于所事的主人,以至于牺牲性命——"杀身成仁",如同苏武、文天祥之行事;不变节,不做民族国家的罪人,不做小人。

(三)勤奋刻苦

立志做正人君子,必须实践,为此要有办事的本领,要有恒心,要能忍辱负重,以艰苦奋斗、吃苦耐劳、坚毅不拔的精神去克服种种困难,践履自身的志向。

苦学本领。苏秦经历锥刺股的苦读,从而对东方六国的政治形势了如指掌,提出合纵之策,说动东方诸侯,配六国相印,实现东方诸国的联合抗秦。在极贫状态下,朱买臣的樵采、王欢的乞讨吟诵、刘孝标的"书淫",匡衡的凿壁偷光、车胤的囊萤、孙康的映雪苦读,王冕的放牛作画,终于在各自的领域获得成功。

坚持不懈。勾践卧薪尝胆的复仇,班超的通西域,玄奘的西天取经,鉴真的东传佛学和中华文化,是典型的持之以恒、百折不回、坚毅不拔精神的体现。吴王夫差继位之初,立志为父王报仇,俘虏了越王勾践,志骄意满,放回勾践,勾践以卧薪尝胆精神,十年生聚,成为最终胜利者。这个故事中,一个有恒心者笑在最后,一个胜利后丧失斗志的人亡国辱身。玄奘取经,真是九死一生,过沙漠,孤身一人,上无飞鸟,下无走兽,连水都没得喝;在西域,高昌国王出于好意,强行扣留他,他用绝食的方式抗争,才能继续西行;过帕米尔高原,冰天雪地,同伴马匹大量冻死,就不在话下了;在印度,几乎被强盗杀害。经历十七年的磨难,取经回到长安。

忍辱负重。勾践在吴王宫中,为生病的夫差用药而尝试粪便,屈辱到极点。苏秦东游失败回家，没有人理睬他，嫂子不给做饭，备受歧视，刺激他锥刺股般地读书求学。朱买臣遭受被妻子休弃而成为鳏夫的羞辱。他们困乏、卑贱到极点，却向着志气方向努力，被世人讥笑，甚至不被家人理解，心理的刺痛比饥饿还要难受，在身心俱疲的情况下，他们如饥似渴的求知精神、完成事业的使命感，激励着他们继续朝着目标方向努力，终归闯出来，成为成功人士。

艰苦奋斗，实现人生目标，重要的是应有办事的本领，还要有坚毅不拔、百折不回、忍辱负重的精神，引导人们走向成功之途。

(四)闻过知耻、折节改行

"人非圣贤，孰能无过"。人人都会有大大小小的过失，这不可怕，重要的是抱着什么样的态度，是闻过知耻加以改正，抑或是文过饰非，甚至忌恨揭短的人，这就要看能否自律了。前述道德内涵中有荣辱感，知耻辱，是人应有的修养。顾炎武"以不知为耻"，在学问上极其严格要求自己，把不懂的事情认为是耻辱，非要探究明白不可。

其实人非万能，一个人不可能将所有的学问都掌握了。至于人生中出现的错误，更是羞耻之事了。有的人知耻改正，最动人的例子的是"除三害"的周处。他的家乡居民为三害而苦恼，因为老虎、蛟(鳄鱼之类)和西郭周肆虐，伤害人，祸害人，人们唉声叹气，不知如何是好。西郭周就是周处，他见人们忧愁，不知就里，询问邻人，人家如实相告，周处这才知道自己是三害之一，与禽兽同类，让人痛恨，不改过怎么得了，于是上山打死老虎，到河中与蛟搏斗，随着水流远离家乡，人们以为他也死了，高兴三害皆去，可以过安生日子了，纷纷庆贺。其实，乡人如此做法是不合适的，除虎、蛟二害是好事，但除害的是周处啊，怎么能置他的生死于不顾，反而庆幸哩！几天后周处杀了蛟返回，见此情状，心情非常沉重，没有怨恨乡人的不近情理，也不是自暴自弃，而是想到自家罪孽深重，才使人如此痛恨，于是痛下决心，彻底改正，成为《世说新语》赞扬的"忠臣孝子"。他能严于责己，不计较他人的不义，迈出重新做人的关键性步伐，实现折节改行，成为新人。寇准原是顽劣少年，为害邻里，受母亲痛责，而后悟出母之大爱——望子成龙，乃痛改前非，成为宋代名相。比他稍晚一点的司马光在《涑水记闻》中讲到他的接收母训，"折节从学"。折节，是改变节操，是人生观的变化，是从邪行改入正道。所以人要能改正错误，是思想上起变化，是在做什么样的人的方向上做出了正确的决定。闻过知耻、勇于改正，不仅令人谅解他，更令人尊敬他。与此相反的态度是非要文过饰非，此人就无希望了。隋炀帝就是要文过饰非的人,最终惨死亡国,令后人深以为戒。

(五)为官作宦廉洁奉公

传统社会,有志向的人,多半要做"人上人",要做官,改变门风,提高社会地位。但是做官应有为官之道。"为君难,为臣不易",君臣是一个社会范畴,官民是另一个社会范畴。官既要忠君,又要爱民,是做清官、廉吏,还是做贪官、酷吏,在于做官人的选择。廉洁奉公,是爱惜百姓而公事不废,对上对下都有利,这是社会对官员的基本要求,有的人朝着这个方向努力,表现在四个方面。

其一,避免额外征敛,为民请命。赋役是必须的,税外加税,差役无度,就民不堪命了。清官就是坚守正常赋役原则。明代扬州知府蒋瑶,在明武宗和一群宦官像蝗虫一样,到扬州祸害时,蒋瑶拒绝贡献奇珍异宝和特产的勒索,只供应日常的饮食,气得太监在北返时,用铁链锁拿他同行,后来把他放回任所,百姓痛哭迎接,因为他拒绝皇帝宦官搜刮,百姓少被扒一层皮。

其二,拒绝贿赂和"友情"回报。杨震拒收王密在夜间怀揣的10斤金子,王密说没有人能够知道你收礼,杨震说怎么不知,天知、地知、你知、我知。他是凭天理良心办事,不收礼,更不会聚敛。

其三,自身清苦在所不计。明清两朝实行低俸禄制,官员难于养家糊口,必然税外加征耗羡,清官自律,甘于过苦日子。于成龙任湖北罗城县令,用土垒砌的台子当办公桌,只有一口锅做饭,穷得仆人跑光了,就是不多征钱粮。百姓可怜他,送去钱物,一样不收,后来赴任四川合州知州,路途遥远,百姓送他上路,他一一辞谢,只有一位盲人坚持同行,说你路费肯定不够,我会算命赚钱帮助你,果然是在他资助下才能到达新任所。

其四,廉洁奉公的道德遗产。不贪赃的官员,需要顶住两种压力,一是在恶劣官风环境中,清官被贪官包围,不同流合污,难于继续做官,顶得住的才真正成为廉吏;二是家中贫乏,妻室子女跟着受罪,或有怨言,清官要的是名声,廉洁家风,传给后人。他们缺乏物质财富,但拥有精神财富。

二、传统伦理道德有着可以继承的因素

絮说了古人理想的、实践的伦理道德,有什么今天仍有积极价值的成分呢?那怕是稍微成功的分析,笔者以为要有两道功力,一是清理近代以来人们

对传统道德的态度,也即批判所谓旧道德的得失,然后才能较好地、较顺利地重新认识。二是从历史长河观察人类道德的继承性。可是伦理道德命题,是哲学研究范畴,笔者知识贫乏,愕然不知所措,哪里能够进入这个领域!不过既然写了那些古人做人的故事,就该了解哲学界相关研究成果,结合个人的认识和对世情的感受,也许会产生一点感想。因而试着努力了。

试想20世纪批判传统文化,摒弃"旧道德",成为主流文化。在上半叶笔者处于少不更事的人生阶段,没有那种批判的亲身感受,后来从学理上知道一点点,就是将传统文化、传统道德批判到极点,是谓之为吃人的道德,是够吓人的。下半叶,生活在其中,有些许直觉的感受。下半叶的前30年,阶级论主导政治、社会生活和学术研究的一切领域,所谓"破除几千年来一切剥削阶级所造成毒害人民的旧思想、旧文化、旧风俗、旧习惯",革命就是暴烈行动,不能温良恭谦让,要与旧传统彻底决裂。把仁义道德、人性论、人道主义、博爱贴上封建主义、地主阶级、资产阶级的标签,成为反动的道德文化,应予彻底否定。在这种情形下,有学者提出而被别人提炼为"抽象继承法",曲折地表达文化、道德继承的愿望和意见,理所当然处于被批判的地位。这是在当时读报中得知的信息。90年代以来提倡弘扬中华传统文化,人们从而稍微认真地思考传统文化、伦理道德的积极因素,当代的社会价值,笔者于是从学术信息中得到一点知识。今天综合起来,感到研讨中华传统文化价值,尤其是传统伦理道德的意义,需要在方法论上有所思考,或可使思绪清晰一点,有益于认知传统伦理道德中的精华和有价值的因素,使今人的继承更自觉一些。既然说到方法论,笔者体会到三个方面,即"抽象继承法"是在"精神"上和某些"具体"方面的继承;现代化与传统既是"对立"的又是"互补"的;传统文化中某些成分具有适应时代变化的性能而成为新时代的事物。

(一)"抽象继承法"的方法论价值

就继承问题,抽象继承法将传统文化区分为精神和具体两方面,认为精神上可以继承,具体内容上不可以。如"己所不欲勿施于人",不能强迫他人接受自己所不能接受的东西,这种精神是可以传承的,但这是儒家站在统治阶级立场上讲的伦理,这种阶级内容,不能继承。有研究者指出精神与具体是不能截然分开的,既然精神上可以继承,内容上难道绝对没有可以继承的成分?笔者想到人类社会中的许多事物,不只是有阶级性的,还有共性、中性,比如一个时期内"宗教是麻醉人民的鸦片"的主流意识,将宗教视为统治阶级愚弄人民的罪恶工具,似乎只有人民迷信宗教来麻醉自己,甘当顺民。然而众所周知,梁武帝三次舍身同泰寺,清高宗尸身覆盖陀罗尼经被,无不表明他们信仰佛教,他们是统治阶级的头目啊,阶级分析在这里显然失灵了,宗教是什么阶级、阶层、身份的人都会信仰的。佛教倡扬大慈大悲,充满对人的关怀的仁爱精神,无疑这是可以传承的,它提倡的舍施济贫的具体内容亦有可取之处。宗教倡导的爱,是人类共性,是中性的东西,用阶级性来认识,就抹杀人类共性了。前面说过一些人的义行,其实在"乐善好施""仗义疏财"的个人义行之外,还有群体的施善机构,如宗族的义庄、族学、行会、同乡会的义地(义冢),社区的社学,这些义行机构虽不发达,但总是实行救济贫乏的事情,这类组织,乃现代社会社会保障事业的先河。

再说"诚信"道德,是任何社会、任何人都必须遵行的人际交往原则,传统社会商业上讲信誉,标榜"公平交易""童叟无欺",现代社会讲求"契约",更要守信誉。至于为官之道的廉洁奉公,各个时代的具体内容不完全一致,但为官清廉公正无私,不贪赃,不枉法是一致的。所谓"君君臣臣",是君臣各守自己的本分,君应尊重臣下,"士君子"的臣子的"从道不从君",也会择君,"合则留不合则去",士君子文化的发展,不就是公共知识分子文化吗?当然对百姓而言,古今"官"的最根本区别是观念上的差异,传统社会做官是人上人,是"父母官",是在上者的"牧民",现代社会则是"公仆",是纳税人的公民养活官员。在上述这些领域中都存在着人类社会的共性内容,精神、内容都有可继承之处。

(二)现代化与传统的互补

所谓互补,就其内容讲,笔者以为如何处理人际关系、义理与功利的辩证关系是重要方面。正如有的学者所说,新、旧道德各有正负两方面,当代社会出现的问题,像高犯罪率,高患抑郁症率,人成为"经济动物",唯我的个人主义,类似于"文革"中"造反派脾气"的戾气横流,都与道德的偏差不无关系。传统社会重视私德,即个人道德的培养与实践,同时将私德的个人修养同家庭、社会、国家的关系紧密联系起来(即"修身、齐家、治国、平天下")。传统的教育重在德育,重在道德培养,家长、老师要以身作则,而现代教育重在专业人才的培养,家庭、学校也有做人教导,但社会的影响力更大,于是更多地关心谋求经济效益,谋取金钱。为了改变这种现实,有学者提出道德规范的必要与作用。古人讲做人"三不朽","立德""立功",哪一个更重要,传统社会倡导的"立德"与现代社会的"立功"各有价值,但是说到底做人更重要。今人羡慕比尔·盖茨的财富,对他的义行更加仰视,立德尤其令人敬重,此应为古今道德观念的共识。那么道德标准是什么,有学者认为就是"仁义",更有学者提出"新纲常"的设想,即构建一种从制度正义到个人义务的全面的"共和之德",与之相应的是新的三纲五常,即民为政纲,义为人纲,生为物纲,天人、族群、(狭义)社会、人人、亲友五种关系,是在当代讲论新仁义。现代的仁义,充分说明现代化与传统的互补,传统伦理的积极因素及其生命力。传统社会有反对为富不仁的意识,甚至杀富济贫的暴动,就是富贵者不仁不义所致。当今时或在传媒中出现的仇富观念的议论也是如此。古也好,今也好,还是仁义的行否问题,不行仁义,社会怎能稳定,甚至付出"自毙"的代价。

(三)传统文化中某些成分因应时变成为现代文化组成成分

传统文化的某些成分能够适应时代发生积极的变化,家族文化的更新最为明显地表现出来,同时最能反映传统文化与时代发展相合拍。

近代以来被人们口诛笔伐的宗族(家族)文化,成了封建主义、封建文化的代名词。然而事实是,随着社会的变化,宗族的更新在宗法性与民主性、家族本位主义与个人本位主义之间展开。在传统社会,宗族是带有宗法性的自治团体,具有互助功能,近代以来,它应变、自变,逐步用民主思想克服宗法观念,尊重族人的独立人格,向着、乃至完成近代社团方向的转变,建设成现代民主团体("宗亲会",主要出现在台湾、香港和海外华人社会)。所谓剔除其宗法性,是对传统宗族在管理体制与观念方面,对族人的行为、职业、信仰、女性上谱等方面的有所控制作出根本性改变,并为宗亲创造社交、娱乐、福利条件,体现出对宗亲自由意志、人格的尊重,这就完全克服了宗法性质,令其本身具有现代民主意识,进入现代社团行列。与此同时,族人是在具有独立人格前提下,自觉自愿地投入团体的活动。家族与国家政权的关系,从传统的依附关系转变为守法关系,这虽然也是一种政治态度,却不是传统社会的宗族政治功能——维护政权和社会稳定。

家族的变化与社会的演变是同步进行的。两者间的关系似可形成下列公式:

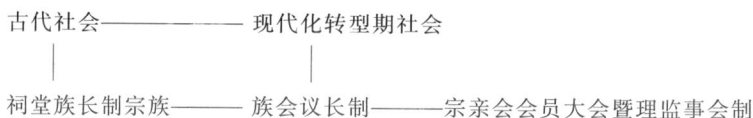

古代社会—————— 现代化转型期社会
  | |
祠堂族长制宗族——— 族会议长制———宗亲会会员大会暨理监事会制

不是任何旧事物都能适应社会的巨大变化，事物被淘汰是正常现象，而家族能够应变、自变发展出新的家族文化，有其内在的因素，笔者以为有三个方面：一是家族有着悠久的历史和文化传统，已为人们所习惯，形成感情纽结——一种需要，不可缺少，特别是遭到人为因素破坏之后，只要有可能，人们就会立即恢复她的活动。二是有变革的内在力量，即商人。商人是社会的活泼因素，在家族内部也是如此，它破坏传统家族的宗法性，而为新式家族提供建设经费。三是血缘凝聚力的牢不可破。古人深深懂得，民众与皇朝政权的关系是"人合"的，而族人之间是"天合"的，天合的关系自然紧密，人合的关系得到天合的家族的支持才能更加巩固。所谓族人之间的天合关系，是血缘因素形成的，是人所不能选择和改变的。自然形成的稳定性力量的血缘关系与社会性的家庭家族情节结合在一起，越发具有稳定性，在这里"血缘"成为集结团体的基础性的因素，基本的因素，只要稍微具有相应的社会条件，族人就会因为亲情的需要，社交的需要，谋事及其他福利的需要而组织起来，结成同宗的社团和同姓的俱乐部式的宗亲会。

适应时代发展的需要，家族文化清除宗法性，在人格独立前提下，强化血缘亲人亲情功能。在现代社会物质文明高度发展，精神文明发展滞后乃至衰退的情况下，现代家族文化就做出了伦理建设的贡献。

诚如有的学者所说，传统社会讲求仁义礼智信，现代社会讲自由平等博爱，两者是相通的，是可以对接的，现代社会需要继承传统社会文化的有益因素。传统社会处理人际关系所倡导的原则——诚信、关爱、义行、公正、己所不欲勿施于人、从道不从君，是现代社会所应当发扬的，将传统社会讲究的义理与现代社会追逐的功利两者视为辩证关系，在追求功利中不忘做讲究义理的人。要而言之，没有传统，现代化是不可能的。现代社会在继承基础上，发展、丰富新文化、新伦理道德，才能稳步、有序地持续发展，而少走弯路，避免付出不必要的代价。

现代伦理道德与传统伦理道德的辩证关系，或者说承接关系，无疑需要继续加强探究，友人通信说，需要重新"发明"传统伦理道德的价值和空间，值得去"发明"，可以去"发明"。然而谁去发明，怎样发明？是全社会的人及其社会实践，而不仅仅是学人的学理研讨。

三、做有社会公德的人和合格公民

人,不论什么样的人,都具有社会性,是社会中的人,古今中外概莫能外。社会中人的做人准则,从历史长河看人类社会伦理道德有传承的必要,有值得继承的合理成分。做人,今人需要传承先人的美德,更应当高于古人做人的要求;要求的内容有方方面面,关键是处理好人际关系,处理好社会关系,最起码的是做有社会公德的人,是做现代的合格公民。具体地考虑,可能是下述几点:

做对己对人对社会有责任、有义务的人。做人首先要对自己负责。人要生存,还想过得好一些,必然要为己着想,为自己担起责任,如若有条件(如健康身体)、有能力(非痴呆残障)却不去劳作,依靠父母、子女、他人、社会维生,很难是健全的人。做人要顾及他人,尊重他人,不能漠视他人,富有同情心,以助人为乐的精神,力所能及地帮助他人,视行仁义为己任,是对他人、社会的责任,而绝对不能危害他人,盘算他人,藐视他人,干损人利己、损人不利己的事情。与此同时,做对社会负责的人,做社会优秀分子,是促进社会发展的人,而不是社会蠹虫。做人,需要有公而忘私、舍己为人的精神,然而"我为人人,人人为我",是人类社会最重要的原则,最值得提倡,做人就做遵守这样的社会道德准则的人。

做有良心讲诚信有尊严讲体面的人。古人有"家丑不可外扬"之说,隐恶扬善,不尊重事实,自然是不对的,但却反映出古人极其看重荣誉,富有羞耻心。做人应有公德,自尊、自爱、自律、诚信、守法,有荣誉感、羞耻心。做人守信誉,令人尊重,继续相处、合作,否则难以为继。只有讲信誉,才能让人尊敬,才能有体面,这是真正维护自己的尊严。为了守信誉,古人常常指天为誓,天打五雷轰,违约是多么大的罪过!今人,时或表示自己说的是真话,曰"我是负责任的",请相信。如果是说了谎话,不负责任,那是说亏心话,做亏心事,是不负责任,是道德有亏,良心有愧的。当下社会,诚信缺失,信任危机在各个领域都充分表现出来,甚至被人说成是"缺德社会""道德沦丧的社会",哀哉!痛哉!面对讥讽,应有正确态度,需要从善如流,相信自己,改过自新。做人需要自律,知羞耻,自尊自爱,处事、办事讲良心,讲诚信,获取真正的荣誉,摒弃虚誉,总之做有良心讲公德的人。这才是素质高,为人尊重,与有尊严的国家形象配合,才能在世界通行无阻。

做富有智慧高雅情趣的人。现代文明社会,今人的聪明比前人不知高过多少倍;今人的物质享受是前人无法比拟的,也是无法想象的;前人讲求艰苦奋斗,今人往往追求吃喝玩乐的生活享受;今人多"富贵病",心理疾病;这一切,表现在艺术文化方面,是高雅文化隐退,有低俗文化泛滥之忧。迈向太空的人类,进入信息化、数字化时代,与丰富的物质享受同时,更需要做富有智慧、技能的人,具有高雅生活态度的人。要着装得体,修饰仪表,举止文明,讲究礼貌,遵守社会文明规范。暴发户行为,在古代为人贱视,现代社会依然如此,胡乱花钱购物,显示阔气,见钱眼开的商家一边赚你的钱,一边还鄙视你,因为你不够文明。甚而至于,你有钱,我的商店也不欢迎你,也不对你开放,因为我的客人是要讲文明的。这时候你就不能说是种族歧视了,谁让你表现出的是不文明的作风哩!努力做有高雅情趣的人,生活才会富有意义。

做独立人格的人。这是做现代人的根本之点,也涵盖了前面三点的一些内容。作为现代人,必须真正懂得自由、平等、博爱、民主、人权的道理,坚持真理,懂得并维护自身的公民权利,努力承担应尽的义务。处事独立思考,独立担当事务,承担责任。因为独立思考,就不会人云亦云,随大流。主人翁意识强烈,不做附从,不论从事什么职业,不论处于政治、经济、社会中什么地位,应有独立人格,有主见,不依附上司、老板、"家长",不是他人的"人",他人的附庸,不需要看上面脸色行事,不盲从、屈从,不说违心话,做违心事。

做地球之友——致力于处理好天人关系的人。人类认识自然,认识地球,认识"天",有一个很长过程,至今远未完结,大约也不可能完结。古人敬畏大自然,创造那么多自然神和动物神,乃至植物神信仰,同时不敢浪费自然资源和生活资源,否则,暴殄天物,有天诛之灾。从而探求天人之际,渴望天人和谐。随着科学的发展,人在自然面前主动性增强了,也在破坏生态环境中吃到苦头,意识到自然力的无比威力,生态环境污染给人类自身造成的严重危害,得到"人定胜天"的幼稚病教训。敏感的人们关爱地球,做地球之友,致力于"绿色革命",保护生态环境,懂得人为改变生态环境,滥肆采伐,滥造水库,滥施农药,破坏生态环境,贻害无穷;地球资源有限,岂可无节制地滥用。最根本的是否定人类中心主义,天人和谐,人类与动物、植物和谐共存,给动植物生存环境和资源,不能人都抢光。公民对自身的要求随时代在丰富,在提高,要做生态环境保护者,造福子孙后代。

做什么样的现代人？做对己对人对社会有责任、有义务的人，有良心讲诚信、谦虚谨慎的人，智慧而又有高雅气质的人，与地球、动植物交友的人，具有独立人格的人。总之，是有公德，真正懂得自由、平等、博爱、民主、人权的道理，善于理性思维，坚持真理，懂得并维护自身公民的权利，努力承担应尽的义务，是讲公德的合格人。

拙著的中国青年出版社原版应当修改之处甚多，此次天津教育出版社新版保持了原貌，只是增加一个序言和一篇附录。序言是新近草就的，是就传统文化和伦理道德与建设当代做人伦理的问题，将学习时彦论述的收获作一番清理，写出来向读者和方家请教，以弥补 20 年前写作时因某种困惑而出现的缺憾。

本书责编田昕编审，是这一套丛书的策划兼编辑，她的识见、踏实、勤恳，感动我同她愉快合作，在此向她致谢。

(2013 年 1 月 29 日初稿，3 月 12 日修订，载冯尔康《砥节砺行——寻找品格的磨刀石》，天津教育出版社，2013 年)

从"杀熟"说到对传统文化的态度（二题）

在 1 月 4 日香港凤凰台电视播出中看到郑也夫教授做关于信任危机的演讲,谈到社会上一度流行的传销现象,他说那种行骗是"杀熟",骗的是自家的亲戚朋友,都是熟人,而生人有警惕,不会上当,骗也只有向熟人去施行。骗子何以能下得了手呢? 他说 20 世纪 50 年代以来的一系列政治运动已经把人们训练出来了。开展政治运动,让人互相揭发,不熟悉的人没法揭露,揭发和被揭发的人,必是同事、同学、朋友、夫妻、父子,政治形势逼着他们互相检举,这不就是"杀熟"吗! 这样的运动将人心教坏了,使得"杀熟"习以为常,不以为怪。他说得极其深刻。政治批判运动,搅乱了人们的思想。本来,中国文化传统的社会道德和伦理,要求人要诚实,朋友之间讲信义,家人之间讲恩爱、保护,那种批判破坏了人们行为的应有的社会规则和道德,将传统的仁爱信义观念给批判掉了,自尊自爱的自律精神也丧失了,今日要想恢复,要树立新的道德观念和风尚是相当困难的了。固有的道德及习俗本来是人们熟悉的东西,予以无情的批判,不也是一种"杀熟"吗! 不过"杀熟"不是自 50 年代开始的,只是其时做得极其激烈罢了。由此笔者想到,在 20 世纪中国传统文化遭到多次抨击,而以五四运动和"文化大革命"时期最为严厉,前者的批判是合乎时代要求的,只是有某种值得后人反思之处,而后者的运动是民族大劫难,就不简单是传统文化受到不应有的批判问题。传统文化在受冲击之中,也有学者主张对它作某种保留,如学衡派的爱惜文言文,本位文化论的借以维护中国文化,这类主张在当时都引起争论,这里不拟讨论争辩各方的是非,而是借助那些事实了解传统文化还有没有什么资源可供后人利用。

本位文化、全盘西化之争与传统文化

1935 年是中国本位文化、全盘西化、西化各种观念争相讨论的一年。1月,王新命、何炳松、陶希圣等十位教授发表《中国本位的文化建设宣言》,主张全盘西化或充分世界化的胡适、陈序经撰文反对,在这两派之外的学者,如张熙若(张奚若)、张岱年、梁实秋等亦参与论战,而以马芳名编辑的《中国文化宣言讨论集》于12月出版告以小结。

王新命等的宣言惊呼"中国在文化的领域中是消失了",成了各种不同主张的国际文化的血战之场,处此情境,应以建设中国本位文化为使命;它的内涵是什么,他们的理解是:充实人民的生活,发展国民的生计,争取民族的生存。建设资源是什么,他们没有正面讲述,但在谈到对待中国传统文化与西方文化的态度中有所表露,即检讨古代中国制度思想,存其所当存,去其所当去,赞美良好制度伟大思想,竭力为之发扬光大,以贡献于全世界,而可诅咒的不良制度卑劣思想,则当淘汰务尽,无所吝惜。对欧美文化,"吸收其所当吸收",而不是全盘接受。他们还认为西方文化有资本主义文化与社会主义文化的冲突,如何能全盘接受。从他们所讲的建设内容,我们知道,本位文化论所说的文化,主要是指生活方式和习俗,要建设的是科学的生活方式,至于观念方面的世界观、人生观、哲学、伦理、文学、艺术、史学等文化命题,他们则是缺乏思考的,所以对传统文化他们有接触,但不深刻、全面。他们强调本位文化,具有强烈的民族主义观念,对外来文化他们并非固执地拒绝,但反对全盘西化,呼吁这一派人士不要"打消半殖民地的中国的民族独立自主的思想。人应当不自骄,可也不要见人就跪"。既然致力于本位文化,重视民族传统,对外来文化多加挑剔,原是应有之义。本位文化论者发表宣言,与他人论战,似乎立于主动地位,其实他们是以攻为守,处于被动地位。其时的思想流派与社会舆论,西化论占上风,其中宗法欧美论又居主导地位,宗法苏俄论和宗法德意论均有一定的势力。在这种舆论环境下讲本位文化,留意于民族文化与文化传统,自然就容易被人视为复古守旧,列入顽固势力范围。

批评本位文化论,最激烈的是全盘西化、西化论者。全盘西化论者陈序经认为学习西方只能全盘接受,因为文化是整体的,不能切割。胡适本来是全盘西化论者,鉴于"全盘西化"有语病,容易引发繁琐的争论,改而提出"充分世界化"的概念。他主张"整理国故,再造文明",以西方科学主义为武器,对中国传统文化作出新的全面的阐释,但它的着眼点是全盘接受西方文化,坚持"一心一意的走上世界化的道路"。他的意思是先西化,用西方的文化改造中国文化,建设新的中国文化。本位文化论的提出,胡适认为是对西化的干扰和对抗,是打着对传统文化、西方文化都要鉴别吸收的时髦旗号,为顽固势力张目。在他看来中国文化消失论是危言耸听，因为文化有惰性，是由人民来传承的，不会毁灭。他说："物质生活无论如何骤变，思想学术无论如何改观，政治制度无论如何翻造，日本人还只是日本人，中国人还只是中国人。"而现在令人焦虑的不是十教授的中国本位的动摇，而是缺少变化，"是政治的形态，社会的组织，和思想的内容与形式，处处都保持中国旧有种种罪孽的特征，太多了，太深了"。因此要向前看，让世界文化与中国古老文化接触，借前者的朝气打击后者的惰性和暮气，"将来文化大变动的结晶品，当然是一个中国本位的文化，那是毫无可疑的。如果我们的老文化里真有无价之宝，禁得起外来势力的洗涤冲击的，那一部分不可磨灭的文化将来自然会因这一番科学文化的淘洗而格外发挥光大的"。由此可知，西化论的西化是建设本位文化的手段，并非不要中国文化和文化传统。

本位文化论者、西化论者和其他参加争论的学者各自阐明自家的观点，而忽视了他们的共同之处，那就是关心国事，都在寻觅救国、建国之路，都或多或少地承认中国文化传统的作用，只是各有自己的理想途径。这场讨论，既然是对着本位文化而来的，自应对中国文化传统多所涉及，然而事实上却有点令人失望——讨论不多。前面已指出，本位文化论者对制度文化、生活文化关照多，而忽视思想文化，在讨论中有的学者作出弥补，张奚若、梁实秋自谓力求探寻中国文化传统中的优良因素，所得不多，如梁实秋认为中国文化优于西方文化的地方是菜好吃，长袍布鞋舒适，宫室园林雅丽；张奚若亦是如此，以中国坛庙宫殿式建筑而自豪，中国饭好吃，山水画讲究意境。在文化中涉猎面较广的是张岱年，他认为中国文化传统的特点有四个方面，即中庸的行为态度，人伦之注意，农业和士大夫的统治。他说中国人在各方面都喜欢调和持中，对待自然的态度是调谐的，不为已甚，只要自然不十分难为人，便可对之妥协；中国人不是不会发明，只是容易满足，停止不进。他说中国人最重人伦，中国所谓学，是研究人伦日用当然之理，所谓德，也只是在人伦上处得好。说到中国文化的特质，张岱年认为是"注重人性之发挥与改进"。这些对中国传统文化中优良内涵的认识为当时的讨论丰富了内容，从后人来看这种争论本身也是一种学术遗产，为今日建设新时代文化的有益资源，有益于识别、吸收传统文化中的优良因素。

学术争论与中庸理念

梅光迪、吴宓等人的学衡派,主张"昌明国粹,融化新知",对传统文化抱着尊重的态度,加以甄别,选择其精华,使之流传于世;在传承的同时,吸收西方文化,并把它融化到中国文化之中,让它变为中国文化的组成部分;他们坚持文言文,认为它优美,表达出人们的感情,是文明的体现,因此反对白话文。他们在当时及后世的一段时间内被视为文化保守主义团体,遭受批评,近年的研究者在世纪回眸的语境下,重新解读他们的著作,认为他们的学术观点,"比他们的对手要中和得多"。所谓"中和",是既不急进,也不保守,洽得其"中",以哲学观念来讲,就是合于中庸之道。

中庸之道,在前述张岱年的论述中就认为它是中国文化的一大特点,深中肯綮。它是中国人所特别讲究的,是理念,也是行为的准则。中庸的哲理内涵,是说在做事上不要冒进,须知"过犹不及","欲速则不达";待人要宽厚,"己所不欲,勿施于人","不为已甚";在宇宙观上讲"天人和谐"。

历代有为的统治者,大多以中庸、时中的观念作为理政的指导思想,具体说就是宽仁与重法方针的交相使用,即在什么环境下采取什么样的政策,如清朝康熙帝、雍正帝、乾隆帝祖孙三代相承续,因政治环境的差异,施政方针不一,康熙帝实行宽仁政策,晚年出现法制废弛和政局混乱的状况;雍正帝用严猛方针去医治它,他知道这种政策能纠偏而不能得人心,故而表示局势变好后就改行宽政,那时就是他的福气了;乾隆帝继位,立即宣布实施宽严相济的方针,弥补前朝的缺失,争取达到中庸的治理境界。时中、中庸政治是统治者所追求的。亦足以给后人以启示,明白中庸的道理。

"矫枉过正",是对中庸的一种误解,以为要达到中庸境界,有时不得不做得过头一点,才能够矫枉。全盘西化论笃信矫枉过正,以为中国人保守观念极端深重,只有在全盘西化中,中国传统文化里的优良成分才会得到鉴别和显露出来。矫枉过正容易走向极端,在其矫枉之后,又需要有人来为其纠偏,然后才会达到"正"的境地。看来矫枉过正不足为训。

20世纪"孔子"的胡适,主张"充分的世界化"(全盘西化的另一种表达),与本位文化论、学衡派等论战,在对待中国文化传统方面是非常激进的,可是他在个人的行为上又多方面地遵循中国传统礼法和习俗。他的太太是乃母确定的,在时代反对包办婚姻的潮流下,他为顺遂母亲心愿结婚了,而且与太太厮守一辈子;母亲亡故,丧礼虽对旧礼诸多改革,不过仍保留了一些。有人对胡适不理解,以为他主张西化,有亏于中国的传统道德,其实不然,考古学家李济在悼念胡适文中赞美他是"革新运动者,但实际上他的操守能代表中国最优美的传统",蒋介石在挽联中说他是"新文化中旧道德的楷模",有人认为这些说法都是"非常公正而深刻的",中国就是需要有胡适这样一些大儒,"以为品格价值的规范"。一方面是激烈的文化革新者,一方面又是保持文化传统的典范,似乎是两不相容的,但是确确实实地发生在一个人身上了。胡适自云"无数无数的人民,那才是文化的'本位'",他是中国人,在他身上体现了中国人的文化传统。热衷西化而又保持传统文化真是耐人寻味。在此笔者不拟作勉强的解释,只想说对传统文化不是简单地否定的事情。

如果用中庸道德观念来考察 20 世纪的学术讨论和政治批判运动,不难发现学术争论的各方有时火气不小,温文尔雅的胡适不仅对十教授的宣言表示失望,甚至有意无意地将他们的行为与新军阀的何键、陈济棠的倡言复古联系起来,指斥他们"保守心理在那里作怪","妄谈折衷","适足为顽固势力添一种时髦的烟雾弹"。梁实秋指责本位文化论者是"夸大狂"。而陶希圣则回敬他们为见洋人就下跪的人。学术讨论与政治批判不同,民间的学术讨论应当是温和的、艺术的,政治批判是只有当政者才可以发动的,往往是不讲理的、粗暴的。何以学者间的争论,也不太留心于讨论艺术呢?这可能同 20 世纪人们急于改变民族受侵凌的地位有关,心中着急,将不同的观念视为有碍于社会进步,因此就不太讲究争论的方式方法了。如若讲究中庸的宽容,心平气和地开展讨论,效果会好得多。后来人说这些话,可不是责难先贤,不过是想从历史上的学术讨论中吸取经验,提高今日学术讨论的品质。

在论争中胡适倡言的"充分世界化",似是预言,在今日世界经济一体化、全球化,中国加入世界贸易组织的环境下,值得再加解读;中国本位文化传统则更需要重新认识:有哪些优良成分应当继承?又如何继承?怎样在世界多元文化格局中发挥积极作用?换句话说,以什么样的中国文化贡献于人类社会?

(2003 年 1 月 13 日作,载《苏州科技学院学报》2003 年第 3 期)

全球化时代中华传统文化的现代价值
——中华传统文化与世界多元文化的交融

中国传统文化将会在全球化环境中,在建设我国现代社会伦理、在世界多元文化格局中发挥积极作用,借以提升国人素质品位,同时贡献于人类社会。当然,要把它变为现实,要靠国人相应的认真的努力,关键是践履。这当中,包括史学工作者在内的人文学科、社会科学研究者理应有所努力,需要探究中华传统文化究竟有哪些精华因素可能贡献给今日国人的,贡献给全人类的。本文将叙述中华传统文化有益于当代中国与世界精神文明建设的积极因素,以及多元文化有利于各国、各地区、各民族文化的发展及世界文明的进步,对它应当采取积极态度。

一、中华传统文化的当代有益成分

1935 年中国本位文化、全盘西化、西化各种观念争论之时,文学家梁实秋及学者张奚若、张岱年力求探寻中国传统文化中的优良内涵。梁实秋认为中国文化优于西方文化的地方是菜好吃,长袍布鞋舒适,宫室园林雅丽。张奚若则以中国坛庙宫殿式建筑而自豪,中国饭好吃,山水画讲究意境。哲学家张岱年认为中国文化传统的特点有四个方面:中庸的行为态度,人伦的注意,农业,士大夫的统治。他特别指出中国人最重人伦,中国所谓"学",是研究人伦日用当然之理,所谓"德",也只是在人伦上处得好。他还说中国人在各方面都喜欢调和持中,对待自然的态度是调谐的,不为已甚,只要自然不十分难为人,便可对之妥协。说到中国文化的特质,张岱年认为是"注重人性之发挥与改进"。(以上引文俱见马芳名编辑的《中国文化宣言讨论集》,1935 年 12 月出版;以下引文内容,均系常见论述,本文亦系随笔性质,故不再注明出处。)80 年后重温这些对中国传统文化中优良因素的认知,为今日建设新文化的有益资源,有益于识别、吸收传统文化中的优良因素。特别是在今日世界物质文明高度发达,精神文明发展严重滞后的情形下,中华传统文化能在哪些方面对我国、对世界伦理道德及精神文明的发展有积极作用?我粗浅地想到:

(一)传统伦理中仁爱精神是正确处理人际关系、国际关系的准则

仁爱精神,孔子讲的"仁者爱人",具有两种内涵:爱人;爱他人而不伤害他人。孔子讲的仁,这个字的构成,从人,由二人组成,意思是我之外还有他人,既然是两个人的组合,是讲人群,而不是讲单个人,在群体之中,以互助互敬为伦理准则,以互相爱护为游戏规则。所以孟子讲仁政社会的人,"老吾老以及人之老,幼吾幼以及人之幼",关爱自家人,同时关爱他人。仁者爱仁,另有这样的内涵:不伤害他人,一定要"己所不欲,勿施于人"。人爱惜自己,处事不可避免地为自己设想,为自家谋取好处,但是也要设身处地为对方着想,所以有"将心比心"的俗语,自己不愿意要的,不要强加于别人,待人要宽容、宽厚,利己与利他相结合(利他含有利己的因素),尊重他人与自尊,别人也就不会怨恨你,共事双方要"双赢",共事多方要"共赢",反对绝对的利己主义,发扬乐善好施的利他精神,增强人际关系的和谐因素。时刻警惕己所不欲勿施于人,特别是不强加于人,警戒强权霸权。

"仁"学富有理性,可以视为社会规范、国家关系中规范准则,以国家间和平相处为理想。历史上反对殖民主义,现在殖民主义业已消失,但有强权政治。仁学,是中国传统文化贡献给世界的,以反对恐怖主义、强权政治、种族歧视、民族沙文主义。

(二)人与自然关系的天人合一世界观,有益于正确处理人与自然的关系——天人和谐关系

人类生存需要处理好两个基本关系,一是与宇宙的关系,宇宙,是人类基本上理解的地球、天、地、自然现象,是人类与产生自身并依托的地球如何相处;另一个是人类内部之间的关系,也即不同人群组成的国家、族群(种族、民族)、社会群体间阶级、等级、阶层、社团关系,因此认识人与地球关系的天人合一哲学思想成为中华传统文化的主体。

天人合一的思想,包含丰富的内容:(1)天生万物,天地是人的父母。古人普遍认为"天地者,万物之父母也","天以阴阳五行化生万物,故曰万物本乎天,此即主宰也"。(2)天与人是相通的,有着内在的联系,但天与人的沟通不是直接的,是通过圣人、圣王转达的。(3)天、地、人三者是构成人类社会的三个基本要素。天生人与万物,人和自然在本质上是相通的,故一切人事均应顺

乎自然规律,理所当然要敬天、畏天,达到人与自然和谐。

古人基于这种认识,遂有许许多多敬畏天地自然的制度和政治、文化举措:(1)敬天的祭祀制度。"天主者,天也。世人无不敬天者。国家立祭祀之坛,即所以敬天也。"天坛祭天是最高等级的祭祀——大祀,届期皇帝斋戒,虔诚祭祀,在祭天文书中皇帝自称臣,禀告政治得失,表示不敢违背天意。祭天之外,敬畏自然的观念贯彻在诸多领域,所以京师有天坛,还有日坛、地坛、月坛,各种自然现象、自然物,以及一些动物、植物,都被看作是神灵,如有风、雷、电、山脉、河流、石头、树木、马、火、蝗虫等神庙。(2)相关社会制度的产生与遵守。老天爷主宰世界,形成天秩天叙的人间种种社会制度(所谓"若无孔子之教,则人将忽于天秩天叙之经,昧于民彝物则之理")。其一,统治者的施政反省动力。一有自然灾害,皇帝会以天人感应之说,理解为天象示警,斋戒自省,表示恐惧,清厘政事,警告臣工,爱民理政。其二,体会上天爱民之心,酷夏之时,为民事纠纷的囚犯减刑,枷刑示众犯人不再示众;决囚,放到秋天进行(秋审)。其三,古人在风水学影响下,自发的保护山林,尤其是家族为维护祖坟风水,不许动坟山林木,违者重罚,从而自觉不自觉地对生态环境的保护大为有益。其四,中国园林体现了天人合一观念,有山有水,水中有游鱼,是大自然的缩微,配合庐舍,这种园林构建宜人、怡人,给人美的享受。所以18世纪来华传教士王致诚认识到中国园林讲求自然美:"别宫的几幢房屋几乎都有某种优美的不规则,不对称,一切都围绕着如下原则:要呈现出天然的、粗野的、宁静的乡下景象,而不是循规蹈矩地按照对称的设计的宫殿。"总之,天人合一观念,令人敬畏自然,并以实际行动争取彼此和谐相处,不敢破坏自然物,并加以保护。

天人合一衍化出"天人和谐",人与大自然要合一,要和平相处,不能讲征服与被征服。正确的态度是敬畏自然,力求认识自然规律,顺应它,获取其利益,减少它的灾害。如经常出现的河流泛滥,古人主要是采取疏导的办法予以治理,开挖引河泄水,修筑堤坝堵水。古人偶尔有"人定胜天"的说法,不可能流行。近现代社会科技发展,西方国家多有建筑水库者,后来发现崩溃造成的灾害,主张慎行。人定胜天是奢望,这种愿望,有积极的一面,如在条件具备情况下局部改变自然环境面貌是可行的,但是这种说法破坏性更大,这就是忽视了"天人和谐",破坏生态环境。回顾20世纪50年代后期在人定胜天观念主导下"叫高山低头、河水让路",兴建众多水库,随之而来的是出现几处堤坝崩溃,大水泛滥成灾。1976年唐山大地震,后来天津市建了"抗震纪念碑",其实哪里能"抗震",不过是救灾。面对不时出现的自然灾害,只能是防灾、救灾、减灾。所以,不必总是要与自然对抗,还是天人和谐为好。30年来,一方面是前所未有的经济大发展,另一方面是在经济发展与生态环境保护关系方面诸多处理失当,不自觉地破坏生态环境,造成严重的土壤、气候恶化。痛定思痛,在天人和谐方面多下功夫,即使减慢发展速度也在所不惜。

(三)传统文化中的中庸理念是处理不同社会集团和国际关系的伦理原则

前面讲"天人合一",与现在说的"中庸之道"在认识论上相为表里,天人合一是宇宙观,中庸之道以之为理论基础,讲究"用中",处事中正平和,为政"执两用中",强调行政协调,因时制宜、因地制宜、因物制宜、因事制宜,是道德标准,更是伦理践履之学。我这里思考的是清朝皇帝怎样对待中庸之道,怎样运用于治理朝政,从中明了中庸之道对从政的价值。

乾隆帝反复说"治天下之道,贵在其'中'","以中平之道治天下"。他的中庸之道执政思想是怎样产生的呢?有其客观与主观两方面的因素。他在《世宗宪皇帝圣德神功碑》讲到康雍两朝为什么会有相异的治理方针:"圣祖时,疮痍初复,非遍复包涵,不足以厚生养而定民志",但是"政宽而奸伏,物盛而孳萌",如果皇考不来"廓清厘剔,大为之防,其流将溢漫而不可以长久",因此进行整顿改制。他讲了康熙、雍正各自施行其政的客观条件和原因,那么他呢?因乃父之政出现烦苛之弊,不得不予以改变,实行宽严相济的方针政策。总之,乾隆帝认为康熙帝实行的是"宽仁"政策,雍正帝施行的是"严猛"(不好听的话是严刑峻法)方针,他追求的是"宽严相济"的境界。康熙帝宽仁政治的实践,企盼社会的稳定,但是出现政事废弛的现象;雍正帝纠之以严猛之策,于是产生暴虐的弊病,他也知道被整饬者对他的不满,他认为不得已才施行严政,希望在条件允许的时候恢复到仁政方面,以为出现那种情形才是他的福气;乾隆帝试图用宽严结合的办法弥补前朝的缺失,争取达到中庸的境地。康雍乾三帝的作为,揭示传统社会的君主在理论上讲是憧憬中庸之道的,期望出现中庸和谐的社会政治环境。康雍乾三帝是名君,在运用中庸之道方针中,能够审时度势,根据社会情况,采取相应的治理方针政策。

今日世界性恐怖主义的暴力祸害越来越严重,恐怖主义者有其狂热的宗教信仰,虔诚到不惜采取任何手段为其理想献身,是暴力崇奉者的非理智行为,是危害全人类的坏事。要消除它,需要了解它产生的思想根源和社会原因,从而创造条件消除它。人类社会总会出现虚幻的极端的观念,蛊惑人心,祸害世界,人类如何进一步提高认识水平,将随着人类社会的进程而发展。例如霸权主义、种族歧视、财富占有不均的消解,话语权不均衡现象的改变,多元文化的全面发展,使得国际社会自然地增强和谐因素。中庸之道如果为人类信奉,人人都懂得己所不欲勿施于人,懂得过犹不及的道理,行事就可能理智了。

(四)极端重视文化教育,提高人的素质,从而有益于社会发展

教育对社会、个人的重要性在于:受教育,是人生的一种追求,一种权利,知天命之年的人们还去读研究生,就是这种体现。教育提高人的素质和技能,对个人与社会均属有益;受教育者,改变社会地位、个人命运,有益于人口的社会流动;海外华人显现这种特点,有利于融入主流社会。

中国古人重视教育,取决于家本位观念的盛行。中国传统文化重视后代品德和文化教育,遂有民谚"养儿不读书,好比养圈猪"的产生。民间家家供奉"天地君亲师"牌位,老师是受崇拜的君、亲、师三种人之一,"大成至圣先师"孔子的诞辰是国家纪念日,在清朝,甚至被定为大祀,与皇帝忌日的祀礼同等规格。人们早就懂得,给子孙千万财富,不如有文化、功名在身。正是看重教育,所以才特别尊师。我们从某些现象上对比,发现中国人对子女的教育投资及虔诚态度胜于西方人,在海外的华人,出了很多科学家,还有不少诺贝尔奖得主。一个华人学生到移居地不久,就能在智力比赛中力拔头筹(如美国有"总统学者奖",奖励应届高中毕业生,2014 年获奖者 141 人,其中华裔学生 34 人;2015 年获奖者亦为 141 人,华裔 30 人;2016 年获奖者 161 人,华裔 33 人。华裔生占获奖总数的 1/5,而亚裔人口全美占总人口 5.6%,华人比重就更小了,而获奖者比例却很高),不是家长刻意于教育培养怎么能够取得! 父母对于子女的教育最舍得花钱。西方人是个人本位主义,子女成年后独立,继续供给读书费用不是必须的, 而中国家长则会千方百计致力于子女继续深造,不惜求亲靠友去借贷。两相比较,不难发现中国人的家本位与西方人的个体本位,在子女受教育上各有特点,其实可以互补,可以寻觅它的契合点。现在中国青年人是家庭观念与个人本位主义结合,不过需要进一步处理好既要人格独立,又要向家长索取的关系;做父母的不必对子女期望过高,要给予他们独立成长的机会,要继续克服养儿防老的传统观念。中国人的致力于子女教育的观念与方法,西方人似乎可以有条件地借鉴。

（五）中国菜好吃：中华饮食将日益吸引各色人等

中餐及其文化，乃世界奇珍，容或风行世界。梁实秋、张奚若都认为中国文化优于西方文化的地方是菜好吃。中餐美食的实用价值，有益于补充营养，保障身体健康；中餐饭菜品种繁多，花样百出，可供人选择，满足各种口味的需求；烹饪菜肴讲求色香味，选用雅致餐具与食物匹配。如此，则食品、碗盏都富有美学欣赏价值，调动人的食欲，将进餐视为一种美的享受，从而丰富人们的精神生活。

有华人的地方就有中餐馆，但是中餐馆在餐饮业中处于低档层次，20世纪90年代初我在巴黎听中华同胞说："黑人扫马路，中国人开中餐馆，印度人开水果店，犹太人开交易所。"俗语表明中餐馆处于低层次状态。如今我想到中餐在世界，需要向两个方向发展，一是怎样让各色人等便于接受、品尝中餐，另一是如何提高中餐馆的品位。

我想快餐麦当劳、肯德基通行世界，不过是汉堡包（牛肉夹馍之类）、炸土豆条加可口可乐（或其他饮料），中华保定驴肉烧饼、西安肉夹馍，岂不与汉堡包基本相同，驴肉是稀罕物，换成酱牛肉、酱猪肉不就可以了吗？然而为什么长期没有形成风行世界的中式快餐店？现在好了，已有走向世界的开设在美国的熊猫快餐厅，拥有2000家连锁店，如同麦当劳、肯德基，有其特色店面——尖顶小屋，企业标志大熊猫。期望它走好，越办越红火。

另一项是在发展不同档次的餐厅同时，致力于高档餐馆的营造，提升中餐馆品位。中餐馆价格普遍比西餐馆低廉，究其原因，不外是食物卫生水准低，食材不够讲究（当天没有用完，放进冰柜第二天、第三天再用，过期与否，食客如何得知）；餐饮环境不雅——餐桌排放拥挤，食客喧哗，餐桌、餐具、地面、洗手间卫生水准低。西人不食动物内脏、首爪以及猫狗，华人是连狗肉乃至老鼠肉都吃；华人讲究吃活物，环保者视为残忍，美国有的州立法禁止商家出售活水鱼（鱼、龟、蛙）。中餐走向世界，需要尊重西人习俗，爱惜各类动物。营造高档餐馆，无疑要保证食材新鲜与质量，绝不出售过期垃圾食品（我眼见华人于下午四五点钟用大纸袋在西人面包店购买当天处理面包，于次日作午餐出售）；就餐环境的优雅，清洁卫生，餐位的适度宽敞；营造高雅气氛，顾客间热情交流感情而不喧哗；不在于建造雅间，原来即使高档餐馆亦无雅间，只是需要时才用屏风隔出一个小空间，如今不少餐馆有了雅间；饭菜明码标价，一定要真正做到。我在一家号称百年老店、多有连锁店、设有雅间的餐馆用餐,饭后付账,发现饭菜价位比菜单高出近20%,因此开玩笑地对服务生说,这是你们老板向大陆一些商家学的吧。这种不讲诚信的商家岂能成为真正高档餐厅!真正在食材、价码、卫生、就餐环境诸方面做出应有的改善,让中餐馆走出低档位,希望如此。

(六)自我反省的高标准做人道德的追求

中庸之道就有让人做人内敛、自省的内容,有着"每日三省吾身"的要求,让人时时刻刻地反躬自问,我哪个地方做得不对,哪个行为不得体,哪句话说错了,目的在于改正,做正人君子,警戒小人行为。反省的方法有多种,写日记是重要一端。家长要求子弟写日记,教师要求学生写作读书日记和生活日记,予以批改。清代学术史上的颜(元)李(塨)学派,提倡躬行践履,追求品德、智慧的完善,写日记就是一种手段。颜元写《日谱》修身,内容被门人分为常仪功、理欲、齐家等类,"常仪功自老不懈,病笃犹必衣冠"。近代洋务运动肇造者曾国藩运用日记严于责己,可谓为典范,如道光二十一年(1841)任翰林院检讨时,在十一月初一日记叙到田敬堂家拜寿情景:"在彼应酬一日,楼上堂客,注视数次,大无礼。与人语多不诚,日日如此,明知故犯。"越日记其母寿辰,"不能预备寿面,意在省费也。而哺时内人言欲添衣,已心诺焉。何不知轻重耶!颠倒悖谬,谨记大过。"迨至二十三年(1843)正月,因五天写一次日记而痛责自己:日记写道:"所以须日记册者,以时时省过,立即克去耳,今五日一记,则所谓省察者安在!所谓自新者安在!吾谁欺乎?真甘为小人而绝无羞恶之心者也。"追随曾国藩十九年的王闿运于宣统元年(1909)为《曾文正公手书日记》作序,云见曾氏京师日记,"多自刻责,词甚严者"。评论客观。

反省,皇帝也要进行,遂有罪己诏的出现。如殉社稷吊死煤山(景山)的崇祯帝连下罪己诏,哀叹民不聊生,文官贪赃枉法,武将无能,皆朕之驾驭无方。

古人云"人孰无过",人怎么能没有过失,西人也说上帝允许人犯错误。人有误失,不论大小多寡,就需要改正,接受他人批评,更重要的是自省,而写日记是行之有效的方法。因此我说"每日三省吾身"是具有普世价值的观念,无论何种肤色,不拘男女老少,用以提升自家素质、品行,都是极其有益的,它是人类的宝贵精神财富。

(七)重新认识家庭家族文化,有其正面价值

传统社会的家庭家族教育的主旨,是让子弟"成人"壮大家族。祖训家教的内容关乎到人生的全部行为:对国家完纳赋役和遵守法令,在家庭和宗族

尊祖敬宗、维护家族祖坟族产、父慈子孝、兄友弟恭、夫和妻顺、勤守本业、和睦宗亲姻亲邻里、交友有道、御下有方。家教告诉人们的生活经验，主要是务本业、勤俭持家，劝诱子弟从事耕读本业，务工经商不欺诈、不谋暴利，反对怠荒，不务正业；主张勤俭持家，反对奢侈浪费，更不得赌博、淫色。家教中的夫妻关系准则可用"和"与"别"两个字来概括。和，夫妻和睦，夫倡妇随，不致于乖离，而得以成家道；别，男正位于外，女正位于内，妻主内，不预外事，是为顺。准则是"夫为妻纲"，有主从之别。这种家教的指导思想是五伦之伦理，要点是忠君之道、孝道和做本分人的为人之道，是具有宗法性的伦理。愚忠、愚孝，即使在传统社会也为有识之士所病诉，当代社会岂能容其存在！理所应当彻底抛弃。夫为妻纲是宗法伦理，也必须舍弃，但是过往批判中忽略了古人同时讲求"刑于之道"，夫妻既是主从关系，又是敌体关系。康熙朝总督、山西离石人于成龙宗族的家训有云，"夫妇之间当思一'敬'字。梁鸿、孟光之举案齐眉，千古称为美谈，敬而已矣……是故居室之间当如宾客，自然刑于之化以起，门内之和以生。"家教讲究"刑于之道"，要求夫贵和而有礼，妻贵柔而不媚。夫妻相敬相爱，夫对妻之不如人意处需要宽容，亦须厚待。如此始能和气致祥，家道兴旺。所以对传统社会家庭伦理宜于分析，不可一概否定。

传统家教关注点在于鼓励子弟励志，立大器局之志，成为有出息的人。在子弟之中，留心选取好苗子——"吾家千里驹"，倾家庭、家族的力量去培养。家庭、家族的文化传统，形成家学，家长身教与言教结合，德育与智育的并进，文化知识与生活技能的结合。

20世纪人们极力谴责家族文化，认为封建家族观念阻碍人的个性发展，阻碍社会进步，完全抹杀家族文化具有的正面因素。家族文化是小群体文化，与大爱无疆精神既有差异，也有一致性，因为它有利他精神（"老吾老以及人之老""幼吾幼以及人之幼"）。目今中外学者都认识到：中国古代家庭中的富人使用个人金钱、宗族利用公共财产，从事族内、地方的社会公共事业，修桥筑路，建设路亭向行人施茶，设立义渡免费载运行人过河，建立义塾、族学免费接收学童，以及资助、奖励青年学子参加乡试会试，救济穷人、鳏寡孤独，给予钱米衣服，尤其是在灾荒中施粮施粥，瘟疫中施药施棺，更有人在大灾中捐献千、万两银子。如此一来，有经济条件的人由于将余资奉献给家庭家族，没有力量投入更大范围的社会慈善机构，这当然是一种缺陷，但不应当否认奉献家族和社区的公益事业的意义。

西人说：中国人有家庭家族关系网，"比美国人不愿意捐钱给慈善机构，但比美国人愿意付出更多给家族成员。造福家族的利他精神在中国很重要，每个人都被期待支持自己的大家族，贡献他的时间和金钱，而这么做则被视为完美的道德表现。由于对家庭和亲族负担如此大的责任，留给陌生人的——例如透过不知名的组织——已剩余不多"。缺少西方式的慈善机构不足为怪。这是通达之论。目前，家族的互助功能已在消弱之中，而文化功能明显增强，人们热衷于建设宗亲会，修家谱，寻觅精神寄托。家族文化在适应社会发展而变化，有成为俱乐部的趋势，如此中外文化契合，正是多元文化的表现。海外华人的关注家庭，往往受到政要、民众赞扬，认为是华人美德。个人本位与家庭本位结合，是值得探讨、值得传承的文化。当然，家本位不仅要与个体本位结合，更要加进新元素，将儒家的仁者爱人进一步具体化，如吸收外国建设慈善机构的思想与操作经验。在中国人从贫困中走出后，除了顾家、帮助族亲、姻亲，有条件了，就需要向不认识的人伸出援助之手，努力建设慈善机构，实现大爱无疆，以实际行动改变单纯家本位观念和作风，从而也改变世人的观感。

二、欢迎世界多元文化格局的出现

多元文化有利于各国、各地区、各民族文化的发展及世界文明的进步，对它应取欢迎态度，理由很明显：

（1）它是西方文化占主导地位情况下发生的，是弱势文化争取应有的地位、争取运用空间，如今中华文化在世界上仍是弱势文化，赞扬多元文化主张有利于改变弱势文化处境。

（2）是否需要一个新的统治文化取代西方文化？中华传统文化与西方文化、多元文化的关系，为人们所关注，其中对世界及中华文化发展的走向及前途颇有预测者，中华文化将成为世界文化中心的预言屡见不鲜，每见此说，笔者颇为疑之。其实人们需要的是世界范围的多元文化的发展，从而提升中华文化在世界文明中的地位，但是否要成为新的统治文化？"己所不欲，勿施于人"嘛，反对一个，再来一个，岂是世人需要的？中国人亟须脚踏实地去建设当代文明、当代伦理，真正立足于世界之林，对世界多元文化多做贡献，满怀信心地争取在世界多元文化中的应有地位，这才是现实的目标，而不是奢谈什么中心的问题。

(3)海外华人多元文化的实践。中华传统文化在西方世界的多元文化中渐露头角;西方国家政府包容包括中华文化在内的多元文化;宪法承认多元文化;政府设立移民及多元文化部;政要出席华人的中华文化节日或其他活动,尤其是在华人参政意识加强后,他们需要增强同华人社群的联系;主流社会肯定华人的社会贡献——关心家庭、聪明能干、勤劳创业的品德;华人参政的意识与热情较过去有明显的增加,融入主流社会,对多元文化多做贡献。

我从七个方面说明中华传统文化具有可传承的现代因素,即传统伦理中仁爱精神是正确处理人际关系、国际关系的准则,人与自然关系的天人合一世界观有益于正确处理人与自然的关系——天人和谐关系,传统文化中的中庸理念是处理不同社会集团和国际关系的伦理原则,极端重视文化教育以提高人的素质有益于社会发展,中国菜好吃——中华饮食将日益吸引各色人等,自我反省的高标准做人道德的追求,重新认识家庭家族文化有其正面价值。全方面地涉及到个人做人准则——如何自处和处理好人际关系,以高标准要求做道德高尚的人;让中华文化与世界多元文化交融,秉持互鉴态度,吸收其他文化之长,希望中华文化能对他人有所裨益;社会应成为公平、公正的和谐社会;国际关系处理中,秉持共赢原则,维护正义,和平发展,争取实现人类大同社会。

最后,我在思考:传统文化的现代价值因素我们认识了吗?实践了吗?现在民间网上的信息,多是正义不彰,公理不明,唯利是图,见死不救,麻木不仁,贩毒诈骗,道德崩溃,讥讽奢谈自信,给人的印象是社会出了问题,社会机制出了问题。主流媒体天天是正能量的视屏,不是这个地方就是那个地区出现见义勇为、舍己救人现象,官员有作有为,凡有措施,即有人赞声不绝,"远方的家"摄制的内容业已包括到"一带一路"国家里的中国人、中国企业之家。无疑,两种媒体所述现象均有一些事实根据,当然难免都有以偏概全的问题,这是不可忽视的。"各打五十大板"?岂敢。问题是实际情况究竟如何?常识告诉人们,凡是号召做的事请,往往是理想的、尚未具有普遍性的。何时能够真正做到"仁者爱人",谦虚谨慎做人,成为敢于善于自省的人,有文化而有公德的人,敬畏自然的人,为政者以"天人合一""中庸"理念治国,使得社会成为充满生机、安定、健康、道德高尚的文明社会,民人乐在其中;国人都在期待着。

这种理想首先在国内实现,外人才会逐渐自觉地接受中国文化,才可能是真正的软实力。我在海外目睹西人就餐于中餐馆者日益增多。20世纪90年代就餐者少见,且不会用筷子,喜欢点油炸食品,喝葡萄酒和饮料(雪碧之类),与华人崇尚海鲜、饮茶异趣;21世纪,西人就餐者明显增多,在高档餐馆,有时竟然与华人食客相当。原先就餐西人,同进食者乃其族类,如今肤发黄白相间,用筷子者相对熟练了。究其原因,西人与华人在商业、文教事业方面交流大幅度增加了,频繁了,接触多了,双方互相邀请在中餐馆就餐就是情理中的事情了。20世纪90年代前期,在新西兰奥克兰,除了中餐馆有中文名称,仅在赌场门前见到中文牌示(此外为英文、韩文牌示),而在南岛未见中文字样,20多年后的基督城,在机场汽车出租公司处放置中文杂志、建筑商广告册,在市区见到若干中文广告牌和中文餐馆、公司名称;在皇后镇见到多家旅行社若干种中文宣传品。中文书刊广告的内容可分三类:房地产、旅行及旅行社、中餐馆。中文在海外,可谓遍地开花,究其原因,简单地说:华人移民多了,境外旅游显著增多,境外投资大增,旅游业、建筑商面向华人,华人商人、华人所到之国的商人,为扩大经营,使用中文宣传品以便利华人消费者。这是商人资本增殖及游客需求有以致之。中外经济文化交流大发展,中餐馆若再提高品质,会被西人接受。这是自自然然出现的现象,是中国文化真正被人自觉接受。众所周知,文化输出是要有国际市场需求。想当初20世纪80年代肯德基、麦当劳快餐文化在中国出现、流行,是中国人自发欢迎的。肯德基、麦当劳的老板是不会赔本赚吆喝而自我满足的,这就是经验,宜于汲取。君不见,继迪士尼在香港面世之后,在上海也出世了,而且转售高价门票的黄牛应运而生,可见参观者是多么踊跃。这岂是人为推销所能做到的!从中不难领悟到什么。

归结我的意思,认识与实践中华传统文化中那些有现代价值的因素,加强自身伦理建设,提升社会道德水准,从而贡献于人类社会。

(2017年6月26日草就)

对传统文化区分为糟粕与精华有益吗？

——中华传统文化的当代价值点滴谈

一、从春节期间华文媒体的几则报道谈起

笔者在最近半年内，思考中华传统文化与多元文化的关系问题，写了两篇小文，为《略论当代中华文化建设与资源利用》(已刊于《广东社会科学》2003 年第 1 期)、《从"杀熟"说到对传统文化的态度(二题)》，而在春节前后，从台北经香港到天津，从北京到新加坡，在飞机上阅读几种中文报纸，发现很有几则关于中华传统文化的信息，因之再为思索中华传统文化的当代意义。这些报道是：

香港《大公报》2003 年 1 月 31 日通讯：曲阜孔子文化节举办首届华人中华文化经典诵读大赛和"首届海内外经典诵读与素质教育高层研讨会"，香港孔教学院院长汤恩佳在闭幕式致词及研讨会上发言，谓诵经大赛弘扬中华优秀传统文化，对学生进行人文素质教育，培养全面的社会接班人具有重要意义；认为儒家强调"明德格物"，重视素质教育，因此应当弘扬儒家文化。这一报道告诉读者：有诵读儒家经典竞赛及研讨会的举行；儒家文化对人的素质教育有重要作用；应当弘扬儒家文化。

由于所阅报纸是在春节期间的，有关亲情的内容较多。新加坡《新明日报》2003 年 2 月 2 日第 22 版《年初一至初十天地人物各有生日》，其中初二狗日，出外拜年或祭祖。该报第 14 版《向云阖家拜年　礼俗不能少》，大约是演艺圈中人的向云，每年过农历新年，一定与丈夫、儿子到双方的父母家拜年，然后去长辈及亲友家拜年，两天要走十多家，趁这个时候看亲友的孩子模样，以便在路上认出来。她的丈夫看上去一副很洋派的样子，但是最"坚守传统"。第 20 版报道文豪巴金过年，儿孙绕膝，跨入百岁大门。同版有个不幸消息，是马来西亚华人林耀财被人勒毙，生前其兄林耀华每日按时为其送饭。

以华人为主体的新加坡总理吴作栋羊年祝词,冀望国人像山羊那样,脚踏实地又刻苦耐劳,在困难重重的环境中稳健地前进。刻苦耐劳的精神,是华人的传统财富,吴作栋适时地提醒人们继承传统。此报导见于《新明日报》2003年2月2日第7版。

广州《南方周末》2003年1月29日A12,摘登《羊城晚报》1月22日文章,因有女性遭遇强暴失身,自戕或自残,而媒体多予赞扬,近期一项民意调查表明,大多数妇女对此类赞扬不满,认为这是在宣扬传统的"饿死事小,失节事大"观念。这类女性贞操的话题,《新明日报》2003年2月2日第23版亦有文章论及。新加坡某电台的设有"空中谈性"节目,受众明翠女士就此撰文提出见解,认为谈论性行为和观念,固然不应保守,但传统美德不能全丢光,"东方社会,尤其是发扬儒家思想的社会,一些华族传统的美德与贞操,当真一点不讲吗"?她还说,不要以为年轻人真的什么都懂了,也不要一讲到人生观就认为过时或老土,期望谈性节目灌输听众准确的性知识和人生观。

春节期间,中华文化传统在人们的生活中表现得特别的明显、集中,不是通常的情形,但是从这里仍然向我们揭示,她充满活力,她就在人们生活中,为人们须臾所不能离;她在一定程度上依旧起着规范人们生活的作用,仍在鼓舞人们前进,去克服生活中的困难。

中华文化传统的精神,从上述报道来看,主要是祖先崇敬与亲情,伦理道德和吃苦耐劳精神,集中起来就是儒家道德观念和行为,是关于做人的准则,也就是汤恩佳所说的素质教育的内涵。

回顾八九十年前,有人进行尊孔读经,组织孔教会,被视作逆潮流而动,为千夫所指,今日新的孔教会活动,境域则不同了,也是值得反思的事情。

二、文化传统的有益与无益

如何看待文化传统,是能否正确对待它的先决条件。20世纪人们对它的负面作用看得过多过重,所以着重于对它的批判,并且形成理论,叫做"批判其糟粕,吸收其精华",这么说似乎很全面,很辩证,然而基本倾向是批判的。

将文化传统区分为糟粕与精华,是后人来看前人的事情,古人对文化有其选择的标准,后人对前人的文化有选择继承的准则,再晚的后人,又会有其选择的理念,各个时代的人的理想不一,观念差异,自然对前人的文化会有不同的看法,可是一经区分为糟粕和精华,似乎是永恒的定律,糟粕永远是糟粕,精华永远是精华。既然不同时代的人看前人的事情会有差异的理解,糟粕中的某种成分可能会成为精华,精华中的某种成分可能会成为糟粕,如此区分很难有个历史上的统一的固定看法,对同一的文化可能会有多种见解,所以这样地区分未必合于历史实际。再说,"糟粕"之说将事情看得相当严重,与之相对应的必然是严厉的批判态度。基于这两点考虑,我意不必将传统文化区划为糟粕与精华,免得那样板着面孔,苛刻于古人,不如从今人出发,把它分作有益与无益两类,接受其有益因素,扬弃其无益成分。有益、无益是对后人而言,随着不同时代人们的要求而定,没有永恒的标准,不会出多大的毛病。

三、发扬亲情、泛亲情精神

五四时代人们批判传统家族文化,就个人与家族的关系说,它限制个人的自由和个性发展,同时家族保护个人,令其有安全感,不思进取、创造,从而使社会不能前进,并指出中国文化是家族主义的,而西方文化是发展进取的个人主义的。从家族文化的消极意义讲,批评是合理的,所述东西方文化的差异是准确的,不过这种批判从另一面透露出中国家族文化的积极因素,即关心家人、族人,人与人之间有着浓厚的亲情。更有甚者,非家人的主佣之间、东伙之间往往以长幼关系相处,使人们之间蒙上一层拟制亲关系,可视为泛亲情。这种人间亲情及其伦理观念,在当时没有得到应有的肯定,今天则可以另作思考了。

俗话"远亲不如近邻",邻里之间存在一种感情。记得十几年前,大城市居民住宅区改造,拆平房,建楼房,原来住大杂院小平房的居民,搬进楼房,本来是居住环境的改善,生活方式的改变,可是却有一种不惬意的情绪,原因是住单元房各家互不往来,人际关系疏远,不像住大杂院时亲密,互相知底,可见人们是珍惜相互感情的。不过进住单元房是社会发展的趋势,人们还是很快习惯了,那种邻里之间亲热感情之不再保存,只有付诸遗憾了。

尊老爱幼是中华传统美德,在公共交通车辆上,中青年为老幼及孕妇让座本来是普通的事情,可是这种情形越来越少见了,人们在感叹世风日下。不让座者亦有其道理:到了班上办事很辛苦,在车上坐坐保持精力,所以不能让给别人。从自我着想当然不错,只是没有考虑如何在公共场所自处及为他人设想的精神。如果事情仅仅是这一方面倒也罢了,但还有另一面,就是有的中青年以儿童缘故抢占两个坐位,也使得本来可以让座的人不那么做了。

常见媒体报道,有恶人抢劫、强奸,有人装着没有看见,听任歹徒作恶,以免惹祸,遂令歹徒横行无忌。有人挺身而出,仗义与歹徒搏斗,其时围观者甚多,以饱"眼福"。事后仗义者或死或伤,无人问津,令人心寒。更有甚者,当官方办案取证时,知情人不做证且不说,被害人也不承认有被盗窃、被污辱之事,如此包庇罪犯,对仗义者实际上是恩将仇报,是何心理?因为怕歹徒有团伙,做证后被报复。按照这种心理,仗义者真是不应当帮助他了。

亲情的某种变异在悄悄地发生着。在电视影剧中常常出现这一类的情节:少年子女以父母干涉其个性发展,与父母对抗,赞扬造反,似乎父母是传统的封建势力的代表。区分不清什么是正常的教育,什么是教育不当。父母管子女是为孩子着想,但是不一定对,不对应当接受讨论式的批评。另一方面子女不能任性,这一点在影剧内难于见到。这种状况,也许是造反遗风在不知不觉中影响着造反时代出生或成长的那些编导去进行这样的制作。实际上现在对子女的教育问题可能还不是这一类的,而是溺爱,使青少年社会能力的退化。现在的父母中不少人不知道如何呵护孩子,真是"含在嘴里怕化了",弄得孩子孤独、自私,所谓"小皇帝",而在生活上却是低能儿,不会自理,不会与他人相处。这样的子女能对父母"尽孝"吗?要看往后的实践来回答了。不过现在就有中学生惨杀母亲的事,能不令人担忧吗?如何教育子女,特别是独生子女的问题已经有人注意了,然而没有下意识地鼓吹"造反"的那样有力。

中国的北方人对某大城市的人颇有议论,谓他们精于计算,待人小气,不讲人情。办事精明,本来是好事,只要不谋算别人就好;不吃亏,并没有错,只是要公平交易,也让别人得到应当得到的东西。我以为某大城市的人是往这个方向努力的,实现公平竞争原则,是社会发展的好事,我们现在缺少的就是它。

上述各种现象,究其发生的思想根源,是从小群体观念向个人主义转化。传统社会中国人以光宗耀祖为生活目标,可以说是小群体主义,它对中国社会的发展有其守旧的一面,也有人类社会不可须臾离开的温情一面,所以个人主义流行的时候不但不能将群体观念完全抛掉,还应发展它。

至于个人主义,在 20 世纪的中国社会的境遇,有如"臭豆腐",闻着臭,吃起来香,比"鸡肋"的处境要好。自从提倡个性发展,个人主义思想就抬头了。但它没有长足发展的机会。记得我在读大学的时候,社会主导观念是集体主义,猛烈批判个人主义,所以才在少数青年学生中形成它是"臭豆腐"的见解,敬而远之,多数人不敢承认它的某种合理性。改革开放,商品经济的发展,不管主导舆论如何,个人主义大冒头,乃是势所必然的,故"实现自我""自我表现"成了时髦语,遇事先从自己着想,乃是当然的哲学,事事明哲保身,要求他人讲社会公德,而自家不必讲究,拔一毛利天下而不为,不讲人情。老话说这种人"独",反映的是个别现象,大概现在人们普遍"独"了。

个人主义有两面性,它同争取个性发展、自由平等博爱联系在一起,是构成社会前进的积极因素;个人主义的恶性发展,在社会关系中不能以人为本位,而以物为本,以金钱为本位,容易令人性泯灭,很难处理好个人与群体、与社会的关系,使社会不能和谐发展。个性发展无疑是社会应当提倡的,保护的;今日个人主义所引发的社会问题,令人不能不深思如何去克服它的弊病。

如何使个人利益同群体利益成功地结合起来,可能是克服个人主义弊病的最好药方,人类社会急需讲求的事情。

儒家的家庭伦理、小群体观念,在排除其消极性的同时,发挥其积极性一面,以克制极端膨胀的个人主义。其积极性在于善良、慈爱、关怀他人,"老吾老以及人之老,幼吾幼以及人之幼","己所不欲,勿施于人"。海内外华人中存在的这种精神,值得珍惜和发扬。

四、刻苦耐劳、勤俭持家的精神

刻苦耐劳、勤俭持家是中国人特有的品质,悠久的历史,众多的人口,将自然资源消耗了很多,在资源并不丰富的情况下生存,又靠的是农业,所以只能精耕细作,所得收益有限,只好糠菜半年粮,获得维持生存的最低条件,在这种情况下,养成吃苦耐劳,勤俭持家的美德,珍惜财物,不敢浪费,害怕暴殄天物,作孽遭到天打五雷辟的报应。

现代化,随之而来的高消费。就世界来讲,发达国家人们现代化的、富裕的生活不过四五十年,台湾、香港不过二三十年,大陆刚刚步入小康社会。中国人可不能学美国人的高消费,超前消费与借贷消费在有条件的情况下当然可以,但不能是目标,在就业保障、养老保障远未完善的社会条件下,绝不能盲目追求。尤其不可以暴殄天物,地球的资源是有限的,要为子孙惜福,过度开发,破坏生态环境,都是犯罪。

社会富裕了,尤其要注意节俭。君不见华人出国,基本上是打苦工,从社会最底层做起,过着最简单的生活,精打细算,慢慢积累一点财富,才多少改变一些主流社会对华人的看法。在高消费的国际潮流下,华人的克勤克俭的精神绝对不能丢。

与勤劳精神相对的是投机取巧,中国人是聪明的,但应当是诚实的,相对于西方人的诚实,中国人在世界上不能以耍小聪明为生,还是要以勤俭立足于世。宜学西人之诚实(相对的),不宜带坏社会风气。

吴作栋要求发扬刻苦耐劳精神,真是适时的,也可见这种精神仍有其时代价值。

五、结语

物极必反,现代语"否定之否定",古代有些东西经过改造,可以在现代利用;家族伦理中的有益成分应当保持和发扬。

（2003 年 2 月 25 日草就）

皇家的生育及生育观念散论

皇家的生育,关乎到婚姻、家庭、人口、朝政以及人类自身再生产的意识,是重要的历史研究课题。学术界对它有些许的关注,然而很不够,迄今还没有专著问世。有的后妃史著述表示介绍生育的情况,但是只是说明后妃个人的养儿育女,而未进行分析论述。①朱子彦在《后妃制度研究》中认为"后妃实际上是帝王生育子女的工具",讲到帝王的择偶,说"帝王的配偶乃至立储是维系世袭王朝的根本,所以皇帝总是千方百计使自己得子,并期望儿子越多越好"②。道出了皇室的多子观念,不过分析尚付阙如。李中清、王丰、康文林研究清代皇族婴儿和儿童的死亡率,认为皇族可令婴儿死亡率升高,而设法降低儿童死亡率,可达到调节家庭人口的目的。③论及清代皇族的生育与抚育问题。笔者写过《清代帝王的生育》札记,讲到皇家的多生育、多殇逝及其原因。④至目前为止,研究的状况与历史本身的重要两者颇不协调,无疑,研讨有待于加强。笔者觉得这是有趣味的题目,但用力尚属初步,加之可借鉴的研究成果有限,本文并不能对二千年的皇家生育史作出系统全面的交代,只是对几个重要问题,即帝王一后群妃制、皇后的选择与生育关系,祈祷生子的信仰与表达方式,分娩及保育制度,后妃养护皇子的功利思想和血腥斗争,皇家生育及生育观不同于民间的特点,试图作些粗浅的了解。

一、一后群妃制度的实质是为延续子嗣

皇帝有皇后和一大群妃嫔,《礼记·曲礼》记载:"天子有后,有夫人,有世

① 黄濂:《中国后妃陵墓》,大连出版社,1999年。
② 朱子彦:《后妃制度研究》,华东师范大学出版社,1998年,第62、343页。
③ 李中清、郭松义主编:《清代皇族人口行为和社会环境》,北京大学出版社,1994年,第55页。
④ 北京《紫禁城》,1988年第6期,署名顾真。

妇，有嫔，有妻，有妾。"①《礼记·昏义》又云："古者天子立后六宫，三夫人、九嫔、二十七世妇、八十一御妻，以听天下之内治。"②据此计算，皇帝群妾一百二十人，连上皇后多达一百二十一人。夫人、嫔、世妇、女御，是内命妇爵位，也是职务，协助皇后管理宫中事务，这就是所谓"听天下之内治"。然而为什么要这么一大群人呢？这同皇帝要多生儿子有绝大关系，事实上，从皇后到女御的设置，都是为给皇帝生子女，尤其是儿郎。对此不妨先看古人对宫中人员设置的有关说法。

关于皇后。上古称呼首领为"后"，之后称为"王""帝""皇帝"，而将"后"作为帝王配偶的称谓，于是女性的王后就相当于昔日男性的国王，也是君的称谓，表示女君与男王是敌体，不过男性君主有了更高级的、美好的皇帝称号，比女君要高一等。这是女君之称"后"的主要含义。同时"后"还有为国君生育后人的意思。孔颖达疏解《礼记》"天子有后"的"后"说："谓之为后者后也，言其后于天子，亦以广后胤也。""后之言后也。"③《礼记·昏义》说婚姻，"合二姓之好，上以事宗庙，下以继后世也"④。"广后胤""继后世"就是多多地生子育孙，使家天下世代延续下去。人们的这些理解，无疑是准确的。汉灵帝时羽林左监许永对皇帝说到被冤死的宋皇后，"亲与陛下共承宗庙，母临万国"⑤。皇后"祇承宗庙"，"母仪天下"，如果没有后人，怎么能称职呢？要有后人是无疑的事情。明成祖的徐皇后在《内训》中说到皇后参与宗庙祭祀："祭者，教之本也，苟不尽道而忘孝敬，神斯弗矣。神弗享而能保躬裕后未之有也。"⑥虔诚祭祖，才能得到祖宗的保佑，否则不会有后人的。说明皇后的宗庙之事，敬祖也是为裕后。皇后生育后人的意义，在金朝册立皇后的乐曲中也有表述，《坤宁之曲》云："礼文斯备，爰正坤仪。维顺以慈，俪圣同德。则百斯男，垂统无极。"⑦祝愿皇后生育众多男儿，使皇家永远延续下去。清代大内皇后的寝

---

① 《礼记正义》卷4《曲礼上》，中华书局影印本，1980年，上册第1261页。

② 《礼记正义》卷61《昏义》，下册第1681页。

③ 《礼记正义》卷4《曲礼上》、卷5《曲礼下》，上册第1261、1267页。

④ 《礼记正义》卷61《昏义》，下册第1680页。

⑤ 《后汉书》卷10下《皇后纪》，第12册第448页。

⑥ 《内训·奉祭祀》，台湾商务印书馆《文渊阁四库全书》本，第709册第735页。

⑦ 《金史》卷40《乐志》，中华书局点校本，第3册第915页；下引"二十五史"资料均出自中华书局点校本，不再一一注明。

宫，清高宗为它作《坤宁宫铭》写道："以继以绳，惟曰：欲至于万世。"①西汉人以"椒房"作为皇后寝宫的代称，②为什么用"椒"字，汉人应劭的理解："皇后称椒房，取其蕃实之义也。"③唐人李贤注《后汉书·第五伦传》中的"椒房"，谓"后妃以椒涂壁，取其繁衍多子，故曰椒房"④。原来取椒结子多作比喻，希望皇后多生子。无疑，皇后尊为国母，本意有二：统理六宫事务，生皇子延续皇室。

世妇等。《周礼·天官》讲世妇的职责，"掌祭祀宾客丧纪之事"。⑤对世妇，王昭禹的理解是："执箕扫以事人者谓之妇。《记》曰：纳女于天子，备洒扫，妇之事人，有广嗣之义，故谓之世妇。"郑节卿也认为："天官世妇，以广嗣为义。"⑥他们一致的见解是，世妇在协助皇后整治祭品的同时，是天子的妾，为皇帝多生儿子，以实现皇家"广嗣"的目的。天子多妃嫔，要求来源于不同的地域和家族，元朝人修《金史》，讲到古代天子娶后，为什么"三国来媵，皆有娣侄，凡十二女"，是为了"正嫡庶，广继嗣，息妒忌，防淫匿，塞祸乱也"。⑦古人已经懂得近亲结婚不利于生育的道理，所以要从不同的地方迎娶后妃，避免不孕或生子难养活的现象，达到广继嗣的目的。西汉杜钦讲，"礼一娶九女，所以极阳数，广嗣重祖也"⑧。多妃嫔，就是为多生子女，所谓"广嗣"，乃是人们的共识。

《礼记·曲礼》说："纳女于天子，曰备百姓。"何谓"备百姓"，疏释曰："姓之言生也，天子皇后以下百二十人，广子姓也。"又说："姓，生也，言致此女，备王之后妃以下百二十人，以生，广子孙，故云姓也。"⑨人们送女儿到王宫，成为皇家的人，不再是娘家的成员；姓是生育的意思，天子后妃多，生的儿子就众多，所以说是备百姓。传说中的轩辕黄帝有二十五个儿男，他们属于不同的姓，那么备百姓是说儿子有各种姓，而之所以如此，还是在于男儿多。俗话说"子出

① 鄂尔泰等：《国朝宫史》卷12《宫殿二》，北京古籍出版社，1987年，上册第215页。
② 《汉书》卷97上《外戚传》注："师古曰：'椒房'，殿名，在未央宫，皇后所居"，第12册第3958页。
③ 《后汉书》卷10下《皇后纪》，第2册第454页注三。
④ 《后汉书》卷41，第5册第1401页注七。
⑤ 《周礼注疏》卷8《世妇》，《十三经注疏》本，中华书局，1980年，上册第689页。
⑥ 《古今图书集成·明伦编·宫闱典》卷1《宫闱总部》，中华书局、巴蜀书社影印本，1986年，第25册第29369页。
⑦ 《金史》卷63《后妃上》，第5册第1498页。
⑧ 《汉书》卷60《杜钦传》，第9册第2668页。
⑨ 《礼记正义》卷5《曲礼下》，上册第1270页。

多母"①,皇帝实行一后多妃制度,是为了获得多生儿子的母亲,如果说管理后宫需要后妃,毋宁说皇帝希望得到大量的子嗣更为重要。

上面叙述古人对一后群妃与多子关系的认识,现在再从后妃的地位升降与子嗣的有无关系的实际情况观察一后群妃制同多子观念的联系。有的皇后由于不能生养儿子而失宠,遭到废黜,并由有子的宠妃取代她的地位。汉景帝于元年册立薄氏为皇后,但薄后"无子无宠",六年后被废掉,次后册立刘彻(汉武帝)为太子,将他的生母王氏封为皇后。②唐高宗要立武则天为皇后,宣布废掉王皇后的理由:"莫大之罪,无过绝嗣,皇后无子,今欲废之。"③无子成为不可饶恕的大罪,薄后、王后因此而遭废黜。明宣宗胡皇后没有儿子,身体又不好,宣宗让人给她算命,说是皇后无福禄,命中无子,而孙贵妃宫中的侍女怀孕,孙贵妃就假冒自己有了身孕,生了男孩,宣宗说他三十无子,如今要立孙贵妃的儿子为太子,根据母以子贵的原则,应当改立孙贵妃为皇后,而黜退无子的胡皇后,可是她并没有别的过错,于是劝喻她自动退位,把皇后宝座让给了名义上生了皇子的孙贵妃。④明穆宗的陈皇后因皇帝耽于声色,温和地进行劝谏,不想穆宗大怒,将皇后逐出中宫,使得陈氏抑郁成疾,朝臣看不过去,上疏请笃宫闱之好,穆宗的答复是"后无子多疾",才让她移居别宫。⑤无子成了皇帝虐待皇后(实际废黜)的正当口实。明英宗时,太监请示前述的孙贵妃、当朝的太后,以钱皇后无子,应当改立生有儿子(宪宗)的周贵妃为皇后,得到太后同意,英宗笃念旧情,没有允许。⑥钱皇后实在太幸运了,保持了女君称号。南唐李后主的大周后获宠非常,但儿子夭亡,觉得做了对不住后主的事,直到临终,仍对后主说:"所不足者,子殇身殁,无以报德。"⑦

一般来讲,皇帝子嗣多,生子的宫人自然不可能都做皇后,但会大大地改善处境,提高地位,有的爵位甚至是因褒宠而特设的。汉元帝的傅婕妤生有一

---

①《明史》卷176《彭时传》,第15册第4684页。

② 《汉书》卷 97 上《外戚传》,第 12 册第 3945 页。

③ 刘肃:《大唐新语》卷 12《酷忍》,中华书局,1984 年,第 180 页。

④ 毛奇龄:《彤史拾遗记》卷 2《胡皇后、孙皇后传》,齐鲁书社,1997 年,《四库全书存目丛书》史部第 122 册第 363 页。

⑤ 《明史》卷 215《詹仰庇传》,第 19 册第 5679 页。

⑥ 毛奇龄:《彤史拾遗记》卷 2《睿皇后传》,第 366 页。

⑦ 吴任臣:《十国春秋》卷 18《南唐四·后主昭惠国后周氏》,《四库全书》第 465 册第 184 页。

男一女，男封定陶王，女封平都公主，另有冯婕妤，生子封中山王，这二人大得元帝宠爱，为了区别于其他妃嫔，创设"昭仪"爵号，封给她们，赐予印绶，位在婕妤之上。①从此在内命妇中有了"昭仪"，汉唐之间成了宫中要角。唐敬宗郭才人生皇子晋王李普，皇帝以早得子特别高兴，对郭才人宠异非常，不过一年的时间，就封为贵妃。②明世宗王嫔生了皇子，深得乃父喜爱，乃将王嫔晋封妃、贵妃、皇贵妃。③有子而子亡，也会改变母亲的地位。汉成帝原来宠爱班婕妤，甚至要她同辇游后宫，班氏为人自爱，深知那是不合自己身份的事，拒不接受，被后人视作美谈。但是她的儿子夭折了，又遭到皇帝新宠赵飞燕的诬陷，乃作赋自我伤悼，词云："痛阳禄与柘馆兮，仍襁褓而离灾，岂妾人之殃咎兮？将天命之不可求。"痛惜娇儿的殇逝和自家命运的不济，最后以陪伴太后而了却余生。④没有儿子，再得皇帝的宠荣，也难登皇后宝座。唐武宗的登基，颇得王才人的筹划赞助之力，她又能歌善舞，因此武宗想立她为后，可是宰相李德裕说："才人无子，且家不素显，恐诒天下议。"武宗只得作罢。而武宗死，王才人自尽身殉。⑤王氏不得为后，无子成了两条重要原因之一。宋哲宗的宠妃刘婕妤得意忘形，公然与孟皇后分庭抗礼，因而在一次朝见太后时受到冷落，哭诉于哲宗，内侍郝随对她说："毋以此戚戚，愿为大家早生子，此坐正当为婕妤有也。"⑥郝随看得透彻，一个宠妃，没有儿子当不了皇后，有了男儿，皇后名分就自然到来了，所以最要紧的是生儿子。

这一桩桩的事实，生动地表明，有无子嗣关系着后妃的名分和荣辱，再荣宠的妃嫔没有儿子作后盾，地位是很难永保的，虽说"子以母贵"，"母以子贵"，然而最常见的还是"母以子贵"。实践证实，一后群妃的制度，是为保证皇家有足够的继承人。

君主册封后妃的实践和古人对一后群妃制意在广生群子本质的认识，还体现在对君主性生活的规范方面，避免出现专宠的现象，以便众多的妃嫔都有怀孕生子的机会，才有皇家多子的可能。群妃中的九嫔，据《周礼》的记载：

① 《汉书》卷 97 下《外戚传》，第 12 册第 4000 页。

② 《新唐书》卷 77《后妃传》，第 11 册第 3509 页。

③ 毛奇龄：《彤史拾遗记》卷 5，第 389 页。

④ 《汉书》卷 97 下《外戚传》，第 12 册第 3983 页。

⑤ 《新唐书》卷 77《后妃传》，第 11 册第 3509 页。

⑥ 《宋史》卷 243《后妃传》，第 25 册第 8633 页。

"掌妇学之法,以教九御妇德妇言妇容妇功,各率其属,而以时御于王所。"九嫔要以四德教育八十一御妻,同时安排君王御幸群妃的方法,即将皇帝的一百二十一个后妃编排出秩序,以便轮流接受皇帝的召幸。据东汉郑玄的理解,八十一女御,九人一组,每晚九人与皇帝一起生活;二十七世妇也是九人一组,分三夜陪侍君王;九嫔一组,当一晚;三夫人当一夜;皇后一夜。这样半个月一轮回。如此依照等级,都有与皇帝亲近的机会。①《周礼·天官》讲到女御的职掌是,"掌御叙于王之燕寝",这是说由女御来安排帝王与后妃同居生活,因为女御地位低下,对这种事情的安排不敢自专,徇情舞弊,一定会公平合理,不致出现专宠和忌妒的情况。使内无怨女,而皇家子孙众多。②不论由哪一种内命妇来管理,郑玄的说法是想象化的,不会符合于实际。后梁崔灵恩讲了同郑玄相同的御法,只是补充后妃有月经时的避免临御问题。③宋人魏了翁对郑玄等人的说法持批评态度,说"每九人而一夕,虽金石之躯,不足支也",何况帝王祭祀很多,而这时是要斋戒的,"动辄三日斋,七日戒,而可以无夕不御女乎?"因此不可能半月一轮换。④这样的平均性生活方法是理想化的,行不通的。⑤这种说法忽视了皇帝的个性和某些妃嫔的活动能量,事实上是不会按照它实行的。

其实,宫中的性生活虽不是如同郑玄所说,但规矩是有的,应有某种约束作用,只是皇帝往往恣意而行。宋代宫中女官,专事内起居注的写作,时刻跟随皇帝,记录其行动,当晚交给史馆。她们的住处外面钉有金字大牌,上书"皇帝过此罚金百两"⑥。这种严格的内起居注制度,自然不是规范帝王性生活的,但在客观上起着某种限制其恣意性的作用。女史的居处皇帝不能随意进入,这是为防止皇帝去篡改历史,从而使皇帝无法掩饰其白天在后宫的任意行为,使其生活不能不有所检点。前述《周礼》记录的九嫔或女御管理的帝王幸御妃嫔制度,从明代的记载看,当时是由宫中女官的尚仪局来负责。这个机构

---

① 《周礼注疏》卷7《九嫔》,《十三经注疏》本,上册第 685 页。

② 《周礼注疏》卷8《女御》,上册第 689 页。

③ 周密:《齐东野语》卷 19,台湾新兴书局,1981 年,《笔记小说大观》第 13 编第 4 册第 2335 页。后注此书者简注。

④ 魏了翁:《古今考》卷 6《西入咸阳欲止宫休舍》,《四库全书》第 853 册第 193 页。

⑤ 参阅《后宫制度研究》,第 346 页。

⑥ 陶宗仪:《辍耕录》卷 19《宋朝家法》,台湾《笔记小说大观》,第 7 编第 1 册第 551 页。

职掌"礼乐起居",①下属女官承皇帝之命引领被御的妃嫔或宫女。

明初的宁王朱权,以其曾经居住于宫中及对宫内生活的了解,写出《宫词》一百多首,其中有三首与召幸宫人有关,兹录于次:"雕檐蟾魄度罘罳,蛛网呈祥坠喜丝。知是昭阳有恩泽,灯花昨夜结红芝。""一自承恩入建章,为怜妾貌侍君王。殿头自此书名字,日日联班进御床。""新选昭仪进御来,女官争簇上平台。宫中未识他名姓,都把名花作字猜。"②第一首是说灯花给宫人喜兆,等待君王的召幸,第二、三首是讲新招幸的宫人受到爱怜。所有这些后宫的被召幸,都出自皇帝的意愿,所谓"殿头自此书名字,日日联班近御床",就是皇帝亲自指定当夕宫人。明代弘治年间进宫为女官的沈琼莲作《宫词》,亦云:"尚仪引见金龙床,御笔亲题墨色香。幸得唱名居第一,沐恩舞蹈谢君王。"③也反映尚仪局女官参与皇帝御幸事务,当然决定人选的权力在帝王手里。在清代,同样有女史记录皇帝的夜生活,据说还要将这种笔记让皇后观看,所谓:"故事,帝宿某处,御某人,有册籍报后。"④总起来说,宫中有皇帝御女的规范,防止专宠某一两个宫人,影响君主与更多的后宫有性生活,以便"子出多母",有众多的皇子出世。"广嗣"是御幸有度的出发点。当然在实践上,帝王由个人的感情作支配,不会完全按照规矩去做。至于郑玄所说的御女方法,显然是脱离实际的玄想,会同皇家的规矩有颇大的出入。

看来,皇家一后群妃制度的订定,从目标、夜生活规范和后妃册废的实践诸方面显示,中心点是为多生多育男儿,纳后本意的所谓"上以事宗庙,下以继后世",祭祀先人,求得保佑,使后继有人,造成宗庙的烟火不断,实现了孝道,可是"不孝有三,无后为大",没有后人,宗庙祭祀就断绝了,可见生育后嗣是最为重要的。归根结蒂,皇家的婚姻是为了多生子嗣,一后群妃的制度,是为了实现这种目的,也是皇家多子观念的体现。对于古代家庭功能问题,学术界就第一位的是经济功能,还是生育功能,尚在争论之中,但是从皇家的情况来看,生育功能是处于首位的,是首先要努力实现的目标。

---

① 孙承泽:《春明梦余录》卷6《宫阙》,台湾《笔记小说大观》,第6编第9册第5044页。

② 《古今图书集成·明伦编·宫闱典》,第25册第29416页。

③ 《古今图书集成·明伦编·宫闱典》,第25册第29423页。

④ 徐珂辑:《清稗类钞·宫闱类》,中华书局,1984年,第1册第377页。

二、育嗣观念下的选择"宜子"皇后

后妃的主要任务既然是生育男儿,就出现选择会生儿子的妇人为皇后的问题,当然这不是单纯的事情,它同选取皇后的其他条件联系在一起。

选择和册立皇后的条件,或者说是标准,各个时代要求不完全相同,有时差异很大,但总观起来,似可归纳为以下几点:(1)家世清白,早先要求贵族和社会上层家庭的女子,选取社会下层,乃至半贱民、贱民女子是偶然的现象,后来社会层次下移,倒不需要是高门大户,但一定要身家清白。(2)贤德人品,女家或女子本人贤德名声为人们传扬,这里所说的贤慧主要是指宽容,没有女性的嫉妒,接受皇帝的众多妃嫔。(3)相貌端正。(4)有时某种政治因素起一些作用,系适应皇室、外戚的政治需要。此外,是女家甚至女子个人生育的状况,这是这一节所要论述的事情。

古人依据家族的生育历史或个人的体质相貌特征,认为某个家族或个人适合于生育男儿。西汉成帝因为他的兄弟中山孝王没有儿子,以"卫氏吉祥,以(卫)子豪少女配孝王,元延四年,生平帝"。卫子豪家族的生育、婚配状况是:子豪妹为宣帝的婕妤,生楚孝王;子豪至少生有二男二女,长女被元帝纳为婕妤,生平阳公主,至是成帝认为他家吉祥,主动为自己的弟弟联姻,倒不是卫家要高攀皇室。那么成帝所说的吉祥,在这里应当是指善于生育,虽没有确切地说能生男,但这个婚姻就是为中山王生子的,所以在成帝的观念里,卫家是适宜于生育男儿的,而且目的也达到了。①但是成帝并未提出宜子的概念,而就笔者所知,最早讲出的是比成帝略晚的王莽。他的侄儿王光私自买了侍婢,王莽为掩盖他的不良行为,将那个侍婢赠送给还没有儿子的后将军朱博,并矫情地说,这个婢女"种宜子",才给你买的。②种宜子,就是生男儿的种子,或者说是适合于生儿子的。由王莽的说话状态来看,种宜子说法不是他的发明,应是社会上业已形成的一种观念。这种情形表明女人能否生育儿郎可能已是某些人选择配偶的一种条件了。

正式提出宜子标准的是晋武帝。武帝要给太子选妃,有关人员建议从卫

---

① 《汉书》卷 97 下《外戚传》,第 12 册第 4007 页。
② 《汉书》卷 99 上《王莽传》,第 12 册第 4040 页。

瓘和贾充两家挑选,武帝倾向于卫家,理由是:"卫公女有五可,贾公女有五不可。卫家种贤而多子,美而长白;贾家种妒而少子,丑而短黑。"①一个是种贤多子,另一个是种妒少子家族,多子与少子成为选择婚姻的一项目标,在社会上已形成明确的概念。宜子多男之说,此后不时地出现在皇家的婚姻史上。北齐文宣帝为其弟博陵王纳妃崔㥄的妹妹,在结婚的晚宴上,文宣帝祝酒词曰:"新妇宜男,孝顺富贵。"这是祝福弟妇生男儿,但这不是一般的喜庆话,是针对崔氏家族的实际情形说的。崔家是多男子的家族,崔㥄有九弟兄,显然是种宜子的了。②辽道宗册立萧坦思为皇后,已经几年了,没生子嗣,帝后双方都着了急,大约皇后尤其不安,说她的妹妹"宜子",推荐给道宗,皇帝也动了心,这时皇后的妹子已嫁人,硬使其离婚,入宫为妃,但是这位妃子并未生子,于是又让她回到原来的丈夫家,而皇后也降为惠妃。③萧皇后的妹妹宜子之说并无根据,可能是皇后的愿望,或者她是以此来欺骗道宗的。不过这个故事反映道宗夫妇是相信宜子说的。明武宗是位荒唐的君主,因无男儿,将已有身孕的马氏召进他常驻跸的豹房,引起朝臣的反对,御史徐文德上言:"是姬殊色多技能,而又宜子,陛下悦彼甘言,误蒙宠纳,已纳已婚未婚,有身无身,皆所不计。"六科都给事中石天柱等谏诤,问皇帝明知马氏怀孕,为什么还要宠幸她,是不是"急于宗嗣"?!④言官都怀疑武宗相信马氏宜子,希望从她那里得到子嗣。武宗是否真是这样想的,很难说。然而事情表明明朝人笃信宜子说,并同皇家育嗣联系起来。

宜子说是从家族和个人的生育史作出考查,另从相貌和生辰八字选择后妃,前面说过明宣宗相信术士的"中宫禄命不利子息"的话,废掉胡皇后。现在再看晋简文帝的行为。他早年的三个儿子俱已夭亡,此后一个儿子被废,一子早卒,将近十年,后宫诸姬再没有受孕的,他很着急,将相面人召进宫中,一一审阅他的众位爱妾,相面人说她们都不能生育,这时有一位在织坊中作粗活的李姓宫女,是个黑高个,同伴给她起个绰号叫"昆仑",相面人见到她吃惊地说,就是她善于生子。她虽然出身卑微,形容丑陋,但简文帝思虑到子息大计,

---

① 《晋书》卷31《后妃传上》,第4册第963页。
② 《北齐书》卷23《崔㥄传》,第1册第335页;《北史》卷24《崔㥄传》,第3册第873页。
③ 《辽史》卷71《后妃传》,第5册第1205页。
④ 《彤史拾遗记》卷4《马氏传》,第382页。

将李氏收入后宫,竟然如相面人所说,连生孝武帝和会稽王两个儿子。这位李夫人在儿子孝武帝继位后,尊为皇太后。①刘宋太宗为太子选妃,以"卜筮最吉"选中了江简珪,后来太子(后废帝)继位,江氏成为皇后。②唐宪宗的郑姬原来是李锜的妾,李锜之所以收纳她,是因为相面的人说她"有奇相,当生天子",李锜造反失败,郑氏没入掖庭,为宪宗生了宣宗,宣宗继位,尊她为皇太后。③郑氏倒是合了相士之言,生出天子,至于唐宪宗是否信了相士的话才看重郑氏的,不得而知,但是以相貌观察妇女能否生子,乃是社会上层娶妻纳妾的一种选择条件。

皇家为多得子,特别是在乏嗣息的情形下,笃信宜子说和术士之言,作为选择皇后和妃嫔的一种重要的因素。有的家族生男儿多,这是事实,卫瓘、崔㥄等家族就是男性出生的多,同这类家族的女子结婚,生儿郎的机率可能会大一些,因此皇家的选择宜子皇后,有其一定的道理,但若以此要求皇后一定生产儿郎,否则即行废黜,显然是无理的苛求于人,显示出皇家择偶条件的苛刻性。皇家处于高高在上的社会最高层级的地位,选取后妃,占据着绝对的主动位置,才有可能提出选后的宜子原则。宜子的条件,在民间行不通。民间虽有嫁女往高门,娶妇不如我家的说法,实际上没有多大的选择空间,很难挑三拣四,把宜子的因素加以强调。所以"宜子"作为选婚的一项原则,只能出现在皇家,使之成为皇家婚姻的一个特点。④这里还要指出,宜子的选择对象,主要适用于皇后,其他妃嫔的征用基本上不以此为目标,这也说明极端重视皇后的人选及皇后的地位,因为皇位继承人要由她生育,她的地位一般也不宜于更换,为求婚姻的稳定,希望有"宜子"的皇后,是可以理解的事情了。

三、祈冀生子的诸种信念与表达方式

古代社会流传着许多生子的吉利信仰,在皇宫中也有着反映,这一节希望能对此有所了解。

---

① 《晋书》卷32《后妃传下》,第4册第981页。

② 《宋书》卷41《后妃传》,第4册1297页。

③ 裴庭裕:《东观奏记》卷上《郑太后身世》,中华书局,1994年,(与《明皇杂录》合刻),第85页。

④ 民间难于选择宜子女子,但也希望生产男儿,遂有摸门钉习俗的形成,即在元宵节时,京师的妇女到正阳门中洞摸门钉,谓为"宜男"。潘荣陛:《帝京岁时纪胜》,北京出版社,1961年,第10页。

1.后宫处处生子吉祥物

宫中许多建筑、用品冠有多子的名称,希冀君王和后妃目睹这些名与物,产生孕子的欲望和心情,以便受孕产子。

百子帐。后妃所使用的床帐,名曰"百子"。宋代大词人李清照《贵妃阁春帖子》诗云:"金环半后礼,钩弋比昭阳。春生百子帐,喜入万年觞。"①以百子帐入词,歌咏后妃生活。王仲闻认为李清照用"百子帐"一词,"特取其子孙众多之义"②。

百子门。明、清两代的后宫中路交太殿、坤宁宫和后花园,东路和西路各有六组建筑群,即有十二所宫院,供群妃居息,西宫的第二条街(西二长街)的北门,叫作"百子门",预兆住在里边的宫人们生产大群的皇子。③

螽斯门。与前述百子门都在西二长街,唯百子门为街的北门,此门则为街的南门。④螽斯是很小的昆虫,然多子,故以此比喻多得子息。

广生门。东一长街有广生左门,西一长街有广生右门,以"广生"起名,应系多生男儿愿望的表露。⑤

千婴门。明代后宫东二长街北门以此为名。顾名思义,皇家要百子千孙。⑥明末太监刘若愚讲了宫中为这些宫门命名及养猫、养鸽的用意:"祖宗为圣子神孙,长育深宫,阿保为侣,或不知生育继嗣为重,而宠注于一人未能溥贯鱼之泽,使以养猫养鸽,复以螽斯、百子、千婴名其门者,无非藉此感动生机,广胤嗣耳。"⑦原来这些名称是增加皇家成员的生育愿望,以便子孙众多,后继有人。

百子铃。马项上的配铃,命名"百子"。据说魏文帝曹丕征召薛美人于常山,非常隆重,驾车的马项上套着百子铃,走起来,"锵锵和鸣,响于林野"。⑧连御马的装饰也用"百子"为名,真是望子心切。

---

① 王仲闻校注:《李清照集校注》卷2《诗》,人民文学出版社,1979年,第126页。

②《李清照集校注》卷2《诗》,第127页注五。

③ 孙承泽:《春明梦余录》卷6《宫阙》,台湾《笔记小说大观》第6编第9册第5024页;《国朝宫史》卷13《宫殿三》,上册第232页。

④ 孙承泽:《春明梦余录》卷6《宫阙》,第5024页;《国朝宫史》卷13《宫殿三》,上册第232页。

⑤《国朝宫史》卷13《宫殿三》,第219页。

⑥孙承泽:《春明梦余录》卷6《宫阙》,第5024页。

⑦ 刘若愚:《酌中志》卷16《内府衙门纪略》,北京古籍出版社,1994年,第129页。

⑧ 王嘉:《拾遗记》卷7,"四库全书"本,第1042册第345页。

出降公主用璋。公主下嫁,陪物甚多,晋朝皇帝因此下诏书说:"公主嫁由夫氏,不宜皆为备物,赐钱使足而已,惟给璋,余如故事。"①公主是出嫁,夫家应当出些费用,不能全由皇家负担,这是理应如此的,但是璋是一定要赠送的。送璋为历代所坚持,唐朝公主出降六礼中行纳征礼时,"掌事者奉璋以桄俟于"仪礼场所。②为什么一定得送璋?"弄璋之喜"的典故或许可以明之,无非是祝福公主早生贵子。

百子池。即将说明。

2.宫人喜过七夕节

七月七日牛郎织女相会的神话,演成民俗节日,妇女们过得尤其认真,宫女更对它寄予厚望,当作大的节日来过。七夕之时,她们到百子池畔,演奏于田乐,然后做游戏,用五色线相绑缚,叫做"相连爱"。③宫女之间相连爱,寄托友情,和睦相处,不过七夕节更希望得到君王的爱怜,征召昭阳宫,去圆那牛郎织女相聚的梦。北宋宫中和民间的七夕节的过法是,宫人将绿豆、小豆、小麦放在磁器器皿里,浸上水,待到生出数寸的芽,用红、蓝等色的线束起来,管它叫"种生"。④欲望得种,有小生命的出世,就不枉过这个节日了。在南宋的七夕节,宫姬置买小儿的衣冠,都用节日流行物作装饰。⑤明代宫中七夕,宫眷穿鹊桥补子,宫中设乞巧山子。⑥鹊桥,喜雀搭桥,成全那牛郎织女相会,宫人寄望于君主的垂怜,得百子池名之瑞,为皇家生出成百儿郎。

3.希求得瑞名之应

古人渴望得到男儿,尤其是连生女儿,更盼男孩的到来,于是就在给女子取名上做文章。刘宋文帝的妃子路氏,建康人,出身贫寒,乃父为其取名"惠男",希望她的好名字带来一个小弟弟。后来她以色貌选入后宫,生出孝武帝,封为淑妃,孝武帝即位,尊为太后。⑦南朝陈高祖的章皇后,吴兴乌程人,名字叫"要儿",可见乃父要儿子的迫切心情。要儿后来成为皇后,生子陈世祖继

---

① 《晋书》卷21《礼志下》,第3册第665页。
② 《开元新礼》,见《古今图书集成·明伦编·宫闱典》卷81《公主驸马部》,第25册第30195页。
③ 葛洪:《西京杂记》卷3,江苏广陵古籍刻印社,1983年版《笔记小说大观》第1册第6页。
④ 孟元老:《东京梦华录》卷8《七夕》,中国商业出版社,1982年,第54页。
⑤ 周密:《武林旧事》卷3《乞巧》,商业出版社,1982年,第49页。
⑥ 刘若愚:《酌中志》卷20《饮食好尚纪略》,北京古籍出版社,1994年,第181页。
⑦ 《宋书》卷41《后妃传》,第4册第1286页。

位,尊为皇太后,废帝尊为太皇太后。①后妃的嘉名,原是对娘家而言,与皇家本无关涉,也并非因名字而得宠,可是她们进入宫中,成为皇家的人,尊为后妃,都能生子,岂不应了嘉名之瑞。

4.无子的祈祷

有的帝后生子不能养活,或盛年无子,心情焦虑,以为是晚年无子,其实是处于青年时期,如北魏道武帝"晚有子,闻而大悦,乃大赦天下",其实他生太宗的时候才二十岁,就觉着得子晚了。②当他们尚无子息之时,往往乞求于上天、祖宗和山川的灵佑,举行祭祀盛典,设醮求神,以降福生子。北朝及隋朝制定帝后乘舆的五辂制度,皇后的车舆分十二等,第一等为重翟,皇后乘它随从皇帝祀郊禖、享先皇、朝皇太后。③祀郊禖,是祭天求子,系头等大事,所以要乘坐最贵重的车,表示对祭祀对象天神的敬重。这是常备车,将求子列为使用范围之一,可知求子是皇家时刻准备进行的事情。金章宗的皇后和妃嫔生了几个儿子,可是几个月,或者二三岁上就夭折,承安五年(1200),章宗以没有子嗣,亲自去太庙山陵祈祷。少府监张汝猷建议派近臣到名山观庙去祈神,于是遣员外郎完颜匡往亳州祷祀太清宫。到泰和二年(1202)李元妃生皇子,群臣上表称贺,皇帝赐宴,同时进行一系列的酬谢祖宗神灵的活动,令平章政事徒单镒往太庙宣读报谢祭文,右丞完颜匡报谢山陵,遣使报谢亳州太清宫,当皇子满三个月,敕放僧道度牒三千道,设醮于元真观,为皇子祈福。只可惜皇子仅活了两岁。④明孝宗即位两年,尚无子嗣,乃设醮求子,给事中张鼎认为应当广置妃嫔,加大生育的可能,不可过分相信天神,上书云:"古者天子一娶十二女,以广储嗣,今舍是弗图,乃徒建设斋醮,不已惑乎!"⑤明代大内北部有大高玄殿,祠星君,当时人认为最有灵应,明神宗的宠妃郑贵妃前往礼拜,祈求保佑生养,后来生了福王,她就谒祠致谢。⑥

5.望嗣而博求淑女、节欲与制妒

皇帝乏嗣时,一方面求助于神灵祖先,另一方面则讲求人事,这就是刚刚

①《陈书》卷7《皇后传》,第1册第126页。
②《魏书》卷3《太宗纪》,第1册第49页。
③《隋书》卷10《礼仪志五》,第1册第197页。
④《金史》卷64《后妃下》,第5册第1527页。
⑤《大政记》,见《古今图书集成·明伦编·宫闱典》,第25册第29839页。
⑥ 毛奇龄:《彤史拾遗记》卷5《郑贵妃传》,第394页。

讲到的张鼎对明孝宗的建议,广召妃嫔,增加生子的机会。可是它又可能产生相应的问题,即皇帝性欲无度反而降低生育机能,妃嫔众多必然造成争宠局面,同样不利于子息的出世和养育,所以朝臣就这三方面关系,不断向君主建言,盼望能够处理得好,解决国本的大问题。

明宪宗专宠万贵妃,万氏先生有儿子,然而早逝,别的宫人生子,她又加以陷害,所以宪宗未有子嗣时,"中外以为忧",朝臣相继上书,"请溥恩泽,以广继嗣"。①给事中魏元不点名地要求宪宗从溺爱万贵妃,或者说从万贵妃控制中走出来:"陛下富有春秋,而震位尚虚,岂可以宗室大计一付之爱专情一之人,而不求所以固国本安民心哉!"②宪宗的孙子世宗得子也"晚",大学士张璁上言:"陛下春秋鼎盛,宜博求淑女,为子嗣计。"世宗接受建言,以太后的名义,册立九嫔。③这是所谓师法上古帝王,多立后宫,以广储嗣。

有的帝王拥有众多的宫人,可是依然没有后嗣,出现滥情的毛病,这就需要节欲保持体能,曹魏的廷尉高柔就向明帝提出了这样的建议。明帝即位,广采众女,充盈后宫,可是皇子连连夭亡,以至没了儿子。高柔上疏,现在宫人怀孕的都没有,是不是后庭人数太多了,反而造成圣嗣的不昌,不如放出一些宫人,以"育精养神,专静为宝",即培养元气,专注于少数人,"如此,则螽斯之征,可庶而致矣"。④有的人更放大视野,讲究起实行仁政,以德致祯祥,从而生子延祚。金哀宗时,有人告他的异母兄长庞贵妃生的荆王谋反,将其打入监狱,哀宗的母后王氏劝他说,你只有一个哥哥了,奈何听信谗言加害于荆王;回想章宗杀自己的伯父和叔父,害得自家享年不永,你如今还没有得子,怎么能效法章宗!于是放出荆王,并流着泪劝抚一番,以示实行宽仁致祯祥的政策。⑤

后妃争宠,相互倾轧,是常有的事情,它将不利于子嗣的繁衍。《诗经》有《樛木》《螽斯》两首,被后人理解为赞扬妻妾和睦,子孙兴旺,并利用它们劝喻家庭宁谧,特别是进谏皇家处置好群妃之间的关系。《樛木》诗的原文是:"南有樛木,葛藟累之,乐只君子,福履绥之。"《螽斯》云:"螽斯羽,诜诜

---

① 《明史》卷113《后妃传》,第12册第3524页。
② 《明史》卷180《魏元传》,第16册第4773页。
③ 《明史》卷114《后妃》,第12册第3531页。
④ 《三国志·魏志》卷24《高柔传》,第3册第686页。
⑤ 《金史》卷64《后妃传下》,第5册第1534页。

110

兮,宜尔子孙振振兮。"注释家们说,这两首诗以比兴的手法,赞誉后妃不妒忌,待下人慈惠,得到爱戴,家内就像螽斯那样子孙众多,这是因德而有福,就中关键在于宫中和睦,没有忌妒。①嫉妒的产生,在于爱的不均匀,是专宠的结果。西晋张华针对惠帝贾皇后的怙宠跋扈说:"无矜尔荣,天道恶盈;无恃尔贵,隆隆者坠。鉴于小星,戒彼攸遂。比心螽斯,则繁尔类。欢不可以黩,宠不可以专。"②讲专宠必败,乐极生悲,还是以螽斯为鉴,繁昌子孙。明成祖徐后讲,"不骄不妒,身之福也"。这不仅是个人的事情,如果这样做了,能够"茂衍来裔,长流庆泽"。③要言不繁,关键在不专宠,不嫉妒,使子孙昌盛,王朝万世流传。

6.孕妇插戴宜男花

以上讲的是求孕生子的各种信仰及其表达方式,受孕之后,出现生男生女的两种可能,这时皇帝和孕妇的心情,除了北魏一段时期内部分孕妇害怕生男儿之外,均冀盼生育儿郎,这个时候有一种信仰,以为插戴萱草花吉利,可以生出男儿,所以萱草成为孕妇必然佩戴的吉祥物。

萱草,萱,亦写作谖,又名宜男草,忘忧草,是多年生草本植物,人们食用的金针菜就是它的花。古人母亲称谓很多,其中之一是以萱草为名,称曰"萱堂"。以萱草花为宜子瑞花观念的形成,当不晚于魏晋时期。曹植《宜男花颂》云:"草号宜男,既烨且贞。其贞伊何?惟乾之嘉。其烨伊何?绿叶丹花。光彩曜晃,配彼朝日。君子耽乐,好和琴瑟。固作螽斯,惟立孔臧。福济太似,永世克昌。"④宜男花之名,三国时业已流传。它被认为是吉祥花卉,有益于男子,有利于生育儿郎,会像螽斯多子,如同周文王夫人太似那样拥有众多男儿。曹植的诗道出社会对萱草宜男的一般看法。周处《风土记》说萱草,"怀妊妇人佩其花则生男,故名宜男。"⑤人们认为萱草宜男,孕妇插带萱草花,就会带来生男儿的好运,于是在社会上形成孕妇佩戴萱草花的习惯。

为了能够得到萱草,人们在自家的庭院中予以种植。萧梁简文帝《七励》云:"植宜男于粉阁,树君子于椒房。"表明宫中种植萱草,宫人有佩戴的习惯。

① 《毛诗正义》卷1《周南》,见《十三经注疏》本,中华书局影印本,1980年,上册第278—279页。
② 张华:《女史箴》,见萧统等:《六臣注文选》卷56,"四库全书"本,第1331册第445页。
③ 《内训·事君·逮下》,第733、738页。
④ 《曹植集校注》卷3《宜男花颂》,人民文学出版社,1984年,第395页。
⑤ 李时珍:《本草纲目》卷13《草部·萱草》,中国书店,1988年,第2册第13卷第86页。

后宫或民间院落种萱草,屡见于载籍。谢惠连的《雪赋》:"折园中之萱草,摘阶上之芳薇。"①唐玄宗在华清宫醉酒初醒,见木芍药,折一枝给杨贵妃,并高兴地说:"不独萱草忘忧,此花亦能香艳,尤能醒酒。"②可知唐代宫内种有萱草。北宋宰相王珪《宫词》:"侍辇归来步玉阶,试穿金缕凤头鞋。阶前摘得宜男草,笑插黄金十二钗。"③描写妃嫔陪同皇帝外出回宫,笑着将院里的萱草花摘了佩戴上。明人黄省曾《洪武宫词十二首》其一曰:"清萱到处碧,兴庆宫前色倍含。借问皇家何种此,太平天子要宜男。"④直接了当地说明宫中种植萱草,就是皇帝要生男儿。清圣祖于康熙三十八年(1699)南巡,驻跸江宁织造署,时值初夏,萱花尚非盛开之时,而却鲜花怒放,圣祖见织造曹寅之母孙氏,问她的年龄,叙家常,原来孙氏是皇帝的乳母(之一),圣祖高兴,当即就萱花开放和母称萱堂之典,提笔书写"萱瑞堂"匾额赐给她。⑤由此可以想见,清朝的大内,同明朝一样,会有萱草的种植,表达皇帝冀望男儿心愿。圣祖将萱草与祥瑞联在一起,无疑是把萱草视作瑞草。同时我们知道,清朝后妃卤薄中,皇贵妃、贵妃的有"红缎绣瑞草伞二,黑缎绣瑞草伞二"⑥。这伞上绣的瑞草图案,笔者疑是萱草,不过不敢作这种肯定,仅是作为疑问写在这里,以就教于方家。

　　萱草又名忘忧草,与宜男草的名义应是关联的。前述唐玄宗的"不独萱草忘忧",强调它的忘忧含义,元人顾德辉《天宝宫词》有句"却道荷花真解语,岂知萱草本忘忧"⑦。也是注重忘忧意思。母亲因思念儿子而忧愁,在院子里种植萱草时常看着它,如同儿子就在近边,而忘掉忧思。萱草是母亲草,母亲没有儿,岂不更忧烦!所以萱草是宜男草的意思更突出。话说回来,宫中养植萱草,为怀孕的宫人佩戴,希冀获得祯祥,生个儿郎。

---

① 谢惠连:《雪赋》,见《六臣注文选》卷13,第1330册第302页。
② 王仁裕:《开元天宝遗事》卷2《醒酒花》,《四库全书》第1035册第854页。
③ 《古今图书集成·明伦编·宫闱典》,第25册第29409页。
④ 《古今图书集成·明伦编·宫闱典》,第25册第29421页。
⑤ 毛际可:《会侯先生文钞》卷4《萱瑞堂记》,《四库全书存目丛书》集部第229册第750页。
⑥ 《国朝宫史》卷10《典礼六》,第172页。
⑦ 《古今图书集成·明伦编·宫闱典》,第25册第29420页。

四、保胎分娩的措施与礼仪

皇家基于对生育的特别重视,当后妃及其属下的宫女怀孕之后,一般的情形是得到特殊的优待,给予精神上、物质上以及医护方面的关照,同时做好迎接婴儿的接生、保育人员的准备,以利孕妇的保胎和顺利分娩。

1.彤史作宫人承御记录

宫内有多种女史,记录宫官六局二十四司的各自事务,其中尚仪局司赞司的彤史二人,系正六品女官,专管"后妃群妾御于君所,书其月日"①。即具体记载宫人当夕的情形,包括月日时辰。别据记录,当宫人进御之时,给她一只银手镯,戴在左手腕上,既御之后,离开皇帝寝宫时将银镯改戴在右手腕上,这种戴手腕的变化,理由是左手表示阳气,戴在左手就会受孕生男儿,而右手为阴气所在,女人既被皇帝御后,恢复自身的阴气,就将手镯改放在右手了。②既然有这样的详细笔录,后宫就不敢冒说怀孕的事情了,若是真怀孕也不能诬赖是乱说。明神宗时,李太后的慈宁宫王姓宫人被神宗私自幸御,有了身孕,神宗不愿意承认这件事,左右也不敢言明。有一天神宗到慈宁宫,在吃饭时太后提到王宫女怀孕,可是皇帝不答话,太后无奈,叫人把内起居注拿来让皇帝过目,神宗赖不了账,就册封王宫女为恭妃。恭妃生的是皇长子光宗,后来被尊为皇太后。③有了这样的登录,未来的皇子历史就有了原始记录。

2.优遇孕妇和重视胎教

孕妇从心理上和物质上应当得到特殊的关怀, 皇家对此有着相应的规则。清朝宫规,凡是怀孕的宫人,依照她内命妇的等级,增给她食用原额的一半;如果她的生母健在,允许其进宫照料女儿。④生育过的人有护理孕妇及教导保胎的经验,这不仅有利于胎儿的发育,孕妇由于母亲在身边,对克服妊娠恐惧亦不无作用。允许孕妇母亲进入大内,尤其是停留,乃特开大恩,因为平

---

① 孙承泽:《春明梦余录》卷6《宫阙》,第5045页。
② 《五经要览》,《古今图书集成·明伦编·宫闱典》卷6《宫闱总部》,第25册第29433页;孔颖达:《御叙之法》,见唐顺之辑:《荆川稗篇》卷20,《四库全书》第953册第425页。
③ 《明史》卷114《孝靖王太后》,第12册第3537页;《彤史拾遗记》卷5《王贵妃》,第393页。
④ 《国朝宫史》卷7《典礼四·宫规》,第139页。

常不许宫眷出入内庭,即使特恩准许的探视,也是稍停就得出宫的,而现在竟然许可在内居住,实系异常措施,既照顾了孕妇,更重要的是为保胎,好诞生龙子龙女。

教导孕妇注意胎教,是宫中重视的事情,进行圣贤后妃太任的宣传即为其内容之一。太任是古圣人周文王的母亲,《史记》说她"端壹诚庄,维德之行",怀孕之后,为了胎教,严格控制自己的情绪和为人,使胎儿受到良好的影响,她的具体做法是:"目不视恶色,耳不听淫声,口不出傲言",因而"能以胎教子,而生文王"。①后世宣讲胎教,就以太任为典范。人们总说太任、太姒辅佐夫君奠定周朝八百载天下,所以一讲胎教就离不开太任。

除了允许母亲的照顾,还有太医对孕妇的诊视,清宫规则,凡宫主有孕,本宫首领太监照常值夜班外,"宫殿监奏派总管太监一人,率敬事房太监及御药房首领太监等上夜"②。所谓"奏派",是宫殿监提名,由皇帝指定,表明皇帝对宫人妊娠的重视态度。这些值夜班的人,一遇孕妇有异常情形,好进行处置,上夜的有御药房首领太监,可能就率领有太医,他会进行有效的紧急处理。

如若按照规范,孕妇会有很好的保养,胎儿发育正常,将来会顺利分娩。但是宫中孕妇出意外的事情也不乏见,这多半是人为的因素造成的。如明世宗一天在皇后宫里,张、方二妃进茶,世宗盯着她们的手看个不停,陈皇后见了生气,实在忍不住了,把茶杯扔到地下,站起身来就走,世宗更是受不了,大发雷霆,反倒将皇后吓坏了,胎儿因而掉了,皇后接着死了,她的父亲请求允许皇后的母亲到宫中向遗体告别,世宗以不合祖制而拒绝。③世宗的玄孙熹宗时期,太监魏忠贤和乳母客氏擅权,他们惮于张皇后的精明,当她怀孕时,故意撤出会办事的宫人,派去心腹,借皇后腰痛之机按摩,致使皇后流产。④

3.临产的准备

孕妇将近分娩的日子,医生、产婆、奶母、分娩用品、产房都要准备好。

孕妇快足月时,加强对她的护理。在宋代,怀孕将近七个月,孕妇本宫的

---

① 《史记》卷4《周本纪》,第1册第115页。

② 《国朝宫史》卷8《典礼四》,第139页。

③ 毛奇龄:《彤史拾遗记》卷5《陈皇后》,第385页。

④ 刘若愚:《酌中志》卷8《两朝椒难纪略》,第44页;谷应泰:《明史纪事本末》卷71《魏忠贤乱政》,商务印书馆"国学基本丛书"本,卷71,第4页。

医官报告他的上司,再由太监奏报皇帝,皇帝再次下令医官确定降诞的月份,派定产科大小方脉医官值宿,画出产图方位,明确饮食禁忌、所需要用的药材,并照惯例赐给分娩所需要的银钱、大银盆、沉香酒、催生海马皮、装画胎衣瓶、绢帛、生菜、生艾、生母姜、生芋子、滤药布、莲肉、栗子、果子等物,既有生育必备的物品,又有寄寓生子吉祥及反映好养活观念的食物。①

接生婆,古代通常称作稳婆、收生婆,宫中没有这种人,从民间选用,因为她们是世传的职业,登记在地方政府簿籍里,官员指定她们到皇宫应差。当皇家选秀女时,要她们参与应选人的身体检查,若有宫人临盆,备员的接生婆届时进宫收生,平常不许进宫。进宫时穿新衣,著高髻宫妆。②

奶母,选自民间。明朝皇家设有礼仪房,俗称奶子府,通常由京师官员选择八十名有奶儿的妇女作为备选人员,称作"点卯奶口",从中选出 20 人(生男口 10 人,生女口 10 人),入住奶子府,随时接受宫中的召用,称为"坐季奶口"。这些人每季度一轮换。在籍册的奶婆,挑选于军民之家,年龄在 15 岁至 20 岁之间,要有丈夫,而且要生第三胎在三个月以内的。选取时,要经由稳婆检验身体,不要有慢性病或疾病的。平时供给她们米肉,到光禄寺支领,冬天用煤炭等物,则由京城的商人办送。及至宫中分娩,从坐季奶口中选用数人,若是生的男儿则挑选产女孩的奶母,若生的是公主,就挑生男孩的奶婆。她们进宫时与收生婆一样,着新衣宫妆。先是试用个把月,然后留下一二人,就成为正式的奶母了。③在北魏,世宗生的皇子频频死亡,及至肃宗出世,自以为春秋年长,尤其爱惜,予以特殊保养,选取良家宜子妇女做乳保,似乎乳母的条件更高一些。④

4.降诞礼仪与洗三礼

皇子的诞生礼,据《礼记·内则》记载,是相当隆重而繁琐的,当然这表示君主对生子,尤其是嫡长子的重视。

产妇将分娩,移居月子房,国君每日不只一次地派人去问候;胎动将产,国君亲自去慰问,但不见产妇;分娩后国君一再遣人致候。分娩期间,国君斋

---

① 周密:《南渡典仪》,《古今图书集成·明伦编·宫闱典》卷2《宫闱总部》,第 25 册第 29386 页。
② 孙承泽:《春明梦余录》卷 6《宫阙·附载》,第 5049 页。
③ 孙承泽:《春明梦余录》卷 6,第 5049 页;《酌中志》卷 16《内府衙门职掌》,第 98 页。
④ 《魏书》卷 13《后妃传·宣武胡后传》,第 2 册第 2337 页。

戒。①在宋朝,分娩日,产妇的宫官报告内侍衙门,转奏皇帝。②元朝宫中生产,特设毡帐房,孕妇将足月移去居住,分娩后,待婴儿满月,才还回内寝,并将产房帐房赐给近臣。③明朝宫人有娠铺宫,熹宗张裕妃"已有身铺宫",册封,而过期不育,熹宗听信客氏、魏忠贤谗言,将她宫中的所有人员撤去,致使她活活饿死。④所以陈悰《天启宫词》云:"无限风光转眼空,寻思反教悔铺宫。"⑤

《礼记》叙述的三朝礼:"国君世子生,告于君,接以太牢,宰掌具。三日,卜士负之,吉者宿斋,朝服寝门外,诗负之,射人以桑弧蓬矢六,射天地四方。保受乃负之,宰醴负子,赐之束帛。卜士之妻、大夫之妾,使食子。"⑥这里讲的是嫡长子诞生礼,首先是王妃(皇后)报告国君世子(太子)降世了,国君以太牢之礼告于太庙,并令主管宫中事务的内宰准备各种用品和礼物,令卜士占卜,在三日内选定吉日,举行三朝礼,在这之前国君斋戒,至期朝服于寝外,举行射礼,表示男儿尚武,同时将世子交给由占卜选定的保母,赐给她礼物,这保母是士的妻子,或大夫的妾。如果生的是世子以外的儿子,则礼仪减等。唐代宗出世的第三天,他的祖父玄宗亲临他的洗三礼,由于他生得瘦弱,保姆抱了另外一个宫中的婴儿来蒙骗,企图赢得玄宗的喜悦,那知皇帝倒不高兴,保姆立即叩头请罪,玄宗不愿意破坏嫡孙洗三好日子的和谐气氛,只是说保姆不懂事,要她赶快将孙儿抱来,及至见到真的高兴异常,并召太子来共同饮酒,以为一日三天子同堂,乐何如哉!⑦这可谓皇子洗三的一段佳话。宋朝同样看重洗三礼,皇子自降生到过周岁,有十次礼仪,洗三为其一,皇帝要按例赏赐银绢。⑧

5.剃胎发礼、命名与纪录

《礼记》内则讲,子生三月之内,应选择吉日剃胎发,到了那一天,家长沐浴更衣,准备食物。仪式开始,国君面向西方站立,王后面向东方站立,保姆代

---

① 《礼记正义》卷28《内则》,下册第1469页。
② 周密:《南渡典仪》,《古今图书集成·明伦编·宫闱典》卷2《宫闱总部》,第25册29386页。
③ 《元史》卷77《祭祀六》,第6册第1925页。
④ 刘若愚:《酌中志》卷8《两朝椒难纪略》,第44页。
⑤ 《古今图书集成·明伦编·宫闱典》,第25册第29940页。
⑥ 《礼记正义》卷28《内则》,下册第1469页。
⑦ 《新唐书》卷77《后妃传下》,第11册第3499页。
⑧ 周密:《南渡典仪》,《古今图书集成·明伦编·宫闱典》卷2《宫闱总部》,第25册29386页。

116

表王后致词,说今天让孺子见他的父王,国君答词,表示要以敬奉天祖的做人准则教导儿子,将来能很好地继承王位,说着,去拉儿子的小手,表示亲热,并给他赐名字,王后随即表示谨记夫君的指令;接着,王后将儿子交给师傅,师傅就将婴儿的名字转告给宫中命妇和宫女;随后,国君和王后进入寝宫,进食,如同举行大婚时那样;同时,国君将儿子的名字告诉家宰,由他转告皇族成员及大臣。①宋朝皇子的剃胎发,事先由皇帝下令,学士院撰写净胎发祝寿文,届期宣读。②剃胎发,人们有保存的习惯,明熹宗的胎发,由其奶母客氏收存,连同他的疮痂、历年所剪的头发、指甲、掉下的牙齿,用一幅黄色的锦缎包裹起来,放在小匣里,及至崇祯帝继位,勒令客氏出宫,客氏乃至熹宗梓宫前行礼,将包袱打开,把胎发等物一齐焚化。③

皇子的命名,"不以日月,不以国,不以隐疾",即不使用常用的字和含义不好的字,因为不许官员、百姓与他同名,如果运用常见的字,民间就不容易避讳了,同时不要病、恶之类的字,避免不吉利。前述国君将婴儿的名字告诉家宰,家宰记录下他的出生年月日及其生母,作为档案保存起来,并通告地方政府,地方上也记录存档。④在清朝,皇子女降诞,由宫殿监记录他的生母和出生年月日时。皇家九年一修玉牒,逢到纂辑的时候,就将新生儿女叙入玉牒。皇子在尚未赐名以前,皆称皇子,不作行位的称呼,待到赐名之后,才称作皇几子。赐名的办法,是先由宗人府提出申请,得到皇帝批准后,内务府通知宫殿监,宫殿监奏交内阁,草拟嘉名,具折上呈,皇帝从中圈定一个,通知内务府和宗人府,至修玉牒时叙入。⑤

命名中说的皇子师傅,系指宫内的命妇和女职官,不是奶母,也不是外傅。这种师傅要求很高,所谓"择于诸母与可者,必求其宽裕慈惠温良恭敬慎而寡言者"⑥。就是从母辈的诸妃嫔中,挑选一位宽厚温良而又不苟言笑的慈善人,用她来抚育皇子,以便养成好品格。这是来自民妇的乳母所难于做到的,所以要从妃嫔和女官中择优任命。

---

① 《礼记正义》卷 28《内则》,下册第 1469 页;《内则衍义》卷 4《教子》,第 391 页。

② 周密:《南渡典仪》,《古今图书集成·明伦编·宫闱典》卷 2《宫闱总部》,第 25 册第 29386 页。

③ 刘若愚:《酌中志》卷 14《客魏始末纪略》,第 75 页。

④ 《礼记正义》卷 28《内则》,下册第 1470 页。

⑤ 《国朝宫史》卷 8《典礼四》,第 139 页。

⑥ 《礼记正义》卷 28《内则》,下册第 1469 页。

生皇子是大喜事，皇帝往往因此赏赐有关的宫人和朝臣，宋朝为分娩而准备的金银锞子500个、影金贴罗散花儿2500个，显然是为散给宫人的。①宋仁宗生女，从左藏库取绫罗八千匹，令工匠染色，以备运用。②元朝后宫生育，若生的是皇子，赏赐百官金银彩缎，蒙语谓之"撒搭海"。③因此而大赦的情形，则是非常特殊的了。

后宫从怀孕、保胎到分娩，以及婴儿洗三、剃胎发、命名，整个出世的过程，关键在婴儿顺利而健全地降生，各种相关的措施和相应的隆重仪式都是为此而制定出来的。皇子以非凡的面貌降临人间，如何能使他健康地成长，是皇家的新议题，下一节该说到它了。

五、皇子的养护、功利观念与血腥的争斗

皇子的养护，与一般人家大不相同，娇贵难养，此其一；其二是养护情形复杂，有教育性质的，有监护性质的，有强夺占有的；其三，由于后妃嫔之间的争权夺利，因为母以子贵，为争夺子嗣，常常来得特别厉害，以致危害皇子及其生母的性命，真是血雨腥风，令人想不到的残酷。

一般的情形，皇子是养于孺子室，生母抚育之外，同时交给师傅、奶母照料，这就是《礼记·内则》所说的"异为孺子，室于宫中"④。有人帮助，不是减少生母的责任，或令她们少关心儿子，她们的心时刻放在儿郎身上。明人黄省曾《洪武宫词》写道："金铺日月门将启，诸院争先画翠蛾。高髻纱笼向何处，六龙床上看皇哥。"⑤写的是母亲早早起来，忙着打扮，好到别院去看望养在那里的儿子。可知皇子养在别宫，没有跟随母亲。皇后和生母都要对皇子进行人品的教导，笔者在胎教部分说到太任及其儿媳太姒，太姒是被认为教子有方的贤母，说她生育十个男儿，"教诲自少及长，未曾见邪僻之事，言当以正道持之也"。⑥意即不让孩子看到邪恶的事情，对他讲的是正面道理。后人鼓吹学习她

① 周密：《南渡典仪》，《古今图书集成·明伦编·宫闱典》卷2《宫闱总部》，第25册第29386页。
② 《欧阳修全集·奏议》卷5《论美人张氏恩宠宜加裁损札子》，中国书店，1986年，第821页。
③ 《元史》卷77《祭祀六》，第6册第1925页。
④ 《礼记正义》卷28《内则》，下册第1469页。
⑤ 《古今图书集成·明伦编·宫闱典》，第25册第29421页。
⑥ 《史记》卷35《管蔡世家》，第5册第1563页。

的教子精神和方法,清朝就颇为突出。每年新正期间,大内十二宫张挂《宫训图》,挂在长春宫的是《太姒诲子图》,高宗作赞词,说她"更勤教诲,有谷诒子。昭哉祀服,武周济美"①。明成祖徐皇后训子,是用慈爱的精神,严格的要求,"导之以德,养之以廉逊,率之以勤俭"②。人事的关怀之外,皇家还乞灵于各种神灵,为皇子求福,身体康宁,如明宪宗长子诞育,派遣太监到各山川祈祷保佑,不过山河不从人愿,皇子未到周岁死去。③另有因皇子不好养活,托人代养,所托之人,或为后妃,或为宗室,或为民间,如唐玄宗的杨良媛生肃宗,卜者说"不宜养",乃将他交给王皇后抚育,皇后无子,抚之如所生;玄宗宠爱的武惠妃生了两个儿子、一个女儿都殇逝了,及至诞育寿王,玄宗怕他还是短命,让宁王李宪养于他的府邸。④有的皇帝鉴于前头的皇子多夭折,认为放到民家最好养活,如汉和帝连着十几个皇子早逝,"后生者辄隐秘养于人间",汉殇帝就是其中之一。⑤和帝的这种养子方式,并非是唯一的,然而实不多见。

宫中的养育,常常不得其法,对皇子的成长不利,曹魏明帝皇子多夭亡,司徒王朗向他讲解保育幼儿的方法。他说少小的人儿,如果穿着太多,铺盖太厚,会使幼弱的肌肤经受不住,因此应当减少他们的着装,增强抵抗能力,就会寿比南山了。⑥他说的是最普通的道理,一般人都知道的,是非常浅显的生活常识,可是宫中太娇贵皇子,倒违背护养常识,不利皇子健壮成长。孺子室,非有关人员,不得无故进入,以免嘈杂,惊吓幼童,可是宫中设有猫儿房,养了很多猫,受到皇帝宠爱的,还有封号,谁也不敢惹,另有鸽子,猫叫和鸽子飞鸣发出噪音会吓得婴儿抽风死亡,故而记载说:"凡皇子女婴孺时,多有被猫叫得惊风蔫夭者,有谁敢言,或只于所居近处禁止几年可也。"⑦这就是说,孺婴受惊吓死去,宫人不敢说明原因,猫儿继续为害,控制不了,婴孺死亡也就相继不绝了。宫中物品的掉落,有时也会吓死婴儿。如天启六年五月皇贵妃任氏

① 《国朝宫史》卷8《典礼四》,第148页。

② 《内训·母仪》,第736页。

③ 《明史》卷113《后妃一》,第12册第3524页。

④ 《新唐书》卷76《后妃传》,第11册第349292页、第3499页,卷82《十一宗诸子》,第12册第3613页。

⑤ 《后汉书》卷10上《皇后纪》,第2册第421页。

⑥ 《三国志·魏书》卷13《王朗传》,第2册第414页。

⑦ 刘若愚:《酌中志》卷16《内府衙门纪略》,第129页。

119

宫内器物陨落，使才生几个月的皇三子受惊死去。①冬天宫中所用取暖的木炭，自然是上好的质量，但如经伏雨久淋，性未过尽而火气太炽，能使人中毒，昏迷呕吐，大人还受得了，皇子女幼弱，如何经受得起，凡是乳母怕冷的，多烧炭火，皇子女就有中毒的，陷于不测。②这已经涉及到乳母的为人与哺养态度，自然不会人人都那么精心的。康熙年间第十一公主的奶母不经意出了事，她的丈夫被关押在内务府慎刑司，其他的家人罚配边地，清圣祖为此发出上谕，特令小阿哥、小公主、小格格处的奶母精心养育，不许怠慢。③

看来，皇家养育皇子的物质条件异常完备，人力非常充沛，可是方法不一定得当，因而效果很难是理想的。倒不是民间召来的乳母不懂其法，或者不尽心，而是宫中的制度限制了她们养育能力的发挥。

上面说的是通常的养育情形，现在观察养母监护的抚养。养母是以被养人为儿子，被养人以养母为母，有明确的母子名分，通常是皇帝指定的，大多能够形成正常的母子关系。一般来讲养母的身份要比生母高一些，或者生母亡故了，才由他人代养。宫中出现养他人之子为子的现象，当不晚于秦国，夏氏生的秦庄襄王，"为华阳夫人所子"，《汉书》师古注曰："子，谓养以为子。"④明确说明秦孝文王的华阳夫人以夏氏生的秦襄王为儿子，笔者讲的养母子的母子名分就是由此而理解的，不过以后的事实还多着哩！汉宣帝的许太子的生母早逝，太子几乎被霍皇后暗害，宣帝为着保护太子，在后宫中选择素来谨慎而没有儿子的王婕妤，立为皇后，命她"母养太子"，十六年以后太子即位，就是元帝。⑤汉明帝的马皇后无子，宫中的贾贵人是马后同父异母姊的女儿，生育肃宗，明帝因马后无子，命她养育肃宗，"后于是尽心抚育，劳悴过于所生，肃宗亦孝性淳笃"，养母子之间始终和睦无间，肃宗即位后关照马后家族，而对生母及其娘家则少恩典。⑥曹操的姜刘氏生子修，刘氏早亡，稚子由丁夫人养育，丁氏真将子修当儿子，以自己的嫡妻身份和有子修，而看不上另一

① 刘若愚：《酌中志》卷3《恭记先帝诞生》，第21页。
② 刘若愚：《酌中志》卷16《内府衙门职掌》，第106页。
③ 《国朝宫史》卷2《训谕二》，第12页。
④ 《汉书》卷86《师丹传》，第11册3505页。
⑤ 《汉书》卷97上《外戚传·孝宣王皇后传》，第12册第3969页。
⑥ 《后汉书》卷10上《皇后纪》，第2册409页。

个妾卞氏和她的儿子们。①孙权宠信妃徐氏，命其"母养子登"，后来孙登立为太子。②宋仁宗的冯贤妃有养女林美人，为神宗生了两个男儿，可是林美人早死，冯妃乃代她养子，如同亲生。③也有母养公主的情形，如宋仁宗的延安郡君张氏抚养鲁国大长公主。④金宣宗王皇后无子，将其姊淑妃所生的哀宗"养为己子"。⑤等等，不必繁举。养母子的法定关系，使他们具有荣辱与共的共同命运，比如马皇后与汉肃宗的和谐一致，有的养母则因养子的不幸遭遇而受到牵连。曹子修随曹操出征张绣而遇害，其养母丁夫人认为他是真正被曹操所害，总是数道曹操，哭泣无时，曹操乃将她休弃。⑥唐宪宗宠爱的杜秋，抚养皇子漳王，后来漳王被诬陷夺爵，杜秋被放黜出宫，过贫穷的生活，以致诗人杜牧为她写出同情的《杜秋娘诗》。⑦后唐明宗宫人生子及女，明宗令王淑妃母养他们，这个皇子是许王李从益，及至石晋的建立，以许王承奉后唐宗祀，而刘知远灭石晋，则杀害王氏和李从益。⑧

以上母养之子，都是后宫生育的，还有后宫无子，择取宗室的儿子，交由后妃抚养，准备立为太子，继承皇位，这是宋朝屡次发生的事情。宋仁宗无子，杨淑妃常劝他在近属宗支中择选幼儿，养于宫中，后来挑选了濮王的四岁儿子入宫，交给曹皇后和苗贵妃抚养，七岁时立为皇子，这就是后来继位的英宗。⑨高宗皇太子殇逝，又不能生育，就从宋太祖的裔孙中找寻继嗣，取伯玖入宫，由吴才人(后为皇后)母养，伯琮归张婕好抚育，张氏故世，都由吴氏养育，伯琮后来继位，是为孝宗，伯玖则被高宗封为皇侄、信王。⑩孝宗的孙子宁宗无嗣，选六岁的宗人子赵询养于宫中，立为皇太子，但到29岁亡故，又选赵竑入宫，立为皇子，他不满于权臣史弥远与杨皇后的干政，史、杨遂又召赵昀为皇

① 《三国志·魏书》卷5《后妃传》，第1册第156页。
② 《三国志·吴书》卷50《妃嫔传》，第5册第1197页。
③ 《宋史》卷242《后妃》，第12册第8624页。
④ 《宋会要辑稿·后妃三》，中华书局，1957年影印本，第1册第250页。
⑤ 《金史》卷64《后妃传》，第5册第1132页。
⑥ 《三国志》卷5《后妃传》，第1册第156页。
⑦ 《全唐诗》卷520，中华书局，1960年，第8册第5938页。
⑧ 《新五代史》卷15《唐明宗家人传》，第1册第158页。
⑨ 《宋史》卷242《后妃》，第12册第8618页。
⑩ 《宋史》卷243《后妃传》，第25册第8647页；卷246《宗室三》，第25册第8731页。

子,宁宗死,史、杨径立赵昀为帝,是为理宗。①理宗只生育一个女儿,又是没有儿子的人,遂将母弟赵禥立为皇子、皇太子,养于宫中,是为后来的度宗。②在赵宋以前,刘宋太宗晚年不能生育,将几个弟弟的姬妾所生的儿子取入宫中,令所爱的妃嫔抚养,而杀其生母,其中的顺帝,就是桂阳王刘休范的儿子,由陈昭华母养的。顺帝继位,陈氏因而进位皇太妃。③

后妃,特别是皇后,强夺或杀害他人之子,或者残害皇子的生母,更有甚者是加害母子,这些是史书上屡见不鲜的事情。吕后在汉高祖死后,鸩杀赵王如意,将其母戚夫人惨害为"人彘"。汉高祖生前,极想废太子惠帝,立赵王,可是没有办法,与戚夫人向对叹息,只有悲哀地让戚夫人击筑,而自个唱大风歌以解忧愁,最终宫中出现了那样的惨剧。④汉章帝窦皇后极能联络人,声誉甚好,无子而宠信不衰,诬陷生皇太子刘宪的宋贵人至死;梁贵人生和帝,夺为己子,几年后又诬陷梁贵人的父亲至死,梁贵人和她同在宫中的二姊均忧愤而亡,窦氏死后,梁贵人及其父的冤屈才得到昭白。⑤汉灵帝何皇后生少帝刘辩,性极妒忌,其时王美人怀孕,害怕皇后的迫害,服药坠胎,但是没有成功,生下献帝,王美人的担心竟然成为现实,被毒死,董太后怕献帝也遇害,亲自养育,后来被董卓立为皇帝。⑥北魏孝文帝后宫高氏生育世宗,其时冯昭仪宠盛,希望母养世宗,果然如愿,并使世宗立为皇太子。⑦

五代南汉武帝的韦皇后生烈宗,密养于外的侧室段氏生高祖,当韦氏得知此事后,杀害段氏,而养高祖为己子。⑧后唐庄宗有爱妃,生有儿子,刘皇后害怕妃子危害她的地位,使心计迫使庄宗将妃子送给一个武将。⑨宋真宗时李宫人在刘皇后宫中为侍儿,生仁宗,被刘后据为己子,及至仁宗继位,尊刘后为皇太后,而生母默默地处于先朝的嫔御之中,不敢认儿子,也没有人敢向仁

① 《宋史》卷 246《宗室三》,第 25 册第 8734 页;卷 243《后妃传下》,第 25 册第 8657 页;卷 41《理宗纪》,第 3 册第 783 页。
② 《宋史》卷 46《度宗纪》,第 3 册第 891 页。
③ 《宋史》卷 41《后妃传》,第 4 册第 1297 页。
④ 《汉书》卷 97 上《外戚传》,第 12 册第 3937 页;《西京杂记》卷 3,第 1 册第 4 页。
⑤ 《后汉书》卷 10 上《皇后纪》,第 2 册第 415 页。
⑥ 《后汉书》卷 10 下《皇后纪》,第 2 册第 435 页。
⑦ 《魏书》卷 13《皇后传》,第 2 册第 335 页。
⑧ 《十国春秋》卷 61《南汉四·武皇后韦氏》,第 465 册第 533 页。
⑨ 《新五代史》卷 14《唐太祖家人传》,第 1 册第 145 页。

宗说明真象,大概就是这样忍辱偷生,李氏才没有遭到刘太后的异样迫害。待到李氏亡故,刘太后要用一般宫人的规格办理丧事,宰相吕行简说,仁宗将来总会知道他的身世,这么简单地发丧,恐怕将来对太后家族不利,刘太后立即明白利害所在,提高丧事规格,吕行简遂令棺内放置水银,等到刘太后故世,仁宗才知晓真情,看望生母遗体,见面目如生,保存完好,误以为刘太后对待生母友善,遂不乐意听人讲述刘氏的坏话和生母所受的委曲。①仁宗身世的故事,为后世流传的狸猫换太子、京剧《打龙袍》的张本,换得多少人的同情眼泪。而始作俑者就是章献刘太后,除了史书对她有所非议,她在赵宋朝廷始终受到尊崇。

后妃的夺子杀母及母子同害,争宠的感情因素有之,不过最主要的还是权利的因素,为争夺或巩固皇后宝座,执掌宫内大权,以及异日的皇太后、太皇太后尊号,或许尚可染指部分的朝政,使得后妃拼死拼活,不惜使用各种残忍的手段。为了权力,演出了一幕幕以假乱真的丑剧。起始于吕太后,她为惠帝立的张皇后,使用了无数方法,也不能生出儿子,于是就假装怀孕,将宫人生的儿子冒充为皇后所出,并把他们的生母杀掉,于是有了"嫡子",立为太子,还有几个孺子被封为王,惠帝死,吕太后就让假嫡子的太子继位,小皇帝稍大一点,听人讲他的身世,表示要给生母报仇,吕太后乃幽杀少帝,别立长沙王为皇帝。待到吕太后死,朝臣驱杀诸吕,说惠帝那几个儿子都不是他生的,而是吕太后的侄儿侄孙与宫女生的,养在宫中,因此将他们杀掉,迎立代王(文帝)。②晋惠帝的贾皇后为了废黜宫人生的太子,伪装怀孕,煞有介事地准备分娩物品,暗中将妹夫韩寿的婴儿养在宫中,以备冒充皇子,同时用计将太子杀害。③北魏肃宗时,胡太后掌权,她想除掉皇帝,恰巧后宫潘充华生了女儿,遂宣称生了皇子,大赦,改年号"武泰",准备就绪,杀害肃宗,以假皇子为太子继位,几天之后,见人心稳定,这才说皇帝是女婴,遂改立临洮王的三岁稚子为皇帝,这真是世人难得一见的闹剧,但搞得"天下愕然"④,北魏的江山也跟着崩溃了。明崇祯登基,下令籍没客氏,那么多的珍宝倒不使皇帝意外,

① 《宋史》卷 242《后妃传上》,第 25 册第 8613 页。
② 《史记》卷 9《吕太后纪》,第 2 册第 401、412 页;卷 49《外戚传》,第 6 册第 1969 页。
③ 《晋书》卷 31《后妃传上》,第 4 册第 965 页。
④ 《魏书》卷 13《皇后传》,第 2 册第 340 页。

但是"得宫人妊身者八人,盖出入掖庭,多携其家侍媵,冀如吕不韦李园事也。上大怒,立命赴浣衣局掠死"①。试想,竟敢紊乱皇家血系,如若事情真是那样的话,客氏真是死有余辜了,这才是崇祯立即要她性命的真正原因。

这里还要说到宫中血胤疑案。前述汉惠帝的那些儿子,是否为大臣们所讲的,乃吕氏之子,似乎不是,那是大臣要立文帝找的借口,尚难构成疑案。成帝的许美人、中宫史曹宫确有儿子下落不明的疑案。许、曹二人生子,为赵飞燕所嫉妒,通过成帝强令她们交出儿子,曹宫在将儿子交给执行人时特别说明这是皇帝血胤,要当心,因此执行人不忍、不敢杀害,皇帝又让他转交他人。哀帝即位,清查此事,仍搞不清皇子下落,显然遇害了。②金章宗宫中也有贾、范二姬怀孕的疑案。章宗宠信之李元妃生子,在朝内外大肆庆祝之后夭亡,章宗临终因无子而传位给卫绍王,遗言若二宫人生子,则皇位归遗腹子。卫绍王即位数月,二宫人未分娩,遂说这是李元妃设的骗局,二人并未有孕,赐李元妃自尽,处罚有关人员。及至宣宗杀卫绍王即位,宣称怀孕是真实的,为受害人平反。然终不知二姬是否有孕。③此类疑案的出现,表明争夺皇位、后宫地位到了多么激烈的程度。

宫中由皇帝出面,有意杀害年轻的母亲起始于汉武帝,而在北魏竟然成为制度。汉武帝暮年生子昭帝,在此以前发生过卫太子(戾太子)与卫皇后的蛊祝事件,燕王刘旦等谋图储位,武帝想立昭帝,先找借口将他的生母钩弋夫人赵氏杀掉,人们颇不理解,为什么要立其子杀其母呢?武帝解释说:过往国家所以发生变乱,是因为国君年少,而母后正在壮年,她们把持权力、淫乱恣意,没有人能够制止,你们都知道吕太后的事,不就是教训嘛!武帝晚年所得的孩儿,无论男女,都找个缘故,将他们的生母处死。这时人们才懂得武帝为巩固汉王朝所采取的决策,是有长远之见,非一般人所能想到的和理解的。④武帝想到的是家天下的维持,企图杜绝母后的专政,想出这种恶毒方法,对于母子都是极端的残酷:母亲丧身,子失母爱。在帝王的字典里实在是没有"人道"的。武帝的做法,居然有传承人,这就是北魏的太祖道武帝。他于登国七年

---

① 《明史纪事本末》卷71《魏忠贤乱政》,第23页。
② 《汉书》卷97下《外戚传》,第12册第3993页。
③ 《金史》卷64《后妃传》,第5册第1529页。
④ 《史记》卷49《外戚世家》,第6册第1985页。

(392)生太宗,将其母刘贵人赐死,到太宗12岁时封为齐王,拜相国,预定为储君,这时对他说,汉朝武帝将要立儿子的时候,杀了他的生母,为的是不让妇人当政,外戚擅权,你将要继承皇位,我为了长久之计,远学汉武帝,处死了你母亲。太宗听到这里,痛哭着逃离他的父皇。然而他不仅继承了皇位,还将杀害太子生母的做法也延续下来,使它成为北魏一代的家法,直到孝文帝继位之后,请求文明文成冯太后废除这一家法,未得允许,将生育太子元恂的林氏赐死。①这种办法,连皇帝本身都成为受害者,其暴虐性实堪令人发指。

六、多子女观、多子女与多夭折

皇家希望多生子女,特别是多产儿郎,除了在个别时期,基本实现了这种愿望,但是孺婴的死亡率很高,这里试着说明实际情形及其产生的原因。

1.强烈的多子女观念

皇家多生育子女的观念,本文的开篇就涉及到,现在略谈它的内涵、表现形式和原因。

皇室广生育观念的内涵有二,一是广嗣以承祀宗庙。男子祭祖,家族只有多男子,不致于因死亡造成缺乏燃香祭丁,为持续祭典,必需要有较多的、众多的子嗣,因之希望繁衍子孙;有子孙是保持宗庙祀典的先决条件。"国之大事,在祀与戎",祭祖是最重大的事情。宗庙的保持,标志着政权的继续,能祭祀宗庙,就意味着王朝在有效地运转,所以上事宗庙,就是下继后世,两者是一回事,也就是有国有家。对于这一点,在叙述皇后的功能时已有交代,这里不必赘述。二是多子多福。养子多,起初是负担不小,到儿子们长大成家立业,就可以享他们的福,子孙越多受到的照顾就会越多。这种想法由来已久,下述唐代的故事就是这一观念的体现。山南节度使崔琯的祖母唐氏初到婆家,孝敬婆母长孙氏极其周到,长孙氏感动异常,临终对唐氏表示谢意地祝愿:"愿新妇有子有孙,皆得如新妇孝敬。"记载说当时听到讲话的人都很感动,后来唐琯"昆弟子孙果盛,人颂以唐夫人之遗云"②。

---

① 《魏书》卷3《太宗纪》,第1册第49页;《魏书》卷13《皇后传》,第2册第325、328、331、332页。

② 《内则衍义》卷1《孝之道》,中华书局"四库全书"本,第719册第359页;《新唐书》卷182《崔琪传》,第17册第5364页。

多子多福的观念世代相传,在清朝人们写信用的信笺,有的在周边绘有花纹,左右两侧印着"十个休嫌少,儿孙日见稠"字样,表示制造信笺的商人祝福消费者子孙众多。①澎湖民人嫁女,母亲必为女儿预备一个"暖肚",内装历书、桔饼、小镜、冰糖、生炭等物,每样东西各有寓意,备这"生炭",是希望女儿到婆家多生儿子,因为"炭字土人读作摊字,取生子摊出愈多之义也"②。民间如此,皇家的清世宗更是说得尤其明白,他在云贵总督鄂尔泰雍正五年五月的奏折上批写道:"默祝上苍厚土、圣祖神明,令我鄂尔泰多福多寿多男子,平安如意。"意思是说他向天地神明和圣祖仁皇帝在天之灵祈祷,保佑鄂尔泰多福多寿多男子,三个月后,被祝愿人鄂尔泰回奏,到云南任上以来,连着生了两个儿子,如今已经有了五个儿子,感谢皇上的祝愿与赐福。③表明皇家与民间相同,具有浓厚的多子多福意识。

皇家多子女观念的表现,主要是一后群妃制的实现,不仅重视生育男儿,同时乐于生女儿,关注生育第三代、第四代。子出多母,皇家的群妃制,为皇帝预备了不能再多的生育"机器",最有条件制造众多子女,同时皇家拥有最充足的人力和物力,为婴儿的成长提供不能再好的条件,而贫穷百姓,生得可能不少,但养活不起,婴儿难于存活。宫中看重生育儿郎是事实,但对于女儿的问世同样是很高兴的,庆贺、给母女封赏,即为喜庆的表示。前面说到北魏太子之母要被处死,所以后宫对于生育形成下述心理:"由国旧制,相与祈祝,皆愿生诸王公主,不愿生太子。"④因为生皇长子(即太子)要被处死,当然害怕,故而互相祝愿生产诸王、公主,由此可见人们对于生育公主是喜悦的,应当具有普遍性,至于具体到生母,可能因盼望生男儿却生出女子而有所失望,并不能抹杀那种普遍性。北周武帝天和五年六月由于皇女出世,为罪人减刑,免去民间拖欠的赋役。⑤北宋后宫女御周氏、董氏生育公主,皇帝高兴,直接下令封

---

① 《清代名人书札》,北京师范大学出版社,下册第 396 页。

② 光绪《澎湖厅志稿》卷 8《风俗·婚姻》,台北成文出版公司"中国方志丛书"本,台湾地区第 19 种,第 2 册第 613 页。

③ 《朱批御旨鄂尔泰奏折》雍正五年五月初十日奏折朱批,雍正五年八月初十日奏折,光绪十三年上海点石斋缩印本。

④ 《魏书》卷 13《皇后传》,第 2 册第 337 页。

⑤ 《周书》卷 5《武帝纪》,第 1 册第 77 页。

她们为才人,而没有经过中书写诏书,引起有关官员的谏净。①可见皇帝封赏诞育公主的宫人的心情是多么地迫切。宋理宗仅有独生女,真是掌上明珠,封为周、汉国公主,出降时,特为她建造在大内附近的府邸,以方便父女之间的经常探视。②明熹宗天启二年四月,宫人李氏生皇二女,被封为成妃,既而殀亡,妃子失宠。③

　　我们见到好几例皇帝关心皇孙的降世和成长的事。汉宣帝给太子(元帝)赐宫女王政君,生成帝,高兴异常,亲自为世嫡皇孙起名,取字"太孙",常置左右。④晋武帝在太子(惠帝)纳妃之前,怕他年幼不懂帷屋之事,特派谢才人去侍寝,怀上孕。太子贾妃进宫,妒忌这位有身孕的人,谢氏存身不下,武帝让她重新回到西宫,生下愍怀太子,武帝让他和自己的小儿子们一起游憩。几年以后,太子见到他和自己的弟弟们一同玩耍,以为他是小弟弟,过去同他拉手,这时武帝告诉他,这是你的儿子,不是弟弟。于此可见武帝对于第三代的出世和保护关心到了何等程度。⑤北魏孝文帝的太子元恂年十三四岁,孝文帝为他配备左右孺子,想让他早生儿子,其时太子白天要就外傅,不能进入后宫,因此孝文帝与臣下郭祚、崔光等商议,他说:"人生须自放,不可终朝读书",不如让太子早晨读经书,早饭之后放他回内寝,到申时(下午三至五时)再出来学习一会,就可以了。崔光说,太子年幼,血气未定,早早御内,将对身体不好,再说不读书,对将来理政也不利。孝文帝认为说得有理,照旧让太子学习。太子死于15岁,没生后嗣。⑥太子虽未生育,然而从孝文帝君臣的议论中不难发现,皇帝想要嫡长孙的迫切心情。

　　唐高宗因为太子(中宗)生子重润特别高兴,当孙儿满月时,大赦天下,改年号为"永淳",并将重润立为皇太孙。这"皇太孙",用现代的话来说是第三代接班人,而不是汉宣帝给孙儿成帝起字的那个"太孙"。⑦宋太祖所钟爱的德昭生子惟吉,刚满月,太祖命将惟吉送到宫中养育,置于自家的寝宫内,夜间孙

---

　　①《宋史》卷302《范师道传》,第29册第10026页。

　　②《宋史》卷248《公主传》,第25册第8787页。

　　③毛奇龄:《彤史拾遗记》卷6《李成妃》,第122册第401页。

　　④《汉书》卷《成帝纪》,第1册第301页。

　　⑤《晋书》卷31《后妃传上》,第4册第968页。

　　⑥《魏书》卷22《孝文五王传》,第2册第589页。

　　⑦《新唐书》卷81《三宗诸子》,第12册第3593页。

儿一啼哭,亲自起来抱抚。①金世宗大定八年(1168)七月,太子(显宗)妃徒单氏将临产,世宗以名马、宝刀、御膳赐太子及妃,下谕曰:"妃今临蓐,愿平安得雄。有庆之后,宜以此刀置左右。"及生男儿章宗,第二天世宗就去看望,对太子说,这是"社稷之洪福",又对臣下说:"朕诸子虽多,皇后只有太子一人而已,今幸得嫡孙,观其骨相不凡,又生麻达葛山,山势衍气清,朕甚嘉之。"②可知他得嫡孙是多么地喜悦。

多子的观念产生于宗庙祭祀和皇位继承的需要,只是作为皇家,家内人际关系复杂,各有特殊的要求,即皇后和群妃人人都希望有自己的儿子,而且不只一个,以巩固、提高在宫中的地位,所以皇家的多子观念比民间来得更加强烈。

2.皇家的多子女

皇家生育的子女多,几代、十几代之后,其成员成百上千,以致更多,多到成为皇家经济上的沉重负担,乃至像明朝那样,出现远宗成员穷得吃不上饭的事,这是对宗室待遇处理不当的结果,宗室成员太多则是其根源。皇家多子女,确是普遍的事实。这里我们拟对唐、宋、清三朝作出个案研究,希望能对皇家的生育概况有所了解。

唐朝有 20 个皇帝,最后一个君主哀帝年少被害,无生育,可以不在计算,以 19 个国君说,我们从"两唐书"《本纪》,《新唐书》卷 76—77《后妃传》、卷 79—82《皇子传》、卷 83《公主传》,《旧唐书》卷 64、76、86、95、107、116、160、175《皇子传》所获得的资讯,制作《唐代皇帝生育状况一览表》于次。

唐代帝王生育状况一览表③

帝王	生子数	生女数	合计子女数
唐高祖	22	19	41
唐太宗	14	21	35
唐高宗	8	3	11
唐中宗	4	8	12
唐睿宗	6	11	17
唐玄宗	30	29	59
唐肃宗	14	7	21

---

① 《宋史》卷 244《宗室一》,第 25 册第 8678 页。
② 《金史》卷 64《后妃传下》,第 5 册第 1524 页。
③ 此表原见于冯尔康:《古人社会生活琐谈》,湖南出版社,1991 年,第 103 页。

帝王	生子数	生女数	合计子女数
唐代宗	20	18	38
唐德宗	11	11	22
唐顺宗	27	11	38
唐宪宗	20	18	38
唐穆宗	5	5	10
唐敬宗	5	3	8
唐文宗	2	4	6
唐武宗	5	7	12
唐宣宗	11	11	22
唐懿宗	8	8	16
唐僖宗	2	2	4
唐昭宗	17	11	28
总计	231	207	438

这 19 个皇帝中,最少的生有子女 4 人,最多的达 59 人,平均每人生有 23.1 个子女,其中男儿 12.2 人,女儿 10.9 人。一个人生育 20 余人,是相当多的了,说明帝王是多产的,生育能力强。实现多生育的一个重要原因是他们的多妻妾,唐高祖的 22 个儿子出自 18 个后妃,唐太宗的 14 个男儿由 10 个母亲所生,唐高宗的 8 个儿子有 5 个生母,中宗 4 子、睿宗 6 子各自出自一个母亲。玄宗 30 子,有 7 子生母记载不明,其余 23 子系 17 位母亲所生。肃宗 14 子,出自 13 位母亲。其他皇帝儿子的生母缺乏记录,无从统计。但就高祖、太宗、高宗、中宗、睿宗、玄宗(排除 7 个生母不明的)和肃宗 7 帝之子的生母讲,计皇子 91 人,生母 73 人,平均每人生育 1.25 胎,数量很少。所谓"子出多母",在这里得到了充分地证实。臣下以此劝谏君主广纳妃嫔,以广子嗣,就生育本身而言,是不无道理的。

再看宋朝皇家生育情形,笔者依据《宋史》的《后妃传》和《宗室传》制作如次:

赵宋皇子女及其夭折统计表

帝王	子数	女数	子女计	子夭亡数	女夭亡数	夭亡计	夭亡%	子夭胎序	女夭胎序
太祖	4	6	10	2	3	5	50	1,3	
太宗	9	7	16	1	1	2	12.5	9	1
真宗	6	2	8	4	1	5	62.5	1,3,5	1
仁宗	3	13	16	3	9	12	75	1,2,3	
英宗	4	4	8	1	1	2	25	3	4
神宗	14	10	24	8	6	14	58.3	1,2,3,4,5,7,8	2,5,6,7,8,9
哲宗	1	4	5	1	2	3	60	1	2,4
徽宗	31	34	65	6	14	20	30.8	2,4,10	
钦宗	1	0	1	1	0	1	100	1	
高宗	1	0	1	1	0	1	100	1	
孝宗	3	2	5	0	1	1	20		2
光宗	3	3	6	0	3	3	50		1,2,3
宁宗	1	1	2	1	1	2	100	1	1
理宗	0	1	1	0	1	1	100		
度宗	3	0	3	不详		不详			
合计	84	87	171	32	42	74	43.28		

这里所说的夭亡,是《宋史·宗室传》所谓的"早亡"者,究竟早在何种年龄,《宋史》未作说明,真宗长子、三子、五子均以早卒记载,而次子死时9岁,没有列入其内,^①可见这些早亡的皇子,应是9岁以前死亡的。所以9岁以前的皇子女夭亡率为43%,此外的57%,并非都能活到成年人的年龄,如真宗次子那样,所以皇子女的殇逝率实际还要高。此表上可以看出,皇子女中,不论是男是女,头胎、二胎的死亡率都很高,在太祖至宁宗的13个帝王中,长子夭折的有8个,占到62%。这19位帝王,共计生育子女171人,平均生育11.4人。就中徽宗一人有子女65人,占到宋代皇子女总数的38%,其他14位君王生育106人,平均每人生育7个多子女。

再看清朝,在北京做皇帝的共有10人,末帝宣统,3岁登基,不久逊位,在

---

① 《宋史》卷245《宗室传二》,第25册第8707页。

位时与生育无关涉,应当不作计算,剩下 9 帝,就中,在育龄的穆宗(同治)、德宗(光绪)都没有生养,实际有 7 个皇帝生有子女,然而我们在作王朝生育状况统计时,应将未生育的穆宗与德宗计算在内。兹据《清史稿》的《后妃传》与《诸王传》列表如次。

清代帝王生育状况一览表①

皇帝	子数	女数	子女合计	夭男数	夭女数	夭折合计	子女生母数	皇帝享年
顺治	8	6	14	4	5	9	12	24
康熙	35	20	55	15	12	27	32	69
雍正	10	4	14	6	3	9	7	58
乾隆	17	10	27	7	5	12	10	89
嘉庆	5	9	14	1	7	8	7	61
道光	9	10	19	3	5	8	9	69
咸丰	2	1	3	1	0	1	3	31
同治	0	0	0	0	0	0	0	19
光绪	0	0	0	0	0	0	0	38
合计	86	60	146	37	37	74	80	

清代有生育的 7 个皇帝,共有子女 146 人,平均生育 21 人,加上两位不生育,则平均 16.2 人。146 名子女,出自 80 位母亲,平均每个后妃生育 1.8 人。

综观唐、宋、清三朝皇家的生育,是男女均多。三朝帝王生育,分别平均为 23 人、11 人、21 人,都是多子女的,实现了皇家多生的愿望。应当说,这三朝的皇家生育反映了历代王朝多子女的一般状况。

在清朝皇家的生育史中,后面的三个君主都不能生育(宣统成年后亦未生儿育女),倒数第四帝文宗比起他的祖先们也是生育能力衰弱的,仅生了男女共 3 人,比 21 人的平均数少得多。由此我们产生一个问题,王朝后期帝王生育是否在减少,是否形成某种规律性?从唐代的情形看,多少有那么一点趋势,但不明显,自唐穆宗起至昭宗止的 9 个皇帝中昭宗生有 28 个子女,在 23 个的平均数之上,宣宗生有 22 个子女,接近平均数,其他 7 人的生育就远远低于平均数了,像熹宗生 4 个子女,是唐代 19 个皇帝中生育最少的。东汉、北

---

① 此表原见于《清代帝王的生育》杂文。

魏、南宋、金代后期,皇室人丁均呈现出不兴旺的状态。北魏孝文帝迁都洛阳后,皇家生与养的状况不好,文帝生有 5 个儿子,继位的世宗生过女儿,而没有儿子,五子之中,仅有京兆王元愉生有 2 个儿子,其他四人都是无子的。[1]南宋实际上是 6 个皇帝,为高、孝、光、宁、理、度六宗,最多的生育 6 胎,两位生一个,六帝统共生了 18 个子女,平均生 3 人,又有殇逝的,以致理宗、度宗不得不到宗室中寻觅后嗣。

王朝到了后期,朝政不景气,皇家的生育也不振作,真是一派衰亡景象。似乎生育与朝政有着相当大的一致性,开国之君和兴盛时期的君主,一般来讲生育很多,或较多,如唐高祖、太宗分别有 41 个、35 个子女,玄宗多达 59 个。明太祖有子 20 余个,女儿也是一群。清世祖仅活到 24 岁,却有 14 个子女问世,而圣祖有 55 个子女,可同唐玄宗比量。盛世之君,本身体质好,遇事顺遂,心情每多愉悦,生命力旺盛,生育能力因之增强,子女自然地多起来。朝政衰败之时,政情就将国君搞得焦头烂额,心绪每多恶劣,或再纵欲无度,像明熹宗、清穆宗那样,丧失或基本上失去生育能力。所以皇家的生育状况与朝政状态互为测量器,王朝的末季皇家的生育不如前、中期好,多少带有一定的规律性。因此说皇家的多生育,是就一般情形而言,并非每一个王朝,或王朝的任何时期都是如此。

3.皇子女多夭亡及其原因

在《清朝帝王生育状况一览表》中,夭亡者系指 15 岁以前死去的,有男女 74 人,占到出生总数 146 人的一半,死亡率之高是相当惊人的。在宋代皇子女状况表中,我们看到 9 岁以前的死亡率是 43%。婴儿、少年死亡率之高,是否仅为宋代、清代所特有?其他王朝的皇子幼觞的情形如何呢?查阅"二十五史"的后妃传、皇子传、宫主传、外戚传,随处都可以看到早夭的记录。所谓"皇子连多夭逝"[2],"频丧皇子"[3]的记载,史不绝书。前面讲到的汉和帝、魏明帝、晋简文帝、金章宗等人,都是生得多而觞亡得多的帝王,他们的生育史从一个方面反映皇家的子女多夭折。李燕杰就唐玄宗的宠妃武惠妃,生育 7 个子女,有

---

① 《魏书》卷 22《孝文五王传》,第 2 册第 587 页。
② 《三国志》卷 24《高柔传》,第 3 册第 686 页。
③ 《魏书》卷 13《皇后传》,第 2 册第 337 页。

6个夭亡的事实,认为唐代皇室人口中婴儿死亡率是相当高了。[1]看来皇家子女多殇逝的现象已为学者所注意。

皇子女高比例的早觞,究其原因,一是养育不得其法,二是宫庭内部的争斗,伤害了母亲,殃及其子女。西汉民谣"燕飞来,啄皇孙,皇孙死,燕啄矢"[2],直接指责的是成帝赵皇后、赵婕好姊妹迫害宫人和她们的子女,然而可以视作历史上后宫斗争皇子女遭殃的写照。这些儿童是无辜的受害者,"保护儿童的权力"这样的现代概念,想不到在古代最高贵的家庭竟也存在这类问题,有着至高无尚权力的皇帝,眼睁睁地看着后宫争斗中孩子的受害而无能为力。三是发育不健全,婴儿有先天性疾病或严重体弱,这同他们的父母亲自身少年时代的生育状况有极大的关系。我们发现清朝皇帝头生的几个子女死亡早,存活率较低,顺治帝的长子、长女是这类中人,康熙帝的头6个子女都在4岁以前殇逝,雍正帝的长女和头三个儿子也是早夭的,乾隆帝的长、次女及次子分别活了2岁、1岁、9岁,嘉庆帝的长子和长、次女皆死在4岁以前,道光帝的头六个子女和康熙帝的一样,没有一个人能活到成年,咸丰帝的长子也是幼殇的。上面提到的就有25人,占早卒总数74人的1/3。

死亡的这些婴幼儿出生时,他们的父皇年龄都很小,顺治帝15岁得其长女;康熙帝14岁做了父亲,所夭亡的头六个孩子全部是他在18岁以前生育的;雍正帝所殁的长子、长女是他17岁那年出世的;乾隆帝18岁生的长女没有能够活下来。这类说的皇帝生育年龄都是虚龄,按实际年龄计算要减去1岁;生育要十月怀胎,又要减掉1岁。如此算来,康熙帝的第一个儿子是他12岁的精子,12岁还是少年时期,自身发育尚不完全;同时,夭亡者的生母亦是同皇帝一般大小的少女,发育也不成熟,他们结合生育的子女当然先天严重不足,缺陷甚多,再精心护养也难以久留于人世。帝王少年生子的现象,赵翼业已注意到了,他在《廿二史札记》中专门写出"魏齐诸帝皆早生子"一条,指明魏道武帝15岁(实际为13岁)生明元帝,景穆太子13岁生文成帝,文成帝15岁生献文帝,献文帝13岁生孝文帝,北齐后主高纬生子恒,纬弟俨被害时14岁,已有遗腹子4人。[3]看来帝王早育是一种普遍现象,正是这个"早"字,

---

①《唐代皇室人口平均寿命研究》,见《中国史论集(祝贺杨志玖教授八十寿辰)》,天津古籍出版社,1994年,第155页。

②《汉书》卷97下《外戚传》,第12册第3999页;卷23中之上《五行志》,第5册1395页。

③《廿二史记校证》卷15,中华书局,1984年,第316页。

就出现崔光对孝文帝所说的情形，哪能生出强壮的子女！至于皇帝成年之后，自家身体可能在早先损伤了，也可能是健壮的，但妃嫔众多，若性生活没有节制，所生育的子女也会有不健全的，死亡率仍会居高不下。这种先天不健全的生育造成的殇逝，很可能是皇家子女夭亡率高的主要原因。

七、小结：皇家生育及生育观的特点

关于皇家的生育及其观念，写到这里，拟作出小结，意在寻找皇家不同于民间的特点。

第一，强烈的生育男儿观念及由此而来的生育功能为家庭的第一功能。皇家的婚姻，目的是生育子息，上以事宗庙，下以继后世，维持家族政权的后继有人和长期保持；为保证广育子息，实行一后群妃制度，刻意选择"宜子"女子为皇后，制定帝王御幸法规，虽有空幻性质，实能反映广嗣的愿望；表明皇帝的婚姻实质是为延续嗣息，由此而形成为家庭的首要功能。

第二，生育信仰贯穿于帝后夫妻生活的方方面面。皇帝和后妃为着生育，在生活中，在夜生活中，处处展现生子的吉祥，无论是宫室的命名，起居用品的名称，舆服的装饰，民俗节日活动的内容，都在启示其主人的生子意识；与生育有关的各种祈祷祭祀活动，对祖宗、天地、山川的神灵寄予莫大的希望：无子赐子，有子赐福，健康成长。

第三，多子女与多夭亡。皇家生育子女众多，殇逝的虽多，终是存活者众，使王朝能够持续下去，即使许多王朝末期皇家子孙不振，但总可以从宗室选取嗣子，政权没有做家族的转移，所以群妃制的广嗣目标是达到了的。

第四，皇家生育状况与朝政清浊有着某种一致性。一般的情形是王朝太平无事，皇家生育较多，而多事之秋，子嗣往往不振；皇帝昏庸，后宫容易多事，正常秩序遭到某种破坏，子女被争权夺利的后妃残害的现象增多，乃至乏嗣；朝政清明之时，朝臣对事关国本的大事，如册立皇后、太子，无嗣时的广选妃嫔，皇帝与后妃，以及后妃之间的不协调，能够作出谏诤，可能会起到某种积极作用，浑浊之际，对于皇帝的这些家事，就不敢置喙了。

(2001 年 2 月 4 日初稿，载张国刚主编《中国社会历史评论》第四卷，商务印书馆，2002 年)

古人端午节的生活

——卫生预防知识的体现

在古代，五月被称为"恶月""毒月""修善月"，在南朝宗懔的《荆楚岁时记》中就有"五月俗称恶月"的记载，可见这个观念至迟形成于南朝，实际上比这时要早，因为战国时代人们就认为五月初五日生育不吉利，若生男则克父，生女则克母，表明人们厌恶五月。因为是恶月，人们怕有触犯，禁忌就多，端午节的生活，就因恶月而产生它的一些内容和形式。

南齐人宗懔，祖籍南阳，世居荆州，不乐功名，政府屡次征辟而不就，移居庐山，周游衡山等地，他的游历含有隐居性质，此外也是上山采药，自云到庐山的原因是"少有狂疾，寻山采药，远来至此"。而在这里的衣食是，"量腹而进松术，度形而衣薜萝"。①看来他是懂得中草药的人。据记载，他在五月初五日鸡还没有报晓的时候出发，采摘像人的形状的艾，回来治成艾绒，用以治病，很有疗效。宗懔的用艾治病，反映当时人已认识到艾的药物性质。端午这一天，荆楚地方的人采艾，编织成人形，悬挂在家门口，祈祷消除毒灾。②自此，形成人们于端午节在大门上挂艾人的风俗。艾，成为端午"五瑞"之一，大约同宗懔的活动分不开。用艾，历代相沿，如北宋汴梁人"钉艾人于门上"。③到南宋，人们用菖蒲做成张天师驭虎的形象，与艾人一同悬挂在门上。④自此菖蒲与艾并用，如明朝宫中门两旁安放菖蒲、艾盆，门上悬挂吊屏，上面画的是张天师或仙子、仙女仗剑降五毒的故书。⑤形式比民间复杂，内容则是一致的。到清代，用菖蒲、艾制成蒲龙、文虎，插于门上。⑥艾不仅挂在门上，南宋人又兴起戴

---

① 《梁书》卷 54《宗懔传》，中华书局点校本，第 941 页。
② 谭麟：《荆楚岁时记译注》，湖北人民出版社，1985 年，第 89 页。
③ 《东京梦华录》卷 8《端午》。
④ 《西湖老人繁胜录》卷 3《五月参》。
⑤ 刘若愚：《明宫史·火集·五月》。
⑥ 潘荣陛：《帝京岁时纪胜·五月·端阳》。

艾花的风习。①明人继承下来,由妇女专簪艾花。②清代女子戴艾叶,也是"端五景"之一。③

南朝时端午日,人们竞相采集各种草药,南宋人也是"采百草或修制药品,以为辟瘟疾等用"。④自采草药,到明清时代在大城市发展为药铺施药,即在端午日,居民到药店要应节的消毒药品,如雄黄、芷术等。因为城居之人采药不便,故有这种变相的形式。采药是为应用,端午就喝菖蒲、雄黄泡的酒,并把这种酒涂在儿童脸上,画上"王"字,以求辟毒、辟邪。

南朝人过五月节,要在手臂上系着五色丝织物,叫做"辟兵",大约是祈求不发生战争,从而不产生瘟疫,以免病害。这是当时南北朝混战时期人们极易产生的精神寄托。到宋代出现各种百索,有彩线的,有珠子的,给儿童系在头上。明清时衍化为香袋,内装香料,做成各种形状,年青的妇女和小孩佩戴,既有药用价值,又有美观作用。

南朝人要举行划船竞赛,这个风气历代延续不辍。越到后世,龙舟竞赛更成为节日的大项目,节日的标志。在明代,南京竞渡搞得最热闹,福建规模也大。这些地方在大江大河中竞技,一船可坐十人,大的到二十人,击鼓划船,一会儿几里地下去了。⑤

吃粽子,在南朝是夏至日的食品,很快也成为端午的食物,到北宋,人们当日吃粽子,五色水团,粽子成为主要食物之一,并且把它堆摆成楼阁、亭子、车子等物形象。后来人们又把它作为节日的礼物,互相馈赠。粽子终于同龙舟竞渡一样成为过端午的标志,而且它比竞渡还要普及,因为这是家家可以做到的,不像龙舟要在有水的地方才能实行起来。

南朝人过端午还有郊野踏青和做斗草游戏的内容,这是同采艾、采草药相结合的,不过后来踏青、斗草各成为单独的形式。踏青后世演变为城中达官贵人和文士的郊游,如明代北京士人相约到天坛松林、高梁桥柳林、德胜门内水关、安定门满井等地,带着酒果,作竟日之游,女子亦有前往的。南京的文人

---

① 《武林旧事》卷3《端午》。
② 《宛署杂记》卷17《民风》。
③ 顾禄:《清嘉禄》卷5《端五》。
④ 《西湖老人繁胜录》卷3。
⑤ 张瀚:《松窗梦语》卷7。

到雨花台游憩。这天之后,天气日益炎热,这些人就不到烈日下活动了,这也是端午日出游的原因吧。斗百草主要是儿童的娱乐,清代宫廷画家金廷标的《群婴斗草图》,绘画一群男孩在野外斗草嬉戏,有的拔草,有的身边放着草篮,面对面用力拉草斗胜负,有的旁观助兴。乾隆帝为此画题诗,有"赤子之心爱生意"句。画和诗反映清时儿童斗草的快乐生活,并引起成年人的兴趣。①

端午节和其他节日一样,也是个交际的时日,节间亲友互送礼物,皇家也不例外。贞观十八年(644)五月初四日,唐太宗用飞白体书写鸳凤烟龙等字,写好后对司徒长孙无忌、吏部尚书杨师道等说:明天是端午节,风俗是用衣服玩物相互祝贺,我今天送你们飞白扇两柄,供你们扇风纳凉。②这是帝王以雅物赠大臣。宋朝皇帝给亲王、宰相及学士送的东西更多,有亲自书写的葵、榴画扇,艾虎,纱匹。③

端午节的产生,传统的说法是纪念屈原,这自然是不能被排除的原因,但是从节日生活内容看,它和季节关系极为密切。我国一年四季分明,而酷暑、寒冬界限较之春秋两季更明显。五月进入大热季节,烈日给人体的毒害很严重,而毒虫经过春天的滋生,到这时也壮大了,对人的危害也就大了,因此人们把五月视为毒月是有道理的。为避免疾病的产生和流行,人们需要做一些预防,不仅个人做,需要众人共同做,约定一个时间,大家一起动手,不失为一个好方法。端午节采艾、菖蒲,做香袋,喝雄黄酒,说明人们认识到夏季是疾病流行季节,特别予以关注,并用药物预防。如此看来,端午节的那些辟毒的共同生活内容,是人们的一种社会公约,形成风俗,人人自觉遵守,也是人们的一种公德。它比政府的有关法令还要灵,因为这是自觉自愿做的事情,是行政强迫不能办到的。从防病毒的角度看,端午节的产生以及历久不衰,就有它的必然性。它是适应人们防御疾病的需要而产生的,流传的。由此我们认为端午节的生活是人们医药知识和生理知识提高的表现,它的出现和流传是一件好事。但是人们认识到的东西却不一定能给予科学的说明,反而容易被神秘色彩所笼罩。透过端午节的生活内容,我们看待古人的文明,绝不能看表象,不能赞不绝口,也不能以落后、迷信一言以蔽之,要作分析,要透过生活现象,看

---

① 画藏故宫博物院,《文史知识》1986 年第 12 期。

② 《册府元龟》卷 43《帝王·多能》。

③ 《梦粱录》卷 3《五月》。

到它合理的成分，那才更有益处。今人到春天就强调抓环境卫生，比古人到五月节时才做就做得更早，是认识提高的表现，对端午节纯粹是当节日来过，而失去讲卫生、预防疾病的意义。

端午节流行的饰物、用物、食物、玩物，从南朝至清代，在总的方面变化不大，表明它的传承性。这种传统节日形成一个民族文化的特点，是一个民族文明的标志。有了春节、清明节、端午节、八月节、冬至节等节日，中华民族才成其为中华民族。所以民族节日需要很好地保留，轻视是不对的。我们民族有的节日，在大陆不太被看重，而在大陆以外的一些地区受到重视。据说在香港地区，香港至九龙的地铁，一年只有三天通宵达旦地运行，其他日子夜间停运，这三天里有一天是阴历八月十五日，夜间通车为的是让人们好回家过团圆节。又据报载，1986 年亚运会在汉城举行的时候，中秋节这一天中国运动员乘车去运动场练习，结果吃了闭门羹，返回驻地不久，得到会议组织者方面的说明：按当地习惯中秋节放假，故而闭馆，此情未在事先通知，表示歉意。中国运动员忙于赛事，忽略了本民族的节日，是可以理解的，然而此事却使人知道韩国人重视中秋节，在过中秋节。看来大陆的国人对待中秋佳节，可能不及香港同胞和韩国人。本民族的节日真要当个节日来过呀！

端午节的生活内容，历代也有一些变化。社会生活条件在变异，节日内容作相应的调整是理所当然，以新鲜内容充实古老的传统节日，使人们节日过得更美好，也使节日更有意义。如果不是这样，这个民族就会非常保守了。当然，内容的增添，应以不失去该节日的原有基调为原则，否则就不是那个节日了。

端午节与卫生事业、人体健康相联系，这一事实，使我们联想到节日生活同科学、文化、生产相结合，在节日之中灌注这方面的内容，既丰富人们的生活，又提高民众的文化素质和技能。还可以根据科学、文化、生产的需要，创造一些节日。如植树节，在我们森林资源有限，绿色植被不多的国家，需要利用各种方法提倡植树种草，结婚、生育种纪念树之外，把春天植树节搞起来，让它真正成为民族的节日，自觉自愿地干起来，就会改变机关派任务，年年种年年死的现象。

（载冯尔康《古人社会生活琐谈》，湖南出版社，1992 年。副标题系 2018 年 11 月 5 日增写）

生命尊严与医疗观念四题

医疗观念有其自身发展变化的逻辑,同时受着社会文化观念的制约和影响,会随着后者的变化而演变,就中,人的尊严、生命尊严观念的发展、丰富,极大地促进着医疗观念和制度的更新,就着"生命尊严与医疗观念"议题,我思考四个问题:生命尊严的内涵在历史上的变化发展与丰富;无条件的治病救人应是医疗机构的基本准则,以体现尊重生命尊严;当今社会和医疗机构需要杜绝金钱至上的过度身体检查和过度治疗;活得尊严与辞世尊严——安乐死是人类社会发展的必然选择。下面将从一个小说故事提出"生命尊严"话题,接着讲述我对后面三个问题挂一漏万而又缺乏逻辑性的提纲式的思考,以就教于同好。

一、生命尊严的内涵在历史上的变化发展与丰富

对生命尊严观念,我们不妨从《红楼梦》金钏之死说起。丫鬟金钏只因和公子贾宝玉说了句玩笑话,就被主母王夫人打了一巴掌,从身边撵出去,金钏将这种遭遇视为不能"见人"的耻辱,投井自戕,王夫人因而内心有所不安,说金钏有"气性"。小姐薛宝钗劝慰王夫人说,金钏"纵然有这样大气,也不过是个糊涂人,也不为可惜"。①故事反映出两种人对待生命尊严的态度:社会上层的主流观念与社会下层的非主流观念。社会身份卑贱的丫头金钏,有"气性",为维护自身尊严而自杀,是某种程度的抗争,可见卑贱者也有生命尊严观念,不过是非主流的,不被主流观念认可的。薛宝钗认为金钏之死是糊涂人行为,在她的意识里只有社会上层的人士才有生命尊严,下等人是不配有人格尊严的,是没有尊严可言的,她抱持的是传统社会主流观念的生命尊严观。金钏之

---

① 曹雪芹:《红楼梦》,人民文学出版社,2005 年第 30、32 回,第 407—416、430—439 页。

死,令人思考生命尊严的社会课题。

生命尊严的内涵在历史上是变化发展与丰富的。司马迁说人的生命"或重于泰山""或轻于鸿毛",文天祥表示"人生自古谁无死,留取丹心照汗青",范仲淹倡言"先天下之忧而忧,后天下之乐而乐",俗语则云"好死不如歹活",均反映古人人生价值、生命价值的取向。依据传统的说法,比较有理想的生命观是做人上人,是做对社会、对天下有贡献的人,而不以活命为目标。其实大多数人的生命观是活着就好,像金钏那样有"气性"的人——持有并维护生命尊严的人是少数。同时我们也知道传统社会是等级社会,作为奴婢的金钏要维护的是奴婢应有的尊严,而不是近现代社会人人平等的尊严。近世西人达尔文主义倡言生物界物竞天择,适者生存,从社会角度看,可能会生出忽视弱者生存权利的嫌疑;匈牙利诗人裴多菲云:"生命诚可贵,爱情价更高,若为自由故,两者皆可抛。"(这是一种译文)将追求自由视为生命的最高价值,为世人普遍认可,为中国人所传诵,尤其是在20世纪上半叶。当今,全球化的时代,人类对于生命尊严应该说已经有了共识,这就是生命尊严的全面内涵:从社会方面讲,人人有工作权、移徙权,言论、通信、集会、结社自由权和信仰自由权,选举权与被选举权、疾病医疗权;人人应受社会尊重、他人尊重,就是犯人亦因有相应人权(只是剥夺他犯罪失去的相应权利)。从个人方面讲,遵守社会公德,自尊自爱与尊重他人,诚实,守法,自我支配行为,乃至身体、体魄健全、精神健康。

二、无条件的治病救人应是医疗机构基本准则,以体现尊重生命尊严

医疗事业,号称救死扶伤,真正实现这种崇高目标,是相当长的历史过程,现代社会也远未做到。因为它的实现需要相应的充分的社会条件,即社会公共财富的丰富、政治制度的文明先进、人类(包括病人自身)高度的道德水准、完善的医疗制度,不具备或不完全具备这些条件就很难实现了,就会视求医者的政治和经济状况,也即视其政治经济能量而给予治疗。

传统社会是等级社会,贵人、富人生病可能会得到医治,贫困者、卑贱者难于获得医疗。中国历史上的名医,许多是为皇帝、贵胄医病而出名。《魏书》卷91《术艺传》论及北魏一代名医,"周澹、李修、徐謇、王显、崔彧方药特妙,各

一时之美也"。①他们为皇帝治愈疾病而得到荣宠。周澹为魏太宗治好头眩病；李修给魏孝文帝、文明太后治病多有效验；王显诊断文昭皇太后的病是怀孕，果然生下魏世宗，并有效地治疗他的疾病；崔彧针灸治好中山王王孙。②皆足以表明医生的服务对象主要是贵人。社会下层的贫贱者处于缺医少药的境地，所幸者有一批医生，道德高尚，富有同情心，热心为穷人治病，东汉和帝时郭玉为人疗疾，"虽贫贱厮养，必尽其心力"③。清代乾隆间怀宁人章光裕，"以药济世，未尝受谢。常备药材，以待贫乏"。同县张天择，"能以药活人，贫病者不取一文"。④"贫贱厮养"，是贫民穷人和贱民奴隶，这些人没有钱财求医，身份卑贱，难得有医生把他们看作人而给予疾病治疗。我国传统医疗有诸多特点，一些医生医德高尚，为贫窭者施医施药，即为其一。但这种义行是个人行为，缺少金钱和地位低下的人与医疗保障仍然无缘。传统社会后期一些地方出现施药局，有的行会成立"同仁会"，为会员施药，设立义冢。此类组织，试图在局部范围内帮助穷人治病，有社会保障的某种作用，但力量微弱，涉及人群极其有限，远远没有形成社会保障事业。

到了近现代，治病的政治条件和金钱条件依然起重要的乃至主导的作用，如极力倡导阶级斗争的"文革"时期，政治挂帅，对所谓有政治问题的人，对所谓阶级敌人，不予治疗，任其病痛以致死亡。在一切向钱看的时代，病人若不能预交高额费用，不予收留治疗。此皆背离生命至上观念。

医疗机构、医院、医生无条件地治病救人，无条件地善待病人，这是生命至上、是尊重生命观念的体现。有此观念，不论病人是什么样的人——有无政治身份，是什么肤色的人，有无金钱，一概不问，先治疗，其他再说，这是尊重生命，也是尊重人权。即使罪犯也予人道主义治疗，何况穷人，岂可摒弃！无条件地治病救人，实在是实现人的尊严所必须，需要有相应的医疗制度来保障它的实现。

---

① 《魏书》卷91《术艺传》，中华书局本，第 6 册第 1972 页。
② 《魏书》卷91《术艺传》，中华书局本，第 6 册第 1965—1966、1968—1970 页。
③ 《后汉书》卷 28 下《方术列传》，中华书局本，第 10 册第 2735 页。
④ 民国《怀宁县志·道医传》卷 22，《中国地方志集成·安徽府县志辑》，江苏古籍出版社，1998 年，第 11 册第 151 页。

三、当今社会和医疗机构需要杜绝金钱至上的过度身体检查和过度治疗

过度医疗指过度检查和过度医治,在一些国家存在这种社会病。我们面临这样的社会问题,病人因此怕看病,怕输液,怕"挨宰"。传统社会缺医少药,人们贫困,有病不能求医,挨着、抗着,甚至等死,现代社会富裕了,医生盛行小病大治,如近日发生的洛阳市副主任医师孔祥勇之女在北京,因手指根划破,以为只需几十元,最多一二百元即可医治,岂知"各种检查之后医生也无非是消毒包扎,还开了四种止痛消炎药,花费近三千元"。花这么多的钱,出乎同为医生的孔祥勇所料。①他作为地级市的医生这是跟不上"形势",对京都的同行那样肆无忌惮地掠夺病人钱财才表示惊讶和不满。无病定期体检,全面体检,能够早日发现疾病,预防医治,有积极的意义,然而体检的诸多项目,倒会或者可能会伤害身体,制造疾病。过度医疗产生的原因:一是生物医学和医疗专业拼命追求利润和金钱;二是对预防医学的误解和医学人文精神的缺失或异化;三是对高科技的盲目崇拜。②如果医生和医疗机构为追逐金钱而"治病",这是人类的灾难,是伤天害理的行为,是浪费地球有限资源的犯罪。这不是治病,而是添病,是人类自取灭亡。人啊,需要警惕过度医疗的弊病,制止、根绝它的泛滥!

四、活得有尊严与辞世尊严——安乐死是人类社会发展的必然选择

生命尊严包含着活得有尊严:所有的行为,包括言语、举止、着装、美容、走路、运动(包括运动服装、姿势,如泳姿)、站相、坐相,皆注意由得体而获得尊严的形象;活着就要健康,因健康而有尊严(如被人赞扬仪表端庄、身强力壮、红光满面、精神抖擞、神采奕奕、精神矍铄)令人羡慕,身体过肥过瘦,皆为不雅,设若患病在身,虽会得到某些人同情,也会招来"病秧子"的蔑视,甚或

---

① 《从医多年,老马失蹄》,《南方周末》2012 年 6 月 21 日。
② 张田勘:《过度医疗之忧》,《南方周末》2012 年 6 月 21 日。

被辱骂为做缺德事的报应。2012年6月1日联合早报网报道:新加坡一位女士患心脏病不叫救护车送医,怕邻人见她生病上救护车的狼狈样。这是维护自身形象与尊严的典型事例。据她所求医的医院负责人讲,急救病人35%会叫救护车,65%不会,大多数人注意仪表形象,不用救护车。人在病中,同样关注自身的仪容形象,维护尊严,不愿以病中丑陋容颜见人(死后,为告别仪式而整容,是别人代做,不同于自身能够维护的尊严)。健康不仅是不生病,还应有健美体态,由生命观而产生的对健康的追求与做法。

安乐死,是维护生命尊严的必要制度。本来人到老年改变了容颜、体态,失去了童年笑脸、青春靓丽,身材萎缩,变得老丑,思维也迟钝了,词不达意,啰里啰嗦,昔日尊严大打折扣,难于维护;与老年的到来相伴随的是社会有意无意的冷落、抛弃,出现难忍的孤独苦寂。因此,老年绝症患者的安乐死,是实现病人活得尊严与减少痛苦的最好办法,是最好的临终关怀,同时减少家属护理痛苦和金钱开销,减少社会资源的浪费。若干年前,西方国家有的老人死了多日才为他人知晓,而今这类事就出现在我们身边,这确实是人类的悲剧。如今越来越多的国家进入老龄化社会,还没有完善的社会保障制度来杜绝这种悲剧的发生, 这也将如何对待老年人死亡方式选择的问题提到日程上来。安乐死的观念,无疑是人类发展中的生命观,必将为越来越多的人所认同,必将为越来越多的国家所认可而成为社会制度。实现安乐死,是最终的实现生命尊严。当然,实行安乐死,应有相应的措施、严密的规章制度来保障,不令发生弊病,不令谋财害命现象的发生。

笔者鉴于上述文字只是对"生命尊严与医疗观念"问题作了点杂乱无章的思考,因极不成熟,出席余新忠教授主持的研讨会之后,就封存在电脑文档库中,如今承余教授垂青,要用作研讨会论文集的代序言,亦增惭愧之感。然而为与同道共同思索这一需要探讨的大题目,就听从新忠处置吧。

(2012年7月13日初稿,系出席"唐宋以来日常生活史:健康与生命"研讨会的论文,2015年3月9日增订)

走进科学研究中最落后的人体科学
——姚周辉著《神秘的幻术》序

从前读明人凌濛初小说《初刻拍案惊奇》第三十九卷《乔势天师禳旱魃,秉诚县令召甘霖》,他开篇写道:

> 话说男巫女觋,自古有之。汉时谓之"下神";唐世呼为"见鬼人"。竟能役使鬼神,晓得人家祸福休咎,令人趋避,颇有灵验,所以公卿大夫都有信着他的。甚至朝廷宫闱之中,有时召用,此皆有个真传授,可以行得去做得来的。不是荒唐,却是世间的事。有了真的,便有假的。那无知男女,妄称神鬼,假说阴阳,一些影响没有的,也一样会轰动乡民,虚张声势的,自古以来就有了。直到如今,真有巫术的巫觋已失其传。不过一些乡里村夫,游嘴老姬,男称太保,女称师娘,假说降神召鬼,哄骗愚人。……见人家有病来求他,他就先说没救了,直到拜求恳切,口里说出许多牛马猪狗的心愿来,要这家脱衣典当,杀生害命,还恐怕神道不肯救,啼啼哭哭的,及至病已入膏肓,烧献无效,再不怨恨他,疑心他,只说不曾尽得心,神道不喜欢,见得如此,越烧献得紧了。不知弄人家费多少钱钞,伤多少性命!不过供得他一时乱话,吃得些,骗得些罢了。律上禁止师巫邪术,规定甚严。甚至把"邪术"二字特别注明上去,要见还成一家说话。如今邪不成邪,术不成术,一味胡搞。愚民迷信,习以成风,真像顽疾无法治疗只有让智者徒留笑柄而已。①

凌濛初认为:(1)我国历来有降神附体的风俗;(2)有真能降神造福的神术,也有藉降神诈骗的妄人;(3)古代真传的降神术已消失,现行的邪术愚昧至极,连邪术之术也没有,而愚人却能信服,这是顽固的社会弊俗;(4)告诉我

---

① 凌濛初:《初刻拍案惊奇》,广西人民出版社,1993 年。

们历代均有禁止邪术之法律，是对百姓负责的表现。

我还在这部笔记中，以及正史、方志、文集中多次见过关于降神附体的记载，那些资料的作者有信仰的，也有反对的。这些资料在我心中产生疑惑：以降神附体愚弄民众的骗术固然很可恶，但坏在何处我却说不出来，与其相关的异常现象如何解释，不太明白。我知道人体科学是在各种学科研究领域中属于最落后的一个，有待于这种学科的发展来解开降神附体之谜。看来我的认识程度比三百年前的凌濛初高不了多少。我正是抱着解开自己疑惑的心情，兴致勃勃地来阅读姚周辉先生的著作。

我曾研究过清朝雍正皇帝的历史。这位君主一度得重病，让道士贾士芳诊治，开始颇见疗效，迭发上谕，褒奖他为"异人"，但是病还没治好，却又把他以妖人左道杀掉了，原因是他能控制皇帝。他治病时，"口诵经咒，并以手按摩之术"。雍正帝说："其治调朕躬也，安与不安，伊竟欲手操其柄，若不能出其范围者。"我那时不明白雍正帝为何出尔反尔，贾士芳的罪过究竟何在，现在似乎知道了：他对皇帝施用催眠术，成效时有时无，令雍正帝以为他是有意控制他的健康，从而刺伤了唯我独尊的君王自尊心，不把他治死不足以解心头之恨，这样的理解乃是受了姚先生著作的启发。以下我将脱离狭隘的自我认知来观看姚周辉先生的著作。

降神附体风俗的研究，涉及到多种学科，难度很大，尚处于探索阶段，姚先生的研究就是富有探索精神的表现。要认识降神附体的风俗，需要运用人体科学、医学、宗教学和神学、文化人类学、民族学、民俗学、心理学、社会学以及历史学等学科的知识和研究方法，要把这些学科的知识综合起来运用。研究者很难同时具备社会科学、自然科学和人体科学等多方面的知识，所以降神附体风俗研究是相当艰难的事情。古往今来对它进行研究的不乏其人，凌濛初就是其中之一。但古代科学不发达，人们不可能揭开降神附体的奥秘。现代的研究者，多是对降神附体及其风俗作局部的考察和说明，还没有全面研究的科学著作问世。姚先生对此颇有感触，在书中对"缺乏多角度、多层次和系统而详尽的剖析"的研究状态表示遗憾，在给我的信中说要"集中笔力，从催眠术、人体科学等近、现代科学的角度来研究迷信风俗，这是一种开创性的工作，是鲁迅先生所说的第一次吃蛇蟹似的尝试"。是的，姚先生把这一志向付诸行动，搜集文献资料之勤之外，他同时深入社会去实践，进行民间调查。

这样艰苦细致的工作,与青年学者的锐气、勇于进取的精神相结合,在降神附体风俗的领域中作出了较广泛的探讨,即考察了降神附体风俗的起源、传承、传播、种类,降神附体的方法、手段、超常现象和功用的实现及其原因,降神附体中的骗局及其危害,涉猎了降神附体风俗中的主要问题。姚著文字不算多,但研究的是降神附体风俗的整个问题,确是开创性的一种探索。

姚先生的探索富有学术价值,我认为表现在三个方面:

其一,论证与肯定降神附体活动有为人治病等功效,不纯是骗术。他经过两次实地观察斗阴拳活动,以及调查访问的结果,认为表演者的超常表现不是虚伪所能做到的,是真实的表现。他肯定降神附体活动中有超智力、超体力、超毅力、超记忆力、预言、意念致动等表现。他并不把这些异常现象看作是超自然力的神的作用,而是人本身的作为(原因在第二点说明),所以他风趣地写道:"你就是神,神就是你!"在我国学术界对降神附体活动有一种完全持否定态度的说法,认为它是骗术。姚先生的肯定说,有可能被视为宣传迷信,传播唯心论,但是姚先生以科学为根据,有勇气、有胆识地表达自己的学术观点。

其二,认为施行催眠术,在诱发人体特异功能,造成术师和被试验者的超常表现,产生治病等效果,这就是所谓"降神附体"及其作用。姚先生认为降神附体的过程也即催眠的过程:进入催眠状态的人产生麻木拒痛的现象,与催眠师保持"感应关系";人类普遍具有特异功能,要表现出来,则需要进行训练诱发;人类普遍具有可暗示性及主动接受暗示的心向,暗示具有强大的有效性;催眠师及古代的巫师,采用行之有效的催眠方法和暗示原理,诱发人体特异功能,使被催眠者在迷狂状态中呈现出超智力、超体力、超视力、超听力、超味觉、超毅力、超记忆力、思维传感、意念致动、预测未来、洞察过去(追忆往事)的超常现象。因此,非骗术的跳神、走阴、扶乩等的卜问"灵验",乃人体潜在特异功能中的预知能力发挥了作用;圆光、走阴、跳神等的追忆往事,与"亡灵"对话,是潜意识的超常敏感和遥感能力能看到"残留图像",听到"残留信息";跳神者、舞仙童者、唱七仙姑者的不学自会跳、唱、舞弄枪棒,不识字而会书写,是超常智力的发挥。姚先生向读者解释降神附体的超常表现,是人类本身具有的功能在催眠术作用下发挥出来的,说它神秘,是因为人们不认识它,而以神鬼观念解释它,从而使它的奥秘不易被解开。姚先生还特别指出:"所谓神授特异功能的实质,同样是人工(包括催眠,当然也包括气功、瑜珈、静坐、禅等)引发的幻视和幻象,而绝不是什么'神使鬼差'的奇异功能。"姚先生的这种认识论和方法论,我想可以用下列方式表示出来:

催眠术——术师暗示(诱发人)人体特异功能——超常表现——所谓"降神附体的实现"(迷狂心境中的鬼神世界)。

姚先生运用人体科学的知识对降神附体风俗的说明,持之有故,言之成理,确实是对降神附体的奥秘做了某种揭示,也做了很好的尝试。

其三,对降神附体活动与认识中的神学、迷信观念作用的探究。姚先生既肯定了降神附体活动中的真实性有其科学的根据,同时也没有忽视揭露骗子利用降神附体活动的欺诈作伪行为。真与伪都包含在降神附体活动中,如何去区别呢?姚先生下了一番功夫,认识到降神附体活动中特异功能的局限性,它的成功率受被施术者的情绪、心情和精力影响,不是经常能成功的;同时与巫师、术师有直接关系的是,他们有的不会催眠术,只知装神弄鬼,当然达不到诱发特异功能的效果。姚先生列举了很多例子,暴露巫师的骗局,以及给迷惘者造成的悲剧。

我们可以认为,姚先生的这些学术贡献,充分利用了当代学术界人体科学和降神附体风俗史的研究成果,也有他自己研究的独到见解,把它们融会在一起了,也就是说他有较强的综合能力,吸收了他人的营养,酿造出自己的果实。这果实是甜美的,他成功地说明降神附体的奥秘,揭示这种活动中的真伪两面,在真实性方面予以合理的解释,对降神附体风俗做了有益的探讨,是走在科学道路上的探索。

姚先生在从事他的创作时,抱着一股热忱。他不但批判降神附体风俗中的迷信活动,揭发巫婆神棍的愚民罪行,而且他也倡导科学,希望提高我们民族的科学文化水平,移风易俗,克服鬼神迷信。他认为降神附体的风俗,对迷信心态产生了推波助澜的作用,为坏人的犯罪活动大开方便之门。他对此深恶痛绝,也为这种巫风的死灰复燃而担忧。但他不是消极的,他要用自己的研究,以科学的方法来说明,以引导人们拒绝巫风迷信的活动。事情还不在于他有批判的愿望,更重要的是他是在做细微的研究工作,且做深入的探讨,帮助人克服巫风邪术的影响,制止降神附体巫风的蔓延,以达移风易俗的目的。这种科学的治学态度,与那些以简单逻辑否认降神附体活动中异常现象的论者不同,后者虽有鲜明的态度,但因缺少科学的精神,实在不可能解决社会中存在的实际问题。姚先生有鉴于此，才不停留在简单否定论的水平上。这种社会责任感是他深入研究的动力，从而给读者以更多的启示。为了提高民族的文化、纠正社会陋习而奋斗，这才是文化工作者真正的"社会贡献"，而不必一定要去倡导什么主张。

降神附体的风俗是神秘文化中的一种，研究起来比较难；且它又属于世俗文化，难登大雅之堂，所以学术界缺乏研究。在这种情况下，对降神附体风俗活动的剖析就必须更深入地研究，这样巨大的任务，不是一个人在短时间里所能做到的。姚先生的研究成果还有不能令人满意的地方，我提出来和姚先生讨论，并向专家请教：

第一，降神术是一源的，还是多源的？姚先生认为巫术产生于北亚（或者说姚先生同意这一说法），批评多源说，但是对它的传播路线的描述却很不得体，且缺乏数据，如引用索恩的观点，说澳洲土著是由东南亚和中国华南迁移去的，巫术可能是这样传入的，但这仅仅是可能，不能成为定论。传播路线说不清，就难于使单源说站得住脚。我想巫术是原始宗教，并没有多少哲理，在"蒙昧时代"的各个地方的人类社会中均可以产生，因而是可以多源的，它不同于佛教、基督教、伊斯兰教这样的世界三大宗教，只能是来自单源的。

第二，如何在降神附体的一种活动中区分出科学与迷信的两种性质？这是一个复杂的问题，姚先生试图加以解释，也确实有所说明，但归纳得不够齐全，特别是带有规律性的分析尚属欠缺。如在一个子目中讲到巫师的"骗术"，只是交代了一些现象，没有说清骗术之"术"是什么，因此，就和姚先生在另一个子目中叙述的"骗局"一样，无法明确的辨别它们的差异。迷信和科学蕴涵在降神附体活动中，如何把它们区别开来，是研究这一问题首要而根本的任务，如果弄不清楚，就会在科学与迷信、唯物论与唯心论之间摇摆，很难成为科学的研究。

第三，对巫师、催眠术、"附体者"等降神附体活动的主要参与人的寿命似宜做专题研究。姚先生已指出这些人在降神活动中身体健康和神经健康受到影响，我以为可以把这个问题作更深入的研究，对那些人的健康、死亡、寿命作统一考察和计量的统计，以说明特异功能与降神附体的关系。

第四，坚持多学科的综合研究方向和方法。前面说过人体科学尚处于落后状态，与人类社会的科学发展不相匹配，人们需要加强对自身的解剖和认识。只有等到人体科学发达了，与人体相关的现象，如降神附体活动，才可能被全面认识。当然,对人体的研究不是孤立的,要把它和自然科学和社会科学的研究结合起来,进行综合研究。实践这种方法的研究者,无疑地需要具有多种学科的知识和合理的知识结构。而人们的学习是很专业的,很难同时具备各种专业知识,因此就要适当地补充,扩大知识领域,使自身的知识结构能够适应降神附体风俗课题研究的要求,如此才能完成研究的使命。

(载姚周辉《神秘的幻术》,广西人民出版社,1993 年)

将明清民众术数活动放在社会文化史中研究的专著
——宫宝利著《术数活动与明清社会》序

宝利弟给我电子文本的书稿,并要我写序。荧光屏显示的内容吸引着我,一页一页地闪过,眼睛发酸了,就闭目回味,进而想到宝利撰写的历程。我感到论题的有趣,作者写作的艰辛。术数活动,古往今来,不绝如缕,信奉参与者、半信半疑者、审视讥笑者在在有之,算命、测字、易卜活动是那样地吸引人,问前程,论祸福,是虔诚?是玩笑人生?应该说各种态度者皆有。那么术数是何种文化,是神秘文化?是绝对虚幻的迷信?抑或有某种科学性?能够认知吗,特别是今日的人类研究水平能够解释到什么程度呢?不管怎么样,这是令人深思的事情,需要认识的社会现象,它也是激发人思考人生态度、追求科学的命题,无疑有其意义。宝利选择这项研究,我认为有意思,值得。宝利下功夫于此,业已十多年了,冬去春来,终于开花结果,不容易啊!因为他在教学之外,担任天津师范大学校长助理、总务长,恰值建设新校区,忙得不亦乐乎,于是乎"业余"研究,然而学术使命感的激励和自身的激情,完成了写作。我知道宝利的俗务应酬、上老下小的分神,也多少懂得这项研究的难度和宝利著述的价值——社会文化史的新成果,是以乐于应命,写几句话。

研讨术数史,何谓术数是首先碰到的、不可绕过的问题。清朝人在《四库全书总目》中,将数学、占候、相宅相墓、占卜、命书相书、阴阳五行、杂技术(相字、梦占等)视为术数。20世纪相当长时期中,人们多目之为各种封建迷信,90年代后,随着研究的逐渐展开及观念的不断更新,对术数的认识开始从简单的批判,转向以学术研究的角度进行思考,试图得出符合科学意义上的解释。宝利选择了它的定义和研究范畴。他说"数"包含数理、定数、气数的意思,"术"指方法、技能。术数"是一种方法、技术、手段、技能,是古人依据传统文化体系中的某一学说、理论,进行推测、预言人事吉凶和社会变化的技术手段"和活动。基于这种认知确定研究范畴为:命理、风水、相术、占梦、测字、择吉、占星、望气、扶乩、易卜、龟卜、求签、六壬、奇门遁甲、马前课等各种各类的术数形式及其在明清社会的踪迹。他主张限定术数研究范畴，不宜"过于扩大，将一切历史上或传统文化意义上，关于神秘的'术'类活动统统纳入术数的内容"。尤其不能"以神秘文化的研究代替术数的研究，过于强调它的神秘感或神秘化，就无法将术数置于文化史、文明史或传统文化的意义上开展研究，更无法将历史上的术数活动纳入社会史、科技史、宗教史、心态史、政治史等史学视野的研究中去"。方向和范畴如此，宝利进而明确具体研究内容：术数活动在明清社会生活中的种种表现，人们参与的程度、情形与原因。实际上他是要叙述：术数行为、技术(手法)、理念、功能及特点。术数史研究的内含、外延怎样论定，是学术界研讨的事情，宝利的界定，使自身有了目标和着手点，就可以开展研讨了。

这部著作的学术建树，我认识到的是：讨论各种术数形式的源流和状况，术数群体，适应科举需要的特点，社会功能及其存在的原因，术数的科学性与虚妄性及人们的疑惑，研究的学术意义与现实意义。

一、探讨术数各种形式的渊源、发展趋势和明清时期的状况

从目录可知，书中分析各种术数类型的产生源流，如"命理术的产生和演变""风水术的源流和变化""古代相术的范畴和要义""古老的占梦术及其流传""测字术的出现与应用""择吉术的由来与作用"，探求术数渊源，梳理其发展变化的线索，以明了其现状和特点，这是一种学理研究，显现出学术性。

本书作者指明术数的流行状况。在明清时期成为职业术士的知识商品，进行出售、买卖，在供需双方各自利益需求的共同作用下，使得术数活动非常丰富、活跃，也加速了其无稽、荒唐、愚昧、无知成分的增加。清代是术数活动通俗化、普及化、多样化，完全深入民间生活的重要时期。具体说到择吉，指出明清时期是择吉术和择日黄历发展最为成熟、形式最为完备的时期。清朝钦天监每年颁发时宪书，供给全国臣民日常选用，即后世所称的"皇历"，为前朝所无。占梦活动，出现四种情形：一是占梦的各种方法均在实际活动中有所运用；二是民间普遍存在有占梦的愿望，已便知晓所预吉凶；三是以占梦的结果指导或约束自己的行为；四是社会上出现祈梦的现象，可知盛况非同一般。

作者从比较中辨析出各种术数形式的差异，令人得知它们的各自特征，从而认识深刻。比如相面与命理不同，相术中的许多内容依靠口诀式的方法进行吉凶直断，不像命理学说具有深奥的理论、逻辑。所谓"贵贱视其眉目，安否察其皮毛，苦乐观其手足，贫富观其颐颊"。五行生克风鉴诗中论富云"端庄厚重是贵相，谦卑含容是贵相。事有归着是富相，心存济物是富相"等体貌举止外在表现与内心世界和未来命运的相关联的见识。

值得注意的是明清皇帝是术数活动的最大信从者和参与者，他们首先强调命定论、天意、君权神授是其之所以成为皇帝的最有力依据。官绅对术数活动的热衷态度充分体现这一特殊群体的思想观念、价值取向和风貌心态，进而作用于清代整体社会风尚。

二、指明术士群体

从事术数活动的人群，可以区分为三类，一为职业术士群体；二为掌握术数技能的士人官绅；三是一些道士、僧人也以术数为谋生手段，成为兼职术士。职业术士有三种情形，即放弃举业，通晓文化，专门从事术数活动的破落读书人；二是专攻术数，或有父业承袭，或为从师学徒，或为个人钻研，成为职业术士。三是特别值得一提的许多盲人从业者，基本不通文化，全因生理残疾而从事术数活动，糊口营生。术数活动及其专职术士群体在社会生活中长期存在，非政权和教化所能左右。术数活动在明清社会上的广泛流行，与众多士绅积极参与和提倡有着重要的关系。

三、说明术数适应科举士人需求的特点

明清时代的科举，社会关注程度高，科场变化莫测，科举功名便与术数活动密切相伴，明清社会上的诸多术数方式均为科举预测所利用，从受业场所、何时入学、所考试题、及第与否、名次等第的影响要素及过程、结果，甚至到寻求成功的途径，求助于冥冥之中的指示，均直接导致术数活动在明清社会中的盛行。在信仰之中，士子还将扶乩当作一种生活情趣，无形中变成为娱乐活动、知识和灵性的表现。

四、论说术数的科学性与虚妄性

这里说的科学性与虚妄性,既是清人的,也是今日的认知。作者分析到各种术数,在社会痴迷狂热之时,也有质疑的清醒声音,但又非绝然反对:术数是小道,然不废弃。明人张瀚认为古人的术数之学,今为乡曲庸师所习学,他们获得的是糟粕,未解其神理。官修的《四库全书》则以为今日之术数,是"百伪一真",因为众人相信,"悠谬之谈,弥变弥多",《四库全书》还要收入书中,"姑存其说"耳。人们信八字之说,可是八字相同的人而命运大异,如何解释?于是用出生的空间、环境差异来勉强论说,而疑问仍然存在。人们又以人生命运与为人行事综合观察,解释行善与风水的关系。或许可以这样认识:明清时代的有识之士相信古代术数家,怀疑当代术士,反映信仰的迷惘心理,真是畏惧不敢不信,而信又缺乏灵验。

其实,相面术是包含一定科学性的。相面,观人气色,了解人的健康,是对人体状况的掌握。作者辩证地看相面:在看待相术能否应验的问题上出现不同的认识,实际上我们今天也不能不承认,人的外貌与性格、脾气、品德以及处世态度,还是存在一定联系的,我们常说"眼睛是心灵的窗户"。不过以身材相貌来推断人的富贵、吉凶、福祸、功名前程的获得状况,恰是明清社会天命论,富贵天定、前生命定思想的体现。作者认为不论术数本身是否科学,是否包含某些科学成分或体现某种科学精神,但是对这样一种在历史上相当活跃的社会文化现象不进行研究,总不是科学的研究态度。无疑这种态度是可取的。

五、概述术数的社会需求与功能

对于术士活动盛行的原因,作者的总体认识是:人们对人生命运之无常与不可解,对神秘文化现象的迷茫,消灾避难、企求富贵的心理所致,也是追求福禄寿喜财的人生最高价值所致,是符合于常情的。

术数活动流行的社会基础,主要是人们的"邀福之心"过切、过甚,对未知、未来事情本能的关注,对吉凶、福祸的价值取向,向术数求知。于是术数生出积极的作用,即对民众在未知、无主见的事情或问题,给予解释、启发、慰藉,实质上充当了心理医生的角色。退一步说,在术数活动盛行的状态下,即使明达之士并不信仰,可是害怕恶运的降临,常常有心理负担,发生不利事情,倒似乎验证术数之说。不如循从流俗,真所谓环境使然。在不得不信的情况下,信之者愈重愈笃。此种时代特定情形下的心理需求、心理安慰作用,是不宜忽视的。

六、术数史研究的学术与现实意义

开展术数社会史的研究,拓展了社会文化史的新领域,有利于我们通过术数活动,了解历史上社会生活方式,社会价值观念、社会心态和人们的精神风貌。对于社会文化史、社会心态史研究更加丰富多彩地开展,会产生积极的影响。术数活动同时是关涉到科技史、政治史、生态环境史、人体生命史、哲学思想史、宗教信仰史、大众文化史、社会生活史等多学科研究领域,是跨学科的研究,于此对宗教学、历史学、社会学、文化人类学、心理学、生态学、地质学、物候学等诸多学科的研究均有其价值。

用什么态度研讨术数及其活动,宝利是以高度的责任感和社会良知来进行的,警惕、反对单纯介绍古代术数方法,避免造成模仿等新社会问题,赞扬明清时期那些针对术数活动发出的劝世、警世言论,呼唤良知、善行,实在是用心良苦,可敬可佩。今天的读者诚可从中得到教益。

以上基本是分门别类地转述宝利的研究成果,一句话,宝利的书揭示明清时期人们的术数观念和活动状况,是社会文化史领域一部有创建的学术专著。下面则是在阅读宝利著作过程中受启发而产生的三点见解:

其一,风源在上。术数活动,原来是帝王和社会上层关心自身、国家命运,地方的命运,而后影响所及,为多数人接受和利用,以解释其休咎命运,企图破除恶运,争取福禄寿财,时或形成社会问题。上行下效,世事莫不如此,可是在上者从不承担责任,往往摆出圣明姿态,好像要清除弊风恶俗,其实是事情愈演愈烈,无有底止。悠悠往事,难道没有儆戒作用?

其二,等级之分的荒谬。众所周知,古代职业画家是画匠,职业医生是江湖郎中,属于下九流职业,而官绅擅长绘画和医术则备受尊崇,职业术数家与江湖郎中相同,列入医卜之中。同样的技艺,不同身份的人,就有迥异的社会地位,反映了社会制度的不合理。中国古代贱视技艺,实在是不好的传统。

其三,所谓"信则灵、诚则灵"。术数家、宗教家常常会用这类话语劝告其宣传对象。笃信则有效应,有之,然绝不会成为定律,也难于有科学的验证,可是它有时又有灵光的,这是心理作用,也可以说是心理疗效;这可不是通常所批判的唯心论,过往有这种误解罢了。对任何事物宜于多方面地认识,全面地剖析,任何简单化无益于对事物的认知,同样无益于人类活动。

宝利的书,资料丰富,是优点。用史料说话,给读者更多的信息和思考空间、想象空间,然而研究性著述,不能以此满足,应该有足够的分析,透彻地解释那些资料。一则史料自然允许两三次使用,那是从不同的角度说明异样事情,当然不是原封照搬。宝利犯了堆砌史料的毛病,可以想见的原因是时间紧,限制了精力的投入。期待异日修订,臻于至善。我期待着。新年之始,祝愿宝利好时光的早日到来。

(载宫宝利《术数活动与明清社会》,天津古籍出版社,2009 年)

一位韩国青年学人对蒙藏学的钻研
——金成修著《明清之际藏传佛教在蒙古地区的传播》序

　　读者手中的这部著作,是中国博士、韩国学者金成修研究员的博士学位论文的修订本,我能理解成修因著述在中国面世的喜悦,并请接受我的衷心祝贺,同时我为蒙古与藏传佛教关系史研究具有新视角成果的出现而高兴,因此成修要我写序,就愉快地来写这么几句话,也就不顾忌自己对这种学问的无知状态了。

　　我和成修的有缘,在于她的好学与为人。1996年的春末,她到我家,表示要考中国明清史方向的博士生,谈了她在延世大学的硕士学位论文《十七世纪蒙藏势力圈与清朝》和对蒙藏关系史继续钻研的兴趣。对于报考博士研究生,我自始就有一个做法,就是请报考人先给我两篇论文(发表的、手稿均可)看看,我阅后提出对他报考的建议,这样做,出于两点考虑,一是了解其学习水平,三年能否完成博士论文;二是如果没有第一个前提,让他考试,他往往要在考前来南开大学接受短期外语培训,届时再来应试,两次往返交通住宿费用是一种负担,若是在职应试者,还要做好单位的疏通工作,假如考不中,在单位就难于相处,所付出的代价太大。顾虑到这两点,对有的人还不如不让他考。对于韩国学生我也不例外,但也有变通的地方。鉴于她是留学生,应当了解她的古代汉语水准和汉学基本知识,所以当即在二十五史的书橱里抽出两本书,一本是中古的,另一本是近古的(似乎是《魏书》和《明史》,记忆不清了),随手各翻出一页,让她朗读和解释,她读得不那么流利,然而读下来了,大意也能明了。我立即表示同意她报考。

　　入学之后,尊重她研究方向的选择,虽然我对蒙藏史和藏传佛教史所知极其有限,由于她的兴致所在,相信能够学成。为此对她提出四点建议:作为留学生,固然有了一些汉学基础,但毕竟文化背景不同,对中国历史文化知识、中国人的思维方式需要有较多的认识;研究方向明确了,若要深入进去,必须对明清史的大背景有足够的知识,不可局限于明代中后期和清代前期蒙藏关系史的一知半解;需要掌握蒙文和藏文乃至满文以及相关史料,缺乏蒙藏文资料,将不会有多少贡献,我的同事中有懂得蒙文和满文的,可以向他们请教,但是要想达到高水平,不如到中国社会科学院民族研究所等专业机构去进修;不断提高分析认识能力,一定要有提高思辩力的意识,多写读书报告和文章,为此参加博士班研讨课,出席校内外举行的学术研讨会。

　　成修于 1996 年 9 月入学,到 2002 年 6 月获得博士学位,历时六年,时间比一般的博士生多了一倍,我有时对客人介绍她这种情形,赞扬她,她总是说用时六年是常有的事,在国外很正常,甚至比这个年头还多。我也知道一点国外的情况,博士读个十年八年的不新鲜,不过在中国,绝大多数三年毕业,在职攻读的可以四年,否则还得申请,批准才能读五年,而成修坚持到六年,"赖着不走",就在于她追求论文的完善,非要把应当做的内容做成,做得像样子才罢手。这件事是我认为她求学、治学的执着追求精神与实践的体现之一。另一种表现是蒙藏语言文字的学习和史料的搜集。她先到社科院民族所向白翠琴研究员求教,随后用了两个学期的时间到内蒙古大学蒙古语文系进修蒙古语文、藏语课程,并自学满文,又向内蒙古社会科学院历史所、中国藏学研究中心的专家请益,与此同时着力搜集蒙藏文资料,这样下了几年功夫,能够顺利阅读蒙藏文原始资料,学位论文的附录一《第一世哲布尊丹巴传》,系她据藏文译成汉文的,被蒙古史专家乔吉研究员评论为,"作者对原文的理解和翻译基本无误,非常难得",而该书"资料价值很高"。就此一事足以证明成修对藏文、汉文的成功把握。

　　再一个表现是通过局部历史事象的研讨达到整体的综合,在学期间她钻研了一些专题,写出文章,参加学术研讨会,既向与会学者请教,又发表自己的论文,以求提高学术水平,如 1998 年出席内蒙古大学主办的"第三次蒙古学国际学术讨论会",做出《藏传佛教在漠北蒙古传播史与哲布尊丹巴呼图克图的前身问题》的发言;1999 年出席南开大学主办的"明清以来中国社会国际学术讨论会",宣读《藏传佛教在厄鲁特蒙古》一文;2001 年参加韩国檀国大学主办的"韩国蒙古学会研讨会",提交《研究藏传佛教史对清代蒙古历史的意义》论文;2001 年参加中国藏学研究中心、西藏社会科学院主办的"2001 年北京藏学讨论会",报告《第四世班禅喇嘛与清代漠北蒙古活佛系统》;2002 年参加广西师范大学主办的"海峡两岸明清史"学术研讨会,就《清代蒙藏政局与阿拉善蒙古的形成》做出发言。在此期间发表几篇论文:《16、17 世纪格鲁派在喀尔喀蒙古传教新探——以哲布尊丹巴呼图克图的前身问题为中心》(《蒙古学信息》),《16世纪末、17世纪初格鲁派与卫拉特佛教》(《中国社会历史评论》),书评"Vladimir L. Uspensky, Prince Yunli (1697—1738)——Manchu Statesman and Tibetan Buddhist"(《中国社会历史评论》),《十七世纪末蒙藏政局与阿拉善和硕特》(《庆祝陈捷先、冯尔康教授古稀之年学术论文集》),《西藏与中国》(韩文《佛教评论》)等。

现在的书是成修在博士论文基础上修饰定稿成书的。成修试图重新认识16、17世纪蒙古民族共同体的面目,即达延汗政权成立以来在蒙古逐渐形成的政治改革论与藏传佛教的结合,在恢复理想化古代秩序的旗帜下,出现的土默特、喀尔喀、厄鲁特等地区性政权,以及它们之间的竞争与合作。她综合运用民族学、历史学、语言学多学科的知识和研究法,论述在蒙元灭亡二百年后,蒙古族政治复兴观念的产生及其某种实践,以及这种观念同藏传佛教的关系。她采取新视角的观察方法,以此区别于前贤的研讨。中国学者讨论蒙藏关系史和藏传佛教史,大约多是从中国整体史出发,放在中央集权的格局下,研究蒙、藏与明清中央政府以及蒙藏之间的关系,而成修不同,单刀直入,研究蒙、藏本身的历史,蒙藏之间的关系史,这样就能直接进入论题,少兜圈子,省力,还方便论题的解决。应当说她的新角度、新方法有独到之处,应该视为一种发明,是一种成功的研究法。当然,这不能空论,而应看成修的研究结果。

我感到成修发出了一些前人所未发现的观点,就是:(1)蒙古政治与藏传佛教的关系向来为研究者所注意,但不同的是成修认为蒙古人产生恢复蒙古政治的理念,并有所实践。此为他人所未道及。(2)指出藏传佛教在蒙古传播的本质是政治改革工具,不只是文化现象,而且是16、17世纪蒙古政治改革的主要工具;有学人把蒙古地区的佛教误解为以祖先崇拜为主的萨满教与藏传佛教的结合,成修观点不同,认为蒙古引进藏传佛教,不是为与蒙古固有的萨满教的结合,而是恢复成吉思汗、忽必烈时代的大蒙古国秩序,确保该政权的正统性,利用了佛教,使得16世纪藏传佛教成为蒙古政治改革论的主要内容,融入成吉思汗在内的佛教世界成为蒙古政权的新模式。(3)认为"印藏蒙同源论",实系蒙古中心论,是为恢复蒙古政治制造舆论,而不表明蒙古佛教对西藏佛教的依赖性。(4)对蒙古藏传佛教史多所辨证,与一些陈说讨论,如无所谓红教、黄教之争,自始就是黄教的传播。批评格鲁派史学观对叙述蒙古历史的影响,因为有的学者以为哲布尊丹巴的前身是非格鲁派,因而认为喀尔喀本来是红教传播区,而后来改宗格鲁派,这是误解,实际上喀尔喀哲布尊丹巴呼图克图的前身是格鲁派哲蚌寺的创始者"嘉央曲杰",哲布尊丹巴与格鲁派领袖达赖喇嘛之间的矛盾来自喀尔喀中心论与格鲁派教权主义的冲突。

成修新见解的提出,建立在占有多种文字的大量的史料基础上,全书利用汉文、蒙文、藏文以及英文、日文、满文的原始资料和研究成果,所以资料充实,论证有力。这种多种文字文献的运用,为年轻的学人所不易达到,甚至可以说难于企及。成修在语言工具方面的准备和资料搜集上下的苦工,真是皇天不负苦心人——取得高质量的研究成果。

成修的书仍有需要加工的地方,她自己就意识到:讨论重心放在蒙古政治改革观念方面,而对实际制度上的反映忽视考察;由于是以土默特、喀尔喀左翼为研讨中心,忽略了厄鲁特的情况,从而整体性欠缺。我则建议她增加图表,具体是:"人名、佛号、词意对照表";"蒙藏高僧求佛、传教活动地图"。这是为较多读者设想的。历史读物面向读者,这读者不只是小同行,还有大同行,乃至有兴趣的非史学工作者,为后两种人,在专著中就需要加进一些知识性、工具性的内容,不知成修以为然否?成修看到不足,并且表示"以后的研究将要利用 17 世纪蒙古法典以及相关资料,探索当时蒙古政治改革论在制度上的反映。而且还将扩大论述范围到整个蒙古地区,希望以此达到所提出的观点在蒙古具有普遍性"。(博士论文答辩时的陈述)

我想成修的愿望不会落空,因为她在获得博士学位后,继续从事她的这项研究。她博士毕业,即被母校南开大学聘为教师,在历史学院讲授蒙藏史、西藏通史、蒙文、满文课程。一年后回到她的韩国母校延世大学,任文科大学史学科讲师,兼任韩国延世大学国学研究院研究员,进行《清代藏传佛教寺庙组织与藏传佛教文化区域之形成》课题研究,写作专题论文和出席学术研讨会,如 2003 年参加韩国历史学会主办的历史学大会,带去发言稿:《第一世哲布尊丹巴胡图克图与十七世纪喀尔喀蒙古》;同年出席中国汉民族学会、云南社会科学院主办的汉民族学会国际研讨会;出席台湾佛光大学主办的国际清史研讨会,宣读《清代边疆统治与喀尔喀蒙古》论文;参加韩国中亚研究会秋季研讨会,做了《藏传佛教在北亚洲传播与清朝藩部体制》的报告。同时发表论文:《17 世纪喀尔喀中心论的形成与藏传佛教》,《中亚研究》(韩文),第 7辑,2003 年 1 月;《第一世哲布尊丹巴呼图克图与 17 世纪喀尔喀蒙古》,《东洋史学研究》(韩文),2003 年 6 月。这种研究情形会继续下去,我想是没有疑问的,因为除了她本身的条件,还有她父母的极力关怀和支持。记得 2003 年我去汉城(首尔)出席韩国中国史学会主办的中国宗族史研讨会,期间她的双亲请我晚餐,我说成修将会成为优秀学者,她的父母很高兴,说当教授不难,成为学者就不一样了。他们是要将女儿培养成学者的。他们不是只有想法,而是用行动去造就女儿, 比如母亲陪同女儿到蒙古人民共和国进行学术考察,实在难得,我为成修有慈爱的双亲而高兴,我因而相信成修一定会如父母之愿,以学术贡献于社会,令其双亲引以自豪。

至此我要说,成修会坚持不懈地在她的治学领域钻研下去,以新的研究成果奉献于学术界,成为蒙藏史和藏传佛教史的杰出学者,我们期待着。权以此为序。

(2005 年 8 月 4 日于旅次,载金成修《明清之际藏传佛教在蒙古地区的传播》,中国社科文献出版社,2006 年)

朝鲜大报坛述论

——中朝关系和中国文化传播的一个侧面研究

18、19 世纪,朝鲜国王在宫中秘密设立大报坛,祭祀明朝皇帝,并当作国家大事来进行。当时朝鲜是中国清朝的附属国,却背着清朝怀念旧日的宗主国明朝皇帝,这是为什么?它反映了怎样的明、朝关系和清、朝关系?坛祀是一种礼仪制度,朝鲜大报坛与中国古代的坛庙制度相同处甚多,它是中国文化东传的一个见证。有趣的是今日韩国,民间仍有大统庙祭祀明朝皇帝,这是大报坛祭奠的变异,然而思想观念却相连贯。中国古代文明在域外大放异彩,使笔者产生了解它的渴望。

关于大报坛的研究,囿于条件和学识,笔者仅知孟森和刘震慰有所论及,[①]但尚欠详明,因而本文首先要把大报坛制度作一描述,然后从文化史和中、朝关系史的角度,对它作一些说明。

一、大报坛的建置

设坛的前奏。1637 年,朝鲜兵败,臣服于定都沈阳的清朝,昭显世子和凤林大君做了人质,每年纳贡,还要输送兵役,如此奇耻大辱,令国王仁祖怀念昔日的宗主明朝,于次年正月初一日在宫中为明朝皇帝设祭,面向中原,痛哭不已。[②]这是朝鲜臣服清朝后的首次向明皇行祭奠礼,1639 年岁首又一次进行,[③]但没有形成祭祀制度。到了 1667 年,南明政权彻底消亡之后,进士李重

---

① 孟森在《皇明遗民传序》(《明清史论著集刊》,中华书局,1959 年,上册第 155—157 页)讲到大报坛:刘氏撰有《大报坛》一文。(载《台湾电视周刊》第 591 期、第 592 期,转见汉城冯荣燮编著《大明遗民史》下卷第 511—514 页,该书 1989 年梓刻,承著者惠赠,特志以表谢忱。)

② 《李朝实录·仁祖实录》卷 36,学习院东洋文化研究所,第 35 册第 254 页。下引该书,简注《××实录》卷、册、页,非学习院版本则加说明。

③ 《仁祖实录》卷 38,第 35 册 298 页。

明向国王显宗提出设立明神宗祠的建议,右议政郑知和不同意,以为"皇帝祠宇,创建外国,前古所无之礼,而今之时,亦有所碍矣"。即于礼法之外,又怕清朝干涉。显宗赞同他的意见,李的疏请无效。①1674年布衣尹镌上疏,希望仁祖的朔拜之恸,引起显宗的效法之念,显宗对此没有表态。②这些疏请,表明为明帝建造祠宇是人心所向的事情。

1704年建坛。1704年,是干支纪年的甲申年,适值明朝灭亡一甲子,肃宗有感于怀,命令后苑筑坛,至三月十九日③明毅宗殉难日,登坛祭寿。同时命大臣讨论为明神宗设立庙宇的事,左议政李畲说,设若建立,"不惟拘于形势,仪章品式,实为难处之端"④,表示作难。他的担心和前述郑知和是一样的,可是肃宗不同于乃父显宗,决策建庙,指出这是"早晚必行之盛典"⑤,臣下只需讨论如何实现。群臣考虑到礼法原则和遮掩清朝耳目的需要,建议筑坛而不立庙,肃宗于九月采纳。接下去群臣议定了建坛的具体事宜,动工兴修,1705年三月初九日,肃宗到坛祭明神宗,正式拉开大报坛祭祀的帷幕。

坛址在禁苑内。为了祭祀的方便,不招人耳目,坛址选在禁苑内,即昌德宫西,曜金门外,原为别队营营房,改建成坛,隔以围墙,自成一所。

定名大报坛。设坛为祭明神宗,坛名初拟"泰坛",取圆丘郊天之义,大提学宗相琦提议以"大报"命名,因为它出于《礼记·郊特牲》,郊天之义外,兼有报德之意,⑥肃宗认为很好,遂定其名。《礼记·郊特牲》云:"大报天而主日也","万物本乎天,人本乎祖,此所以致上帝了。郊之祭也,大报本反始了"⑦。意思是诸神之祭,以日(天神)为主,祭天之时,以祖宗配享,示以不忘本根。肃宗君臣理解,"大报"之意,郊天之外,报本反始,感怀明朝的恩德,故以此决定坛名。因所纪念的是明朝皇帝,朝鲜在明代以及明朝亡后均称呼它为"皇朝",所以又把大报坛叫做"皇坛"。

祭祀明太祖、神宗、毅宗三帝。大报坛初设是为祭神宗,过了四十多年,

---

① 《显宗修改实录》卷17,第38册第476页。
② 《显宗实录》卷22,第37册第578页。
③ 这里指阴历月、日,本文所说的月、日皆指阴历,下不注明。
④ 《肃宗实录》卷39,第40册第541页。
⑤ 《肃宗实录》卷40,第40册第597页。
⑥ 《肃宗实录》卷39,第40册第541页。
⑦ 阮元校《十三经注疏》本,中华书局,1980年,第1452、1453页。

1749 年三月,应教黄景源读《明史·朝鲜传》,得知清军入朝之时,明毅宗派兵援朝,未及到达,朝鲜已降清,明毅宗乃责备应援者用命不力。黄据此请求于大报坛祭祀时,为毅宗设配位,英宗立即采纳这一建议,并提出明太祖是承认李朝的君主,也应当追祀,于是决定大报坛并祀太祖、神宗、毅宗三帝。

祭期。初祭神宗时,祭期定在三月上旬,届时卜选吉日,每年一次,国王到坛所,或者亲祭,或者只行"望拜礼"。三帝并祀之后,三月上旬之祭仍保留。1751 年,英宗又命于三月十九日、五月初十日、七月二十一日分别为明毅宗、太祖、神宗设祭,因为这三天分别是他们的忌日。祭祀地点在宫内花堂庭,或春堂台,或明政殿月台。1754 年在三皇的即阼日:正月初四日、六月初十日、八月二十四日举行祭祀,地点定在明政殿月台。这些在大报坛外的国王亲祭,叫作行"望拜礼"。

亲祭与摄行。大报坛祀,国王多半亲自礼拜,有时还带着王世子或世孙从行,若不能亲去,委派王世子或大臣代行祭仪。自肃宗开始大报坛祭祀后,除了在位只有四年的景宗之外,英宗、正宗、纯祖、宪宗、哲宗、高宗,皆不时举行祭奠礼。

大报坛废祀。"韩日合并"前夕,1908 年(纯宗隆熙二年),朝鲜政府在日本政府的压力下,决定废除大报坛的祭享。①

英宗说他父王肃宗建设大报坛,"追报大义于万世,呜乎! 此坛可以与青丘而不泯"。②朝鲜大报坛的祀礼,自 18 世纪初至 20 世纪初叶,历时二百余年,其始行之时,明朝已灭亡六十年,而这个祭祀又坚持了二百年,其对明朝感情何其深矣! 这可以说是历史上的一个奇迹。

二、大报坛规制与中华礼仪文化

上一节说明大报坛的设置、废除及有关的基本事实,作为祭祀场所,它的规制是怎样的? 反映了什么样的礼法思想?

1.坛制和庙制

前述郑知和说的外藩给天子立祠宇同古礼不合,不无根据,及至肃宗朝

---

① 《纯宗实录》卷 2,朝鲜科学院、中国科学院合编,科学出版社,1959 年影印本,第 42 页。
② 《御制皇坛仪序》,转录《大明遗民史》,第 72 页。

163

讨论给明神宗置祠,左议政李畬引出中国汉朝丞相韦玄成的话:"父不祭于支庶之宅""王不祭于下士诸侯",认为不能给天子立庙,又考虑到肃宗建祠的决心,提出设坛祭祀的办法。[①]李畬转述的韦玄成的讲话,是韦玄成和御史大夫郑弘等七十人向汉元帝讲的,《汉书·韦玄成传》对这件事的记载是:"《春秋》之义,父不祭于支庶之宅,君不祭于臣仆之家,王不祭于下士诸侯。臣等愚以为宗庙在郡国,宜无修,臣请勿复修。'奏可。'"。[②]原来西汉皇帝、太后、皇后在郡国的祠庙甚多,韦玄成等以其不合《春秋》之义,建议已有的不必维修,今后不再添设,并且得到汉元帝的批准。李畬讲述这段历史,说明朝鲜若为明朝皇帝建庙,不合于《春秋》讲的祭祀准则,因此不能立庙。这个观点说明白了,不仅为朝臣接受,也说服了肃宗。

李畬对设坛祭明神宗也说了一番道理,他说:"以臣愚浅之见,立庙一款,终恐难行,抑有一道,天之于天子,天子之于诸侯,其尊相等,若以天子祭天之礼祭天子,则稍有可做,而设坛扫地而行事,实祭天之礼,至敬无文之意也。王者大祭,又有禘祭,即所以追祭始祖之所自出,而常时不立庙设主,祭时设神牌,祭毕燎之。《大明会典》所行之仪可考也。今若做此两礼,设坛置斋,库藏床桌,或一年一祭,或春秋两祭,则庶几极其严敬之道,而无歉于追思之诚。"他的意思是以祭天之礼祭天子,对天是设坛祭祀,仿而行之,设坛祭祀明朝皇帝,同立庙一样,表示出敬意。

庙制与坛制。按照中国传统礼法,它们除了建筑物大不相同外,还有两个重要差异点:一是神主,若为庙,置于大殿之中;若为坛,祭时请出,祭毕蓄藏库房。二是祭期,若为坛,一般一年一祭;若为庙,则祭日多,有时令节日之祭,庙主庆日,如诞辰之祭、忌辰之祭,有的还有月祭、日祭。

朝鲜的大报坛采取一年一度的祭祀法,和中国相同。但自英宗朝开始,对明朝三个皇帝的昨日、忌日也举行祭礼,使之有了庙制的作用。神主,不像明朝的天坛祭祀,明朝是在郊天时,将天帝的神版请出库房,祭毕收藏。朝鲜大报坛是设有木片,祭时帖上书有神主"大明××皇帝神位"的黄纸榜,祭毕揭下纸榜,焚烧,将木片存放柜中。明朝的圆丘,分上下两层,上层广四丈五尺四寸,高五尺二寸,下层每面广一丈六尺五寸,高四尺九寸,二层通径七丈

---

① 《肃宗实录》卷40,第40册第584页。
② 《汉书·韦玄成传》,中华书局点校本,第10册第3117页。

八尺[1]。大报坛依照朝鲜的社稷坛建设,其规模自然比明朝天坛小得多,它方广二丈五尺,但围以高墙,防备行人观看。[2]

大报坛在形式上是坛制,而在内容上并不排斥庙制,诚如肃宗决定建坛时所说:"不庙而坛,出于周思,则虽用坛制,实同立庙。"[3]

2.神主置位与昭穆制度

当只祭明神宗一人时,神主在坛中的安放位置自无问题,但太祖、毅宗并祀之后,三皇神位如何安排呢?因为祭神宗在先,且此坛又主要为神宗而设,似宜把他的神位放在正中,将太祖、毅宗神主分置它的两侧,但太祖是神宗老祖宗,若那样安置,不合尊祖观念和昭穆制度。中国的昭穆制度,是将祖宗牌位放在中央,将其子孙的牌位按照左昭右穆的原则分置两旁,同时太祖神位永不改置,其他的则要按亲尽则迁的法则,将神主迁出,存放在大殿的东、西夹室,即昭位神主迁于东夹室,穆位者移置西夹室。朝鲜英宗君臣经过讨论,知道以神宗为中心触犯昭穆制度,不行。但若以明太祖神位为中心也不合昭穆制度,因为明太祖与神、毅二宗辈分相距太大,又不祀三帝以外的其他明朝皇帝,故昭穆制不可行。于是综合明朝的同堂异室之制和周公三王并祀的办法(金縢三坛之制),决定在祭祀时,在坛上分设三个坛,即在坛上用白帐设为殿,在殿内分设三个并立的黄帐房,帐门朝南,西边的置放太祖神位,中间的为神宗的,东边的为毅宗的,祭祀时从太祖开始,[4]这样的三殿并列,不分主次,既不违背昭穆制度,又没有降低神宗的地位。

3.用乐

肃宗朝定制,大报坛用八佾乐舞,乐章由大提学宋相琦仿照社稷坛乐制作。[5]八佾是中国古代天子用乐,由八八六十四人的方阵乐队参加演奏。诸侯可用六六三十六人乐队,大夫只可用四四一十六人,不得变乱,否则就是违礼。大报坛用八佾乐舞,表示尊奉明朝天子的诚意。但实际上并没有实现初衷,只用了诸侯的六佾。1779年户曹参判宋德相就大报坛用乐问题,提出正乐章、正佾舞、正祭服的要求,认为现行六佾舞不合礼法,正宗更进一步指出,大

---

①《明史》卷47《礼志一》,中华书局点校本,第5册第1227页。

②《肃宗实录》卷40,第40册第600页。

③《肃宗实录》卷40,第40册第600页。

④《英宗实录》卷69,第45册第63页。

⑤《肃宗实录》卷40,第40册第600页。

报坛乐章只用六乐,而不是天子的九变之乐,统命群臣讨论更正。但变动起来困难较多,所需用的人力物力不足,议论无结果。①

4.祭品、祭器、牲牢

大报坛祭物品数,以及排列的方法,一遵明朝的仪式。

祭品所用的笾豆、簠簋等物,按照《大明集礼》的图式,并根据古礼,用竹材编制。

祭祀中所用的牺牲,因明朝尚火德,所以选择赤色的,如用骍牛。②明朝自身的祭祀,使用的牲牢,"色尚骍,或黝"③,可见朝鲜大报坛所尚色泽与明朝一致。

5.祭文年号与正朔

大报坛祭告文,按规则必须书写祭祀的时间。当时朝鲜作为清朝的附属国,公开场合奉行清朝正朔,文书用清朝年号,但肃宗在制定大报坛制度时,规定祭文"勿书清国年号"④,仍用崇祯纪年。祭奠明朝皇帝,如果用清朝年号,岂不是将敬意变成了恶意,亵渎了被纪念者,朝鲜国王绝不会那样做。

6.大祀

高宗建阳元年(1896)八月十四日定祠祀制度,以圆丘、宗庙、社稷、大报坛为大祀,文庙、先农、关王庙等为中祀,各陵园为俗礼,箕子陵、武烈祠等为外道祀典。⑤这样明确大报坛为大祀的等级虽然迟至建坛一百九十年后,但大报坛实际上是按照大祀规格兴建和祭祀的,如牺牲用牛,就是大祀用的太牢。大报坛在祠宇中的地位高,被国王视作与上天、祖宗、社稷的祠所一样重要。

7.斋戒

1756年英宗规定,凡三皇忌日,清晨必斋戒,⑥正宗于1781年下令,行皇坛拜望礼时,进参三司九卿,各于本司清斋一宿,⑦即国王和陪祀的大臣均要有所斋戒。1803年七月二十日,纯宗斋宿于花堂,次日为明神宗忌日,行望拜礼。

明朝制度,大祀斋戒七天,前四天为戒,主祭人"沐浴更衣,出宿外舍,不

---

① 《肃宗实录》卷39,第40册第541页。

② 《肃宗实录》卷40,第40册第601页。

③ 《明史·礼志》,第5册1235页。

④ 《肃宗实录》卷40,第40册第601页。

⑤ 《高宗实录》建阳元年八月十四日条,转录《大明遗民史》第24页。

⑥ 《英宗实录》卷87,第45册第343页。

⑦ 《正宗实录》卷11,第47册第396页。

饮酒,不茹荤,不问疾,不吊丧,不听乐,不理刑名",后三日为斋,就是对所祭祀的神灵存敬畏之心,时刻想到它,如同它在左右监视着自己。①朝鲜大报坛祀的斋戒远不如明朝的严格,不过也注意到斋戒的要求。

朝鲜大报坛的建立及其规章制度,无不以中国祭礼为模式,并从中国礼仪思想中寻找根据,坛庙形制、神位、乐舞、祭品、牲牛、斋戒、祭祀级别,在中国祭礼中有详细的定则,为朝鲜君臣的学习提供了可能。《大明集礼》成了他们运用范本,韦玄成那一类故事成为他们建设大报坛的思想资料。他们只消把中国坛庙已有成规的各项内容一一议定就行了。当然,如上所述,他们也不是完全照搬中国典制,因为客观情况不容许,如顾忌宗主国清朝,不能让它知道,这就不便于在宫外建立祠宇,否则,清朝会立刻知道,令朝鲜拆毁,那就不仅可能给朝鲜政局造成不稳定,而且也亵渎了明朝皇帝。再说朝鲜财力、物力、人力有限,无力把大报坛的规制搞得如同中国的天坛祭天一样,于是他们既结合国情,又绝不违背中国礼仪思想。正如正言洪泳所说:"不庙而坛,不外而内者,盖出于参酌其宜,则略去系文琐节,且除浩钜之弊,顾无损于尊敬之义。"②所以说,大报坛是中国祭礼规制与朝鲜国情结合的产物,却是中华礼仪文化的体现。

三、祠祀反映的尊明反清思想

朝鲜国王赋予大报坛的祭祀以强烈的尊明反清精神,寄托着他们缅怀明朝恩德、仇恨清朝的思想情绪。

明神宗主持下的1592年至1598年的援朝御倭战争,击败了倭寇的侵略,使濒临灭亡的朝鲜得以独立存在。当时朝鲜国王定祖把这一历史事实称作"再建蕃邦"。肃宗对神宗满怀感激之情,1702年说"神宗皇帝再造蕃邦,生死骨肉之恩,寤寐何可忘也"③;神宗用兵,"丧师数十万,糜饷数百万"④,肃宗因之又说:"皇朝之速亡,未必不由于东征。"负疚之感觉沉重。及至为神宗筑

---

① 《明史·礼志》,第 5 册第 1239 页。
② 《肃宗实录》卷 40,第 40 册第 595 页。
③ 《肃宗实录》卷 36,第 40 册第 442 页。
④ 《明史·朝鲜传》,第 27 册第 8299 页。

坛设祭,祝文云:"誓期子孙,永效朝宗"①,表示子子孙孙永不忘神宗大恩大德,确实,他的后人世代祭奠神宗。1797年正宗在皇坛望拜礼后,以"再造蕃邦"为题,命参班的儒生作赋,②继续在臣民中树立神宗的神圣形象。

明朝建立不久,李成桂立国,明太祖当即封其为王,并赐国号"朝鲜",给冕服,颁正朔。"朝鲜"是古老的名称,汉代以前使用,以后一千余年未用,李朝以此为国号,象征着它源远流长,国王因此而对明太祖大有好感,英宗说:"高皇帝眷顾我东,锡封赐号之恩,又何可忘乎?"左参赞元景夏也说:"太祖皇帝特赐'朝鲜'之号,锡以冕服。'朝鲜'即箕子旧号也,以此赐号,岂非百世不可忘之恩乎?"③为此决定在大报坛给明太祖以一席之地。

1637年正月,朝鲜投降清朝,六月从北京回来的冬至使金堉报告说:"天朝洞知我国情事,故每言势穷力弱,至于此云。"④明毅宗对朝鲜的谅解,使后来知道这个态度的英宗感动异常,要给予尊崇神宗那样的待遇,但礼曹判书金若鲁认为这个神、毅两个皇帝不能相提并论,因为毅宗没有救助朝鲜之功。英宗说不能以受恩厚薄来对待君上,臣子忠君是一致的,同时要看到毅宗时明朝的艰难形势,他对待朝鲜的态度就更难得了:"试思崇祯时景象,清兵满辽阳,流贼遍中原,然犹欲涉海出师,远救属国。……毅宗德意,无异神皇。"⑤这就构成了祭祀崇祯的充足理由。

明太祖等三皇并祀时,明朝灭亡业已长远一个多世纪,朝鲜君臣的纪念明皇,自然不存在来自在历史上消失的明朝的压力,这就是说他们的祭祀是发自内心的愿望,是真诚的。统观上述朝鲜君臣的言论,他们对明太祖、神宗、毅宗的朝鲜政策及其实践非常满意,充分肯定三帝对朝鲜的"大造""再造"之功,对朝鲜的友好情谊,所以大报坛的建设和三皇并祀,表明朝鲜对明朝的感恩戴德以及诚挚的怀念之情。

朝鲜人的尊崇明皇,还考虑到被祀者的人品,肃宗在1704年祭祀毅宗的祀文中有这样的话:"帝曰死守,义勿去之。殉于社稷,乃礼之经。"⑥对于毅宗

① 《肃宗实录》卷41,第40册第621页。
② 《正宗实录》卷47,第49册第356页。
③ 《英宗实录》卷35,第45册第60页。
④ 《仁祖实录》卷35,第35册第352页。
⑤ 《英宗实录》卷69,第45册第57页。
⑥ 《肃宗实录》卷39,第40册第550页。

的殉社稷极表崇敬。1731年,英宗君臣读《礼记》,至"国君死社稷"章,特进官李廷济指出,国君死于社稷的,汉唐以来还没有人,唯独明毅宗实践了。英宗承认明毅宗说过的话:"我非亡国之君,诸臣是亡国之臣。"①皇帝死社稷,是实现了最高的君德,朝鲜君臣赞佩不已,以毅宗的品德为高不可及。大报坛祀三皇,还有配享的明臣,每朝一人,毅宗朝为大学士范景文,他本来主张固守北京,及至城陷,毅宗出宫,他乃投井自杀,并写遗书:"身为大臣,不能灭贼雪耻,死有余恨。"②朝鲜人敬重他忠君死难,实现了最高的臣节。神宗朝的陪祀者,是宁远伯李成梁,1762年领议政洪凤汉提出异议,他说,看故相李廷龟的札子,获知李成梁常想吞并我国,用之配享,内心不安。英宗不以为然,他说大报坛专为尊崇皇朝的,从享的人也是为明皇的,"岂以我国之恩怨,斥其功臣"③。大报坛是朝鲜的事,但考虑事情却以明朝皇帝为中心,不管是明朝人还是朝鲜人,都以其是否忠于明皇为评价准则,并不以对朝鲜态度如何而论。朝鲜孝宗(即凤林大君)在清朝当了八年质子,继承王位后,采取反清的政策,总想任用反清派,但受清朝干预而不能实现,就因这种志向,为他的裔孙所崇敬,1740年英宗给他追加谥号。④1779年正宗说,孝宗应该配享大报坛,道理是极其明白的,但这样的大事,就是不敢轻易讨论。他知道,以外藩而从祀天子坛庙,又是重大的礼仪原则,不好办,行不通,所以遗憾地表示:"不配享庙,甚欠典也。"⑤上述对明毅宗的评价,对配享人的选择,对孝宗的从祀议论,有一个共同的也是最终的标准,就是尽忠于君主和社稷,而具体地说就是忠于明朝。大报坛祭祀正是再现了朝鲜君臣对明朝感恩戴德的感情,是在君主至治、君为臣纲的政治思想支配下尊奉明朝的。

在清朝的眼皮底下祭明皇,这种祭祀自然受到清朝的影响,筑坛不设庙不必说了,在祭祀过程中遇到与清朝有关系的事,朝鲜君臣相机采取办法,使祀事坚持下去。1757年正月二十九日,朝鲜投降清朝整一百二十周年,合两

① 《英宗实录》卷30,第43册第290页。

② 《明史》卷265《范景文传》,第22册第6835页。

③ 《英宗实录》卷99,第45册第536页。附带说明,后来李如松代替乃父李成梁从配,这大约是朝鲜君臣在理性上能够接受李成梁的忠于明皇,从感情上讲受不了,而李如松又是援朝的统帅,对朝鲜有功,代表乃父也是非常合适的人选;此外,李还是朝鲜人后裔。

④ 《英宗实录》卷51,第44册第206页。

⑤ 《正宗实录》卷7,第47册第238页。

个甲子,当时朝鲜人和中国人一样,认为甲子轮回,并且召见当年抗清功臣的遗胤。①英宗原定于1760年五月初十日举行皇坛望拜礼,但初六日清朝使臣到汉城宣读敕书,英宗跪着听了,遂下令望拜礼暂停,因为刚刚给清朝跪过的膝,再到皇坛行礼,是对明皇的不恭。②纯祖于1803年七月下令,皇坛斋宿时,不看载有清朝年号的文书。③1706年三月,领议政崔锡鼎受命摄行大报坛祭祀,四学儒生宋婺源等认为他的祖父崔鸣吉是清、鲜战争中的主和派,由他摄行将是对明皇的侮辱,表示反对,崔锡鼎遂上书辩论,说乃祖在处理降清事务后,拒绝清朝征兵,又派人同明朝联系,不是奸臣。④这一争论,表明朝臣们高度重视祭祀者的对明、清两朝的态度,亲清反明者决不能入选。此外,祭祀中不用清年号,前已交待过了。肃宗在1705年大报坛祭告明神宗文中,有"故国腥膻,于何陟降"的话,⑤对清朝统治中国表示愤慨。从大报坛的祭祀中考察,朝鲜君臣对清朝外似恭敬畏惧,内心极度不满,反清情绪强烈。

朝鲜君臣在大报坛祭祀活动中,经常说"尊周大义"。1712年,是干支纪年的壬辰年,即倭寇侵朝的二甲子之年,经筵讲官洪致中、李世谨因而要求肃宗不要忘了当年宣祖逃难的屈辱,并"因书中复仇雪耻之语,反复开陈,请追孝庙之遗志,明《春秋》之大义"⑥。1740年三月,英宗举行经筵,讲《春秋》,"筵臣以上不忘尊周之恩,赞扬之;又以《春秋》尊攘之义,仰勉之。"英宗很高兴地接受了,因而作两首《感皇恩》诗。⑦他们讲的《春秋》大义、尊攘之义,按其原意,是周朝衰微,诸侯要尽心辅佐王室,以恢复周室的兴盛;另一层意思是尊奉华夏政权,反对夷狄乱政。18、19世纪朝鲜君臣讲尊攘之义,正是针对被视为夷狄的清朝统治着华夏,故主明朝不只是衰朽,且是灭亡了的。所以,朝鲜君臣建大报坛,尊明反清,符合于中国儒家尊王攘夷观念,并且是它的具体运用。大报坛不仅在形制上是中国儒家学说的体现,在政治思想上也和儒家相一致,可见儒家文化对朝鲜影响之深了。

---

① 《英宗实录》卷89,第45册第369页。
② 《英宗实录》卷95,第45册第472页。
③ 《纯祖实录》卷5,第50册137页。
④ 《肃宗实录》卷43,第41册第5页。
⑤ 《肃宗实录》卷41,第40册第621页。
⑥ 《肃宗实录》卷51,第41册第247页。
⑦ 《英宗实录》卷51,第44册第196页。

明朝不存在,尊明反清,何能实现? 朝鲜君臣的大报坛祭祀活动,是一种自我精神安慰,表示没有忘掉明朝,问心无愧。1667 年,时值南明灭亡不久,郑氏尚在台湾活动,朝鲜在清朝威迫下,将漂来的汉人送给清朝,往往遭杀戮。朝鲜笃信春秋大义的人士痛心于政府不与汉人政权联络而做清朝要做的事,幼学成至善等八人疏称:"我国之于大明,有君臣之义,有父母之恩,而式至今日,背恩忘义,夷狄禽兽之名,乌可辞乎! "[1]真是痛心疾首之至。1699 年,原任金使朴昆上书,讲说为明神宗建祠宇,"非但一国之大义,乃天下之大义;非但天下之大义,乃万世之大义也"[2]。大报坛设立了,崇明人士很高兴,庆幸世界上还有纪念明朝的地方,从而以"小中华"自诩。但是,他们也很清醒,深知以朝鲜的国力无法反清。此事祭祀明帝活动的热忱者英宗在 1763 年七月读诸葛亮的《出师表》,伤感地说:"明岁是甲申也。河清未闻,北敕(指清朝使臣)又至,读此聊以写日暮途远之怀也。"[3]

不能兴复是一回事,大报坛本身还是明朝与朝鲜友好关系的见证。明朝使臣到朝鲜也有需索滋扰,但明朝给予朝鲜的要多得多。这是朝鲜君臣怀念明朝最根本的原因,虽然共同的儒家政治观念也是重要因素。

四、李朝的尊明反清政策

从大报坛透视李朝的尊明反清思想,不免有局限性,如果我们再从李朝对明清两朝的全部政策来考索,当会对大报坛有深一步的认识。李朝涉及到明朝、清朝的事务,能够揭示事情本质的笔者以为有以下几方面:

奉行两种正朔。奉正朔,意义重大,是基本的政治态度问题,一个藩邦,用什么年号,是同谁有从属关系的标志。1637 年朝鲜降清之后,理应奉清正朔,仁祖在亡国恐惧下努力推行,遇到一些朝野士大夫的抵制,以后诸王采取灵活政策,凡政府公开的文献书写清朝年号,私藏文书及私家著述,用崇祯年号,书作"崇祯后××年"。1637 年二月,朝鲜政府决定,今后大小文书,皆用清

①《显宗修改实录》卷17,第38册第479页。
②《肃宗实录》卷33,第40册第301页。
③《英宗实录》卷102,第46册第22页。

太宗的崇德年号，①七月，又在历书上使用崇德纪年，②而那时祭祀祝辞仍用明朝年号，③以示不忍割断与明朝感情上的联系。几年后的 1643 年，仁祖以那样做是欺瞒神祇，下令祭祝文书也改用清朝纪年，④随后又要求朝臣奏疏一定使用清年号，⑤这样在官方文书里清年号应用相当广泛了。孝宗以后诸朝对此有所改变，1649 年七月，孝宗令国王碑石文字，不再书写清朝年号，只写干支纪年。⑥肃宗起改用崇祯纪年，1701 年肃宗给闵妃写"行录"，云其"以崇祯纪元之四十年丁未四月二十三日丁卯午时诞于京师"⑦；正宗为李成桂旧阙竖碑，题字曰"崇祯纪元后三乙亥仲春，书停于此，拜手敬书"⑧，即表示 1755 年的事。朝鲜给日本的文书，1637 年后仍用崇祯年号，1644 年明亡之后，只写干支，不书年号，不久用顺治纪年，1655 年孝宗要求庙堂商议，对日文书不用清朝年号。⑨朝鲜没有用过南明纪年，崇明人士对此惴惴不安，到 1800 年礼曹参判李文九犹言："我朝之未奉永历正朔，是千古遗恨。"⑩私人用清朝纪年者少，1675 年护军金寿弘给人书信中署明"康熙四年"，他的家族知道后，视之为"家贼"，人们认为官文书之外，"虽下贱无书清国年号者"⑪。士人多沿用明朝纪年，朝鲜政府亦为默许，甚至申诏在明清易代之际坚持反清立场，不仕于朝，到 1821 年给他封赠时，书诰焚黄，不书清朝年号，以尊重他生前志愿。⑫朝鲜政府明奉清朝正朔，暗用明朝纪年，事实就是如此。

宣武庙、武烈祠等祠祀。李朝政府为纪念明朝御倭将领，立祠宇祭祀；还有明朝人在朝鲜建设的庙宇，李朝予以保存；朝鲜为中国古人设立的祭所，以后祀享不衰。兹据《李朝实录》记载，将这些祠宇的基本情况列表于下：

---

① 《仁祖实录》卷 34，第 35 册第 601 页。
② 《仁祖实录》卷 35，第 35 册第 239 页。
③ 《仁祖实录》卷 36，第 35 册第 254 页。
④ 《仁祖实录》卷 44，第 35 册第 424 页。
⑤ 《仁祖实录》卷 46，第 35 册第 484 页。
⑥ 《孝宗实录》卷 1，第 36 册第 21 页。
⑦ 《肃宗实录》卷 35 下，第 40 册第 430 页。
⑧ 《英宗实录》卷 83，第 45 册第 285 页。
⑨ 《孝宗实录》卷 14，第 36 册第 353 页。
⑩ 《正宗实录》卷 54，第 49 册第 592 页。
⑪ 《肃宗实录》卷 3，第 39 册第 56 页。
⑫ 《纯祖实录》卷 23，第 51 册第 130 页。

祠名	始建年代	地点	祠祀对象	建设者	祭 享 状 况
宣武祠	1598	汉城	明兵部尚书邢玠、经略杨镐	宣祖	始为春、秋二祀,后为春祀,经常遣官致祭,规格甚高,1896 年定为小祀,比前地位降低。
武烈祠	宣祖间(1608 年以前)	平壤	明兵部尚书石星、提督李如松、总兵杨元、总兵李如柏、总兵张世爵、参将骆尚志	宣祖	春祭,肃宗后常遣官致祭,僧侣主持。
愍忠坛	1597	汉城	御倭阵亡官兵	宣祖	祭祀不常,1760 年迁至宣武祠,时遣官致祭。
李如梅祠	1740	江华	明总兵李如梅	英宗	官助本家祭祀。
	1792		明副总兵郑子龙		奉正宗之命,祔祀于康津诞报庙。
	1798		明义士白大豪等、明遗民林寅观等		奉正宗之命祔祀于显忠祠。
三忠祠	1592	永柔	诸葛亮、岳飞、文天祥	仁祖	始祠诸葛亮,曰武侯祠,后增祀岳飞、文天祥,改名三忠祠。
关庙	御倭间(1592—1598)	汉城	关羽	明游击陈璘倡建,宣祖助之	朝鲜政府甚重其祀,1896 年定为中祀。

朝鲜纪念明朝人,或因明朝人的关系而祭祀中国古人,实可谓念念不忘明朝到了无以复加的地步。

优待明朝遗民。朝鲜质子昭显世子和凤林大君从清朝回国时,将坚持反清的汉人王文祥、冯三仕、王承美、郑先甲、裴三生、杨福吉、王以文、柳溪山、黄功等①带到朝鲜,这些人中有的在明朝做过官,有的则是读书人。在明清之际,有一些原来的御倭将领的后人,如提督麻贵、李如松、李如梅、经略杨镐的中军康霖的后人流落朝鲜,他们通被视为"皇朝人"。凤林大君命随从质子到达的汉人居住在宫邸于义宫附近,称作"汉人村""皇人村",朝鲜政府给他们一些优待,特别是御倭人和九义士裔胤。孝宗拟用九义士为官,他们均以国破家亡而不出仕,然参预反清谋议,并接受口粮资助。大报坛建立之后,国王用

---

① 他们被后人尊为"九义士"。

皇朝人后裔为大报坛守直官,举行祭坛之后,常常召见参班的遗民,赏赐粮物,资助婚娶资财,或者考核他们的文武才艺,予以任用。国王有时还想起李如松、李如梅及九义士的先人,寻问他们的遗胤,下令给予顾恤。遗民间有参加科举的。因为各种途径,遗民中有出任文武官员的。国王的优待政策,常有不能落实的现象,但总的讲优待政策是一贯的,坚持实行的。国王把遗民看做明朝人,优待他们,表示对明朝的忠诚,并且要求朝鲜百姓也懂得这个道理。原来大报坛祭,国王接见参班的朝臣和遗民,百官在先,遗民在后,正宗认为这不合对待客聊的礼法, 于 1793 年下令, 以后朝臣与遗民分东西位接待。1788 年正宗还说,大报坛祀时下令收录明朝旧裔,"欲使东土人士,皆识此个义理"①。优待遗民,是朝鲜国王本身,也是他令臣民懂得尊周大义,是一项尊奉明朝的政策。

尊藏明朝文物。朝鲜国王对所得明朝文物,原来和清朝的文书放置在一起,1769 年英宗查看明朝文书,得知混放情况,不满地说:"堂堂天子之诏,混置虏敕中可乎?"决定把明清两朝的文书分开蓄藏,置放明文书的叫"敬奉阁"。1811 年议政院以该院所藏明朝的符验,"与他符牌混置于尘敝之中,诚为不安",因而移置敬奉阁。②朝鲜将明朝所赐蟒龙衣、印信,以及明太祖、宣宗、宪宗、神宗的御笔等物分柜珍藏,英宗于 1756 年亲撰《皇朝恩赐蟒衣、宝章及御制御笔御画柜小识》一文,以表示他对明朝文物的重视和崇敬。③朝鲜国王刻意搜求明皇遗物,1716 年肃宗从派往清朝的使臣处得到明神宗御笔印本,说这是屡求不见的,终于得到了,"喜感交集"④。1699 年肃宗下令访求历代帝王名笔,以搜集明毅宗、唐太宗御笔为重点,⑤1725 年英宗看到毅宗御笔"非礼不动"模本,感慨万端,涕泪交流,尊周之志更加坚定,说"皇朝再造之恩,实我东没世追慕者"⑥。朝鲜国王观赏明朝文物,坚定尊明的信念。珍藏那

① 《正宗实录》卷 26,第 48 册第 224 页。又,本节资料来源于《李朝实录》《大明遗民史》《临朐冯氏族谱》(亦承冯荣燮先生相赠),《通州康氏世谱》(见《清史资料》第一辑,中华书局,1980 年)等书,因此处系综述,不再一一指明引用书目和卷、页。

② 《纯祖实录》卷 14,第 50 册第 373 页。

③ 《英宗实录》卷 87,第 45 册第 343 页。

④ 《肃宗实录》卷 57,第 41 册第 401 页。

⑤ 《肃宗实录》卷 34 上,第 40 册第 339 页。

⑥ 《英宗实录》卷 8,第 42 册第 456 页。

些翰墨、衣物,表明无处不在尊奉明朝及其意识。

编选、刊刻明代以前中国图籍。朝鲜降清之后,君臣仍热衷于学习中国古代文化,特别是经、史两方面的著作,下面将国王主持的编印中华图书事务,分刊刻、选编两项,做成下表:(以下两表均据《李朝实录》记载制作)

刊刻图籍表

书名	刊年或决定梓刻年代	备注
大明律、四书、三经、性理大全、资治通鉴	1665	
贞观政要	1667	
内训	1727	此为明成祖徐皇后之作
四书、三经	1745	
稽古录	1752	司马光之作
朱子大全	1770	英宗同意刊刻,不知是否印就。
皇华集	1773	明朝使臣与朝鲜大臣唱和集
三经、四书	1794	
春秋	1797	
明实录	1875	实因财力不足,未刻。

编选刻印之书表

书名	编选者	编成年代及刊刻	备注
恩政殿训义	世宗	1711 年重刊	已散佚,至是重刊。
追感皇恩编	承文院	未刊	原名《皇恩录》,1769 年英宗改名。
宋史筌	正宗	1780,未刊	正宗读《宋史》选定。
纲目讲义	正宗等	未刊	正宗读朱熹《资治通鉴纲目》而成。
朱子百选	正宗	1794 年刊	
御制史记英选	正宗	1796 年刊	
乡礼合编	徐有榘等	1797 年	附载司马光《书仪》,《朱子家礼》,仿宋人《吕氏乡约》而作。
五经百篇	正宗等	1798 年刊	
四部手圈	正宗	1798,未刊	取三礼、史记、汉书、宋五子书及陆贽、唐宋八家文编成。
杜陆千选	正宗	1799 年刊	选辑杜甫、陆务观诗。

朝鲜君臣高度尊重中国文献,从中接受中国儒家理学思想,坚定尊王攘夷的信仰,愈益坚持尊明反清的思想路线。

打击尊清派。清朝在统一中国的征战时期,对朝鲜严加控制,稍后有所放松,仁祖时受制驭严厉,比较服帖。孝宗以后,亲明反清势力抬头,间有亲清人物的出现,必遭朝野人士的反对和打击。1644 年年初,青原府院君沈器远、原知事李一元、广州府尹权澹等合谋,反对仁祖,欲立凤林大君或其弟麟坪大君,主张"内清朝廷,外攘夷虏",事成奉明朝正朔,①但他们失败了。孝宗继位,打击宣称"事大必须以诚"②,即忠实于清朝的以领议政金自点为首领的集团,起用抗清派的金尚宪为左议政。③被后人尊为"先正"的宋时烈(1607—1689),孝宗用他弹劾金自点党,密议反清,引起清朝不满,被迫退职,显宗一度任命他为右议证,但很快离去,隐居清州槐山郡华阳洞授徒,宣传朱学和尊明反清思想,他的门生权尚夏秉其遗志,在其居处建造万东庙,祭祀明神宗和毅宗。这是士人对明皇的崇奉,但得到朝鲜政府的允许。1776 年,儒士李明徽上疏,指责宋时烈依托孝宗信任的历史资本,私祭天子,违背五庙七庙之礼。正宗说万东庙之祀合于礼义,李明徽是非议国是,责难宋时烈,实际是诬蔑孝宗,遂将他发配揪子岛。④1803 年,怀德知县姜世靖在举行乡校释奠礼时,念祝文到"崇祯"二字,令改读,华阳院儒生写文章向他提出抗议,他说已离崇祯数百年,当时的"冤痛"感早就过去,意即不必崇戴明朝了,因而激起七百多名儒生联名上书,斥其为"我东之罪人也,皇朝之罪人也",表示"义不与世靖同中国",纯祖乃把他斥退于机张县。⑤

尊明反清是李朝的家法。李朝政策的方方面面,大报坛之外,凡涉及到对清朝、对故明的问题,在骨子里无不表示出一种思想和态度,即幻想明朝复兴,诅咒清朝灭亡。这种态度,不是今日研究者指出的,朝鲜君臣当时就很明确,正宗朝大司宪金夏材说:"我国之于彼人(指清朝),金缯往来,今已百余年,虽以畏天图存之意,有此卑辞厚币之举,而凡宾祀乡礼之间,与前日事大,

---

① 《仁祖实录》卷 45,第 35 册第 430 页。
② 《仁祖实录》卷 47,第 35 册第 536 页。
③ 《孝宗实录》卷 1,第 36 册第 536 页。
④ 《正宗实录》卷 1,第 47 册第 11 页。
⑤ 《纯祖实录》卷 5,第 50 册第 145 页。

迥然不同。"①朝鲜在其全部对中国政策中,在臣服清朝的背后,是尊明反清。还要注意到的是,这不是哪一个国王的政策,而是历代相沿的,成了李氏王家的传统家法。只是到了19世纪末,中、朝两国在面临日本的侵略面前,为图存,朝鲜与清朝的关系大为改善。1882年朝鲜大院君之变,清朝钦差吴长庆迅速到汉城平乱,扼制了日本的出兵。吴长庆卒后,朝鲜即于1885年在汉城为他建立靖武祠,国王下教,谓之"东来伟功,何日可忘!"②1896年把该祠列为小祀,与宣武祠同样规格。国际形势变化了,李朝政府对清朝有了相应的态度转变,不过为时很短,朝鲜沦亡,清朝被推翻,所以从整个清代讲,李朝与清朝关系是不协调的,而朝鲜的尊明态度迄未改变。明了了朝鲜对明、清两朝的总态度,对于它的大报坛祭,认识得更清楚了:它是尊明反清总方针的集中体现,也是实现这个总方针的一个重要措施。有了这样的方针,二百年的大报坛祭就不足为怪了。

叙述了朝鲜尊明反清的思想和政策,不妨把朝鲜与明朝、清朝的关系做一概述。在明朝存在的二百多年中,朝鲜与明朝关系友善、密切;在明朝消亡后,朝鲜崇拜它的亡灵,以示报答它的恩情,弥补投降清朝的内疚,取得心理上的平静。真是"忍痛含冤,迫不得已"③地投降清朝,依照附属国与宗主国的礼法交往,国王对清廷外恭而内倨,双方的关系具有外弛而内张的成分。朝鲜、明朝关系和好,是因为明朝战时救助朝鲜,平时也不刻薄,是为仁义的友情。李朝、清朝若即若离的关系实因清朝两次进兵朝鲜,实现城下之盟,种下朝鲜仇恨的根源,终难消除。兵为凶事,岂可玩弄,清朝用兵的恶果,在与朝鲜的关系中体现出来了,影响到那么长久,足可发人深思。

五、朝鲜接受儒家思想及其作用

前述大报坛与中华礼仪文化、与尊王攘夷思想的关系,朝鲜君臣的编选刊刻中国古代经史著作,无不表明朝鲜接受中华文明,换句话说,是中国文化

---

① 《正宗实录》卷10,第47册第339页。

② 《高宗实录》卷22,科学出版社,第4册第540页;参阅《清史稿》卷416《吴长庆传》,中华书局点校本,第40册第12089页。

③ 宋时烈语,见《英宗实录》卷69,第45册第56页。

的东传。朝鲜所吸收的中国文明,在观念形态上主要是儒家大一统思想,即君主集权意识,所谓尊王攘夷,其核心内容就是尊君,仪礼的繁文缛节,皆是为崇奉君主而设。在大报坛的建置和祭礼中,朝鲜国王总以明朝是天子,己身为诸侯的观念考虑问题,把已经不复存在的明朝仍然当做君主来供奉,这样重视并在可能范围内实践君臣关系、主从关系,是他们的思想中浸透了中国儒家君君、臣臣、父父、子子的等级名分意识。尊君,包含多种思想内容,忠于君主和社稷的气节观即为其一。

朝鲜君臣崇拜明毅宗死于社稷的气节,国王不能去实践,却要求臣子去学习。1637年二月昭显世子为质子西行,路上可能接受了臣民献纳的数十匹棉布,仁祖说这是很不好的事情,"必如苏武之吃苦,而后乃可也。饮酒居处,欲如常时,则岂不谬哉!"并要求谢恩使李圣求到沈阳时加以饬戒。①次年八月从沈阳返回汉城的宾客朴簪对仁祖讲明朝监军张春的事:张春被清军俘虏遭到囚禁,他因沈阳处在北京的东方,因而从不向东坐息,表示誓不降清,朴簪称赞他"谈论琅琅可听,虏中亦极尊敬,比之于苏武云"②,苏武持汉节,十九年不改操行,成为汉民族气节的表率。朝鲜右相金尚宪被清军拘执于沈阳,历六年而不屈服,朝鲜人认为文天祥收宋朝三百年正气,而金尚宪恰恰是朝鲜的文天祥,③文天祥是实践汉民族气节的又一个光辉典范。苏武、文天祥的精神渗入朝鲜臣民的血液,成为培养他们忠君思想的要素。可以说当时朝鲜君臣的伦理观念不让于中国人,儒家的伦理思想确是东被朝鲜了。

因为地位的关系,朝鲜国王最注意提倡忠臣观念,并以虔诚于大报坛祭祀为臣下做出榜样。1747年十一月英宗召见冬至使,说他们将要去的清都北京,原来是皇明的旧都,因而感慨万千,追念明朝的恩德,检讨官李奎采赞扬地说,国王有风泉之思,是不忘《春秋》之义,先正宋时烈提倡纲常大义,使我们朝鲜人深明礼义,现在国王也这样教导,可以证明宋时烈倡导的功效。英宗认为他抬高了宋时烈的作用,而忽视了支持宋时烈的孝宗的作为,因而纠正他说:"有君然后有臣,非我孝庙,何以明大义于天下乎?"侍读徐志修跟着说:

① 《仁祖实录》卷34,第35册第223页。
② 《仁祖实录》卷37,第35册第285页。
③ 《孝宗实录》卷8,第36册第200页。

"若专谓先正之功,则君臣同德之美晦矣",指责李奎采立言不当。①国王与臣下争竞宣扬儒家伦理的功绩,可知朝鲜君臣的大力传播儒学了。

朝鲜国王接受并宣传儒学,是用它作为世界观和方法论,去统一臣民的思想。正宗在1799年下教:"朱夫子即孔子后一人也。尧、舜、禹、汤之道,得孔夫子而明;孔、曾、思、孟之学,得朱夫子而传。朱夫子尊,然后孔夫子始尊。为天地立心,为生民立命,为万世开太平,迪彝教于穷(宇)宙,陈常典于时夏,以之异端熄而民志定,即惟日明斯道,扶正学而究其本,则尊我朱夫子是耳。顾予至诚,苦心对越,方寸之中,诵习其书,若亲警咳(馨欬)。"②正宗推崇儒家理学,原来目的就是这样的明确:平熄异端之说,令臣民思想统一到儒学上来。他那样极其重视编选刊刻儒学著作,自身用力甚勤,宣传也不惜费力。而他的父王英宗令各地毁书院、祠宇,多达一百七十余所,认为那些祠院的主持人以办理书院祠宇谋私,"反贻辱于先贤"③。英宗是此事大报坛祭的热衷者,他所毁的书院祠宇,必是不能宣扬尊君大义和全部儒家思想的。英宗、正宗父子一高压、一提倡,实乃异曲同工,为的是儒家思想的传播。他们都是以儒家思想为官方哲学,企图统一民间思想和意志,以稳定社会秩序和国王的统治。儒家的功能,在那个时期,可能是以此为大了。

儒学是博大精深的学问,是中国古代意识形态的主流,它的功能也是多方面的,在不同的时代、国家、地方,会起着不同的作用。正因为它是宏博的,各个国家、地区的人们可以根据具体情况,有所选择地加以利用。朝鲜进行大报坛祭祀就是将儒家伦理同朝鲜国情结合起来实现的,国王特别强调尊王攘夷思想,也是依照国情和需要从儒家中选择的,都不是原封不动地照搬,这大概是儒学有生命力的表现。儒家讲仁义,讲人伦,抽象地评论它,那是反映了人类的美好愿望和道德准则。18、19世纪的朝鲜君臣,在处理鲜、明与鲜、清关系上去实践了,儒学起了它的作用。但是儒家能不能被当作万能的思想,随时随地都起积极的作用,那要看时代的要求,要看各个国家、地区的具体条件。因为各个国家有其自身的国情,有它的政治、经济制度,有它的文化传统,有它的意识形态,儒学若能与国情结合,就起作用了,若相背离,格格不入,其作

---

① 《英宗实录》卷66,第44册第502页。
② 《正宗实录》卷52,第49册第522页。
③ 《英宗实录》卷53,第44册第242页。

用则会与使用者的愿望相反了。时代的要求,社会的要求,对于一种学说的存亡兴衰最为重要,是时代选择它,人们选择它,它之铸造人的思想的作用,也是在时代和社会要求下发生的。

(载台湾《韩国学报》第 10 辑,1991 年)

韩国朝宗岩大统庙述略

几年前笔者撰写《朝鲜大报坛述论——中朝关系和中国文化传播的一个侧面研究》①一文,叙述朝鲜李朝国王子1704—1908年在汉城官苑内建立大报坛,秘密祭奠明朝太祖、神宗、毅宗三帝的历史,说明其时朝鲜国王有着强烈的尊明反清思想和浓厚的儒家伦理观念。撰文时笔者已掌握朝鲜民众的朝宗岩大统庙祭祀明帝的基本史料,因在文中说:"今日朝鲜南部民间仍有大统庙祭祀明朝皇帝,这是大报坛祭奠的变异,然而思想观念却相联贯。"当时就有著文的愿望,今草此小文,以便将历史上朝鲜李朝官方和20世纪韩国民间双方对明朝的怀念都表述出来。

一、朝宗岩大统庙简史

朝鲜京畿道加平郡有一条河叫朝宗川。17世纪,坚持崇明反清立场的思想家宋时烈向加平郡守李齐杜建议,在朝宗河岸搞纪念明朝皇帝的建设,把崇祯帝手书的"思无邪"模本送给李郡守,又将孝宗大王的文字"日暮途远,至痛在心"书写成大字送给李氏。李氏和义士许格、白海明皆有此愿望。许氏悲痛于朝鲜的投降清朝,对明朝怀念不已,作诗云:"君臣忍屈崇祯膝,父老犹含万历恩。"他从汉城宣武祠弄到宣祖大王御书"万折必东,再造藩邦"的模本。李、许、白等共同努力,把这三件书翰摹刻在朝宗川山崖上,作为对明朝的纪念。"思无邪",是中国儒家经典《诗经》里的话,孔子对它"作进一步"解释:"诗三百篇,一言以蔽之,曰思无邪。"②意思是说为政之道,在于去邪归正。崇祯帝书此,表示用贤却佞,实行爱民仁政。李氏等摹刻它表示信仰仁政和怀念崇祯。"万折必东,再造藩邦"的题词,是宣祖大王对明朝援朝抗倭、助其保存国家表

---

① 此文刊于台湾《韩国学报》第10辑,1991年5月。
② 《论语·为政》。

达无限感激的情怀。"日暮途远,至痛在心",是孝宗大王抗清意愿不能实现的悲痛之言。这些翰墨词,共同构成一个意思:怀念于朝鲜有大恩而又仁义的明朝。李氏等既以摹刻抒发这种感情,并于崇祯帝殉社稷日阴历三月十九日举行祭奠仪式,作进一步的感情宣泄。这件事发生在1684年,是朝宗岩祭明帝的开始。1704年国王宫中设大报坛祭祀崇祯帝,比朝宗岩之祭晚20年,所以民间自发的纪念,弥足珍视。

朝宗岩祭祀之初,建设简陋,之后不断完善。不知何时,在朝宗岩建成大统庙,以明朝于阴历正月初四日建国,遂于每年的这一天举行纪念明太祖的祭礼。1804年,宣祖裔孙、朗善君李俣于朝宗川山崖书刻"朝宗岩"三字,由赵镇宽撰文的《纪实碑》亦树立起来。1831年明九义士后人王德一、王德九、冯念祖、黄载谦、郑锡一等从汉城移驻朝宗岩,守护大统庙,同时兴建九义行祠。

日本占领朝鲜期间,于1934年强行拆毁朝宗岩建筑物,禁止对明帝的祭祀。"8·15"以后,在韩国的明朝人后裔认为有再建朝宗岩的必要,于是1956年开始活动,1958年恢复祭仪。1975年京畿道政府将朝宗岩定为名胜古迹保护地。1978年朝宗岩保存会成立,次年新的大统庙建成。1980年大统庙祭祀,正位为明太祖、神宗、毅宗三君,东从享为韩国九贤人,西从享是明朝九义士。

祭祀日期,始为崇祯殉难日,后改明朝建国日,又因建国日时值隆冬,与祭者赴祭困难殊多,乃改在殉难日。

祭祀礼仪隆重,1987年以来实行的,包括晨裸礼、初献礼、亚献礼、终献礼、分献礼(分献东、西从享)、饮福礼、望燎礼。祭祀时演奏古乐,诵读迎神词、送神词。与祭者穿着明朝制度的衣冠。

当前致力于朝宗岩祭祀的社会组织,朝宗岩保存会外,有明义会、九义士子孙亲睦会等。基本上是明遗民裔孙。他们人数虽不多,财力也不丰盈,但怀念明帝心意虔诚,想来大统庙会保留,祭典会持续。当朝宗岩初建时,其创立者李齐杜作诗云:"一岩剖劂留千古,至此英雄泪满巾。"朝宗岩已有三百余年历史,在日本军国主义摧毁后复建,真是千古长存。

二、维护朝宗岩的社会力量和团体

建立和维持朝宗岩的社会力量,大体说来是两种人,一种是李朝时期朝鲜人中的崇明反清派,另一种是在韩国的明人后裔。朝宗岩创建者李齐杜、许格、白海明、宋时烈均为朝鲜人,此后朝鲜人李恒老、柳重教、金永禄、李俁等皆有功于它。至 20 世纪下半叶,亦有韩人热衷于此,如白凤珪捐资助建大统庙。

明人遗胤在韩国有兴趣于朝宗岩事业的,是万历援朝将士后裔流落在朝鲜的,如麻贵、李如松、李如柏、石星等人的后人;跟随凤林大君(孝宗大王)从沈阳到朝鲜的王文祥、冯三仕、王以文、王承美、郑先甲、裴三生、柳溪山、杨福吉、黄功等九义士后裔。王文祥等到朝鲜,以明朝沦亡,不接受孝宗大王的官爵,但赞助孝宗反清事业。援朝将士和九义士后裔统被称为皇朝人子孙,受到李朝政府的保护和优待。他们原居于王宫附近,建有皇朝人村。大报坛设立后,他们被启用为守值人员或其他祠宇的守值,多系小军官,生活并不富裕。时间一长,他们为了生计,散居各地。日据以后,他们失去优待,更着力于谋生。他们究属于少数民族,维生困难较多,需要帮助,尊明崇祖旗帜有利于他们团结互助。这样出于切身利益考虑,有一部分明人后裔积极参预朝宗岩的各项建设和活动,而且随着时间的推移,大统庙的祭祀活动中更表现出他们的力量。当然,经济原因之外,还有思想的因素,而且很重要,下一节将有机会说明,这里不作赘述。

这两种社会力量,在李朝,由于政府的倡导,自发进行朝宗岩的建设和祭典。"8·15"以后,韩国中央政府再无崇明政策,故而全靠民间努力,加之当代社团的发展,尊明崇祖的华人很自然地利用社团作为实现目标的手段。九义士子孙亲睦会成立于 1968 年,朝宗岩保存会创立于 1978 年,3 年后的1981 年明义会诞生。这三个团体有相同的宗旨,即维护大统庙及其环境的改善,进行祀典不辍;弘扬儒家精神、春秋大义。明义会、九义士子孙亲睦会还各有目标,即团结自身成员,从事祖先祀礼。

300 多年来,朝宗岩大统庙的祭祀,在性质上属于民间私祭,但在李朝时期得到政府及其官员的支持,多少含有官民合办的味道;大韩民国时代,也得到个别官员赞助,但应该说纯属民办性质。在参与人员方面,李朝时代韩人与华裔都很积极,韩国时代则基本上是华裔的活动了。正因为韩民兴趣大减,大统庙的祭奠活动,即使在韩国,知之者也不多了。

三、大统庙祭典活动所反映的思想力量

韩国官民的纪念明朝,是世界奇迹。明朝灭亡后犹受李朝王室祭祀,达两个多世纪,受遗民的祭礼已逾三个世纪,并且还在延续,这在世界历史上实属罕见之事,为其他王朝所无法比拟。为什么会出现这种奇迹?须知明朝业已消失,不可能再直接给他人以好处,也就是说人们不可能从它那里直接得到什么。究竟为何怀念它呢?看来是明朝有政治遗产可供人继承,可令人在思想上有所寄托。笔者认为纪念明帝是思想上的因素占主导地位,具体地说:

1.李朝君臣具有中国儒家春秋大义和仁义观念

李朝君臣从明朝不惜耗费巨大财力、人力援朝抗倭的事实,认识到明朝以仁义立国,就不仅是泽惠在人,而使人懂得仁义的感召力,因此要给以仁义的回报,必须尊崇它。再说明朝是华夏之君,灭亡后政权为清朝所得,其满洲皇室乃"夷狄"之人,根据儒家春秋大义、尊王攘夷的精神,应当反对清朝,恢复明朝,李朝因此不甘心以清朝为宗主国,希冀明朝能复辟;并在行动上纪念它,除秘密设立大报坛,还支持民间大统庙祭奠活动。热衷于大统庙建设的人,多属中国儒家思想信徒,如文人学士反清抗日志士宋时烈、李恒老、柳麟锡等人,搞纪念明帝活动,成为他们反清、反日事业的一部分,也是他们的精神寄托之所在。宋时烈给朝宗岩提供崇祯御书模本及亲自书写宣祖语词,还自写"大明天地,崇祯日月"八字供朝宗岩摹刻。柳麟锡诗云:"大报万东大统享,贯三百岁一精诚。谁闻振古吾邦似,这义争多日月明。""尊中攘外天常经,拱此必东民本情。"无不表明他们是儒家思想的信奉者。

2.明遗民后裔的尊君尊祖和卫道思想

在李朝时代,抗清将士和九义士后人有感于祖先的高尚情怀和在朝鲜受到尊重,深知忠君敬祖的道理,参与朝宗岩的建设,开辟九义行祠,乃情理中之事。大韩民国时代,韩国工业化和现代化的发展,传统的思想和伦理受到挑战,而对此怀有浓厚感情的华裔所受冲击尤其剧烈。他们中笃信儒家思想的,便以为它是救世良方,欲以恢复大统庙活动,提倡儒家仁义伦理。1981年麻天寿等在《明义会发起旨趣文》中,希望明遗民后裔相互亲睦,永远继承崇祖精神,复兴衰废中的传统道义。这种卫道精神社会作用如何,笔者不拟评述,唯明遗民后裔的这种执著追求,实是儒家精神作用的结果。大家知道,当今东

方学术界颇有人研究儒学,提倡新儒学,韩国明裔对儒家教导的身体力行,虽非新儒学所导致,然与这种世界性思潮或许有某种瓜葛,也未可知。

朝宗岩大统庙的祭祀,特别是 20 世纪 70 年代以来的恢复祭典,虽不无经济、政治原因,但主要是思想观念支配的产物,由是益知思想的力量,尤其是儒家思想的作用真是巨大,值得好好研究。[1]

(载论文集编委会编《商鸿逵教授逝世十周年纪念文集》,北京大学出版社,1995 年)

---

[1] 笔者立意将本文写得简短些,故不事征引历史文献,唯把所阅史料作些综述,也不注明资料来源。笔者所参考的主要文书为《李朝实录》、冯荣燮编《大明遗民史》和《临朐冯氏族谱》。

由清代满族文化特性想到民族文化
与外来文化关系

清代满族文化具有以下特点:发展时期的开放吸收性、统一中国初期的
文化扩张性、统一后保持民族文化努力之坚韧性。由此笔者认为,在处理民族
文化与其他文化、外来文化的关系上,应注意留心于文化的主体性、宽容性和
调整性,摈弃保守性诸方面。

一、发展时期的开放吸收性

满族在统一内部和中国时期,文化方面极具开放性,努力吸收各个民族
的优秀文化,立国之总方针曰"敬天法明",系由明朝的"敬天法祖"衍化而来,
从总体上表明继承汉民族文化,将汉文的儒家经典、《三国》翻译成满文,则是
汲取汉文化的具体表现。对于蒙古文化主动吸收,如借用蒙古字创造满文。蒙
古人信仰藏传佛教,蒙古文又渊源于藏文,满人对藏传佛教也有浓厚的兴趣,
皇太极时代盛京就有辉煌的喇嘛教。宗教以及政治原因使满洲、蒙古和西藏
结合在一起。

清朝八旗,将蒙古和汉军八旗包括在内,蒙古旗人与汉军旗人皆成了满
洲人。后来又在吉林、黑龙江及其流域发展新满洲,这样吸收新成员,反映了
满族文化的开放性。

满人对其他民族文化的汲取颇有取舍原则,取有益成分,摒弃有害的东
西,如对于汉族妇女缠足的陋习,绝不允许满族女子仿效沾染,而汉人的皇权
主义和中央集权制度、郡县制度则不但吸收了,还与满洲的领主制结合起来。

二、统一中国初期的文化扩张性

满族成为中国的统治民族,推广其文化,特别是强制推行它的服饰和发

式制度,于是满人的剃头辫发变成中国男子的规范发型,否则就有砍头之罪(所谓"留发不留头,留头不留发");官服也改明朝的宽衣博袖为窄狭箭袖(马蹄袖),标志政治上的顺从和一致。为了贯彻满族的治国方针,清朝重用满人,在中央的重要部门(内阁、六部)实行满汉复职制,由满人出任第一主官,即内阁首辅、军机处领班、六部第一位行走人。又定出旗缺和汉缺的区分,重要地方的总督是满缺,汉人不能染指。

少数民族入主中原,均施行推广其文化的政策,北魏强迫中原人遵从鲜卑人习俗,在一些州实行鲜卑与汉人的双刺史制度,成为清朝满汉复职制的滥觞。元代出现"胡俗变易中国之制"的状况,"士庶咸辫发椎髻",胡帽,"无复中国衣冠之旧"。清初的实施满化政策,是北魏和元朝政策的继续。看来少数民族统治中国,均强制推行其文化,这是共同性,几乎是不可避免的。

三、统一后保持民族文化努力之坚韧性

满族害怕被汉族同化,有意识地保持本民族的文化,采取许多社会政策,如禁止满汉通婚而实行满蒙联姻;不许满人像汉人那样起名和使用字号;在外地驻防的八旗建成满城,不得与汉人杂居;等等。对满洲发祥地的吉林,让它成为满族文化保护区,不许外族移民进入,不立儒学,保持这里的国语骑射状态和满人的纯朴品质及风气。封禁并不能长期阻止汉人和其他民族成员的进入,清朝政府乃调整政策,允许已经在当地置有产业的人入籍,纳粮当差,即有条件地承认非法移民合法化,表现出明智的松动性;而土著满人乐于学习汉文化,尊重有文化的人;所有这些表现出满族文化始终具有某种开放性。

能否处理好民族文化与其他文化、外来文化的关系,是一个民族能否持续发展的关键性问题。早期满人文化包容性强,乐于开放,努力汲取其他民族的有益文化,发展自身的事业;后来虽然皇帝仍然注意保存与维护本民族文化,但是整个民族汉化已深,民族特征已不那么显著。一个面对强势文化的民族,不吸收外来文化难于前进,过度的吸取又可能被人家同化,对此我想需要留心于文化的主体性、宽容性和调整性诸方面。所谓主体性,与"本土化"相近,即以我为主地吸收其他文化,选择那些能为我用、能促使我发展的元素,以丰富我之文化,所形成的新文化,依然是我的文化,而不是他人文化;没有宽容精神,敌视、拒绝外来文化,当然不可能汲取人家的好东西了,不仅如此,

有时客观环境迫使你不能置身事外,因此一定要用包容的态度去接受外来文化中于我有用的成分;所谓调整性,指政策的及时转换,把握时机,调整政策,让事情向有利于我的方向转变,既有利于本民族文化的保持,又能够及时吸收外来文化营养成分,在丰富民族文化同时,促进国家、民族的发展。

四、余论

对于外来文化,本土化是应有之义,有学者特别作出强调,极应引起留心,但似乎不如人意。对于外来文化的蔑视敌视,看是什么东西而定:对奢侈品,清朝统治者是从不拒绝的,而是热诚欢迎,虽然表面上还要有所掩饰;对机械,也从奇技淫巧观改变为乐于学习,于是有了洋务运动;对于政治文化,就视作洪水猛兽了,势不两立,那时还没有普世价值观念,只有自欺欺人的中华文化中心论和心安理得。不过话不要说绝了,晚清不也一度宣称实行君主立宪吗,那不就是大英帝国的舶来品,日本明治维新不也是楷模吗。后世出现的讲自由、平等,迁徙自由、言论自由、出版结社自由、人权之类,同样是舶来品,不过是向反动政权作斗争时用来作为政治斗争的工具,实质是以之为资产阶级虚伪的欺骗民众的反动东西,岂可扰乱我中华特色文化! 中体西用,张之洞的历史地位似应加强研究。

(载《东北史地》2006 年第 4 期,2019 年 2 月 24 日阅改)

17 世纪满族人的命名

　　取名是一种文化现象,体现人们对自身生存与发展的愿望。历史上不同民族有其各不相同的命名习惯,反映着民族的文化特征。17 世纪的中国满族人,从居住于东北一隅,到稳固地统治全中国,民族地位发生了巨大的变化,该族人的起名也同时产生变异。

　　人们的名字一般是在初生或童稚时期由家长起定,所选择的文字蕴含了家长的期望。17 世纪满人为子孙起的名字有多种含义,兹缕列于次:

一、以动物命名

　　贝勒杜度(Dudu,1597—1642),名字意思是斑雀;镇国公哈尔萨(Harsa,1605—1651),名字字义是蜜鼠;摄政王多尔衮(Dorgon,1612—1650 年),名称意思是獾。这些是直接以动物命名。还有以动物体中的一个部位起名的,如贝子博和托(Bohato,1610—1648),名意是驼峰。

二、以属相命名

　　中国古人以十二个动物配十二地支,成子鼠、丑牛、寅虎、卯兔、辰龙、巳蛇、午马、未羊、申猴、酉鸡、戌狗、亥猪十二生肖,每年一个属相,共十二属,循环使用。17 世纪满人有用属相取名的习惯, 如辅国公固尔玛浑(Gulmahun,1615—1681),名字意思是兔子,但固尔玛浑这个名字的得来并非崇拜动物,而是来自属相,他出生的 1615 年是兔年。17 世纪有两个满人叫尼满(niman),一个是子爵,另一位是战死疆场的前锋,名字的意思是山羊,因为他们是属羊的。

三、以矿物命名

三等公诺敏（1682 年袭爵），名字意义是铅矿石。

四、以山河命名

男爵噶尔汉（1657 年袭爵），名字是河汉子的意思。

五、以用物命名

人们的用物品类繁多，被满人用以为子孙起名的不少，如：亲王博洛（Buro，1613—1652），名字为本意是凉帽。贝勒阿敏（Amin，1586—1640），名字字义是后鞍桥。内大臣鄂硕，取名的原意是"驾鹰的三指皮巴掌"。额驸苏纳（Suna，17 世纪上半叶），名字本意是"牵狗的皮条"。大学士马齐（Maqi，1651—1738），名字字意是"拴鞭的铁钩子"。

六、以数目字命名

当婴儿出生时，以其父祖年龄数目字为之起名。如轻车都尉那丹珠（Nadanju，1712 年袭职），名字意思是七十，可能是于其父内大臣硕岱（1629—1712）七十岁时出生的。

七、以排行命名

以婴儿是父亲的第几个儿子来起名，如老五叫孙查齐。或不严格论排行，以出生早晚来定名，如清太祖的第十二子、英亲王阿济格（Ajige，1605—1651），名字是小儿子的意思，一等侯费扬古（fiyanggu）名意同于阿济格。

八、用体形特征、身体的某一部位命名

以皮肤黧黑而起名,如颖亲王萨哈璘(Sahaliyan,1604—1636),又如銮仪卫冠军使萨哈连(Sahaliyan)。

用红眼边、烂眼皮作名字,如贝子傅喇塔(fuluta,1622—1676)。

因小时爱尿炕,起名尿炕孩子,如参领席特库(1634 年参加对明朝作战)。

因长得细高起名,如男爵噶达浑(？—1657)。用大腿作名字,如辅政大臣苏克萨哈(？—1667)。

以胎起名,如豫亲王多铎(Dodo,1617—1649)。

用上牙嗑下牙起名,如额驸何和哩(1561—1624)。

因相貌或作风像汉人而起名叫汉人,或叫蛮子相,如敬谨亲王尼堪(Nikan,1610—1652),又如理藩院尚书尼堪(1595—1660)。

九、用反映好品格的字义命名

如协办大学士阿克敦(Akdun,1685—1756),名字字义是坚固、信实。

这种寓意取名,在传说中的“三仙女”名字中表现得尤为突出:大姐恩古伦(Enggulen),名字意思是恪守纲常、纯正无邪的女子;二姐正古伦(Jenggulen),名意是笃守贞操、纯正无瑕的女子;三妹佛库伦(fekulen),即神话中诞育满洲先祖的仙女,她的名字意思是爱好新奇的天真女子。

十、以吉祥字样命名

家长希望子孙有幸福美满的生活,选择吉祥文字给他们起名,以博取好兆头。如贝子萨贝(Sabi,1628—1655),名意为祥、吉祥。右卫先锋众神保(？—1696),取名用意是希望诸位神灵保佑他。简亲王神保住(1716 年受封奉国将军),名意是祈求神仙保护他成长。领侍卫内大臣讷亲(Necin,？—1749),名意为平安、平坦。

在吉祥文字命名中,也有从文字表面看不出祝福的意思,但实际上包含着祝愿的成分。如贝勒岳托(yuto,1599—1639),名字字义是呆子、傻公子,实

际上不是说名字的主人是傻子，而是世俗以为傻子好养活，取这个名字就是希望孩子健康成长。辅政大臣索尼(Suweni,1601—1667)，名字的本意是"你们的"，引申讲这个孩子是百家子弟，也是取其好养活、不会夭亡之意。

十一、其他

两江总督噶礼(? —1714)，名字的意思是"让他拿来"。

前述十七世纪满人命名中借用动物、矿物、属相、山河等的名称，反映出那时满人对大自然的认识及与自然物的关系。人们和大自然共存，接受它提供的丰富生活资源，也承受它时而带来的灾害，对它既感谢又敬畏。于是在对自然界还缺乏科学认识的情况下，特别是在采集业、狩猎业为主要生活来源的情况下，人们普遍存在着崇拜自然的观念。到农业社会，也还是靠天吃饭，同样盛行自然崇拜。16、17世纪之交，满族先进地区的生产方式已从渔猎过渡到农业，但人们自然崇拜的观念变化不大。动物、矿物、属相、山川是身边事物，对它们有所了解，用它们的名称作孩子的名字很方便，适合于当时人的知识水平，更重要的是用那些名称寄托了对孩子的愿望，即希望子孙能像动物那样茁壮灵巧，生生不息；能像矿物、山河那样坚实雄伟。至于人和动物同名，今天看来似乎不雅，但17世纪的满人并没有这个概念，他们的那些名字，正是自然崇拜的体现。

满人以父祖的年龄给新生婴儿命名及用排行取名，是用名字纪念父祖，使孩子长大之后知道父祖养育的恩德，能够孝敬长上，永远不忘祖宗，这是祖先崇拜的表现。

吉祥名字的选取，虽然出现得很早，但普遍性远不及前述的自然物多。到17世纪末，这一特征开始发展起来，其标志就是康熙皇帝(1654—1722)于17世纪80年代给儿子们命名采取了汉字规范性做法，即每人的名字取两个汉字，其中一个字为诸子所共用——排行字，就是"胤"字，另一个字也有一个共同的偏旁，是"示"字，"胤"字字义是继、嗣，取这个字表示子孙相承续。"示"字与其他字搭配，成许多字，各有其义，如废太子名胤礽(1674—1724)，"礽"是有福的意思。第四子胤禛(雍正皇帝,1678—1735)的"禛"字是因真诚受福的意思。第七子胤祐(1680—1730)的"祐"字是神相助、天保佑的意思。第十四子胤祯(1688—1755),"祯"是吉祥的含义。康熙帝给诸子起名,希望他们吉祥有福,世代相传。康熙帝又给孙子辈起名,排行字取"弘"字,是广大、扩充的意思。皇家起名的改变,标志着满人起名用意方向性的重大变化,特别是在社会上层人士当中,17世纪末期以后,人们命名日益重视吉祥幸福、品格修养和字义文雅方面,而反映自然崇拜观念的名字逐渐减少。

17世纪满人名字比较简单,只有一个通称,不像汉人,在大名之外,还有表字、别号、室名等等称谓以表示身份地位和为人风雅,便利别人称呼和自称。17世纪中叶以后,个别满洲文人学习汉人,另起字、号。不过这一现象尚少,到18世纪以后才多起来。

满人的名字原来当然是读满音,写满文。随着满人政权在中原的建立,做官的人要把名字写成汉字,即根据满语写出对音的汉字,所取的文字只要音对,一般不考虑汉字的字义好坏。极少数人选取含义好的字词或同汉人姓名相近的字,于是出现满人名字与汉人姓名相似的情况。迨至18世纪,乾隆皇帝担心满人在姓名方面被汉人同化而加以干涉。

满人名字还有一个特点,就是名与姓不连称,一般只用名,不提姓氏。如说到固尔玛浑,并不提起他的爱新觉罗姓氏。马齐姓富察氏,他自称以及别人称呼他时不需要提富察氏,径称马齐即可。

关于17世纪满族人的命名可以归结为以下三点:

第一,满人取名常常表现出自然崇拜和祖先崇拜的观念,而且有很大的随意性,尤其是在以用物命名方面。16、17世纪之交是满文草创时期,字数无多,限制了起名的应用,那时满族文化发展水平不高,决定了起名的原始性和简单性。

第二,满人的命名随社会的发展迅速变化,由自然崇拜命意向多方面发展,特别是向塑造品格、表示祈福、吉祥愿望的方向发展。这是17世纪中叶开始大量接触汉文化并受其影响,亦逐渐用到命名方面,反映了满族文化的发展。

第三,满人命名的变化,有深刻的社会原因。满族贵族对汉文化的普遍接受,影响到其社会生活的各个方面,如在政治上采取了汉族传统的君主专制制度,在教育和选拔官吏上继承了汉人的科举制,在思想方面确定了以儒家思想为官方哲学,在命名方面,满人从汉人的命名观念里,学习到赋予名字以深刻的社会含义,改变了旧日的简单命名状况。这也从一个侧面说明,各民族之间的文化交流促进了社会发展、进步。

（本文系出席 1993 年 4 月 12—17 日在德国特里尔举行的第 18 届世界名称学研讨会论文，后收入 2000 年德文版该会论文集，另载《故宫博物院院刊》1996 年第 1 期）

南朝士大夫与歌舞

琴棋书剑,原是古代士人的必备本领。孔子教授学生"六艺",就包括乐的一技,所以关于读书人与乐的故事就不少,如师旷之聪,伯牙与钟子期的"知音",司马相如琴声挑逗卓文君。至于古典小说戏曲中青年男女借助琴声传情,也不乏见。然而宋代理学提倡"主静""主敬""去人欲",对于人的规矩特别多,于是歌舞成了读书人的禁忌。倘若适当地欣赏尚可,但自身不能动作,否则就是没有读书人的样子,就是性情轻佻,没有士人的风度,就不齿于士林了。因此宋元以后,读书人迈方步,显得老成持重,实际上是老气横秋,愚迂不达事体。讲这一段开场白,是希望读者明了,中国历史上的读书人与歌舞的关系,不是宋元以降的那种不正常的脱离状况,宋以前要好一些。这里介绍南北朝时期南朝的知识界(包括有知识的皇帝与官僚)之喜好歌舞,以及当时的士林风尚。

《南史》卷22《王俭传》记载,南齐太祖萧道成设宴华林园,令与宴文武大臣"各效伎艺。褚彦回弹琵琶,王僧虔、柳世隆弹琴,沈文季歌《子夜歌》,张敬儿舞。(王)俭曰:'臣无所解,惟知诵书。'因跪上前诵相如《封禅书》,上笑曰:'此盛德之事,吾何以堪之。'后上使陆澄诵《孝经》,起自'仲尼居',俭曰:'澄所谓博而寡要。臣请颂之。'乃颂《君子之事上章》,上曰:'善,张子布更觉非奇也。'于是王敬则脱朝服袒,以绛纠髻,奋臂拍张,叫动左右。上不悦曰:'岂闻三公如此。'答曰:'臣以拍张,故得三公,不可忘拍张。'时以为名答。"这可以说是歌舞武术演出晚宴,君臣尽欢而散。这场晚宴都是哪些人参加的,怎见得晚会的文艺性呢?

萧道成本身是有知识的人,13岁开始受正规教育,"治《礼》及《左氏春秋》"(《南齐书·高帝纪》)。成年后政事繁巨,也是"博涉经史,善属文,工草隶书,奕棋第二品"。本身有文采,懂艺术,才能带着臣下兴办文娱晚会。

褚彦回,世族出身,刘宋官司空,侍中,为人"善容止,俯仰进退,咸有风则"(《南史·褚彦回传》),是讲究风度的人,而且爱好音乐,"善弹琵琶",齐武帝因而赐给他金缕柄银柱琵琶。有一个初秋的夜晚，他到尚书令袁粲府邸赴宴，当时风习习，月皎皎，褚彦回兴致来了，抚琴奏《别鹄》的曲子，"宫商既调，风神谐畅"，悠扬动听，在坐的王彧、谢庄大为赞叹，可见他的琴技之高。齐太祖命他弹琵琶是知道他的艺能，一定弹得动听。褚彦回还是"性好戏"的人，性格比较活泼。

王僧虔是"百世卿族"琅玡王氏的成员（《南史·王克传》），官侍中，精于书法，同时懂得音乐，但强调庙堂音乐的正统性与传统性，反对新乐曲和民间的一些乐曲，为此上表朝廷，"请正声乐"（《南史·王僧虔传》）。他在晚宴上应命弹琴，所奏大约是庙堂乐曲。

柳世隆也是"门势子弟"，青年时代就"好读书，折节弹琴，涉猎文史"（《南史·柳世隆传》），历官尚书右仆射、尚书令，"善弹琴，世称柳公双琐，为士品第一"。公事之余，以鼓琴自娱，常自云特长："马稍第一，清谈第二，弹琴第三。"齐太祖命他和王僧虔弹琴，是知其特长，可以使与会者得到一番享受。

沈文季，低第世族武将家庭出身，官冠军将军，侍中，褚彦回当司徒，就以门户压抑他。他不喜欢学习文学，但善于弹琵琶，一次与褚彦回同赴豫章王萧嶷的宴会，酒喝到痛快处，褚彦回自动弹了《明君曲》，沈文季故意大叫："沈文季不能作伎儿！"（《南史·沈文季传》）侮辱褚彦回充当了歌伎的角色。其实他在萧道成宴会上唱《子夜歌》，和褚彦回是同样处境，都不是以艺伎面貌出现的。

张敬儿也是军官家庭出身，因战功官至车骑将军。原先不识字，后来才学习《论语》及上流社会应对礼节，但终究缺少世族那样的修养，被人视为"鄙俚"（《南史·张敬儿传》）。

王敬则，"屠狗商贩"出身（《南史·王敬则传》），跟从萧道成征战，又逼宋帝禅让出宫，任护军将军、散骑常侍，为人虽不知书，但"善决断"，有武人的豪放性格。他的拍张，是当时有名的，《南齐书·王敬则传》记载传主，"年二十余，善拍张"。宋前废帝令敬则"跳刀，高与白虎幢等，如此五六，接无不中"。拍张、跳刀是武术，王敬则在萧道成晚宴时，脱去官服冠带，赤身露体，演起武术，所以萧道成认为不讲大臣体统而责备他，他却不以为意，认为这是他的本色。

王俭为王僧虔的侄子，时官尚书左仆射，他也爱好音乐，听起来也像孔子三日不知肉味。在这个晚宴上有些做作，读《封禅书》，实际是赞扬萧道成的"圣治"了。所诵的《孝经·君子之上章》，内容是："子曰：君子之事上也，进思尽忠，退思补过，将顺其美，匡救时恶，故上下能相亲也。"这是他表示要以孔子说的为臣之道自励,同时劝谏君主信任正直大臣。

这个晚宴,有弹奏,有歌唱,有朗诵,有跳舞,还有武术,应该说是丰富多彩的。而表演者是文武大臣,出身世族者较多,文化素养较高。褚彦回、王僧虔、柳世隆的弹唱艺术,是否说明世族读书人普遍有这种修养呢?回答是肯定的,原因有二:

其一,南朝世族成员多有文艺才能。

柳世隆的儿子柳恽,"好学工制文,尤晓音律"(《南史·柳恽传》)。

前述王彧在袁粲家宴上赞扬褚彦回的琵琶技艺纯熟,能欣赏,也是行家,他与谢孺子的跳舞即是明证。谢孺子出身于"自晋以降,雅道相传"的谢家,(《南史》卷19)官司徒主簿,酉阳太守,"多艺能,尤善声律"(《南史·谢孺子传》)。他与车骑将军王彧是姑表兄弟,一天二人小酌,兴致所至,谢孺子吹笙,王彧自动起来跳舞。

王家的王冲,官侍中、南郡太守,"晓音律,习歌舞"(《南史·王冲传》)。

王僧祐,官黄门郎,"工草隶、善鼓琴"。为人孤傲,"不交当世",竟陵王萧子良听说他琴法高明,让他弹奏,竟"不从命"(《南史·王僧祐传》)。

王谢家人之能文艺者甚多,这里不再列举,除为省篇幅,也因另有专文。

其二,文学与艺术是紧密相联的事业,特别是南北朝时骈体文、辞赋流行,这类文体便于谱曲歌唱,两者自然结合,因此文人容易兼有文学与艺术两种才能。

前面提到的欣赏褚彦回弹琴的谢庄,"七岁能属文",以善作赋名于当世。刘宋武帝时河南献舞马,武帝因之令群臣作赋,谢庄写的非常好,武帝特地叫他作《舞马歌》,写成后,"令乐府歌之"(《南史·谢庄传》)。

王敬则出身低下,儿子王仲雄却从师学习,会辞赋,"善弹琴",齐明帝怀疑王敬则造反,命仲雄鼓琴,仲雄因作《懊侬曲》,歌词说:"常叹负情侬,郎今果行许","君行不净心,那来恶人题"(《南史·王敬则传》),以讽刺明帝。

南北朝时士人能够歌舞,说唱就放开歌喉,说跳就翩翩起舞,说吹弹就抚琴弄笙,既有这种技艺,又能做得出来。这应该说是那个时代士人的风尚。

不过那时人们对歌舞表演也有两种看法,观沈文季以"伎儿"来羞辱褚彦回,王僧祐拒绝竟陵王的弹琴之令,也是把弹唱看作不光彩的事。这是怎么回事呢?原来,以歌舞为职业的,多是家伎,是奴婢身份,是供达官贵人玩弄的,他们身份微贱,职业低下,这种人让人看不起,人们虽欣赏他们的表演,但不承认他们的为人和艺术贡献。士人的能唱善舞被视作自身的修养，当需要自我表达时，可以自行歌舞，当亲友欢聚时，可以歌舞助兴。士人能歌舞，而不是以此为职业。如若在上官面前歌舞，以之献媚，就落入优伎的处境，为人所不齿。所以，歌舞是一样的，两种身份的人表演就不一样了，以之为职业者卑贱，以之消遣者高贵，区别就在于是否为职业上。对歌舞的这两种观点，南北朝时是分得很清楚的，这对于士人的歌舞没有妨碍。两宋以降，观念变化，不允许士人学习歌舞，歌舞就成为优伶职业家的事情了。

分清对歌舞的两种观念，考察它的变化，以便克服汉民族不善于歌舞的弱点。在这里，重要的一点是提高对艺术表演的尊重。前面说到古人观念中职业演员低贱，士人表演技能高雅。事情不仅在表演行业，书画界也是如此。职业者为画师，属于匠人群体，而文人擅长书画，则是雅好和高手。在医药界，职业医生是技艺人，士人懂医术为儒医。做同一的事情，不同身份的人就有截然不同的评价，就有高低贵贱之分。演员、医生、画师以其技术吃饭，是侍候人，会琴棋书画医术的官员，是以之为消遣，事情的关键就在于轻视技术，重视做官。破除这种传统观念，必将对我国文学艺术医疗事业的发展有促进作用。

唱歌跳舞是人的生理需要，是社交的需要，也是人的文化素质的表现，一个民族性格的表现。一个人要丰富精神生活，要具有生动活泼的性格，就要善于表达自己的思想感情，就必须学会而且能够歌舞。一个民族要生机勃勃，要富于进取精神，就必须性格开朗，也需要以能歌善舞表现出来，会歌舞是读书人应有的素质，读书人应当恢复、继承、发扬南朝士人的歌舞传统！

（载冯尔康《去古人的庭院散步》，中华书局，2005 年）

南朝王谢家族的文艺生活

琅玡临沂王氏与陈国阳夏谢氏是与南朝相始终的历史上有名的世族。东晋司马氏政权初建之时,谚语说"王与马,共天下"(《晋书·王敦传》)。以王导为代表的王氏有肇建之功,"人伦之盛,实始是矣"(《南史》卷21)。谢安、谢玄叔侄内掌朝纲,外取淝水之捷,稳定了南朝。王氏与谢氏取得了不可动摇的社会地位,出将入相,内握枢机,外为方伯,朝中的文翰、教育,几乎成为他们的世职,婚姻聘问于帝胄,或在王、谢及其他世族之间。侍中王僧虔自诩:"王家门中,优者龙凤,劣者虎豹。"(《南史·王僧虔传》)王、谢出人才,世代不衰,李延寿作《南史》,总结王氏历史,谓其先世"并举栋梁之任,下逮世嗣,无亏文雅之风。其所以簪缨不替,岂徒然也"。论到谢家,"自晋以降,雅道相传。……人各有能,兹言乃信"。王、谢家族人才多,有政治家、军事家、文学家、书法家、思想家、艺术家,即使政治军事家,也是学者型的。这两个家族的文化素质高,别的不说了,这里单表他们的文学艺术修养与成就。

在文艺领域,王、谢两家人往往有多种才能,如司徒王导堂弟、左卫将军王廙,"少能属文,多所通涉,工书画,善音乐、射御、博弈、杂伎"(《晋书·王廙传》)。中书侍郎王微,"少好学,善属文,工书,兼解音律及医方卜筮、阴阳数术之事"(《南史·王微传》)。为把事情表达清楚,笔者将分事项进行说明。

文学方面。王筠,萧梁时为度支尚书,自称王氏七世以来,"爵位相继,人人有集"(《南史·王筠传》)。他本人"七岁能属文",十六岁作《芍药赋》,"其辞甚美","及长,清静好学",作《洗马集》《中书集》《中庶集》《吏部集》《左佐集》《临海集》《太府集》等文集。《宋书》作者沈约称赞他的文章是当世最好的。(《南史》)被沈约评为与王筠齐名的黄门侍郎王泰,"每预朝宴,刻烛赋诗,文不加点,(梁武)帝深叹赏"(《南史·王泰传》)。王筠族兄弟中书郎王融,"博涉有文才",应齐武帝命作《曲水诗序》,声名远播于北魏。他"文辞捷速,有所造作,援笔可待",有"文集行于时"(《南史·王融传》)。侍中王训"文章为后进领袖"(《南史·王训传》)。车骑将军谢玄的孙子谢灵运,袭爵康乐公,"博览群书,文章之美"，与另一名家颜延之并推第一。居会稽，放骸山水之间，以文章自娱，"每有一首诗至都下，贵贱莫不竞写，宿昔间士庶皆遍，名动都下"（《南史·谢灵运传》）。谢微，"好学善属文"，作文集二十卷，一次北魏中山王元略返国，梁武帝饯行，赋诗三十韵，限三刻成，谢微用两刻的时间写就，而文甚华美，武帝看了一遍又一遍。（《南史·谢微传》）豫州刺史谢万"工言论，善属文"，就屈原、贾谊、孙登、稽康等八人作《八贤论》（《晋书·谢万传》）。他的侄儿东阳太守谢朗，"善言玄理，文义艳发"（《晋书·谢朗传》）。谢超宗"好学有文辞，盛得名誉"（《南史·谢超宗传》）。豫章太守谢瞻，六岁能文，所作的《紫石英赞》《果然诗》，"为当时才士叹异"，又作《喜霁诗》，由族弟谢灵运书写，族叔谢混朗诵，司徒王弘把这叫"三绝"（《南史·谢瞻传》）。总之，王、谢族人擅长古文辞赋，"善属文"的记载不绝于史。

书画，特别是书法，为王、谢族人的绝技，王羲之、王献之父子是为代表。王羲之官右军将军、会稽内史，与孙绰、谢安等在山阴兰亭宴集，作《兰亭序》，并书写。他的书法，开始正书学钟繇，草书学张芝，自行创造，不断提高，越到晚年越好，超过同时代的书法家庾翼、郗愔，唐朝人评论，王羲之"尤善隶书，为古今之冠，论者称其笔势，以为飘若浮云，矫若惊龙"（《晋书·王羲之传》）。他对我国的书法艺术影响甚大。其子献之，善于草隶和绘画。献之七八岁学王羲之出行图书，乃父偷偷从后面拔他的笔，他握得紧，竟未拔出，可见练习时的用心。有一次给大司马桓温写扇面，墨汁误落纸上，乃随机应变，作一幅乌驳犎牛的画，而且很好。当时人论他们父子的书法，认为儿子笔力没有父亲强劲，只是妩媚多了一些，当然是儿子不如老子。（《晋书·王献之传》）王羲之的另一个儿子凝之，"亦工草隶"（《晋书·王凝之传》）。

王羲之族曾孙王僧虔也是大书法家，年轻时，"雅善于隶书"，任尚书令时以飞白书题尚书省墙壁，他的飞白令时人折服，并著《论书》，品评诸书法家，认为有了王羲之书法，钟繇、张芝不再是人们学习的楷模了。宋孝武帝善书，并欲独擅其名，王僧虔用拙笔书写以隐讳他的真实技艺。齐太祖笃爱书法，与僧虔比赛，因问谁是第一，僧虔回答说，"臣书第一，陛下亦第一"，齐太祖才高兴地说："卿可谓善自为谋矣。"（《南齐书·王僧虔传》）精于书法倒成了累赘。僧虔子王志能继父业，"善草隶，当时以为王《伯远帖》楷法"，并被人称为"书圣"（《南史·王志传》）。王珣、王珉弟兄善写行书，当时人认为弟弟比哥哥写得更好，说"法护（王珣）非不佳，僧弥（王珉）难为兄"（《晋书·王珉传》）。其实王珣的《伯远帖》是王氏家族留下的罕见的墨宝,为乾隆帝的《三希堂法帖》中的一件珍品。谢灵运"诗、书皆兼独绝,每文竟,手自写之",被宋文帝称为"二宝"(《南史·谢灵运传》)。此外,王、谢族人书法造诣高超的很多,如黄门郎王僧祐"工草隶"(《南史·王僧祐传》),他的儿子中散大夫王籍也是"甚工草书,笔势遒放"(《南史·王籍传》)。太子中舍人谢综"有才艺,善隶书"(《南史·谢综传》)。他的侄子、尚书吏部郎谢朓"善草隶",且长于五言诗,沈约赞扬他说:"二百年来无此诗也。"(《南史·谢朓传》)大体上讲王、谢家人能文能书,作出文章,自行书写,成为诗书佳品。

歌唱、弹奏、跳舞也是王、谢族人的艺能和喜好。西阳太守谢孺子与车骑将军王彧是姑表兄弟,孺子"多艺能,尤善声律"(《南史·谢孺子传》),王彧善言哲理,宋文帝对他甚为"钦重",令他把名字"彧"让给宋明帝,又为明帝娶他的妹妹。孺子、景文一次家宴,"孺子吹笙,自起舞"。一个伴奏,一个跳舞,气氛活跃,和谐有致。豫章太守谢鲲"能歌善鼓琴",青年时期刚出仕为东海王司马越府掾,因家僮不法而黜官,士人为他叹息,他在听到这个消息时,继续"清歌鼓琴,不以屑意"(《晋书·谢鲲传》),以弹唱歌咏作乐,不把仕进放在心上。其子谢尚初应司徒王导之辟为府掾,府主特为他开欢迎会,说听人讲你善于跳《鸲鹆舞》,在座的都想观赏,你能满足众人的愿望吗?谢尚痛快地答应了,"便着衣帻而舞",王导命与宴者抚掌击节以助兴,谢尚"俯仰在中,旁若无人",表演得很自然。谢尚后来官至尚书仆射、镇西将军,"采拾乐人,并创石磬,以备太乐"(《晋书·谢尚传》)。南朝有钟石之乐,是从谢尚开始的。

前述王僧虔"解音律",刘宋末年,他认为当时"朝廷礼乐多违正典,民间竞造新声杂曲",上表请求改正乐典,提出"世有等差,无故不可去乐;理有攸序,长幼不可共闻"的原则,政府采纳了他的建议,整饬朝野声乐。(《南齐书·王僧虔传》)这实际上不利于音乐的发展。王僧虔懂音乐,但过多地把音乐当作政治教化工具,而不懂得它的娱乐性。王僧虔思想上刻板,然而毕竟是南朝的士人,不像后来读书人的道学气,他也能跳舞。齐高祖在华林园开晚宴,诸大臣应命弹琴、唱歌,王僧虔也遵命弹琴,看来他也有表演水平。尚书左仆射王充"晓音乐,习歌舞"(《南史·王充传》)。王、谢族人能歌善舞,首先在于他们懂得和爱好音乐。司徒谢安"性好音乐",弟弟谢万死了,应守丧礼,十年不听音乐,但到晚年,虽同样有期亲之丧,照常令家伎演唱,好友中书令王坦之不以为然,写信要他遵守亲亲之道,不要听音乐了,谢安回信,说他听乐是"自娱",对于"崇世教",是不屑去做的。(《晋书·王坦之传》)由于谢安的带头,"衣冠效之"(《晋书·谢安传》),丧中听乐就成了社会风俗。

王、谢家族文艺修养的形成,有其社会和自身的原因。

第一,王、谢二族重视文化教育。在朝廷,于战乱频仍之时提倡教育,培养贵胄子弟,提高他们的文化水准。

东晋创建之时,晋元帝尚未正式即位,录尚书事王导就因军旅不息,学校停办,上书要求遵循西晋的典制,选择教师,恢复学校教育,令朝臣子弟入学就读。(《晋书·王导传》)淝水之战前后,尚书令谢石也因学校遭破坏,"上疏请兴复国学,以训胄子",同时要求在州郡普遍兴建学校。(《晋书·谢石传》)在家族,强调文化传家,抓紧子弟的文化教育,重文轻武。刘宋时王僧虔写诫子书,说有的人贵为三公,但很少有人知道他,相反布衣寒素之人,卿相倒很尊敬他。有的父子贵贱悬殊,兄弟名声大相径庭。何以会贵而不闻,贫而名显呢?何以父子兄弟地位迥异呢?原因就在读不读书。(《南齐书·王僧虔传》)王僧虔是令儿子读书的,诸子王慈、王泰、王志各有所长。他的诫子书,比较系统地说明读书的作用和王氏的治学传统。王筠认为有文化,代代有文章传世,是王氏的家风,故而要求子弟"仰观堂搆,思各努力"(《南史·王筠传》)。只有认识到家庭传统,加以继承,才是合格的王氏家族成员。王导的长子王悦,"弱冠有高名",青年时就侍讲东宫,可见有学问,王导很喜欢他。(《晋书》卷六十五)王导次子王恬,"少好武",不受王氏家族的重视,王导更是见他"便有怒色",而见他哥哥"辄喜"。家庭与社会环境逼着王恬改变习性,晚年好交结士人,"多技艺,善奕棋,为中兴第一"。

第二,社会上层和王、谢二族均重视文学艺术。宋、齐、梁、陈的皇帝和帝胄,相当一部分人文化水平很高,而且颇具有文学艺术细胞,富有这方面的成果。前述宋孝武帝、齐高祖善书法不必说了,梁昭明太子编辑《文选》,传诸后世,影响深远,由此可见帝胄文学才能之一斑。皇家的志趣,极大地影响着臣下,吸引人去学习文艺,如《南史》所说:"先是宋孝武好文章,天下悉以文采相尚。"(《南史·王俭传》)萧梁时也是"膏腴贵游,咸以文采相尚"(《南史·王承传》)。王、谢二族也很自然地以文艺要求子弟。王羲之教子学书是传家学,王僧虔也要求子侄学书法,其子王慈与堂弟王俭练书法时,来了客人也不停下笔来接待,可见在严格的家教下学书的专心致志。

第三,维护世族的必要条件。王、谢是大官僚、大庄园主世族,维持这样的世家,要有政治地位和文化地位,所以掌握文化是世族基本的必要的条件。同时由于它的官僚地主地位,有物质基础,能保证它的成员从事文学艺术训练和活动。世族因为已具有文艺传统,子弟对先辈的文艺才能和实践耳濡目染,也易于接受和把握。

文学艺术是一种文化,是人类财富,是丰富人们生活所必需的。有文化艺术修养的人,表明他文化程度高,生活丰富,创造力强,是好的事情。王、谢家族倘若诗歌一点不能写,看书画不知精妙之所在,见了跳舞就羞答答,对各种文艺表演都看不出名堂,则是缺乏文化修养的表现,愚昧的表现,那么也就未必能如此长盛不衰。这是我们研究王、谢二族的文学艺术生活所得到的最一般的启示,想来也是有益的。

(载冯尔康《去古人的庭院散步》,中华书局,2005 年)

古代宫廷谏诤戏

　　古代一些名臣,敢于披君主之逆鳞,当面或上书论述时政的弊端,指责皇帝的失德,为此不顾皇帝的恼怒,不惜俸禄爵秩,甚至不惜身家性命。有的人遇到了明君,政见被采纳,并且付诸实行,此所谓君臣际会,双双成为历史上的圣君贤臣;有的人碰上昏君,不仅意见被君王拒绝,还招来诛戮、囚禁之祸,双方一为昏君一为忠臣。贤臣、忠臣的谏诤,自来青史垂名,后人称颂不绝。像邹忌、魏徵、海瑞、杨继盛等人,即以谏议而为后人所熟知,他们的事迹演为戏剧,为后人钦敬。他们是达官贵人,不是宰执,也是御史。他们固然以敢于进谏而富有人生的价值,同时他们的出名也同高贵的社会地位有关。

　　我们这里所要说的也是向君上进谏的人,不过地位卑微,只是宫廷演员。他们谏议的方式也与大臣的面奏和上书不同,他们是以演出的形式,通过其故事情节和艺术形象,给君主以富有政治内容的暗示,希望被君主领会和接受。他们人微言轻,知名度比上述谏诤之臣小得多,发幽阐微,笔者不惜费点笔墨予以绍述。

　　楚庄王(公元前612—前591年在位)原是好淫乐的人,伍举规劝他不听,苏从继伍举之后进谏,楚庄王说你讲什么,难道不怕死?苏从回答说:"杀身以明君,臣之愿也。"(《史记·楚世家》)就是说,如果以我的死亡使君主醒悟,我的目的就达到了。庄王终于觉醒,内用孙叔敖为相,兴修水利,发展生产,外而出兵与晋国争霸,兵至黄河,问鼎于周,成为春秋五霸之一,他的时代成为楚国的一个兴盛期。他做到这一步,不仅是采纳了士大夫的良谋谏诤,还在于受到了宫中优伶的教益。

　　楚庄王有一匹爱马,享受着特殊待遇,披着文绣的服装,住在一间华丽的房屋中,地下铺的有床,吃的是枣泥饼。这马养尊处优,反而得了肥胖病死了。楚庄王命群臣给马治丧,要用大夫的礼仪埋葬它,群臣认为不能以这么高的礼节对待马,要求楚庄王改变葬法,双方反复争执,楚庄王不让步,并且下令:"有敢以马谏者,罪至死。"表示他崇礼葬马的决心。至此,群臣不敢说话了,乐人优孟却适时出来活动了。优孟能言善辩,常常在谈笑及表演中道出他的讽谏的意思。这时他进入殿门,故意仰望天空,放声痛哭,楚庄王莫明其妙,问他为什么伤心嚎哭,他回答说:这匹死马是国君喜爱,像我们楚国这样的大国,要什么没有,仅仅以大夫礼埋葬它,岂不太薄情了,我现在向君王请求,以国王礼节安葬它。楚庄王问他若以王礼如何葬法,他说:雕琢玉石做马棺,用梓木做马椁;命令士卒给马挖坟,征调老弱百姓给马坟挑土起陇;以太牢的供享祭奠马,并以一万家做马的守陵户。如果这么做了,让各国的君主听到了,便都知道楚王尊贵马匹而卑贱人民。优孟似乎是顺着楚庄王的意思,强调葬马礼仪的重要,其实是说反话。经过这一夸张,令人知道楚庄王葬马的荒唐,特别用贱人贵马的对比,点出葬马是政治上的损失,将使各国诸侯改变对楚庄王的看法,不利于他的争霸。优孟言浅近而道理深,使楚庄王猛醒,说想不到我这一过失这么严重,那么现在该怎么办呢?优孟教给他,像对待六畜一样,把它煮熟吃了。庄王于是把死马交给该管的官员去按常规处理。优孟以他真真假假的表演艺术让楚庄王觉悟了,避免了君王一个重大失误的发生,而群臣的谏言却没有起到这个作用。

楚国令尹孙叔敖是历史上的名人,为人廉洁奉公,预计到自己死后家属将难于生活,乃令儿子在日后困穷时找优孟。后来其子果然穷得靠打柴卖钱为生,就去见优孟,优孟要他等候信息。从此优孟穿起孙叔敖的衣服,模仿孙叔敖的动作,这样练习了一年多,完全像孙叔敖,使人无法辨别了。一天楚庄王做寿摆酒宴,优孟以孙叔敖的扮相给楚庄王拜寿,楚庄王大吃一惊,以为孙叔敖死而复生了,仍欲用他为宰相。优孟说给我三天的时间,好和妻子商量一下。三天后,优孟见楚庄王,说妻子讲了,千万不要答应,楚国的宰相不值得做,像孙叔敖把楚国治理得那样好,帮助楚庄王称霸,可如今他儿子穷无立锥之地,靠卖柴为生,都似这样,真不如自杀。楚庄王听到这里,感谢优孟的理喻,深知应厚待贤能官员,于是召见孙叔敖的儿子,封他四百户,以奉祀其先人和维持生活。(《史记·优孟传》)孙叔敖果然知人,优孟通过扮演孙叔敖,告诉楚庄王如何对待臣下,他又是成功者。

优旃是秦朝的宫廷演员,其人身材短小,善于表演滑稽戏。秦始皇有一次大宴群臣,下起雨来,担任警卫的陛楯郎在庭院里被雨打湿了,浑身发冷,优旃见了可怜他们,问他们想不想避雨休息,他们说那当然好了,优旃说我一会儿叫你们,你们可要赶快答应。过了一会儿,殿上的人向秦始皇欢呼万岁,优旃走到阑槛处大叫陛楯郎,陛楯郎们应声而至,优旃说:你们长得很高,在雨中站着,有什么好处;我虽然是矮子,可是能在屋里呆着。秦始皇听到优旃的话,意识到陛楯郎被雨浇淋,于是命令一半人值班,以便轮流休息。不用说陛楯郎会在内心中感谢优旃了。秦始皇修长城,筑驰道,兴建郦山墓,搞了许多大工程,他还想扩大苑囿,把东起函谷关,西至岐州的雍县、陈仓的属地都包括在里面,以便游猎憩息。优旃觉得这样大面积地侵占民田,用作玩乐之所,是败政,于是委婉地加以劝谏。他说皇帝这样做太好了,理应扩大苑子,在里边多放畜野兽,等到敌人从东方来了,苑里的麋鹿就会把敌人撞死了。秦始皇听了这个反话,明白了扩大苑囿的错误,打消这个念头。秦二世继位,打算油漆城墙,优旃说,这太好了,皇帝不提,我也要有这个建议,而且非请皇上采纳不可。油漆城墙虽然耗费百姓钱财,但这是大好事,不能不做;城墙油漆了,敌人进攻也上不来,看有多大作用;只是千好万好,恐怕不是给后人留下福荫的事,秦朝的江山怕维持不下去。他的讽谏与优孟有共同点,就是说反话,开始顺着帝王的思想说,把它发挥到极点,然后一个急转弯,用简短的语言指出原先设想的危害,使人猛省。昏君秦二世也听懂了优旃的意思,放弃了原来的设想。(《史记·优旃传》)

郭舍人是汉武帝时宠幸的优人,他的表演常使武帝赏心悦目。汉武帝对自己的乳母很关照,令她一个月一朝见,又把她儿子封为东武侯,赏赐很多东西。乳母是贪得无厌的人,请求赐田,武帝也允准了,还让她乘车在驰道上行驶。皇帝的态度,使得公卿大臣都敬重乳母。乳母的子孙奴仆恃宠不守法度,横行长安,公然在道路上夺人衣服,有关官员请求惩治东武侯家,强令乳母迁徙边疆居住,汉武帝同意了。乳母在辞别皇帝前先见郭舍人,流了泪,郭舍人给她出主意说,你拜辞皇帝后,急走几步,然后回一次头,再走再回头,表示留恋不舍。乳母按着他的方法去表演,这时郭舍人在旁边假意大声地呵责她:去,老太婆,回头干什么,还不快走!现在皇上已经壮大,也用不着吃你的奶了,还用得着你吗?你还有什么想头!郭舍人与乳母的一唱一和,勾起汉武帝对乳母的旧情,怜悯于她,不但不发配她家戍边,反而处罚了告发的人。(《史记·郭舍人传》)这里且撇开郭舍人讽谏内容的正确与否,只是说他的表演是成功的。

周、秦、汉的宫廷艺人的演出,靠着侍奉在帝王左右,借景生情,借题发挥,规谏人主,真正的戏剧内容并不多,这大约与当时戏剧形式不发达有关,而到后世,戏剧发达了,演出内容丰富了,优人的谏喻更容易表达了。

宋代,宫廷艺人可以把时事编为戏剧,演给皇帝后妃观赏。宋高宗时绍兴和议成立,秦桧主持朝政,正人君子对这个屈辱的和议很不满意,两个内廷优人适时地表达了这一情绪。和议成功,可是宋徽宗的尸体和宋钦宗还留在金朝,宋人视他们为"二圣",现在江南偏安了,他们还在灾难中,人心不平。两个优人演戏,一人扮作侍者,捧着太师椅,安排座位,一人扮作秦桧,两耳戴着大金环,垂到前肩,穿着朝服缓步上场。侍者问你耳朵上戴的是什么东西,回说是"二胜环",侍者一面上前把两个耳环改放到那人的背后,一面说你坐太师椅受用吧,二胜环丢到脑后算了。"胜""圣"谐音,优人以"二胜"环表示"二圣"——徽、钦二宗,意在说明不应忘记旧主,讽刺秦桧卖主求荣。

宋宁宗时平章军国事韩侂胄掌权,朝班在丞相之上,三省印信皆归入他的府邸,公事就在府里处理,有时假作御笔办事,"升黜将帅,事关机要,未尝奏禀",群臣也不敢揭露他的擅权。(《宋史·韩侂胄传》)可是伶人王公瑾在一次内廷宴会上,借着演戏,说出台词:"今日之事,政如客人卖伞,不油里面。"(《两般秋雨庵随笔》)雨伞只油外面,所以外面比里面好,王公瑾借此把皇权比作里面,相权比作外面,明说里面不如外面,暗示韩侂胄的擅权,警告宋宁宗有大权旁落的危险。宰相史弥远诛杀韩侂胄,拥立宋理宗。他也是"擅权用事,专任憸壬"(《宋史·史弥远传》),小人奔走其门,以谋升官发财,惹得伶人看不惯,借着内廷演剧讽刺他。优伶一人扮作孔子,深深地叹息,一人扮成子贡,问老师为什么那样的忧愁,一人装作颜回,代为回答说:"夫子之道,仰弥高,钻弥坚,未知何日望见,是以叹耳。"子贡说:"子误矣,今日之事,钻弥坚何益,只须钻弥远足矣。"(《两般秋雨庵随笔》)"仰之弥高,钻之弥坚"是见于《论语》里颜回说的话,意思是孔夫子的思想深不可测,言不可穷尽。伶人因史弥远之名,与"弥高""弥坚"有一同字——弥字,遂借颜回的"弥高""弥坚"的话,道出弥远来,讽刺小人钻营于史弥远门下,同时也揭示史弥远的擅权,表示深为朝廷担忧。南宋的宫廷伶人忧虑国事,借着表演道出他们的心思,希望引起皇帝的注意,改良朝政。

宫廷艺人的讽谏戏还很多,如五代的敬新磨、明代的阿丑等人,笔者将在别的篇目中叙说,这里从略。

宫廷优伶的讽谏戏,就其内容讲有两种类型,一是针对君主的暴戾和朝政的弊端,向君主提出问题,敲起警钟,以免他的暴虐无道恶性发展,或者避免奸臣擅权所造成的政治混乱;再一种是郭舍人式的,给恶人出谋划策,助纣为虐。两种类型中,以前者居绝大多数,后一种很少。事实上是以前者为主流,也是宫廷讽谏戏的特点。看来,指斥时弊的讽谏戏是我国戏剧史上的一个传统,千百年相沿不衰。这是一种好传统,因其内容是健康的,积极向上的,它要求统治者改变恶劣的品行,不得肆意淫乐,不得因此而滥用民力物力,还希望统治者纠正错误的政策,打击擅权者,使政治走向正常的轨道,避免发生政变或大的战乱。这种要求直接目的是为实现君主致治,但做到这一点对民众的安定生活有好处,所以它又反映了民众的愿望。既是优良传统,就应当珍惜,就不宜抛弃。任何时代总有其阴暗面,只有揭露了,才能医治它,社会才好更迅速地前进。宫廷时事讽谏戏,就是干预生活,古人做得到,君主专制时代做得到,现代人更应能够做到,现代的社会制度更应该允许做到,今人只有做得更好才算不愧对先人的这份珍贵遗产。

君主的纳谏,专制制度和统治阶级本质决定其很难做得好,纳谏的君主异常少见,但是也总有那么几个帝王有纳谏的雅量,这也是不应当忽视的。社会在发展进步,专制在削弱,民主在增强,因此"纳谏"的在增多,有的已经不是纳谏的问题,而是民主决定,必须执行。如果连纳谏的雅量都缺乏,可以想像是把自己处于什么地位了,是落后到何种时代了。对于那些敢于谏诤的优伶,那些勇于纳谏的帝王,不应当有所尊敬、有所学习吗?宫中演出讽谏戏的人,或者是隶属于官府的乐人,他们身在官籍,必须承担这种差使,他们身份卑微,属于贱民,是所谓"贱优";或者是宦官,为刑余之人,也是人们所不齿的。这类卑贱的人,却能主动演出讽谏戏,至少具备了三种条件。第一,能看出君主和时政的弊端,抓得准,这是有见识;第二,不怕君主的淫威,不怕被讥讪的官员的打击,敢于太岁头上动土,这是有胆量;第三,这些讽谏是借用艺术形式表现出来的,对被批评者刺激性小,让人在娱乐中接受批评,这是有才艺。这三方面结合,就产生了宫廷讽谏戏。这些表演者人虽卑微,但做的事很高尚,何况还做得成功,所以不能以身份地位来评论人。身份不高的人,做的事有意义,就应当受人尊敬;身份高贵的,做了坏事,也要受到谴责。问题不在身份,各种社会地位的人都应当努力做好事。我们民族以身份地位衡量人的传统等级观念,很需要彻底破除。

最后还应指出,宫廷艺人的讽谏之所以成功的三方面因素,关键在于艺术技能。有胆有识是必备的条件,但是许多文臣批评家却因此而失败,他们看到时弊,也敢向君主上言,但不讲究方式方法,只图一时痛快,把要说的话直接捅出来,使本来就骄狂护短的君主更暴跳如雷,越发不能接受,这就是缺乏批评艺术,而宫廷艺人表演的技艺使君主淫威无法施展。做什么事都需要讲求方法,这方法还要因事而异,因事而生,这才能成功。表演艺术家就要以其演技吸引观众,获得观众的承认和爱护,舍此别无他途。表演艺术家也只有关心国计民生,置身于正义方面,进步方面,才能演出抓住观众心理的戏剧,也才能成为真正的艺术家。

(载冯尔康《去古人的庭院散步》,中华书局,2005 年)

"李天下"唐庄宗

后唐庄宗李存勖(923—926年在位)是历史上骤兴骤灭的人物,他在父亲李克用的基业上,消灭劲敌后梁,统一北方,于923年建立后唐王朝,年号同光,又出兵消灭前蜀王氏政权。可是仅仅几年的时间,在同光四年(926)就被他宠幸的伶官郭门高所率领的叛军杀死,又由伶人用乐器把他焚化,惨死于优伶之手,实在是他始料之所不及。

《旧五代史·唐庄宗纪》论曰:"外则优伶乱政,内则牝鸡司晨。靳吝货财,激六师之愤怨;征搜舆赋,竭万姓之脂膏。大臣无罪以获诛,众口吞声而避祸。夫有一于此,未或不亡,矧咸有之,不亡何待!"所谓伶人乱政,自然不仅是任用伶官,实际同各种政事相联系。这里将唐庄宗的兴亡与优伶的关系作一些说明。

后梁开平二年(908),唐庄宗继承父业与后梁对峙,争夺黄河北岸十余年,在用兵中发挥音乐的作用。他自幼喜好乐曲,懂得乐理音律,会作曲子,成年后领兵打仗,把所制作的词曲教给军士,用以指挥进退。当战士进入阵地,唱起歌来,发起冲锋,人人勇往直前,常常取得胜利。歌声成了进军的号令,步调一致,增强了军士的勇气。这歌曲由于是庄宗作的,被称为"御制"(《旧五代史》)。唐庄宗的乐曲流传了很长时间,北宋欧阳修在《新五代史·伶官传》里讲,到他生活的时代,汾阳、晋阳的民间还在唱唐庄宗创作的曲子。毫无疑问,唐庄宗的制乐对于取得灭梁战争的胜利起过一定的作用。

唐庄宗喜好看戏,自身也乐于扮演,并以他的刘皇后的家事为题材从事演出。刘皇后是魏州成安(今河北成安县)人,出身贫寒,父亲刘叟,黄胡子,卖药占卜为生,自号"刘山人"。刘皇后五六岁时被裨将袁建丰虏掠送予唐庄宗生母曹氏,练习歌舞,曹氏把她转送给唐庄宗,庄宗称帝后册立她为皇后。当刘叟得知女儿做夫人时赶来相认,庄宗问袁建丰有没有这么个人,袁建丰一见黄胡子老人就认出是刘叟,可是这时刘氏正与其他夫人争宠,觉得认了这个穷老子将被人耻笑,对争宠不利,因而拒不认父,说什么离家的情景还记忆

210

得起来,父亲被乱兵打死了,围着他的尸体痛哭,然后才离开的,现在这个种田的老头,哪里是我的父亲! 于是命令士兵把他打出宫门。(《新五代史·刘后传》)刘皇后为自身利益拒不认父,是残酷无情的人。唐庄宗经过对袁建丰的询问,获知刘皇后的绝情故事,因此就以它作题材演了一出戏:他穿起刘叟的衣服,背着装有草药的药囊,叫刘皇后生的儿子拿着破帽子跟在身后,走到刘皇后的寝宫,大声地说刘山人来看女儿。刘皇后见此情状怒不可遏,拿起板子赶打儿子。宫中上上下下见此大为开心,唐庄宗的演出真叫成功。(《新五代史·伶官传》)不过他不是真同情刘叟,只是拿这件事寻开心,找乐子。

唐庄宗喜好打猎,每次出猎践踏老百姓的庄稼。一次在中牟县行围,该县县令挡住他的马,请求不要围猎,说主持国家大事的人应当爱民如子,要把百姓当作自己生命之所系,你现在为一时的娱乐,践踏了百姓的禾苗,将要引起百姓的愤怒,做皇帝的应该想这个问题。庄宗一听大怒,把他喝退,还要杀他。随从行围的优伶敬新磨觉得这样不对,要拯救县令,于是派人把县令抓来,假意指责他说:你这个县令不知道天子喜好打猎吗,知道就应该让百姓把地空闲着,好给天子打猎用,你怎么能纵容百姓耕耘,妨碍天子鹰犬飞走,如今不认罪过,还敢到这儿来唠唠叨叨,为民请命,你知道这是死罪吗?其他伶人也你一言我一语地数落县令。这场戏一演,唐庄宗的气慢慢地消了,也知道怪罪县令没有道理,就不治他的罪了。(《旧五代史》《新五代史》)

唐庄宗好演戏,本身取了艺名,叫作"李天下",倒是符合他的天子的身份。有一天他和伶人一块戏乐,忽然四向高叫:"李天下,李天下在哪?"敬新磨连忙上前打了他一嘴巴,唐庄宗一下给打愣了。在场的人也非常恐惧,一齐抓住敬新磨,责问他怎么敢打天子,敬新磨说李天下是皇帝,谁能呼叫他的名字。意思是尊崇唐庄宗,不让乱叫他的名字。唐庄宗听到这高兴起来,反而赏赐敬新磨,其他的人也跟着大笑。(《新五代史》)唐庄宗就这样宠信优伶,与他们融为一体。

唐庄宗与伶人的关系更表现在任用他们做官,侦刺官员和民情。庄宗早年有个宠幸的优人周匝,在对后梁战争中被俘,灭梁后周匝回到庄宗身边,说在后梁受到它的教坊使陈俊、内园栽接使储德源的搭救,请求任命这两个人做州刺史,庄宗答应了。枢密使郭崇韬反对任用伶官,不执行这个命令,说现在取得天下,忠勇之士还没有封赏,先用优伶,会失人望。过了一年,周匝又作了同样的请求,庄宗终于任用陈俊为景州刺史,储德源为宪州刺史。

伶人景进，被唐庄宗授予银青光禄大夫、检校右散骑常侍、守御史大夫，有时还派他到地方上去，赋予其特种使命，采访官场和民间的事情，秘密报告庄宗，所以当他进见言事时，在场的人纷纷退出，以便他们密谈。(《旧五代史》)庄宗建都于洛阳，所居宫室为唐朝旧宫，当时嫔御不多，景进与宦官们说宫内夜间见鬼，怪吓人的，庄宗问怎么能除去鬼祟呢，回答说唐时后宫有一万人，现在人少怪物就出来活动了，因此需要扩充宫女，庄宗听了高兴，就派景进到邺都采集美女一千人送进宫中。军士妻女害怕捉充，逃亡的有几千人。唐代末年以来，后妃制度不完备，到庄宗时，后宫人多，册封名号混乱。直到后唐明宗登极，才赦放庄宗的宫人回还民间。

敬景进和伶官势力大，不肖的官员就依附于他们，向他们行贿献媚。租庸副使孔谦想当租庸使，郭崇韬以其不副人望压抑他，屡荐他人担任此职，孔谦于是上书请求解职。唐庄宗以为他是规避职事，要治他的罪，孔谦遂谄事敬景进，尊之为兄，称其为"八哥"，敬景进就在庄宗面前保荐他，终于使庄宗打消治罪孔谦的念头，并将他提升为租庸使。(《旧五代史》)敬景进还上谗言陷害无辜的官员。郭崇韬遭受宦官和刘皇后诬陷被处死，庄宗弟弟李存乂是郭崇韬的女婿，景进对庄宗说：李存乂要造反，给他岳丈报仇，宦官们也这样说，庄宗因而把李存乂囚禁杀害。(《新五代史》) 原后梁河中节度使朱友谦投降后唐，庄宗加封西平王，并任用其子朱廷徽等人为刺史，但他不能满足伶人和宦官的无底洞的勒索，敬景进就诬称他与郭崇韬联合谋反，朱友谦主动进京表明心迹，敬景进又派人诬告他造反，庄宗听信了，把朱友谦全家诛戮。(《新五代史》)

伶人史彦琼被庄宗用为武德使，官于邺都，邺都留守王正言是懦弱的人，无能任事，邺都官员遂秉命于史彦琼。唐庄宗杀朱友谦，又命史彦琼去杀澶州刺史朱廷徽，史彦琼于夜间秘密出发，众人不知其事加以猜测，以为是郭崇韬谋反，刘皇后乘机杀害了庄宗，如今是紧急征召史彦琼去议事。此话传到贝州军中，戍卒皇甫晖劫持效节指挥使赵在礼造反，兵进邺都，邺都巡检使孙铎要求史彦琼发兵拒战，史彦琼不以为意，及至赵军到了城下，仓皇弃城逃回洛阳。赵在礼之乱，使庄宗陷于绝境，卒至死亡。(《新五代史》)

优人郭从谦，艺名"门高"，拜郭崇韬为叔父，又认李存乂为义父，他被庄宗任用为从马直指挥使。"从马直"是亲军，由这个官职可知唐庄宗对他非常信任。当郭崇韬、李存乂被害后，郭门高为二人鸣冤，恰巧从马直军士王温谋反被诛,庄宗向郭门高开玩笑地说,你党同郭崇韬、李存乂背叛我,又教王温造反,你还打算干什么?庄宗原来和郭门高嬉戏惯了,拿这等大事当笑料,不以为失言。可是郭门高把这话当真了,以为庄宗要治罪于己,于是策动军士作乱,射伤庄宗。庄宗要喝水,刘皇后也不管,丢下他和诸王、左右逃走了,庄宗随即死亡,五坊人善友找来宫中乐器作燃料,把庄宗焚化。

古代帝王喜好音乐、歌舞、戏剧者代不乏人,今日北京故宫的畅音阁、颐和园中的德和园均是这种爱好的物质见证。如果对这些娱乐没有兴趣倒成为怪现象。但是在这些喜好者中,唐庄宗却是突出的,他不仅欣赏优伶的表演,同他们寻欢作乐,而且信任他们,任用他们为官员处理军民事务,用他们作耳目,刺探军民隐事。这一点是别的帝王所不为的,或者是有所警惕的,即使偶而听从他们的谏诤之言,也不把他们任用于政权机构中。唐庄宗如此宠待优伶,乃至死于他们之手,历史上没有第二个人。

帝王与伶人关系密切,不是判断他为人品德与政事好坏的标准,重要的是他的所作所为的社会效果。唐庄宗用歌声指挥战斗,听从敬新磨谏诤不杀中牟县令,这是嗜好音乐对他的事业的好处。但是对唐庄宗讲,这种有积极意义的事情太少,相反,优伶败坏政事,以至招来了杀身之祸,害处极大。利弊相权,宠信优伶对于唐庄宗是一大败政,错误还是发生在他自己身上。喜好声乐不是人的过失,执政者适当地用声乐调剂生活,解除从政的紧张与疲劳,以便理好政事,这种喜好音乐就是正当的,有益的;但是如果喜好过分,耽于歌舞声色,不理政事,甚至听任伶人乱政,这样的喜好就是不正常的,无益而有害的。关键不在喜好与否,而在于把它摆在什么位置上,以及如何喜爱法。任何事情都有个量度,超过一定的限度,好事也会变为坏事,唐庄宗太过分耽于音乐了,事情就走向反面,且使自身成为失败的昏君。

(载冯尔康《去古人的庭院散步》,中华书局,2005 年)

明代宫廷戏剧和太监讽谏戏

明代宫廷戏剧由宦官衙门钟鼓司管理,宫内演出有内乐、传奇、过锦、打稻诸种形式。内乐应是雅乐;传奇是演出金元以来的院本;过锦,是何种形式,说法不一,有说是影戏,有说是木偶戏,演法是雕刻木人,浮在水上,旁边有人代为唱歌讲说,[①]对木人的装饰非常讲究,所谓"浓淡相间,雅俗并陈"[②],大约因装扮讲究,色彩鲜艳,才叫作"过锦"。

这几种形式是皇帝和后妃通常欣赏的,他们看腻烦了,就把民间的文艺引进宫中。明武宗扩大乐工名额,令各省选送至京,来的人多了,各种民间的文艺形式也带进来,所谓"筋斗百戏之类,日盛于禁廷"(《明史·乐志》)。武宗又宠幸伶人臧贤,用为教坊司奉銮,臧贤与锦衣卫钱宁建议武宗设立豹房,"恣声伎为乐"(《明史·钱宁传》)。明神宗为使嫡母仁圣太后、生母慈圣太后高兴,添设两宫百戏,把民间的戏曲都搬到宫中。[③]神宗本人爱听歌曲,有一次宴会上酒喝多了,令乐人唱新的歌曲,乐人以不会而拒绝演唱,神宗生气,顺手拿宝剑打他,在场的人赶快劝解,但他还是割了那人的头发作为惩治。第二天慈圣皇太后听说了这件事,把神宗召去,数说他的无理,神宗跪着听训,流泪表示改过。太后还不算完,又叫人告诉大学士张居正,要他上疏劝谏皇帝不要再犯过失,同时又让他替神宗代草罪己诏,表示皇帝的悔过,至此神宗的优人闹剧才告结束。(《明史·孝定李太后传》)民间戏曲传到崇祯帝时,下令裁革,于是宫中只剩传统的旧戏。

明代宫中演戏,常有类似后世活报剧的演出,内容都是结合时事,给以形象的表现,令皇帝看了有所警省。演这类戏最出名的是明宪宗时的太监阿丑。下面我们根据文林的《琅玡漫钞》、傅维麟的《明书·宦官传·阿丑传》及《明史·

---

① 震钧:《天咫偶闻》卷七。
② 沈德符:《万历野获编·补遗禁中演戏》。
③ 毛奇龄:《彤史拾遗记·庄烈周后传》。

宦官传·汪直传》等记载,将阿丑的演出和宪宗的观感作些介绍。

阿丑,显然不是姓氏,他的姓名没有留下来,大概专门扮演滑稽角色,因而被称为"阿丑"。有一天他和伙伴突然在宪宗面前做起戏来。阿丑装作豪饮滥喝进入醉乡的样子,一人骗他说某某官来了,意思是让他有所畏惧而不得放肆,哪知阿丑如同没有听见,继续作狂饮姿态。那人又吓唬说,皇帝驾到!阿丑仍无顾忌,照旧装作大口喝酒状。

那人出其不意地说汪直太监来了,阿丑乃作惊醒状,停止喝酒,毕恭毕敬地准备迎接汪直。另一个人似乎不解,在旁问道:皇帝来了都不害怕,为何一听汪太监就吓得老实了?阿丑以醉汉的口吻说:我只知有汪太监,不知道有皇帝。

汪直在明宪宗时提督西厂,对公卿、平民任意迫害,闹得百官"不安于位","商贾不安于市,行游不安于途,士卒不安于伍,庶民不安于业"。大学士商辂等上疏,希望皇帝罢撤西厂,宪宗拒不受谏,且怒不可遏地说:"朝廷用汪直缉访奸弊,有何坏法?"定要找出首倡谏诤的人,予以惩处。阿丑作为一个卑贱的阉优,无权向皇帝陈述忠言,但又骨鲠在喉,为了揭露汪直的煊赫权势,警告宪宗有大权旁落的危险,只好装出惧怕汪直的醉汉形象,以表达自己的想法,希图唤醒昏庸的皇帝。阿丑的谏喻戏与大学士的上谏,实系异曲同工,亦可见阿丑是具有政治头脑的人,比宪宗皇帝高明。

汪直作恶,得到都御史王越、副都御史陈钺的支持。陈钺为人尤其卑劣,他初任辽东巡抚时,适逢汪直因处置边务至辽,遂穿着便服,厕身于仆役之中侍奉汪直,取得汪直的好感。有王越、陈钺作为羽翼,汪直便以监督身份,出师辽东、延绥、大同等地,巩固他的地位。阿丑要揭露汪直的弄权,充分注意到这一事实。一天,在宪宗面前,他手执双钺,蹒跚而行,有人问他为什么拿两把钺,回答说我领兵,就靠的这两钺啊!又问他两钺有名字吗?答复是一个叫"王越",另一个叫"陈钺"。阿丑就这样形象而又一针见血地向宪宗揭发了汪直等结伙作恶的行径。宪宗看到阿丑的两次表演,知道他是在劝喻自己勿用匪人,加之朝臣的谏议,终于将汪直贬斥到南京,为朝廷去了一害。

"四面楚歌"离散楚霸王八千子弟兵,这个脍炙人口的故事,也被阿丑巧妙地用作讽谏宪宗的材料。一天,阿丑装作儒生高声吟诵,"六千兵散楚歌声",旁一人纠正他说,"楚霸王是八千子弟兵,不是六千",阿丑故作无知,坚持说是六千,不是八千。如此一来一往,争论不休。一会儿,阿丑慢条斯理地说:你不知道,那两千人去保国公朱永家盖房子了。原来贵胄朱永曾任总兵官,与汪直共同出征,又掌管京军团营,却私役兵士,为自己建造府第。宪宗看到阿丑的这番表演,遂派太监秘密调查,朱永听到消息,忙把兵丁撤回。阿丑向皇帝揭露贵族私役军士并希望加以制止的目的算是达到了。

汪直擅权,正是宪宗无能的表现。宪宗患有口吃病,对于朝臣的奏议,每每回答得不利索,鸿胪寺卿施纯便建议皇帝只说"照例"两个字作为答复,宪宗觉得方便,非常高兴,就把施纯越格提拔为礼部尚书,因此众人就讥讪施纯为"两字尚书",传为笑柄。由此一例,可知宪宗用人不当和朝政的败坏了。阿丑厌恶这类事情,并想促使皇帝有所醒悟。一次他装作六部主官除罢属吏,先命优中选优,接着从众人中挑选一人,将欲授职,问其姓名,回禀姓"公"名"论",阿丑作主官语曰:公论,现今的世道用不着。于是又选一人,报姓名为"公道",阿丑又以主事者口吻说:公道,如今也用不着。后又择一人,姓胡名涂,阿丑作高兴的样子说:好,胡涂,现在正用得着。办事公道的人不行,大家拥护的人也不行,糊涂虫倒成了宝贝,这样的吏治,其糟糕自不待说了。

阿丑的几出小戏,将成化年间的寺宦擅权,朝政腐败生动地揭露出来,把他要求皇帝整顿吏治的愿望表现出来。微贱的阿丑无功业可言,自不能同规谏齐威王的邹忌、对唐太宗犯颜廷诤的魏徵等列,但他关心朝政和民间疾苦,敢于利用自己演员的角色谏讽皇帝的精神值得称述,他的演戏艺术性不会太高,不过这在他就是次要的了。明宪宗通过看阿丑的戏,对有些事情有了了解,加以处理,也算没有完全白看。

顺便提及,继阿丑之后,崇祯时也有一出小戏引起皇帝、皇后的注意。那时农民战争在全国爆发,河南造反者声势甚盛,又遇上蝗灾,演员通过戏剧表现了这种情形,反映百姓逃难的状况。周皇后看了心情沉重地对崇祯帝说:有这样的事情啊!说着掩面哭泣,崇祯帝也难过地流了泪。

阿丑和他的同行的时事讽谏戏表明,"干预生活"确实是我国古代戏剧的一个优良传统。

(载冯尔康《去古人的庭院散步》,中华书局,2005 年)

清世宗的《悦心集》与曹雪芹的《好了歌》

——思想观念似同而实异趣

论述《红楼梦》的著作,往往涉及到清世宗查抄江宁织造曹家及其给曹雪芹带来的影响,这可以说是研究曹雪芹与清世宗的间接的政治联系。笔者近日阅读清世宗选编的《悦心集》,感到它同《红楼梦》的某些部分有共同之处。这也是一种联系——思想的联系。《悦心集》为清世宗在藩邸时读书所辑录,计四卷,大体是先录前人的某篇文字,次介绍作者,不做评论。清世宗做皇帝后,于雍正四年(1726年)撰写序言,刊行问世。笔者览《悦心集》,至一些前所未曾寓目的诗文,觉得相识而亲切:《红楼梦》中的《好了歌》和"注"立刻涌上心头,它们是多么相似!《好了歌》或被视为曹雪芹朴素辩证法观点的反映,或被看作宣扬色空观念的集中体现。如何把它理解得准确些呢?当然,主要是正确解释它本身的内涵,但是,如果将它同《悦心集》的某些诗文作一对比,或许倒能超脱因《红楼梦》是杰作而影响的对它的分析。《红楼梦》的研究者中斥责清世宗的人不少,然而世宗所欣赏的文学作品与《红楼梦》有某种情趣相同之处,可否以此作为评价他的思想和政治的一个线索呢?这也是本文要把清世宗编辑的《悦心集》与曹雪芹的《好了歌》联系起来考察的原因。

一、看破人生的文字

《悦心集》中与《好了歌》相近的一些诗文,有的出自名家之手,有的为无名氏之作,为便于比较,不妨先把它们录出来,再抄《好了歌》和"注"。

《悦心集》卷三辑唐寅撰《一世歌》:

> 人生七十古来稀,前除幼年后除老。中间光景不多时,又有炎霜与烦恼。过了中秋月不明,过了清明花不好。花前月下且高歌,急需满把金樽倒。世上钱多赚不尽,朝里官多做不了。官大钱多心转忧,落得自家头白

早。春夏秋冬撚指间,钟送黄昏鸡报晓。请君细点眼前人,一年一度埋荒草。草里高低多少坟,一年一半无人扫。

同卷陈继儒的《警世通言》:

一生都是命安排,求甚么。……荣华富贵眼前花,傲甚么。……死后一文装不去,悭甚么。前人田地他人收,占甚么。得便宜处失便宜,贪甚么。聪明反被聪明误,巧甚么。

卷四收有赵灿英《论白乐天诗》:

白乐天诗云:"亲故欢娱僮仆饱,始知官爵为他人。"予谓岂为官爵,凡多积而不善为我用者,徒为他人造蘖,于己唯招怨报耳。

同卷冯其源《题布袋和尚》:

笑呵呵,笑呵呵,笑世人,笑不了。笑他田地置方圆,笑他房屋嫌低小,笑他饮食美膏粱,笑他衣服求精好,笑他妻妾恋如花,笑他性命轻如草,笑他名利认真求,笑他贪得生烦恼。不如看破笑呵呵……

冯其源又有《知足歌》,节录于下:

知足歌,知足歌,栋垣何必要嵯峨。茅屋数椽蔽风雨,颇堪容膝且由他。君不见世间还有无家者,露处沙眠可奈何?请看破,莫求过,竹篱茅舍心常足,便是神仙安乐窝。

知足歌,知足歌,田园何必苦谋多。只用平畴十数亩,或禾或菽自耕锄。君不见世间还有无田者,籽粒艰难可奈何?请看破,莫求过,一犁春雨常知足,身伴闲云挂绿蓑。

知足歌,知足歌,衣裳何必用绫罗。布衣亦足遮身体,破衲胸中寓太和。君不见世间还有无衣者,霜雪侵肌可奈何?请看破,莫求过,鹑衣百结常知足,胜佩朝臣待漏珂。

另有无名氏的《知足歌》：

人生尽受福，人苦不知足。思量事累苦，闲着便是福。思来死去苦，活着便是福。

也不必高官厚禄，也不必堆金积玉，看起来，一日三餐，有许多自然之福。我劝世间人，不可不知足。

还有无名氏的《醒世歌》：

南来北往走西东，看得浮生总是空。天也空，地也空，人生杳杳在其中。日也空，月也空，来来往往有何功。田也空，地也空，换了多少主人翁。金也空，银也空，死后何曾在手中。妻也空，子也空，黄泉路上不相逢。大藏经中空是色，般若经中色是空。朝走西来暮走东，人生恰是采花蜂，采得百花成蜜后，到头辛苦一场空。夜深听得三更鼓，翻身不觉五更钟。从头仔细思量看，便是南柯一梦中。

此外，《悦心集》中还辑有赵灿英的《安命歌》等诗章，免得繁琐，不再抄录。现在请看《红楼梦》中的《好了歌》和"注"：

世人都晓神仙好，惟有功名忘不了！古今将相在何方，荒冢一堆草没了。世人都晓神仙好，只有金银忘不了！终朝只恨聚无多，及到多时眼闭了。世人都晓神仙好，只有娇妻忘不了，君生日日说恩情，君死又随人去了。世人都晓神仙好，只有儿孙忘不了！痴心父母古来多，孝顺儿孙谁见了？

陋室空堂，当年笏满床；衰草枯杨，曾为歌舞场。蛛丝儿结满雕梁，绿纱今又在蓬窗上。说甚么脂正浓，粉正香，如何两鬓又成霜？昨日黄土陇头埋白骨，今宵红灯帐底卧鸳鸯。金满箱，银满箱，转眼乞丐人皆谤。正叹他人命不长，那知自己归来丧！训有方，保不定日后作强梁。择膏梁，谁承望流落在烟花巷！因嫌纱帽小，致使锁枷杠；昨怜破袄寒，今嫌紫蟒长。乱哄哄，你方唱罢我登场，反认他乡是故乡。甚荒唐，到头来，都是为他人作嫁衣裳！

二、思想内容

读罢《一世歌》等诗文与《好了歌》，可以谈它们的相同之处以及它们的辑录者和撰写人的思想情趣了。

清世宗说《悦心集》所收的文章，"戒贪去妄，屏虑释思，寄清净心，游欢喜地，言近旨远，辞简味长，俯仰之间，随时可会"①。可见他把劝人"戒贪去妄"作为编辑的宗旨。清人吴榴樾读《悦心集》，也说书中文章"无非去妄止贪，提撕警觉之意"②。所谓戒贪去妄，观上引诗文，具有以下含义：

第一，戒贪子色财禄。《一世歌》《警世通言》《论白乐天诗》《题布袋和尚》等诗文说，人们向往官居极品，恨不得占尽良田美宅和金玉财宝，享尽锦衣玉食、娇妻美妾的艳福。为达目的，不顾性命，不计烦恼，不恤他人怨恨，不择手段。即或达到目标，而人生有限，死了什么也带不去，只与荒草为伍，有的还有人去扫祭，有的被人忘得干干净净。看起来，企求荣华富贵，实不必要！自讨有识之士的耻笑。

第二，主张人生知足。如《知足歌》所说，比上不足，比下有余，就该知足了。"花前月下且高歌，急需满把金樽倒。"得乐且乐，这自然之福，才是真正的人世幸福，最值得尊贵。

第三，宣扬人生如梦，一切皆空。《醒世歌》集中地反映了这种观点。它讲人生如梦，一切皆空，所以应当看透人生，绝去七情六欲，出世为僧，像布袋和尚那样："肚皮藏世界，布袋括山河，日月轮回眼，乾坤自在窝，开口笑时空色相，安心坐下念弥陀。"③

上述诗文所反映的观念属于两种思想体系。要安于天命，对于功名、财富和美色，不作分外之想，不贪得无厌，能够维持生活就满足了。这是一部分人自命清高的处世观。清世宗在《悦心集序》中说他"淡泊为怀，恬静自好，乐天知命，随境养和"。是否如此，暂且不管，但他所说的因知命而淡泊，却是那些

---

① 《悦心集序》。
② 《养吉斋余录》卷 3。
③ 《题布袋和尚》。

诗文所表述的儒家诚静观念。另一种色空出世的思想,则是佛家的信念。

　　这两种思想,在与世无争上是相通的,知命淡泊的观念向前发展就会是色空出世。两者都是要人去掉一切欲望,对世事无妄求。这种联系,还可从上引诗文的作者与佛教的关系得到进一步的了解。赵灿英所论白居易的诗,《白氏长庆集·自感》原诗是:"宴游寝食渐无味,杯酒管弦徒绕身。宾客欢娱僮仆饱,始知官职为他人。"白居易晚年有时感到高官厚禄带来的声色宴饮索然寡味,徒然供给宾客僮仆享受,自己得不到好处和乐趣,表示他宦情大衰,所求有限。白居易一生受佛教思想影响颇深,拜如满禅师为师,在洛阳龙门建香山寺,自称香山居士,颇精于佛学,所以佛教典籍说他"久参佛光,得心法,兼禀大乘金刚宝戒"①。《一世歌》的作者唐寅因无辜被牵连而科场失意,愤慨之余,视为命定。②他坎坷一生,还差点为宁王造反而遭祸,因而放浪形骸,晚年"乃皈心佛乘"③,借用金刚偈语,号"六如居士",他的《一世歌》正是他厌世思想的表现。冯其源,据清世宗介绍,他善诗歌,自号隐滨散人。笔者尚未查到他的传记。他的自号透露,或是隐居水滨不仕的文人。他劝人效法布袋和尚,可能也是在家修行的居士。白居易、唐寅等人,一面淡泊无为,过着优游林下的生活,一面向佛教求助,以求解脱人生的痛苦,在他们身上,体现了知命淡泊与色空出世双重思想的结合。清世宗选录他们这部分诗文,即是欣赏其中所表达的淡泊和色空观念,也即认为戒贪止妄才能除却人生的烦恼。

　　《好了歌》说神仙是人们祈慕的,功名、金银、娇妻、子孙也是歆羡的,这两者相矛盾,不忘世俗尘缘的人,就做不了神仙。再说这些尘世中的欲望,人若达到了,也该死了。正如跛足道人所说:"可是世上万般,好便是了,了便是好;若不了,便不好;若要好,须是了。""了"和"好"相一致,也就无所谓好。人们劳精费神地去经营,真是自讨苦吃。《好了歌》把人们所热衷的荣华富贵都看透了,把人生也看透了,它劝人抛弃尘缘,出世做神仙,是宣传佛教的色空观念。

　　《好了歌》的"注"与它的正文思想相一致。甄士隐说富贵人家会败落,也还可以兴旺;东家有丧事,西家却有喜庆;有的人讥笑他人的不幸,哪知也有类似的命运等着他;有的人因钻营官职而获罪,有的人因得官而胆战心惊。这

---

① 《五灯会元》卷 4《白居易侍郎》。
② 《六如居士全集》卷 5《与文徵明书》。
③ 《六如居士全集》卷 7 尤侗《明史拟稿唐寅传》。

是说世事无常,盛衰不定,苦苦营求,纵或一时获得成功,也是为他人奔忙。
"甚荒唐,到头来都为他人作嫁衣裳。"要旨就在这里。教人看破红尘,不就是
宣传色空观念吗!

对注释《好了歌》的甄士隐的出家,曹雪芹写了他觉悟的过程。甄士隐
原是乡宦,但他"禀性恬淡,不以功名为念",唯以观花种竹、酌酒吟诗为乐
,正是知命淡泊的人。可是天灾人祸偏偏向他袭来,丢失了独生女,烧掉了家
产,又遭到世变,乃至投亲不着,遭人歧视而又度日维艰。这种社会地位的
巨大变化,使他不能够幽闲自适地生活了,知命淡泊的思想不能适应变化
了的社会地位,他悲伤于自己的不幸,更看不惯人世的你争我夺,厌世了,
接受了跛道色空观念的说教,思想完成了从儒家向佛老的转化。①跛道连称
他的"注""解得切!解得切!"亦见"注"和《好了歌》思想一致,确是宣扬色空
观念的。

上述《悦心集》的诗文和《好了歌》及"注",都讲荣华富贵是过眼烟云,
不值得追求,倡导捐弃七情六欲的出世,所不同的是《悦心集》的诗文相当多
的表现知命淡泊的清高观点,比《好了歌》和"注"要复杂一些。

三、旨趣:掩盖真情与寻觅解脱

清世宗借助《悦心集》宣传恬淡和出世思想,目的是什么?前已说过,他在
序言中自称"淡泊为怀",又说:"前居藩邸时,虽身处繁华,而窹寐之中,自觉
清远闲旷,超然尘俗之外。然不好放逸身心,批阅经史之余,旁及百家小集,其
有寄兴萧闲:寓怀超脱者,佳章好句,散见简编,或如皓月当空,或如凉风解
暑,或如时花照眼,或如飞鸟鸣林,或如泉响空山,或如钟清午夜,均足以消除
结滞,浣涤烦嚣,令人心旷神怡,天机畅适。因随意采录若干,置诸几案间,以
备观览。"他这里说得很轻快,把自己打扮成怡情自适、与世无争的皇子。然而
全不合于他的实际。康熙后期,因有废太子事件,皇家有激烈的储位之争。诸
皇子与朝臣结党谋取储位,出现皇长子胤禔、废太子胤礽、皇四子胤禛、皇八
子胤禩、皇十四子胤禵等不同的皇子集团,清世宗胤禛是储位的积极谋夺者,

---

① 《红楼梦》是小说,其中的僧、道形象,都不是纯粹意义上的佛教徒或道教徒,而是佛道的综合
体。故本文不把他们做严格的区别,只以佛老名之。

怎么有闲心制作《悦心集》呢？笔者认为这正是他争位的产物，原因之一是用以掩盖他的争位活动。在第一次废胤礽、诸皇子争为储君的时候，清圣祖严格禁止诸子结党，不许朝臣、满洲下人与诸皇子随意结交，声明"诸阿哥中有钻营谋为皇太子者，即国之贼、法断不容"①。胤禩不听，遭到处分。胤禛则采取隐蔽的方法，暗中加紧活动。他的奴才戴铎提出全面争夺储位的规划，他看了后说："虽则金石，与我分中无用。"②对亲信尚且不说实话，对他人更要全行遮盖了。他读书，编辑《悦心集》，表示自己淡泊为怀，无所作为，欺骗乃父，瞒人耳目，以便他的活动顺利进行。

还有一个原因，就是储位之争中，长期以来，他处于不利地位。开始是胤礽夺嫡呼声最高，后来胤禩欣欣向上。胤禛在逆境之下，既需要看点清静无为的东西安慰自己，又有牢骚要发，如《悦心集》卷四收有不知何人所作的《布袋和尚呵呵笑》，歌词讥谤伏羲画八卦，神农尝百草，尧舜禅让，汤武家天下，更有甚者，说及佛老、孔子、玉皇、天子："我笑那李老聃五千言的道德，我笑那释迦佛五千卷的文字，干惹得那些道士们去打云锣，和尚们去敲木鱼，生出无穷活计。又笑那孔子的老头儿，你絮絮叨叨说什么道学文章也，平白地把好些活人都弄死。住住住，还有一笑，我笑那天上的玉皇，地下的阎王，与那古往今来的万万岁，你带着平天冠，穿着衮龙袍，适俗套儿生出什么好意思，你自去想一想，苦也么苦，痴也么痴，著什么来由干碌碌，大家喧喧嚷嚷的无休息。"呵斥圣人佛祖，对至尊的皇帝也嘻笑戏弄，原诗是为劝人清心寡欲，清世宗欣赏它则是怕搞不到储君而自我解嘲。

胤禛登基后情况变了，何以还把《悦心集》公诸于世呢？他的原因是否可以认为，第一是为把反对朋党的斗争进行到底。朋党之争并未随清世宗的继位而结束，世宗为巩固自己的帝位，也为着维护清朝的统治，采取种种措施打击朋党。开始对准胤禩、胤禟集团，接着指向年羹尧集团、隆科多集团，然后又向所谓的蔡珽、李绂士人集团开刀。就中，屡次发布上谕，如雍正二年（1724）颁布《御制朋党论》，说明党争的危害和打击朋党的缘由，四年（1726）春天，正是他同时干掉胤禩、年、隆诸集团首要分子的时候，刊印《悦心集》就不是偶然的巧合了。他自称"淡泊为怀""乐天知命"，虽处尘嚣之中，而却见道于先，即

---

① 《清圣祖实录》卷234，四十七年九月壬寅条。
② 《文献丛编》第三辑《戴铎奏折》（康熙五十二年）。

是说他在当皇子时,没有搞过朋党,没有进行过储位斗争。①进而说明他处理康熙朝遗留下来的朋党问题的必要性,打击胤禩等人的合理性。清世宗还用以表示他过去"恬静自好",今日仍以宽大为怀,不逼人太甚,即使打击朋党,也是万不得已,也不会过于严苛,以之回答当时社会上存在的一部分官僚对他严厉政治的批评。第二,作为人主的清世宗,利用《悦心集》劝诫天下臣民安分守己。清世宗说,正人心要靠圣贤存心洗心的明训,佛祖的明心寂心的微言,而《悦心集》所收之文,兼俱儒佛两家思想,恰是教人安于现状,逆来顺受,甚或看破红尘,把希望寄托于来世。这样一来,人民就不会有反抗,统治就能稳定。

需要特别指出的是,清世宗是一个大力利用佛教作为统治工具的帝王,他自号圆明居士,又号破尘居士,著作《集云百问》《圆明居士语录》,编选佛教大师的论著,成《御选语录》,还与佛徒辩难,作《拣魔辨异录》,硬性规定把他认为邪魔外道的著作剔出佛教经典,将他认为阐扬佛学的著述收入佛经。②在宫中举行法会,用禅僧文觉等参予重大政事的谋议,并派遣亲信僧侣住持各名山古寺。③清世宗俨然成为僧俗合一的"天""朝"皇帝。这样的君主,以专门的佛学典籍和《悦心集》式的兼有儒佛内容的著作向官员和百姓倾注,要臣民死心、寂心,一心当忠臣、顺民。总之,清世宗辑录和出版的《悦心集》是他参与储位之争和打击朋党的政治工具,也是他奴化臣民的思想工具。

曹雪芹写《好了歌》乃至《红楼梦》,其主观目的与清世宗辑《悦心集》大相径庭。《好了歌》充满了虚无主义思想情绪,但曹雪芹为什么作这样的描写,他对佛教是什么态度,他有什么样的人生观,只有对这些问题做通盘的检查,才可能把《好了歌》分析得清楚些。

曹雪芹把僧道上层写得卑鄙、龌龊不堪,把寺观写成罪恶的渊薮,还无情地讽刺了宗教的修养方法和教义的无用无力。他写水月庵老尼净虚惯于勾结官绅,谋财害命,是披着袈裟的恶人。她的徒弟智能把庵寺当作"牢坑",恨不得离开它。曹雪芹写马道婆,为了骗取财物,不择手段地破坏他人家庭。可见

---

① 如在另外的场合,清世宗不只一次地说"朕向无希望大位之心","朕在藩邸时坦易光明,不树私恩小惠,与满汉臣工素无交往,有欲往来门下者,严加拒绝"。(《雍正朝起居注册》,元年四月初七日条,七月初六日条)以瞎话欺愚世人,企图把自己从朋党中(也即争夺储位中)洗脱出来。

② 雍正十一年四月初八日上谕,见《拣魔辨异录》。

③ 《永宪录·续编》,中华书局,1959 年,第 358 页。

净虚、马道婆是借助佛道谋自身利益的可憎的三姑六婆,而戴发修行的妙玉则是真心出家的比丘尼。曹雪芹写她寻访观音遗迹,却寄身贵胄之家的大观园中;她鄙恶村妪刘姥姥,又不得不同贵妇贾母周旋;她自称"槛外人",然而喜结交公子贾宝玉。真是"欲洁何曾洁,云空未必空",出世又何谈容易。但是入了空门,白误了美好的青春,"可叹这青灯古殿人将老,辜负了红粉朱楼春色阑"。曹雪芹把她写成既令人同情又让人生厌的形象,说明他对所谓守清规的出家人也持保留态度。曹雪芹写警幻仙姑引领贾宝玉游历太虚幻境,充当荣、宁二公的代言人,把贾府复兴的希望寄托在宝玉身上,要他留心于孔孟之间,委身于经济之道。这警幻就不是超凡入圣的神仙,而是热衷于功名利禄的俗人。至于道士王一贴,专以卖假药骗人,还引诱公子王孙讲房中术,这哪里是仙家,是地地道道的骗子。被曹雪芹刻画为懦弱者形象的贾迎春,对偷当她的首饰的下人不能惩治,只以观看《太上感应篇》解闷。林黛玉讪笑她"真是虎狼屯于阶陛,尚谈因果"。这是曹雪芹借以说明佛老不能解脱人生痛苦。这些情节描写和人物形象塑造表明,曹雪芹对佛老持批判态度,他不是追求出世,更不把出世当作理想。

但是《好了歌》和"注"、甄士隐出家又确实表达了对宗教的幻想,希望从中得到人生的解脱。这同他批评佛老的态度是矛盾的。不仅如此,他对主人公贾宝玉形象的塑造也反映了这种矛盾心理。宝玉少年时"谤僧毁道",但人生不如意的遭遇,却使他逐渐向佛教靠拢。他对黛玉的爱慕,因社会上种种障碍,不能取得对方的充分理解,加之黛玉、宝钗、湘云之间的矛盾,他不能如愿以偿地加以解决,于是向佛老经典求教,相信"绝圣弃智",才能无劳无忧无所求,产生不要恋爱、不要才智、清静无为的思想,写出"焚花散麝"的文字,作词:"无我原非你,从他不从伊,肆行无碍凭来去,茫茫着甚悲愁喜?纷纷说甚亲疏密?从前碌碌却因何?到如今,回头试想真无趣。"以为我亦非我,不过是臭皮囊、空色相,居然学起参禅。曹雪芹没有让他急骤地迈进寺庙的门槛,而让黛玉、宝钗破其痴心,指出他没有达到顿悟境界,暂时把参禅丢开。生活中的矛盾有加无已,一件件不如意的事情使他不能不走向消极厌世。他蔑弃功名利禄,父亲贾政硬逼他去学习时文八股,参予官场应酬。他要自由恋爱,然而命中注定"茜纱窗下,我本无缘,黄土陇中,卿何薄命!""木石姻缘"终究为"金玉良缘"所代替。他一再表示如果不能同林黛玉结合,就出家当和尚。他平日心情不顺,或者有内疚,就焚香表示心意,还告诉别人这样虔诚,才能感应。

"人事难定,谁死谁活",既然自己掌握不了自己的命运,最后只能在"无可奈何之日",悬崖撒手,"赤条条无牵挂"地出家为僧了。

曹雪芹写贾宝玉思想演变过程,是无法解除人生的苦恼,不得不遁入空门。①曹雪芹一面诋毁佛老,一面颂扬出世思想,这是多么尖锐的冲突!这是他对人生道路的矛盾心理状态的反映。他写钟鸣鼎食的贾府内外种种解不开的事端,危机四伏,而又不能克服自身的矛盾,终于树倒猢狲散,一败涂地。这个故事情节和思想倾向,使我们明了,曹雪芹深刻地感到社会的弊病,他苦闷,寻求出路,只是没有找到,无可奈何,求助于并不真心信仰的佛教,聊慰无可寄托的心情。曹雪芹是出入于佛老的,自号"芹溪居士"②,便是明证。因此,他对佛老既抨击又一定程度地相信的纠结现象,是不难理解的。

至此,我们可以看到,曹雪芹的《好了歌》及《红楼梦》故事情节与清世宗的《悦心集》,虽都有某种程度上宣传佛老的共同点,但它们的编著者的心情、目的并不相同:一个用以进行政治斗争和维护君主政权,一个是在做新的人生的探讨,而无结果时,表现出矛盾的心理;一个是儒佛合流的说教,一个是无可奈何的哀音。

四、比较研究法与探求真知

把有共同之点的《悦心集》与《好了歌》放在一起研究,是使用的历史比较法。笔者相信这是尊重历史事实的方法。因为有联系的两种或多种事物才能比较,而共同点只能从诸事物的实际中寻觅出来。比如在《红楼梦》与宗教关系的问题讨论中,孤立地分析《红楼梦》,就不易得出正确的结论。事实上,这一问题的研讨已出现两种倾向:红学问世之初,《红楼梦》被一些学者视为宣扬色空观念的、教人"成佛之要道"的书,它的伟大的社会价值还没有为人们所认识,是以这种观点得以部分地流行。后来红学发展,《红楼梦》不再被误解为宣传出世的书,连真正体现色空观念的《好了歌》和"注"也被理解为具有朴

---

① 今日所见《红楼梦》前八十回并没有写完贾宝玉当和尚的全过程,但曹雪芹是要把他写成出家的。高鹗续书写了,符合原作之意,只是披着大红猩猩毡子斗篷出走,并被御封为文妙真人,违背了原著精神。

② 张宜泉:《春柳堂诗稿·题芹溪居士》,见古典文学研究资料汇编《红楼梦卷》第8页。

素辩证法的积极意义的内容,有的研究者虽也承认它的问题,但尽力替曹雪芹开脱,说《好了歌》和"注"思想矛盾,"注"没有出世思想,《好了歌》有,也是为了描写跛道传教的情节。此种情况,和前一时期正好相反。这就使我们有理由认为,这两种截然不同的结论,不是从书中固有情节分析出来的,而是从《红楼梦》是什么样的书的概念中衍化出来的。如果撇开《红楼梦》是什么样的书的概念,拿它的内容同其他书籍(如《悦心集》)的类似内容做比较,不管对被比较的书怎样评定,仅仅比较它们相近的东西,就可以抛开概念,进行从实际出发的分析。

正确运用历史比较法,可以对历史做出比较公正的评价。《悦心集》中宣扬儒佛两家思想,这是大家比较容易承认的,因为清世宗是以暴君的形象出现在相当多的人的头脑中,说他编辑的书不好,人们接受起来不会产生什么障碍。把它同《红楼梦》进行比较,那么《好了歌》和"注"的佛家思想明显地暴露出来,易于被人们认识,有利于帮助排除因《红楼梦》是杰作而干扰对它的局部问题的认识,有利于人们承认它的以为是糟粕的成分。同样道理,清世宗和曹雪芹都出入佛老,尽管他们与佛教过从有异同,因之评论可以不一样,但是不能不顾事实地厚此薄彼,一味高抬曹雪芹,一味贬斥清世宗,就是不公允的了。

(载《南开学报》1983 年第 6 期,现副题"思想观念似同而实异趣"为 2018 年 11 月 15 日复阅时所加)

思考与抨击传统伦理虚伪性的曹雪芹

《红楼梦》的研究不仅是文学界的经久不衰的课题,还带出"曹学",以至被戏称的"红外线",在史学界也一度成为热点。那是在"前三十年",讨论"五朵金花"之一的资本主义萌芽问题时,学者试图从曹雪芹和他的《红楼梦》里探讨有无民主主义思想,有无资本主义萌芽思想因素,加之最高指示《红楼梦》要读五遍,它是政治历史小说。笔者因关注资本主义萌芽历史课题,遂进入《红楼梦》的研读,先后写出《红楼梦——封建社会的一面镜子》《曹雪芹和红楼梦》两个小册子,[1]以及论文《清世宗的悦心集与曹雪芹的〈好了歌〉》[2]《江宁织造曹家的被抄及其原因》[3]《曹雪芹》[4]等。

《曹雪芹》一文,当写于 20 世纪 90 年代前期,而脱胎于《曹雪芹和红楼梦》,二十多年后重新阅读,深深感到它的时代思潮的痕迹和我的认识的浅薄。本文之后的二十多年来,我还是留意于红学界的研究成果,特别是"回归文本"研究方向的强调,对我启示良多。因此,想对本文进行大手术,深入探讨曹雪芹在《红楼梦》中表现的思想性和艺术性,然而认知还是那么贫乏,写不出来,只好以新的文章题目表达探讨的愿望,而且对《红楼梦》艺术性全无关照,甚为遗憾。[5]

一、生平和家世

曹雪芹的祖先是汉人,明朝末年定居于辽阳。高祖曹振彦隶籍于满洲正

---

① 中华书局先后于 1974 年、1986 年梓行。

②《南开学报》1983 年第 6 期。

③ 原载冯尔康主编:《雍正皇帝全传》,学苑出版社,1994 年。

④ 原载白寿彝主编:《中国通史》第 10 卷,上海人民出版社,1996 年。

⑤ 关于曹雪芹的身世生平,以及他是否为《红楼梦》的真正作者,高鹗是否为后四十回的续作者,红学界多有争论,我这里多系采取一般说法而已。

白旗包衣佐领,为皇室家奴,可以视为满人。曾祖曹玺是曹家成为望族的创业人,其妻子孙氏是康熙帝奶母。康熙二年(1663),曹玺被派到江南,任江宁织造郎中。这是正五品官,专为皇家办理织造用品和采购其他生活用品,官位不高,却是皇帝派出的亲信,地方官不得不另眼相看,故而实际地位较高。康熙帝赏赐曹玺正一品衔,荣誉非凡。他于康熙二十三年(1684)病死于任所。其子曹寅,是康熙帝奶兄弟,少年时代伴君读书,康熙三十一年(1692)被任命为江宁织造,继承父业,一直做到五十一年(1712)病故,这中间兼任两淮巡盐御史,加通政使衔(正三品)。他奉康熙帝之命,组织校书班子,编辑、刊刻《全唐诗》《佩文韵府》等大型图书。他自身颇具文才,善作诗词古文,喜作戏曲,著有《楝亭集》《续琵琶记》。刻书很多,有《楝亭藏书十二种》《楝亭五种》。他同江南的文士广交朋友,并为朱彝尊、施闰章等名家梓刻文集。康熙帝六次南巡,曹寅赶上了四次接驾,把康熙帝供奉在他的织造署。曹寅的女儿出嫁给平郡王纳尔苏,成为王妃。他的妻子李氏,是苏州织造李煦的堂妹。曹寅时期是曹家的鼎盛阶段,但他开销大,拉下亏空,也是曹家衰落的起点。

曹寅死后,康熙帝眷顾他的家属,命曹颙继承乃父差使,对他颇为赏识,说是看着他长大的,"拿起笔来也能写作,是个文武全才的人",办事又"谨慎",是"朕所使用之包衣子嗣中,尚无一人如他者"①。可惜他在康熙五十四年(1715)故世,康熙帝怜悯曹寅两世孤孀无人奉养,下令把曹宣的儿子曹頫过继曹寅为子,并担任他的职务。曹頫原受曹寅抚养和器重,他的为人,据唐开陶编纂的《上元县志·曹玺传》讲:"好古嗜学,绍闻衣德,识者以为曹氏世有其人云。"看来他是忠厚老实的有点学问的人,但机变办事能力不足。自曹寅以来欠下的官帑亏空,多年没有弥补,他在办理织造事务上又屡出差错,雍正帝清厘钱粮,就以他"行为不端,织造款项亏空甚多"②为名,于雍正五年(1727)底下令抄他的家,罢他的官。③曹家于是离开任所,回到北京。曹玺祖孙三代四人出任江宁织造,前后六十余年,成为织造世家,离开江南后,家业凋零,一蹶

① 故宫博物院明清档案部编:《关于江宁织造曹家档案史料》,中华书局,1975 年,第 125 页。
② 《关于江宁织造曹家档案史料》,第 185 页。
③ 关于查抄曹家的原因,流行一种曹家因允禩案而牵连的政治原因抄家说,本文认为不合史实,不取其说。笔者观点,见《江宁织造曹家的被抄及其原因》,《雍正皇帝全传》,学苑出版社,1994 年。

不振。

曹雪芹是曹頫之子，于康熙五十四年(1715)夏天出生在江宁织造署，乾隆二十七年(1762)除夕死于北京，享年四十八岁。曹雪芹，名霑，此为父辈所取谱名，赋予感戴皇恩或天恩祖德之意，字芹圃，表示游沣水、得功名的愿望。另一号梦阮，阮即指阮籍，表示自己思想性格上与之有相通之处。他还有一个字号，为芹溪居士，显然具有某种认同佛教意识。

曹雪芹与敦诚、敦敏兄弟交谊笃厚，敦氏兄弟是努尔哈赤之子英亲王阿济格的后裔，属于皇族。曹雪芹经常与他们交游，互相唱和。曹雪芹先卒，他们屡以诗文悼念。雪芹另一友人张宜泉，也是旗人，孤苦贫寒，在北京西郊教村学，曹雪芹晚年与之过从甚密。他们的相与当同不得意的命运不无关联。

曹雪芹的最后十年，在北京西郊的山村度过。张宜泉的《题曹芹溪居士》七言律云："爱将笔墨逞风流，庐结西郊别样幽。门外山川供绘画，堂前花鸟入吟讴。"①说明雪芹的住处有山有水，有花木，有飞禽，自然环境很好。但是这个地方偏僻，房舍简陋，张宜泉赋予它诗情画意，不过是友人劝慰感情的流露。曹雪芹的居处坐落在什么地方，有人说是今日香山南边正白旗村三十九号住宅，有人说在香山北边白家疃村。

清人裕瑞在《枣窗闲笔》中说曹雪芹"身胖头广而色黑"②。这是我们所知唯一的说明曹雪芹相貌体型的资料。

张宜泉在《伤芹溪居士》诗的小序中说曹雪芹"善诗画"③，这是知交之论。曹雪芹的诗意境高超，气势磅礴，韵律严整，敦诚在《佩刀质酒歌》里给予热情的称赞："知君诗胆昔如铁，堪与刀影交寒光。"④他还把曹雪芹与唐代大诗人李贺相提并论。曹雪芹善于作诗，但不轻易吟哦，至今留下来的，除《红楼梦》里的，就只有为敦诚著的《白香山琵琶行》传奇所作题跋诗的最后两句："白傅诗灵应喜甚，定教蛮素鬼排场。"雪芹具有卓越的绘画艺能，从《红楼梦》中薛宝钗论作画的有关叙述就可知了。他可能用绘画换钱维持生活。张宜泉《题曹芹溪居士》中云："羹调未羡青莲宠，苑召难忘立本羞。"⑤用李白被唐玄宗召为

---

① 一粟(周绍良)编：《红楼梦卷》(《红楼梦资料汇编》)，中华书局，1964 年，第 8 页。
②《红楼梦卷》第 14 页。
③《红楼梦卷》第 8 页。
④《红楼梦卷》第 2 页。
⑤《红楼梦卷》第 8 页。

翰林而得意一时,阎立本为唐太宗大宴功臣的场面作画而身不能与宴感到耻辱两个典故。由此可以推想,雪芹可能应召到内廷画苑作画工,因受侮辱而离去。曹雪芹缺乏经济来源,生活过得相当清苦,常常靠赊欠度日,所谓"举家食粥酒常赊"[①]。为了生存,有时就得卖画了,敦敏的"卖画钱来付酒家"[②]的诗句应是写实的。贫困不已,雪芹可能向阔亲戚请求过帮助,所以敦诚才对他讲:"劝君莫弹食客铗,劝君莫叩富儿门。残杯冷炙有德色,不如著书黄叶村。"[③]看来雪芹投亲遇辱,益知人世冷暖,增强了对丑恶社会的厌恶。

曹雪芹或许在右翼宗学当过差。敦诚赠他的诗有"当年虎门数晨夕,西窗剪烛风雨昏"的句子,[④]他们交往是在"虎门",这里指学校,敦诚兄弟上过右翼宗学,因之推测雪芹到那里做过事。

曹雪芹的家庭人口很简单,前妻去世后,又续弦娶妇,还在人家处于"新妇"时期,他就辞世了。雪芹晚年有一娇儿,不幸殇逝,使他身心遭到沉重打击,酿成疾病,又无力医治,就在儿子死后几个月离开了人世。

二、《红楼梦》的创作和高鹗的续修

《红楼梦》被誉为我国古典文学四大名著之一。曹雪芹用小说的体裁,以贾宝玉、林黛玉这两位青年的爱情悲剧为主线,描写了当时社会衰乱状貌下各阶层人士的生活。这是一部现实主义的作品,在艺术上具有极高的成就。原作可能是一百一十回,后存八十回,后世同行的一百二十回本,其中后四十回,一般认为是高鹗续补的。

《红楼梦》的创作,甲戌本《红楼梦》的凡例有诗评说:"字字看来皆是血,十年辛苦不寻常。"又《红楼梦》各种本子的第一回都有关于成书情况的下引文字:"曹雪芹于悼红轩中披阅十载,增删五次,纂成目录,分出章回。"说明曹雪芹用了至少十年的功夫,反复修改,成就他的著述。乾隆甲戌年(十九年,1754),曹雪芹基本上把《红楼梦》写成了。

---

① 《红楼梦卷》第 1 页。
② 《红楼梦卷》第 7 页。
③ 《红楼梦卷》第 1 页。
④ 《红楼梦卷》第 1 页。

曹雪芹究竟写了多少回？八十回后写没有写？写了多少？对这些问题,脂砚斋批语(脂批)做了局部的说明。庚辰本第四十二回前批说《红楼梦》"至三十八回时已过三分之一有余",人们以此推算,曹雪芹计划中的《红楼梦》应是一百一十回。①曹雪芹在世时,只有《红楼梦》的稿本和脂砚斋等批语的抄本,也可能有他人的抄本,但一定极少,而且都没有刻印。后来据脂批本抄写的本子很多,这可以说是脂本系统的《红楼梦》。雪芹去世二十多年后,出现了程伟元的枣梨本,后来它也有多种本子,可称为程本系统。此外,有近年出版的通行本,是由中国艺术研究院红楼梦研究所综合脂本、程本的一百二十回校注本。

高鹗,字兰墅,汉军旗人,乾隆五十三年(1788)举人,六十年(1795)进士,入翰林院,官侍读。在中举后,与程伟元合作,续成《红楼梦》后四十回。现在学术界争论的是续书的价值问题:第一,续书基本上完成了《红楼梦》故事的悲剧结局,在写悲剧这基本点上符合原作精神。第二,续书反映的社会生活面相当广阔,给读者以有益的成分。第三,续书在艺术性上虽然在主要方面不及原著,这是同曹雪芹这样艺术大师的手笔比较而言,但其本身还是不错的。后四十回写贾府败落,大故迭起,扣人心弦。宝钗婚、黛玉死的艺术表现不可多得,虽则对贾母刻薄行事的描写过于显露,不似曹雪芹的含蓄,其实曹雪芹写贾母纵容凤姐等作恶,亦是批评贾母的,评论者若说高鹗这样写,如何要不得,则是过刻之论。第四,续书思想性与原作差别很大。高鹗把前八十回中猛烈抨击社会黑暗和儒家伦理的内容修改得缓和了,或删去了。续书又来个"兰桂齐芳""家道复初"的光明尾巴,改变主人公宝黛某些形象,有损于原著的光辉。曹著不可没有续书,全面权衡高书,尚堪作配,虽远不尽如人意。它使《红楼梦》成为完整著作,读者能得到可以接受的全书,除非有比它成功的续作来取代它,否则它是不可能消失于《红楼梦》之中的。

三、曹雪芹在《红楼梦》中展示的思想意识

曹雪芹在开篇楔子说他的书"将真事隐去",又说"不干涉时世"。为什么要做这样的"申明"？读者看《红楼梦》的故事,感到与作者的家世有一些吻合。

---

① 另有根据其他脂批和抄本的抄写状况,推测为一百回、一百零八回的。

当然,这不是曹家史,也不是作者自传。作者与这一部分家事,是要说明以下问题:

第一,曹雪芹要暴露雍正朝的抄家风。雪芹写甄士隐的败落,据脂批,是要反映曹家被祸的。第一回写葫芦庙失火,殃及邻里甄士隐家,"于是接二连三、牵五挂四,将一条街烧得如火焰山一般"。这里有一条脂批:"写出南直召祸之实病。"江宁织造曹家是在雍正朝抄家风中被抄的:

第二,曹雪芹认为家庭遭殃是失去靠山,是雍正帝代替康熙帝的缘故。

《红楼梦》有这样的社会意义:反映了康熙末年雍正初年的部分政治史,即不同皇帝对政事处理不同,雍正帝上台,改变乃父宽仁政治,实行严厉政策,掀起抄家风,实现统治集团内部改组,政局变化较大。至于曹雪芹采用"将真事隐去"的写法,应是当时文字狱猖獗的曲折反映,作者被迫不敢直写。

鲁迅说:"自有《红楼梦》出来以后,传统的思想和写法都打破了。"①真事隐去并不表现《红楼梦》的主要意义,打破传统思想的内容更丰富、更有意义,它对君主专制制度、社会现实做了大量的揭露和抨击。如果说《儒林外史》主要是揭露科举制度的腐朽,《红楼梦》则在更为广阔的领域内反映了抨击君主专制的意识,这就是:

(一)揭露君权的残暴

皇帝的一言一行,主宰着臣民的祸福。元妃归省是皇帝格外开恩的天大喜事,然而曹雪芹写骨肉相见的情景:"贾妃满眼垂泪,方彼此上前厮见,一手挽贾母,一手挽王夫人,三个人满心里皆有许多话,只是俱说不出,只管呜咽对泣。……半日,贾妃方忍悲强笑,安慰贾母、王夫人道:'当日既送我到那不得见人的去处,好容易今日回家娘儿们一会,不说说笑笑,反倒哭起来。一会子我去了,又不知多早晚才来!'说到这句,不禁又哽咽起来。"几个小时过后,到了元妃回宫时刻:"元妃总不忍别,怎奈皇家规矩,违错不得,只得忍心上舆去了。"(第十七—十八回)

难得的一见,竟是如此悲戚,因为有"皇家规矩"管着她们(他们)。她们在京城的居址近在咫尺,但不能相见,如远在天涯,是皇家规矩不允许她们团聚,皇帝允许妃子省亲已是天大的开恩,相见一会儿,就得离去,这"皇家规矩"就太不近人情了。贾妃称皇宫是"不得见人的去处",把皇宫比作监牢,甚

---

①《中国小说的历史的变迁》,《鲁迅全集》第 8 卷,人民文学出版社,1973 年,第 350 页。

至不如监狱,因为犯人家属是可以探监的,而妃嫔家属不得皇帝特别批准是不能进宫的,但是皇帝几乎是不作这种开恩的。曹雪芹写出这样的场面,让元妃说出那样的话,令人不能不认为他具有非凡的勇气。

(二)暴露君主专制政体下官僚政治的黑暗

曹雪芹写薛蟠打死冯渊扬长而去,凤姐水月庵谋财害命,贾赦害得石呆子家破人亡。他们之所以能肆无忌惮地作恶,是因有官僚群体的互相帮助和庇护。这种关系,曹雪芹把它用"护官符"表述得最准确,他借用门子的嘴说道:"如今凡作地方官者,皆有一个私单,上面写的是本省最有权有势、极富极贵的大乡绅姓名,各省皆然;倘若不知,一时触犯了这样的人家,不但官爵,只怕连性命还保不成呢!所以绰号叫作'护官符'。"做官的不过是"国贼禄鬼"(《红楼梦》第三十六回,贾宝玉语),是为富贵人家效劳的,鱼肉平民,哪管百姓的死活!曹雪芹用几条人命的血淋淋的情节,揭露了以皇帝为首脑的君主国家的残暴和政治的黑暗,表明君主专制国家机器和官僚制度是万恶之源,是社会机体的毒瘤。

(三)披露传统伦理道德的腐朽、虚伪

曹雪芹一面写贾府是"诗礼簪缨之族",一面写家庭内部的肮脏丑事,看除夕祭宗祠是何等庄严,可是内里如同尤氏所说:"我们家下大小的人只会讲外面假礼假体面,究竟作出来的事都够使的了。"(第七十五回)老奴焦大恨主子不争气,骂道:"我要往祠堂里哭太爷去。哪里承望到如今生下这些畜牲来!每日家偷狗戏鸡,爬灰的爬灰,养小叔子的养小叔子,我什么不知道?咱们'胳膊折了往袖子里藏'!"(第七回)主人的性生活糜烂得很,不但不顾廉耻,国法家法也不管,贾琏偷娶尤二姐就是在国孝、家孝期间干出的。曹雪芹以艺术笔调,暴露了君主社会上层伦理道德的丧失殆尽,从而使我们认识到统治阶级的堕落及其仁义忠孝道德的虚伪性。

(四)抨击君主专制制度制造的婚姻悲剧

曹雪芹写了许多婚姻悲剧,有的是听从家长的安排,如迎春由父亲做主嫁给孙绍祖,被折磨而死,没有好结果。有奴隶和平民争取婚姻自主,如司棋、潘又安、尤三姐,都被迫害致死。曹雪芹最着力写的是宝黛恋爱,在第五回《枉凝眉》一曲中倾注了他的全部感情:"一个是阆苑仙葩,一个是美玉无瑕。若说没奇缘,今生偏又遇着他;若说有奇缘,如何心事终虚化?一个枉自嗟呀,一个空劳牵挂。一个是水中月,一个是镜中花。想眼中能有多少泪珠儿,怎经得秋流到冬尽,春流到夏!"这两个恋人被活活拆散,一个死,一个被迫同宝钗结婚。但宝钗也没有得到幸福,正像她破的竹夫人谜一样,冷守空房。无论是叛逆者、顺从者,都没有好的归宿,这是因有家长包办的婚姻制度在主宰青年男女的命运。曹雪芹以那些婚姻悲剧,有力地控诉了传统婚姻制度戕害青年的吃人本质,揭露了君主专制制度社会"以理杀人"的残暴。

(五)揭露君主专制教育制度的腐败

贾氏宗学的乌七八糟,哪里是教育人才的场所!贾政要求宝玉学习的,不过是读儒家圣贤之书,树立忠孝思想,学会时文八股,以便中试做官。宝玉对要他学习的教课书深恶痛绝,每每说除"四书"之外,都是前人"混编纂出来的"(第十九回),不值得学。宝玉"除四书外,竟将别的书焚了"(第三十六回),这不就是把讲解官方哲学的书籍抛弃了吗!宝玉不愿意作八股文,指责它是"饵名钓禄之阶"(第七十三回)。曹雪芹通过宝玉的这些言行,嘲笑了科举教育制度和入仕制度。

(六)痛恨假道学的理学

曹雪芹在书中对理学创始人周敦颐的《太极图说》作了讽刺,他写大观园主人公作诗词,理学的信奉者宝钗要给大家出《咏〈太极图〉》的诗题。"诗言志",宝钗分明要藉此阐扬理学思想,可是薛宝琴说这个题没有意思,"不过颠来倒去弄些《易经》上的话生填,究竟有何趣味"(第五十二回),打消了宝钗的主意。在这里,曹雪芹把理学大师的著述贬为枯燥乏味的东西,表现了对理学厌恶的态度。前述他写宝玉烧书,其实就是指性理之书,由此可见曹雪芹对理学深恶痛绝的态度。

(七)揭露君主社会等级制度的不合理

曹雪芹对处于君主社会等级制度最底层的奴仆给予较多的关注。他笔下的奴隶,从来源讲就有世仆及其家生子女,有采买的,有赠送的;从地位讲,有家中出了知县的奴才总管,有大丫头、奶姆,有三等仆妇及小丫头,三六九等,行次分明;从政治态度讲,有焦大式的忠实奴才,有兴儿式的玩世不恭者,有龄官式的认识到贾府是樊笼、自身是小鸟的有所觉醒的丫头,有晴雯、鸳鸯式的反抗者。主仆的"名分"分明,奴仆只能被奴役,被凌辱,被出卖,这是奴仆制度决定的。曹雪芹写贾府主仆的冲突,实质上反映了君主社会被压迫者同压迫者间的等级关系和矛盾。

(八)提供社会生活内容的方方面面

曹雪芹对人们生活方式、生活细节的描写,在许多方面是相当细腻的、真实的。

曹雪芹写人们的衣服,不同身份、性别、年龄都不一样。王夫人骂晴雯:"我看不上这浪样儿!谁许你这样花红柳绿的妆扮!"(第七十四回)穿着打扮反映人的身份。

食的方面,曹雪芹比衣写得更细致,家常饭食,宴席食物,乃至各种吃食,如茄鲞、莲叶汤,真是众人闻所未闻的稀罕食品。

住,一个大观园,写出园林之盛。住所也有严格区分,有宁、荣二公府,有宗族一般成员居住区,还有下人住宅区。主人住的地方,有的奴才到得了的,有的奴才去不得,等级分明得很。

曹雪芹把故事情节与时序变化结合起来,写了一些时令风俗,如除夕祭祖,元宵节猜灯谜,春天放风筝,中秋节赏月。

家庭成员的喜庆日,如过生日,有小生日,也有整寿,过法也不同。贾母的生日,亲朋祝寿;贾政的生日,合族庆祝;宝钗的生日,贾母出钱给她过;凤姐的生日,众人凑分子过;宝玉的生日,小女奴婢们偷着凑热闹。

娱乐花样就多了,有唱戏的,打十番的,说书的;有打秋千的,有划船的;有玩鸟的;有摆弄各地土特产小玩意的。赌博的名堂也多,有打纸牌的,有掷骰子的,有摸骨牌的。

人情往来的送礼,有种种情形:长辈给晚辈的,不挣钱人相互间的,亲友之间的。礼品反映人们之间亲疏厚薄的关系。

丧葬仪式,随死者的地位而定,皇妃的,家长的,正妻的,侧室的,殉葬的,婢女的,各不一样。

《红楼梦》中种种生活细节的描写,反映君主社会的等级制度渗透到生活的各个领域,反映社会上层物质生活水平,反映人们的精神生活和情趣,反映人们的风俗习惯,是18世纪中国上层家庭生活方式的写照。

(九)涉及农民与政府的不协调关系

平民与君主政府是君主社会对立统一体中不可能协调的双方。曹雪芹关注到了,一开笔就写出来——甄士隐的家乡"水旱不收,鼠盗蜂起,无非抢田夺地,鼠窃狗偷,民不安生,因此官兵剿捕"。次后写了宁国府对农庄劳动者的掠夺及地租在宁府开支中的地位。但是曹雪芹对主佃关系着墨不多,没有进一步揭示他们间的矛盾关系。不过作家注意到这个问题,并且深知它对社会生活的影响。

综上所述,曹雪芹在《红楼梦》中用艺术的手法,反映中国传统君主社会晚期的主要特征:以皇帝为首脑的国家,实行专制主义中央集权制,进行残暴的统治,官吏营私舞弊,为少数富贵者服务;官方哲学儒家学说、程朱理学严密控制人们的思想,致使"以理杀人"比"以法杀人"还要残酷;国家实行的科举制度和民间的义学,都很不像样,窒息人才的生长;包办的门第婚姻制度,制约着青年男女,是他们婚姻自主的最大障碍,造成无数青年人的不幸;社会上层穷奢极欲,道德沦丧;统治者的残酷压迫,激起平民和奴仆的反抗等等。曹雪芹形象地告诉人们君主社会的上层建筑和统治集团的作恶,统治阶级在精神上已经萎靡到什么程度,在力量上已经消耗到何等地步,它无可挽回地走向衰落。曹雪芹对这种现实极其不满,作了无情的揭露和鞭挞。他痛恨某些不合理的君主专制制度和残暴的统治者,继承了我国古代长期存在的民主性思想,从而写出君主专制社会的悲剧。

然而曹雪芹不只是用古代民主思想揭露社会的黑暗,他还用超越前人的思想进行创作,这就是:

(一)同情女子,批判男子压迫女子的思想意识

曹雪芹在书中写的青年女子,或美丽天真,或聪明能干,对她们或者尽情讴歌,或者褒贬相当,比对男子的描写好得多,特别写贾宝玉尊重妇女,他说:"女儿是水作的骨肉,男人是泥作的骨肉。见了女儿,我便清爽;见了男子,便觉浊臭逼人。"(第二回)女子好是因为她们是洁净的,势利观念少,不像男子那样为权利而害人。

(二)主张建立在具有新思想成分基础上的爱情观点

曹雪芹写宝黛恋爱,不同于前人文艺作品的男女之爱,即郎才女貌、一见钟情式的爱。那些作品也有歌颂青年男女争取婚姻自主斗争的,但归结为男子出仕、女子诰封,这就大大减弱了思想光彩,而宝黛恋爱突破了这种模式。曹雪芹写宝玉讨厌讲仕途经济的话,黛玉十分理解他,支持他,"自幼不曾劝他去立身扬名"(第三十六回),宝玉因而把她认为知己,称赞地说:"林姑娘从来说过这些混账话不曾?她若也说过这些混账话,我早和她生分了。"(第三十二回)他们有共同思想,即不追逐功名富贵。正是这个思想把他们联结在一起,并达到生死不渝的程度。曹雪芹对宝黛爱情的歌颂,反映出他对以思想因素

为基础的恋爱的赞美。他提出这样的恋爱观,是前辈文艺家、思想家所没有的。

(三)对奴仆的某种同情

宝玉是贵族公子,也摆臭少爷架子责骂奴仆,但曹雪芹着重写的是他同情奴仆的一面。他不讲究主仆名分,常与僮儿"没上没下,大家乱玩一阵",奴仆"坐着卧着,见了他也不理,他也不责备,因此没有人怕他"(第六十六回)。他对奴仆的不幸遭遇,表示同情。藕官违禁在大观园内烧纸钱,彩云偷窃玫瑰露,宝玉怕她们受惩罚,主动为她们遮饰和承担责任。更有甚者,宝玉常说,他屋里的丫头,无论是家生的,外买的,都要让王夫人"放出去,与本人父母自便"。

曹雪芹在书中表现了对社会现实的不满,对一些新因素的憧憬,但对君主专制制度并不是决裂的态度。他笔下的贾宝玉是不满现状、想要改革而又无能为力的人,作者给他八个字定性:"无材补天,幻形入世。"给他的偈语是:"无材可去补苍天,枉入红尘若许年。"(第一回)脂批在那个偈语和八字旁边写道:"书之本旨。八字便是作者一生惭恨。惭愧之言,呜咽如闻。"告诉读者,曹雪芹也是要补天的,并以无能补天为恨。曹雪芹的思想融注在他创造的艺术形象里了,我们可以认为,《红楼梦》流露了曹雪芹的无才补天意识和遗憾。曹雪芹对君主专制的黑暗统治不满,但对君主专制制度还持保留态度,并不否定君权和亲权;他同情民人的不幸遭遇,但对民众试图用暴力手段改变自己的处境,则又持反对态度,故而令宝玉写出反对农民暴动的《姽婳词》。他对平等的向往,非常朦胧,即远未形成新的世界观,也就是找不到新的出路。因此我们说曹雪芹看到君主专制社会的弊病,但还不想同它决裂,希望它能好起来。他是要给这个社会补台,而不是拆台,但是他又没有能力补台,并且这个台也不是能够补的,所以就有无才补天的懊恼。

《红楼梦》中还有着历史循环论、宿命论、色空观念等唯心主义观念。如《好了歌》和"注"是宣扬出世观念的,曹雪芹最终让宝玉出家,反映他也或多或少地具有出世思想。曹雪芹不满现状,寻找出路,没有找到,有时不得不寄托于佛老,冒出出世思想。

归结起来,在《红楼梦》里,曹雪芹描绘了一幅中国君主专制制度晚期社会生活的画面,揭露和了君主专制主义的某些内容。

(载白寿彝主编《中国通史》第 10 卷,上海人民出版社,1996 年。2019年 2 月 28 日改定)

从《红楼梦》说到上层社会生活

　　同学们研读《红楼梦》，为此而想了解它的时代背景，这样好学，我很赞成；阅读名著，是优良的学习方法，反映良好的学风，我很高兴，因此与大家共同来交流学习心得。南开学校，大学、中学一家人，我们随意交流。

一、读名著，终身受用

　　名著，是经过历史的、时代的选择、淘汰、沉淀，为众人所推崇，而后传世的，流传下来自然有其道理。应当阅读名著，将终身受益无穷。

　　名著传递人生哲理，教导我们如何做人。王之涣《登鹳雀楼》，"白日依山尽，黄河入海流。欲穷千里目，更上一层楼"，登高望远，表示做人要勇于攀登，胸怀远大的抱负，奋兴向上的精神，无止境地探求，鼓舞人向前。又如，岳飞《满江红》名句，"莫等闲、白了少年头，空悲切"，要人抓紧时间，努力从事事业，有成就，免得到后来，到中年、老年后悔，惕励向上；目标是从头收拾旧山河，建立事功，报效国家。

　　文学名著让人学习写作技巧。陶渊明《桃花源记》的"落英缤纷"写春游情景者常常借用。

二、《红楼梦》创作时代的上层社会生活

　　《红楼梦》写作时代的社会上层的信仰、思想状况、生活方式，这里仅仅谈论几个侧面。

　　信佛。家庙有尼姑妙玉。王夫人为虔诚信徒，致死金钏，内心不安，垂泪，自称罪过，寻求弥补办法，又让请僧人念经超度。佛教的兴盛时代在中古，南北朝隋唐时期，清代已经大不如前，然而士大夫信众仍多。顾炎武在《日知录》里，以其犀利的目光对佛、道二教与士大夫的关系作了描绘："南方士大夫晚

239

年多好学佛，北方士大夫晚年多好学仙。"又说"士大夫家容僧尼"。士大夫信佛。北京"庙宇不下千百"。乾隆初年，政府发出的僧、道度牒三十万张。根据规定，领牒人可以招收一个生徒，全国至少有和尚、道士六十万。这是合法的，实际上私度的有一大批。不过总的说来，如乾隆帝说"彼教已式微"。

僧尼的生活，做功课之外，各依其职责办事，有文化的，还能从事创作和研究，长于诗文绘画，还通儒学。僧人作了许多"语录"。

佛教对民众的生活方式影响很大，诸如购买、消费、节日、饮食、婚丧、社交，都体现出一定的佛文化因素。因为崇拜佛菩萨，产生一些节日，二月十九日的观音生日，四月初八日的释迦佛诞日等。凡有节日，人们就举行庆祝活动，不只是僧侣信士过，几乎成了全民的节日。清代新年士女游梵宫，或烧香答愿。由于拜佛的盛行，各地名刹多有庙会的日期，人们届期朝佛，这时商贩赶往卖货，各种艺人前去表演，人们借机采购和进行文艺欣赏，不啻过了一个大节日。所以，庙会在礼佛的内容之外，更重要的是商品交易会、文艺演出会。

古代佛教留下许多文化遗产，名山古寺成了后人的旅游胜地，给人们以无穷的精神享受。不难设想，如果没有丛林宝刹，我们今天将少掉多少旅游景点，如果杭州没有灵隐寺，扬州没有大明寺，天津没有天后宫，承德没有八大寺，北京没有卧佛寺，西安没有大雁塔，济南没有千佛山，它们的旅游城市的面貌也会有所改观，将要失去多少光泽。佛家的典籍遗存，是我国传统文化的重要内容之一，哲学、伦理学、文学、历文学、文献学等学科将从那些宝藏中得到难得的养料。

信道。张道士是荣国公替身，贾母、王熙凤清虚观打醮，冯将军家、赵侍郎家送礼；《红楼梦》写与道士们掺和的贾敬过生日，不参加祝寿活动，只要求子孙把《阴骘文》急速刻出来，印一万张散人（第十一回），真实反映了当时的崇道活动风尚。而贾敬的堂侄女贾迎春被仆妇偷了东西，管不了，只好"拿了一本《太上感应篇》去看"（第七十三回），这是讽刺信道者的无能了。贾敬死于吃丹药。

道教深入民间，与佛教一样也把民众吸引到它的活动当中，影响人们的生活。天官、地官、水官的三官大帝诞辰传说，形成上元、中天、下元三节，而上元节热闹非凡。道教的招神降妖、诵经拜忏的打醮活动流行，规模盛大，像清初佛山镇真武庙醮会，"举镇数十万人"竞相参予，"观者骈填塞路，或行或坐"，一办就是三四天。明清时期道教徒和信奉者开展抄写、刻印善书的活动，使《太上感应篇》《阴骘文》《功过格》等书流行,劝人为善。

讲到宋代以降道、佛对民众的影响,不能不注意儒、释、道三家的合流,在哲学思想上三家互相吸收、互相渗透不必说,即在形式上也表现出来,清代河南的寺宇供奉释迦、老子、孔子三像,往往释氏居中,老子、孔子置于两侧,官方以为有侮孔圣人,屡加禁止,而不能改变。思想上的合流,必然要在行动上表现出来。作为官方哲学的宋儒理学吸收了那么多佛教的观念,怎能禁止得了民间在行动上显示出来呢!

宗祠祭祖。表达慎终追远之意,感谢天恩祖德,从天子到庶民都进行祭祖。"贾氏宗祠",除夕祭祀。赐祭,皇上天恩,有体面,光彩,皇恩浩荡。祭祀,分昭穆,主祭陪祭,神主和画像。皇家之景山寿皇殿陈列先世皇帝影像遗物。贵族家庙有规制;祭仪有规制;神主之制。品官家祭,区分为三品官以上、四品至七品、八品、九品三个层级,庙制、祭品均不相同。家庙,一品至三品官家庙,建立于居室之东,庙室五间,台阶五级。庭院东、西庑各三间,东庑收藏祖遗衣物,西庑藏祭器。庭缭以垣。正南开中门,偏东的南门为外门,东西院墙各设侧门。四品至七品官,庙室缩小为三间,台阶三级,东西庑各一间。八、九品,庙室亦三间,台阶一级,堂及垣皆一门庭,无庑。神主是祖先魂魄寄寓之所,安放在大堂后楣北部设置的四室,木版制作,大小尺寸参考了宋儒程颐主张,程颐谓木主用栗木制作,其尺寸象征时月日辰,跗(fū,底座)方四寸,象岁之四时;高一尺二寸,象十二月;身宽三十分,象每月三十日;厚十二分,象日之辰。他所说的尺之量度,系周尺,比清代尺短一些。清人参照制造,其神主主身,高曲尺九寸,阔二寸三分,厚九分。祭期,每年以春夏秋冬仲月择吉致祭。冬至大祭,子孙到及冠之年,皆会祭。祭祀中的读祝、赞礼、执爵皆子弟为之,不得由外人、仆人代理。祭前准备,前三日,主人暨在事者斋戒。祀日五鼓,主人朝服,众盛服,入庙,族人参加,严肃进行。

族学。贾政说应学习四书,学诗经、古文辞是虚应故事。社会只重视四书文,摈弃诗词古文,这是学习为科举的目的所决定。宗族所设之学,有蒙学、经学两种。实行"先德行次文艺"的教育方针,即德育品行第一,智育学业第二,培养品学兼优学子。与此相应的是教材、教学方法的确定,以及生徒守则的制定。族学必讲"圣谕十六条"、《圣谕广训》,朝廷一再下令要深入到义学祠塾。嘉庆帝谕内阁:"义学使童子粗识文字,即能诵习《圣谕广训》,并通晓经书大义,庶几变化气质,熏德善良。"读书,应循序渐进,最当先读的是《小学》,次为

241

《四书》，复次《五经》，"以立主敬存诚之基"，即懂得三纲五常之理；《通鉴》《性理》，及长读之，"一以广见闻，知本原；一以考典故，知事理"。事实上当时人为科举，为知书达理，为做讼师。

诗社。贾探春海棠社诗社，是上层社会的笔墨组织。诗社的组织，是官僚缙绅业余爱好，陶情冶性之举，有的是故作风雅，也有老年缙绅的消遣聚会。女子也结社吟诗，御史钱肇修之母顾之琼与徐灿等结成杭州蕉园诗社，还有女子参与的清溪诗社。袁枚收女弟子。

读书人的文社与诗社不同，它是参与科举的学子组织，结社是为研讨文章的作法，提高技艺，以便应试。它有两种，一种是地方教官、绅衿或者宗族倡建的，为参加者评论文章，予优秀者奖励；另一种是学子自行结合的，规定集会的日期，届时互相品评文章。

清朝政府的限制结社。顺治九年(1652)清朝开始发出士人结社的禁令，十七年(1660)"严禁结社订盟"，不许士人互称"同社同盟"，否则革除功名，迫使士子不得结社订盟，连有关称谓也不能沿用。原来结社的人互称"社弟""盟弟"，推广到社会上为众人使用，这时人们为表明相互间关系，改称"同学"，据说发明这一流传后世的词汇的是大学者黄宗羲。

过节。过年进宫朝贺；宴客(荣、宁二府不重复)；叫戏班，即堂会。官场节礼。兹以雍正帝过年，三年、四年为例，见《雍正帝》第150—153页，过年的一系列祭奠、庆典，形式化东西，累人，朝臣亦然。

过生日。贾宝玉、平儿、凤姐、宝钗生日，过法不尽相同。官场流行三节两寿礼。两寿，是主官及其夫人的生日，下属要送礼做寿，贪官提前做寿。

认同宗、拜把子。秦钟、宝玉结拜。联宗，康熙帝宠臣高士奇与陈元龙联宗，认叔侄；与给事中何楷为义兄弟。尚书徐乾学认商人徐紫贤、紫书为侄儿。

同性恋。贾宝玉、秦钟；薛蟠，香怜、玉爱；贾珍说贾芹"养老婆小子"。郑板桥；毕沅(《续资治通鉴》)与演员李桂官"状元夫人"。这似乎成为一种社会风尚。

一夫多妻。贾政、王夫人、周姨太、赵姨娘。世事如此。

三、上层社会生活的等级性与宗法性

等级社会与等级观念。大管家赖大家赖尚荣出任知县，主家放出。鸳鸯是家生奴婢,袭人是外买奴婢。从衣着看,王夫人骂晴雯谁许你穿红带绿。身份不同,服饰不同。《海棠社》的诗让贾宝玉传出,好事者刻印流传,林黛玉责备贾宝玉荒唐,令闺阁诗与娼妓诗等列。康熙间曹寅主持编辑《全唐诗》,依照作者社会身份编排,首先是皇帝,在众人之中是,一般人—方外(释道)—闺阁—娼妓,闺阁受歧视,表示不赞成女子写作,反映女性"女子无才便是德""女子无才便有德"。

清代社会是等级社会,等级制度是社会生活的准则,等级观念是人们的思维方式。社会大致可以分为六个等级,即第一等级皇帝,第二等级贵族官僚,第三等级绅衿,第四等级平民,第五等级半贱民,第六等级贱民奴婢。自第二至第六等级内部又可分为若干层次。这种等级划分和各等级的社会地位是由法令确定的,是依照人们的品级、身份、门第、职业划定的,也是依靠习惯形成的,因此很难改变。

等级制贯彻在一切社会生活领域。前述宗祠祭祖的等级性;清朝律例中有"服舍违制"的条文。等级制度不只是体现在政治方面,也体现在人们生活方式的衣食住行、婚丧、节日、娱乐、医疗等方面。生活领域的一些规范,依照等级、职业而制定,不同等级的人有不同的衣食住行制度,婚礼、丧礼的仪式,文化娱乐的方式和圈子。居民区和住宅同样有等级的规划。前述品官家庙三种规制。贾氏国公府之外,一般族人、仆人各有住宅区,人们见到住宅的规模,就可以知道主人家的等级身份了。

婚姻仪礼中体现等级精神。朝廷给婚礼迎亲定制,品官之家可以用官员执事,打多少灯,用多少吹鼓手,而士庶人等与此不同。

等级结构既严谨又有所松动。等级结构严密,表现之一是等级差异鲜明,权力、义务截然不同,一个等级压着一个等级,特权等级压着平民以下的等级。各个等级的社会地位具有不可变动性,特权者恒有特权,贱民恒受压抑。等级结构严谨的一种表现是等级监督严格,是什么等级的成员就是什么社会地位,不得错乱,违犯者将被纠正,甚而会判罪。参加科举要有有功名者作保,生监也往往纠核某个考生不合资格,这里有冒籍问题,也有非良人冒充应试,被人检举出来,有的并非贱民,只因职业被贱视,也受欺凌,如清代浙江建德水泥匠的儿子要应童子试,当地读书人联合起来反对。这有压良为贱的因素,更不许以贱冒良了。这种民间的自发监督,有时比政府管制得还厉害,这也使等级结构来得严格。

任何事物都不可能一成不变,等级结构严谨之中,也有它松动的一方面,社会流动,主要是低等级的成员流动到高等级里去。在中国历史上,由贱民进到贵族,由平民上升为皇帝,并不是少见的事情,这是因为有着多种渠道允许社会流动:军功;科举,这是在平民等级以上范围实行的,是制度化的办法,长期不断地实行,是人们改变地位的经常起作用的途径;婚姻;佞幸、亲信;释放,由皇帝下令,如雍正帝除豁堕民、世仆、伴当乐户;赎身;捐纳。

等级意识系统、强烈、流传久远。等级意识就是门第观、名分观、血统论。门第观念直接反映等级现实,社会上高门、上户、寒门、细户、小户的区分,产生的门第观,其要旨是尊重高门上户,鄙薄寒门小户。名分观,上等人是神仙下凡,上应星宿,文曲星下凡,下等人是草木之躯,故称"草民",人的本质不同,为人上者治人,为人下者受治于人就是合理的了。

宗法观念。贾氏家庙祭礼,尊卑长幼有序;贾环应当怕贾宝玉。宗法精神贯穿于古代、清代社会生活中。宗法精神的内涵是祖先崇拜,是父家长制所规定的忠道(忠君之道)、孝道、人伦和亲情,是国家法律制度中的宗法原则。这种精神贯穿在社会结构的一切领域,它的实质是反映人的依附关系、从属关系,是维系社会结构的纽带,是古代社会的稳定因素。

宗法精神渗透在社会结构诸领域。家庭、宗族是祖先崇拜、父慈子孝宗法精神的直接作用场所,国家立法中的亲属法、任子制、嫡长制,民间组织的结拜原则,无不表现出宗法精神。等级结构中主人与奴婢,生产关系中的佃农与地主、雇工与雇主,在法律纠纷中,政府以宗法的亲属关系为准则,比附父祖与子孙、尊长与卑幼的刑法来论断。有一些社会团体内部,实行各种师徒(儒学、僧道、学艺)关系、结义(秘密结社)关系原则,也是宗法思想的表现。宗法精神渗透到社会结构各领域,家族成为社会结构的中心,宗法原则向外扩散,运用到等级结构、群体结构中,成为维系社会结构的纽带。

祖先崇拜是子孙从属于父祖的现实的思想升华。社会的现实是子孙为父家长的家庭成员。他的职业、婚姻由家长安排,劳动所得成为家长掌管的家庭财富,甚至他本身也可以是家长出卖的财产,家长对他有体罚权、送审权,乃至不完全的处死权。子孙依附于家长,从属于家长。奴婢没有主人家庭正式成员的资格,但对主人的从属性比主人子孙要严重得多。主佃关系、东伙关系中的佃户、隶农、佣工对田主、雇主也有一定的依附关系,即使佃户、佣工在法律上取得平民身份之后,实际上也还有一定的依附性。小官僚依附于大官僚,幕客依附于幕主,徒弟依附于师傅。在宗法关系中,人和人关系的实质就是一部分人对另一部分人的依附和从属,依附者、从属者没有独立的人格,没有人身的自由。这就是宗法制度和宗法精神的实质。

宗法精神对社会发展的不利影响。宗法精神是小团体的思想,是在家庭、宗族结构基础上形成的,使人们注意血缘集团和拟制血缘集团内部的联系,追求小团体的利益,有强烈的排他性。尽管宗法精神渗透到各个社会结构领域,但它不是要各个社会元素联结一致,而是加强各小团体的凝聚力,为各自小团体谋利益,是合小群而排斥大群。

前面从《红楼梦》中的一些情节出发,介绍清代社会,特别是上层社会生活状况,贯穿整个社会的等级制度和思想,以期有助于同学们增强对《红楼梦》内容的印象,明了《红楼梦》产生时代的社会制度,加深对《红楼梦》社会意义的认识。

谢谢同学们!

(2010 年 4 月 19 日草,系为南开大学爱好《红楼梦》的同学的演讲稿)

与《红楼梦》爱好者漫谈阅读方法

"阅读""研读""研究"有层次之别,对于初学者及我这样的读者、涉猎者,本应说"阅读",我因对红学研究史有所涉猎,故云"研读"。不说研究,是程度不够,非自谦,是实情。

网上流行"红外线"之说,讥讽当今的红学研究,走向邪道,作什么"某学"、猜谜游戏的媚俗;也反映研究难以深入,走不下去。我同样困惑,怎么办?两条路:一是沉思一段时间,回头总结,从自身研究的路子中,找出研究新思维、新路子,可能会有所前进;二是认真读原著,即读文本,从中体会出新见解。

一、最根本的是读文本,作艺术之欣赏

个人体会:20世纪70年代前期撰《封建社会的一面镜子——〈红楼梦〉》,在主流意识支配下,解读《红楼梦》是"政治历史小说";80年代前期作《曹雪芹和他的红楼梦》,反思"镜子"无人物形象之分析,不足观。文学作品,归根结底是要作艺术分析,而艺术分析,是仔细阅读原著的结果。

王昆仑之作《红楼梦人物论》,人物艺术形象之分析,有传世价值。(其书抗战中出版于重庆,80年代有翻印。)

宁宗一教授提倡"回归文本",实有见地;又提倡"心灵史"。就此我想介绍孙郁的《胡适:在文学改良的理论与实践之间》①,谓王国维"从心灵的过程及精神的演变来看文学的进化。胡适是从社会规律的角度打量诗文的轨迹。从社会规律的角度看问题,就往往在宏观上、意识的流变上着眼,会把问题意识延伸到艺术之外的领域。而从心灵的层面瞭望文学之路,就会是摇滚撼动的内力,直接与玄学的东西接触了"。又说:"王氏的价值是私人的个体的。胡适

---

① 《中国图书评论》2007年第9期。

则是公的,社会的,开一代人认知事物的风气,为后来者铺上天梯,自己消失了,却让无数人站高了。也不能说没有王国维式的意义。"

文学理论家总结得好,将我想的升华到理论高度。不要把文学当作政治工具,而要视为美学的创造。阅读《红楼梦》以艺术欣赏为主,得到美的享受,得到人生的启示,其实这就是社会意义,当然作品本身的社会价值(作者的创作意图)也不应忽视。读原著,态度如同我们习史、治史,"精读"一本书,就是反复的读,直到读懂为止,要求甚解,而不是不求甚解,就像读"二十四史"那样的认真,当然方法不一,有史学、文学之别:求实,分析归纳法;形象思维,形象分析。

二、边阅读边思考边欣赏前贤经典解读之作

读书法:边阅览边思考,这是通常的读书法。可是学习历史学的人,往往为快速搜集材料,不太留心作者的本意、寓意。读小说,容易被故事情节吸引,这是第一步,是欣赏的真实感情所在,是正当的,无可非议。然而,与此同时,克服学史人的毛病,要多思考,多问为什么。如曹雪芹本意是主木石之盟,非金玉良缘,可是又来个钗黛兼美,究竟为何?宝钗是那么坏吗?扑蝶中陷害黛玉?对金钏之死冷酷无情?可是又怎么"收服"了黛玉——和好如姊妹,是否有"诚"的一面?是"冷美人"吗?探春往高枝爬,批其名分观念强而少亲情,对宝玉、贾环态度不一,是否从这二人实际出发,而并非完全是为攀高枝?所以读书,必须认真地读,做有心人。林黛玉那样受人高度赞扬,可是问问男性读者有多少人愿意同这样的姑娘结婚,恐怕不多,为什么实际上又同赞美论调不一致?

《红楼梦》版本多,以读文研所通行本为主,有精力,有更浓厚的爱好,可以适当找脂批本参照阅读,特别是十六回本的《脂砚斋重评石头记》。此外戚蓼生本,俄(列宁格勒)藏本,新近问世的"某本"(国图版,冯其庸序本),程甲本、程乙本。

红学书多,吃其饭者伙矣。《红楼梦》让人吃不完的饭。读其书自然需要选择,找经典来读。然我不能确定红学书单,可以提出红学名家供参考。

红学名家:王国维、胡适、俞平伯、周汝昌、吴世昌、冯其庸、李希凡、毛泽东("文革"中传出的批文、讲话,如说要读五遍);周绍良(资料汇编)、朱一玄

（资料汇编）；2007年，刘心武在央视百家讲坛讲《红楼梦》。

三、从"红学"研究史吸取经验，避免走弯路

语境的重大影响："政治历史小说"说，将《红楼梦》研究进一步政治化（"旧红学"也讲反满政治），于是关注的是贾家房派之争，产生多少条人命。

惯性的影响：时代背景的分析，先入为主，取雍正篡位说而难以自拔，陷入误区；褒黛批钗，失却准绳，背离原著。

无根据的杜撰不可取。有人著文谓贾宝玉对林黛玉是成熟男子的成熟爱情，专一于黛玉，等等。来新夏教授撰文《各圆各梦》（《邃谷师友》，上海远东出版社2007年）批评之，认为多说则是抬他。我则万不得已才说，因增订《雍正传》《雍正继位之谜》而不得不有所说。

《红楼梦》是多学科研究的领域，研究队伍的主体需要与各方面人士的配合。冷淡文学界以外的研究者，显得心胸欠宽广。张良皋在《〈红楼梦〉中的神秘芒种》①中论及《红楼梦》作者，主"叔说"，认为是曹雪芹所撰，曹雪芹是曹颙子，曹頫为其叔，是曹頫所著，其叔辈自称脂砚斋，评者畸笏叟。张氏是华中科技大学建筑系教师，曾作《增订本〈红楼梦〉新证初读质疑》，载《文学评论丛刊》第二辑（1979年2月），对红学名家未作回答，斥其未虚怀垂顾，为之叹惋，且对红学界叹惋。

《红楼梦》仍然是"谜"。谜也好，读者可以自行理解，其乐无穷。"都云作者痴，谁解其中味？"尽可能接近原著，理解原著，此乃努力方向，但不可迷失。

（写于2007年10月23日，与南开大学历史学院《红楼梦》研读小组同学交谈）

---

① 《寻根》2007年第6期。

从《论语》《孟子》饮食规范说到中华饮食文化

  《论语》《孟子》作为儒家经典,都是语录,没有很多的关于饮食的内容,但就所涉及到的,也可以令我们了解到古人饮食生活的基本情况和观念。

  《孟子》云"食色性也"[①];《礼记》曰"饮食男女,人之大欲存焉"[②]。(礼运)先秦时代人们正常地看待"食色",而后世理学家"存天理,灭人欲",忌谈"性""男女",但是孔子说的"食不厌精,脍不厌细"的"饮食"之道传存下来。不过这个话,有个时期也被人认作是没落奴隶主阶级腐朽生活的反映,如今国人不理会,视之为饮食文化,而且是中国文化的重要内容,中国文化贡献于世界的瑰宝。说到中华饮食,笔者到法国,听同胞讲当地人的某些职业:"黑人扫马路,华人开餐馆,印度人开水果店,犹太人开交易所。"华人开饭铺,确实不假,世界各地,凡有华人的地方,多有中餐馆。笔者在海外进中餐馆,早年少见白人进入,近年去者日多,有与华人共往者,有清一色白人者。笔者观察后者的饮食习惯,既在中餐馆,吃食中国菜、使用筷子自不必说了,然而与华人仍有不同:必用饮料或(洋)酒类;不讲究吃海鲜,也即不追求华人面子上的东西和解馋。所以同是用中餐,还是有文化的差异,反映不同文化背景的人餐饮文化的差别。下面将叙述中国古人的饮食状况、风尚与规范,以及饮食文化的特征。而所依据的素材,主要来自《论语》和《孟子》。

一、食品与食物的不充足

  《论语》和《孟子》讲到的食物,分类开列如下:

  食粮:黍、粟、豆、五谷(稻、黍、稷、麦、菽);

---

  ① 《孟子·告子》,《十三经注疏本》,中华书局,1980 年,下册第 2748 页中;下引《礼记》《论语》《尚书》,皆这个版本,不再注出;正文中业已说明所引图书篇章的,不再作注。

  ② 《礼记》,《十三经注疏本》,中华书局,1980 年。

蔬菜:瓜、蔬;

肉食:鸡、羊、马、狗、豚、羲、鱼、鳖、麋鹿;

佐料:姜、芥、酱、醢;

饮料:水、酒、茶、浆。

人们的实际食物自然比上述这些要多得多,如《礼记》里有"五饮",为水、浆、酒、醴、酏,甜酒的醴和薄粥的酏是实有食品,《论语》和《孟子》没有讲到,这两部书不是专讲食品的著作,当然不会一一罗列。

古人食品以五谷为主,肉类不多,对于一般民众来讲那是难得见到了。孟子两次谈到七十岁吃肉的事。他说行仁政要不违农时,"鸡豚狗羲之畜,无失其时,七十者可以食肉矣"(《梁惠王上》)。又说"五母鸡,二母羲,无失其时,老者足以无失肉矣!……七十非肉不饱"(《尽心》)。基于老者非肉食不能饱的认识,所以要使七十老翁能够吃上肉。这是仁政的理想,孟子才一再地呼吁,也可知这仅仅是愿望。连老人都没有肉吃,其他人更难见到肉食了。民间养猪,至少有三千年的传统,一直到20世纪的相当长时间内,农家养猪,腊月宰杀,以备过年,平时极少有机会享用猪肉和其他肉类,要有也是咸肉。看来古人食品以谷类为主,肉食不占重要地位,直到如今,并没有改变这种状况。至于"朱门酒肉臭"的现象,那是极少数的权势者和大富人的奢华享受。

古人的食物似乎是不富足的。孟子说到两种现象,一是道路之上有饿死的人,二是行路之人必须自行携带粮食。《孟子·梁惠王》云:"途有饿莩,而不知发""民有饥色,野有饿莩"。孟子说这样的话,是指责一些国君不懂得爱护民人,连人到了将要饿死状况,都舍不得发放仓库里的粮食,而自身却耽于淫乐。孟子的话表明民众遇到灾荒,无处觅食,活活饿毙在路途的现象是常见的。古代政论家总是说"耕三余一",或者说九年耕作,余下三年食粮,这是愿望,实际达不到,故而一遇荒年,民众转死沟壑。那时生产力低下,没有多少剩余生产物,碰上大饥馑,国库也不会有多少粮食。何以见得?还是孟子说的:"居者有积仓,行者有裹囊。"(《梁惠王》)是说民富,国库才能充实。民富是家有存粮,出行有粮食可带。出门要带上食粮,直接反映那时餐饮业和商品经济极不发达,间接说明粮食不富裕,路途上很难买得到。《水浒传》讲客人在饭馆"借"米做饭,是否反映自带主食原料?我们有出门带粮票的亲身经历:进饭店、招待所食堂,不交粮票不能吃饭,这是粮食不足造成的。在饿莩满野的时候,一个伴生的现象是"易子而食",甚至卖人肉,《水浒传》里写的孙二娘饭铺不就是："大树十子坡，客人谁敢那里过？肥的切做馒头馅，瘦的却把去填河。"
（第二十七回）食粮不足的问题，在中国历史上是长期存在的。

二、食法与规范

（一）烹饪术和进食

《论语·乡党》：孔子讲到祭品的准备和礼仪说，"食不厌精，脍不厌细。食
馀而餲，鱼馁而肉败不食，色恶不食，臭恶不食，失饪不食，不时不食，割不正
不食，不得其酱不食，肉虽多不使胜食气，惟酒无量，不及乱。沽酒市脯不食。
不撤姜食，不多食"。祭礼隆重，祭品整治应讲求烹饪之法和洁净卫生，人们的
饮食当然也应如此。这一番话，可视为上古饮食文化的经典之论。所谓"食不
厌精，脍不厌细"，是说鱼和肉有腥膻气味，在烹饪过程中应予以清除，于是要
将肉细切成小块，放上葱姜佐料烧煮，以便去掉肉的腥膻气味，容易煮熟，并
使佐料的香味、咸味浸入肉内，做出来的菜肴就可口好吃了。由此可知中国古
人早就懂得并精于烹饪之术，而它不仅源于生活的需要，更是人们笃信的礼
敬神灵的必须，所以认真追求，达到精益求精的地步。

孔子讲到食品运用中，有许多注意事项：

不食腐烂之物。饭菜鱼肉已经腐败，或颜色不正常，发出腐烂的臭味，这
样的食品就不能食用。

不吃不熟的食物。所谓"失饪不食"，即不吃生肉和没有煮熟的肉。

按时进餐。早、中、晚三餐，或两餐，要定时间，按时用餐，养成良好进餐
习惯。

不吃切割不得法的肉类。解割三牲，应照礼法进行，分清肉块的部位，好
用于祭祀。在生活当中，若不依动物体的规则切割，会破坏食品的美味，如里
脊肉、排骨肉，若是胡乱解割，里脊肉和其他部位的肉混合在一起，就不能做
出美味的里脊肉菜肴，所以强调"割不正不食"，正是懂得美食的道理。

吃肉要有佐料。烧煮肉类时要放佐料，吃的时候也要有酱之类佐料蘸着
吃，品味才好。

不可吃食过量。面对很多好吃的肉食，不可任性多吃，过饱会伤身。

饮酒宜于适量。饮酒到什么数量，是没有标准的，因人而定，但以不醉为
原则。

不吃市场上的酒和菜肴。市上买的酒和菜，不知道是否洁净，不敢吃，要吃自家酿的酒和做的菜。

以上菜肴怎样制作，如何吃法，如何不吃或少吃，如何按时进食，既合于礼法，又有益于身体健康，全是在于讲求饮食之道和饮食卫生。这是古人的饮食方法，更成为饮食习惯，传诸后世。

（二）儆诫饮食奢侈

上述食不过量的告诫，与将要说明的诫饬饮食奢侈不是一回事。现在所要说的是孔子、孟子劝谏权势者和富人不要滥饮暴食，糟蹋食物。

孔子主张饮食节俭，《论语·述而》："子曰：饭蔬食，饮水，曲肱而枕，乐亦在其中矣！"又说"君子食无求饱，居无求安"。（《学而》）他本身吃食简单，也不是不让人吃饱吃好，而是不要在饮食上多事追求，应将心思用到正道上去。孟子也是这种态度，故云："君子之于禽兽也，见其生，不忍见其死，闻其声，不忍食其肉，是以君子远庖厨也。"（《梁惠王》）指斥饮食奢侈的人为失德。孔子将饮食无度的行为看作是严重过失，是人品不纯的大节问题。他说："出则事公卿，入则事父兄，丧事不敢不勉，不为酒困，何有于我哉"！（《子罕》）他讲做人纯正，注意四方面大事，就是国事、孝亲、丧葬和不困于酒，把不困于酒列为大事，与国事、家事相提并论，可见将"酒困"看得是多么严重的事情。所谓"酒困"，是好饮成癖，滥饮而醉，胡言乱语，失去德性。他不是禁酒主义者，而是主张饮酒适量，"不及乱"，但是反对困于酒，成为酒鬼。孟子反对酗酒，不仅视为个人品德的事，对于当权者来讲，则是荒淫无道的行为，败坏政事，民遭其殃，故云："（国君）从兽无厌谓之荒，乐酒无厌谓之亡；先王无流连之乐，荒亡之行。"（《告子》）《史记》写殷纣王"好酒淫乐，嬖于妇人。……以酒为池，县肉于林，使男女裸，相逐其间，为长夜之饮"①。终至百姓与诸侯怨恨、叛乱，自焚而亡。"酒池肉林"成为统治者荒淫暴政的代名词，搜刮民脂民膏，尽情糟蹋酒肉，而后惨祸及身，是多么惨重的教训！不只是统治者糟蹋饮食误国，在民间也是罪过，《孟子·离娄》讲五不孝："世俗所谓不孝者……博弈好饮酒，不顾父母之养，二不孝也。""好饮酒"，就是成癖，而饮酒消费大，以致没有能力养活父母，则不齿于人了。

饮食要正常,不能奢侈无度,否则会带来不堪设想的后果,如无道昏君的失国,如不齿于人类的逆子,为了纠正这种误失,人们不能过分讲求饮食。

古代农业生产物有限,不允许浪费,故有孔子、孟子的劝诫。《尚书》所云"暴殄天物"(《武成》),后世有识者也常用这种话,儆诫人们不要滥肆捕捉动物、毁坏草木,用今天的话说是避免造成生态环境的破坏,遭到大自然的惩罚。

孔孟是规劝儆诫,而西汉政府则有制定"通行饮食"罪,禁止民间聚会餐饮,若民众三人以上无故合群饮酒,罚金四两,为的是防止民众聚会,也含有制止糟蹋食物的意思。尹赏任长安令,对那些不听家长教诲的"轻薄少年恶子"、没有市籍的商贩、持枪弄棒的人,逮捕数百人,以"通行饮食群盗"罪处死。[1]东汉政府仍在执行这个法令,三公曹尚书陈忠上疏言事,云及"至于通行饮食,罪至大辟"。"通行饮食"罪至死刑,可知罪过的严重程度。对于"通行饮食"罪,唐朝人李贤在注释《后汉书》记载陈忠这个话时说:"通行饮食,犹今《律》云过致资给,与同罪也。"[2]看来唐朝已不实行这样的刑律,李贤只是做出理解性交待。我们似乎可以把通行饮食罪视为民间聚会、滥用饮食、毁坏物资而得到的重罪,不过对于受刑人,往往是同其他的恶劣行为并罪处治的。

三、家庭饮食与家内人际关系

饮食通常在家庭内部进行,对食物的选择取决于家庭的经济状况,至于在家庭成员间的安排与待遇,就是根据各人的生理需要和人在家中的地位,不可忽视的是"孝道"成为食物分配的首要准则。《论语·为政》:"有事,弟子服其劳;有酒食,先生馔。"对于今人来说,这话容易引起误解,以为是规范师生关系的,其实说的是家内劳作和饮食中父兄子弟关系。相对于"弟子"讲,"先生"是先出世的人,就是父亲、兄长,有酒肉,先请父兄食用,然后才轮到弟辈、子辈。这里很明确,在饮食上应该尽先孝敬长上,以实现孝悌之道。这是伦理的问题,也是实践问题。孟子举出曾参家族的例子:"曾子养曾皙,必有酒肉,将彻,必请所与;问有余,必曰有。曾皙死,曾元养曾子,必有酒肉,将彻,不请

---

① 班固:《汉书》卷90,《尹赏传》,中华书局点校本。
② 范晔:《后汉书》卷46,《陈忠传》,中华书局点校本。

所与;问有余,曰亡矣,将以复进也。此所谓养口体者也,若曾子则可谓养志也,事亲若曾子者,可也。"(《离娄》)曾子和曾元将好吃的酒肉请父亲享用,用餐方式是父亲单独进膳,儿子侍候,吃好了,儿子将剩余食物撤走。他们都尽了孝。当然,这二人在体念父亲的心理方面有着很大的差距:曾子在供给酒肉的同时,询问父亲还需要什么,当父亲问及家庭伙食是否富裕时,必然给予肯定的回答,不使老人操心,而曾元就不知道问老人的其他需求,更是将家庭经济的难处兜露出来。孟子的观念,孝养的标准,既要供奉好食品,又要能在思想上体贴老人。曾子是历史上出名的大孝子,他家的进餐方法是古人的一种类型,即分餐制,先尽老人,然后是其他人吃食。这种分餐办法,我们在"二十四孝"的"郭巨埋儿"故事里得到印证,汉朝人郭巨给母亲供食,老人家必与孙子分食,引出郭巨埋儿侍亲的念头。好食品先给父母吃,体现出孝道,处理好家内人际关系。

家庭会有亲友的往来,就有招待吃饭的问题,古人颇有待客之道。《论语·微子》讲到子贡夜宿于老农家中,其家"杀鸡为黍而食之"。后世陶渊明在《桃花源记》中所写的村民也是杀鸡接待来客。特地宰鸡招待客人,表现出主人的好客和盛情。东汉时山阳人范式(巨卿)与汝南张劭为莫逆之交,相约二年后范式到张劭家拜见其母,届日是否能到,张母有点怀疑,张劭以其为信士,笃信能来,乃母遂"酝酒"以待,至期果然到达,成为信义之交的范例。[1]后人据此写出小说《范巨卿鸡黍死生交》[2]。杀鸡备黍成为待客的代名词。杀鸡作食,是不容易的事情,养鸡需要饲料,是与主人争食,不可能多养,宰鸡是应节日、家庆之需和不时之需,如果家中有人生病为他杀鸡滋补,将会落下话柄。杀鸡给客人吃,是特别优待,临时来客,在农村哪里寻觅什么好吃的东西,唯有家养的鸡是最上等的食物,不惜珍贵,用来待客,可见主人的热诚和盛情。中国传统的待客之道,就是真诚无私,从食物当中充分表达出来。当然,俗话"看人下菜碟",世俗的利益观也在影响人们之间的食品交流状况,不过这也有其他的社会规范的制约,如年高的尊长辈对待年少的晚辈接待的饮食规格,官场上对不同品级官员的接待规格,是需要有所区别的。

---

① 《后汉书》卷81《范式传》,中华书局点校本。
② 冯梦龙编,许政扬校注:《古今小说》第16卷,人民文学出版社,1958年。

四、饮食、礼制与人际关系

饮食方式应当先有习惯，稍后或同时就有规范的出现，讲求饮食中的礼节，并以此规范人们之间的关系，以辅助社会等级制度的实现。在《论语》《孟子》中我们看到如下饮食伦理的要求，关于家庭方面的，上一目已经道及，其他方面的是：

尊卑有序。《论语·乡党》："君赐食，必先正席先尝之；君赐腥，必熟而荐之；君赐生，必畜之；侍食于君，君祭先饭。"对于国君赏赐的食品，必须端正恭谨地坐好品尝，表示感谢君主的赐予；所赐熟食，拿回家先祭祀祖宗，然后食用；若给的是牲畜，应当饲养备用；如果侍奉君主吃饭，先替君主尝试食品是否洁净。这是臣下与君主共餐和接受食物的礼节，系依据君臣等级差别而决定。

尊重长者。孔子讲乡饮酒礼，"乡人饮酒，杖者出斯出矣"（《乡党》）。持杖的老人受到尊敬，饮酒散席，老人先离开，他人才有序地退出。

治丧节制饮食。《论语·述而》："子食于有丧者之侧，未尝饱也。"人家丧事哀戚，客人参与发丧，大吃大喝，无有戚容，哪里是来办丧事的样子，需要在节制饮食方面表现出悲伤之情。

克己待人。《论语·泰伯》："禹，吾无间然矣。菲饮食，而致孝乎鬼神；恶衣服，而致美乎黻冕；卑宫室，而尽力乎沟洫。"大禹自奉甚薄，饮食简单，但是祭祀的食品却很丰盛。这虽是人神之间关系，实际上是在饮食方面要求宽于待人，严于律己，"杀鸡为黍"的好客之道即是这种观念的体现。

慎于接受食物。《孟子·滕文公》："非其道，则一箪食不可受于人。……士无事而食，不可也。"孟子的意思，接受礼品应有原则，若没有理由，虽是一箪食品也不能够接受；他的学生彭更特别指明士人尤其不可受人非分之物。

欢迎王师之礼。若以仁义之师，攻打使民处于水深火热的暴政之国，百姓应当怎样对待呢？孟子认为正确的做法是，"箪食壶浆以迎王师，岂有他哉！避水火也"（《梁惠王》）。"箪食壶浆"，就是用干粮酒水去迎接胜利者。后世的亡国之君、败军之将即以此表示投降，或者再扶着棺材，乞求胜利者的饶恕。

吃饭不是单纯的进食问题，上述种种饮食中，无论是在家庭，在王宫、官邸，在民间的公共场所，就餐者有就座、坐席、举箸、吃法、退席的礼仪，真是吃有吃相。用餐中的礼仪、授受食物的仪式和观念、尊重长者与尊者的原则,无不表明饮食有规范、有制度,即受赐制度、侍食制度、归降礼仪。这些礼仪又同五礼(吉礼、凶礼、嘉礼、宾礼、军礼)相联系和一致。

这些规范体现了社会等级制度、宗法精神、敬老精神和无功不受禄的处世之道,在饮食生活领域处理了君臣、长幼、宾主,乃至胜利者与失败者之间的关系。

五、为政核心事务——重农耕与足民食

饮食的前提是要有粮食;提供食粮的是农业生产,是农民的劳作;保障农业生产的一种因素,是政府应给农民以相对宽松的条件,使他们愿意与可能地去积极生产,而不是征敛无度无艺。为此孔子、孟子讲到民食充足对国家稳定的重要性,讲到如何争取民食的获得,君主应当怎样理政。

足食的追求。子贡问孔子为政之道,孔子回答说在于"足食、足兵,民信之矣"(《颜渊》)。这三个方面,基础在于民食充足,没有粮食吃,哪里能养兵,又怎么能取得民众的信任!足食是关键。《孟子·滕文公》:"后稷教民稼穑,树艺五谷,五谷熟而民人育。"孟子的"五谷熟而民人育",是说有了民食,老百姓就好教养了。他们都看到足食对国家、对民众的重要性。怎样才能达到足食,孔孟讲了三条。

一是"不违农时"。《孟子·梁惠王》:"不违农时,谷不可胜食也。……百亩之田,勿夺其时,数口之家,可以无饥矣。"粮食生产季节性非常强,倘若不及时播种耕耘,就会造成全年的无收成,所以孟子一再强调"不违农时""勿夺其时"。这个道理很简单,应当是常识问题,孟子何以反复说明呢?因为那时徭役重,战争多,征发徭役,进行战争,就妨碍及时农作。因此孟子的"勿夺其时",就是要求当政者不要搞那么多的征徭、战争,特别不能在农忙时征发徭役,以便农民耕作,国家粮食充足。于此可知"不违农时"政策是多么重要。

二是农副业并举。《孟子·尽心》:"五亩之宅,树墙下以桑,匹妇蚕之,则老者足以衣帛矣;五母鸡,二母彘,无失其时,老者足以无失肉矣;百亩之田,匹夫耕之,八口之家,足以无饥矣。"孟子讲到三种生产的同时进行,即粮食作物生产的百亩之耕,种桑养蚕的织布,豢养家禽家畜,才能有粮食和肉食吃,有衣服穿,生活就过得去了。

三是对自然资源索取有度。《孟子·梁惠王》:"数罟不入洿池,鱼鳖不可胜食也;斧斤以时入山林,材木不可胜用矣。谷与鱼鳖不可胜食,材木不可胜用,是使民养生丧死无憾也。"孟子有长远眼光,懂得维护自然资源,以便持续生产。如若竭泽而渔,毁坏山林,就不会再有水产品和木材,人们生活就不是"无憾",而会遗憾太多。

如果实现孔孟的理想,政府以民为本,以粮为本,实行轻徭薄赋的政策,就会"足食",老百姓就饮食无忧了。

六、古代饮食和中华饮食文化

前面所述的古代饮食既然主要依据的是《论语》《孟子》资料,所反映的应是先秦时代人们的饮食生活。到后世物质生产丰富了许多,商品经济、交通事业都有发展,甚至是很大的前进,人们的饮食生活也随着有了许多改变,如行旅可以自带粮食,更可以沿途采买食品了。因此下面讲述中华饮食文化特点,是通贯观察整个历史得出的,不过在先秦时代已基本形成了。

古人的饮食与礼仪制度、社会身份相结合,形成其独特的文化内涵。笔者认为它有下列三点特征:

(一)精妙的烹饪技术与美食

中华饮食讲究蒸、煮、烧、炸、烤与五味调和,所谓"一人巧作千人食,五味调和百味香",火候和调料的运用至关重要;讲求色香味形,引发人们食欲的同时,给人一种美的享受;菜肴品类繁多,难于胜数,一种原料、就可以做出多少道菜来,如很容易得的一方豆腐,可以煎炒(炒豆腐)、水煮(煮豆腐)、红烧豆腐,此外薰豆腐块、豆腐干、豆腐圆子、凉拌豆腐(拌小葱或香椿、松花蛋),与其他食品配合做出各种名目的菜肴,如同肉末混合成豆腐肉丸子、白菜烧豆腐等等。我们能讲有多少多少种菜系,有什么"某某家菜",就是因为能够制作各种色香味形的菜肴,供人享用。

(二)讲求饮食礼仪

饮食文化的形成,礼制的要求是一个重要原因。对此我们可以从下述四方面看得出来:

其一,从祀礼的隆重、祭品的精制到食品的讲求。祭祀是国之大事,祭礼极其隆重,理所当然地要求祭品精制,供奉于祭祀对象的神灵和祖先,用以祈求神灵、祖宗的赐福和免灾。孔子讲"食不厌精,脍不厌细",如前所述,是为祭祀神灵而作出的要求,而活着的人讲求饮食,由此而来,可以这样说,中国人的精于烹饪,是从祀神到入于人口,虔诚祭祀是产生美味佳肴的不可忽视的动因。

其二,依据食用者的职业、身份、社会地位、性别形成饮食规范、制度,如乡饮酒礼、赐食、赐酺,以及禁止糟蹋食物的"通行饮食"罪的法令。

其三,体现孝道精神,父母在世则竭力供养,死后的祭祀维系不断。

其四,规范人们在饮食中的礼仪行为。在饮食过程中,应依个人的身份地位行事,尊重尊者与他人,对食品的选择、食用的量度均应体现出个人的高贵品德,而不可失德,真所谓"于饮食中见人品"。

(三)社交的重要方面

设宴待客、赠送他人以食品,是常见的社交行为。皇帝给臣僚赐宴、赐胙、赐食品,给百姓赐酺(在规定日子内可以任意饮酒),都是莫大的恩德。官场、民间互相赠送食品、宴请客人,尤其是在节日、家庆日,就餐、送食品是不可缺少的,如女儿生育,娘家送红鸡蛋。世间所说的"女儿红"酒,即在女儿出生之时酿造、窖藏,以备出嫁时请客应用。再如五月节人们互赠粽子,八月节送月饼等等。运用食品的交往,维系、加强亲友之间的情谊,或与他人增加往来,进行感情交流,密切原来疏离的关系。饮食是社会交往的必不可少的手段,而今日流行的"饭局",至少有"恶俗"成分了。

中国以饮食文化著称,如果说"性文化"是西方文化的一个重要特征,中国文化是不是可以用"食文化"来表述呢?或许可以如此吧!中国菜,是美食,也是贡献给世界食文化的一种精品。中国食文化作为中华文化的一种内涵,当之无愧地立足于世界食文化之林。

(载《吉林大学学报》2004 年第 2 期)

古代著名沦落女子为何受到褒扬

在中国传统社会中,娼妓原应是不容于礼教规范的边缘人物,而且极受鄙视。然而历史上许多沦落风尘的女子,或因与名流士子相知相爱,或因自身才华出众,而成为文人颂扬的对象。本文即由历史上名妓的文采、风情谈起,试图探索她们在传统男性为主体的社会受到赞扬的原因。

骂人最厉害的大约莫过于"男盗女娼",对于女人则是"娼妇"。《红楼梦》里王夫人、王熙凤、李奶妈生气时骂侍女统统是"小娼妇",这对于女人是最严重的蔑视和伤害。娼妓,以及女尼、女冠中有娼行的人,也就是本文标题中的沦落女子,最让人看不起。可是其中有名的,诸如南齐的苏小小,唐朝的李冶、薛涛、鱼玄机,宋代的李师师,明清之际的李香君、柳如是、顾眉,近代的赛金花、小凤仙等等,却又受到很多赞扬,这是为什么?在古往今来的男性为主的社会里,这种违背三从四德的女人,究竟为什么会得到舆论的宽容呢?让我们先来看看她们受称赞的情形,然后寻找其原因。

一、唐代沦落女子多擅诗文

对古代沦落女子的赞誉,主要表现在其生前与士大夫酬答唱和,身后诗文书画被保存流传,真假遗迹受人凭吊,被人评论,褒多于贬。

著名沦落女子日常侍奉的,多系达官贵人、名流学者、风流幕客和读书士子,其中的官妓,不是这类人也不易征召到她们。她们凭借这个条件,与上层人士往还,互赠诗词、书画,会因受到赏识而被赞赏,声名鹊起,不仅当世口耳相传,以至文献记录,延誉千百载,薛涛就是显例。她遗留下的诗大部分是赠答相知者的,内有西川节度使韦皋、高崇文、武元衡、李德裕、王播、李夷简、段文昌、杜元颖,诗歌名家元稹、刘禹锡,郎中李程、员外郎卢士玫、御史中丞萧祐,刺史郭某某、郑某某,侍御吕某某,等等。元稹、白居易、王建(大历进士,工乐府),都有诗赠她。和贵人往还,并得到他们的揄扬,大大提高了她们的声誉。

唐代沦落女子多能作诗,其佳作即被口耳相传,并有流传于后世的。清康熙间编辑的《全唐诗》第 802 卷所收全是妓女的诗篇;第 800 卷是"名媛"诗,然而在作者中也有红绡妓、寿春妓;第 803 卷和第 804 卷分别是薛涛、鱼玄机的专卷;第 805 卷则是汇辑女冠李冶、元谆、女尼海印的诗。薛涛、李冶、鱼玄机的诗最引人注意。薛涛的诗集《锦江集》五卷,北宋以前有蜀刻本;《薛涛集》一卷,有南宋以前刻本;南宋洪迈辑《唐人万首绝句》选有多首薛涛诗;《薛涛诗》一卷,有明万历三十七年(1609)成都洗墨池刻本;明人胡震亨《唐音统签》内含《洪度集》;《薛涛李冶诗集》,收入《四库全书》中;《洪度集》,光绪陈矩刻本;张蓬舟签注《薛涛诗笺》,1981 年四川人民出版社枣梨,是薛涛诗的第一个笺注本;陈文华校注《唐女诗人集三种》,为薛、李、鱼三人诗集,并将有关三人的古文献资料也辑录进去,此书于 1984 年由上海古籍出版社印行;薛涛的诗还被一些选家收入诗歌汇集或选入诗话中,这里不拟再说,倒想对李冶的诗就此做出说明。李冶诗除了上述与薛、鱼合刻本外,大量出现在诗汇和诗话里,就笔者所知,至少有以下二十种:《又玄集》《才调集》《文苑英华》《唐诗品汇》《中兴闲气集》《唐诗纪事》《名媛诗归》《唐诗快》《唐文粹》《唐诗选派会通评林》《乐府诗集》《全唐诗录》《唐宫闺诗》《唐诗别裁》《吟窗杂录》《全唐诗》《分门类纂唐歌诗》《唐音统签》《唐才子传》和《中国历代女子诗词选》。一千多年下来,薛涛的诗尚流传九十首左右,李冶的有十几首,虽说不多,已属不易,且寻找并不困难,《全唐诗》提供了最大的方便。

二、被赞誉的沦落女子

古代名妓有遗迹或后人制造的遗迹流传,为人瞻仰,寻觅她们的芳踪,向往与评说她们的事迹。杭州西子湖畔西泠桥下有传说中的苏小小坟墓,是以白居易《断桥》诗云:"柳色青藏苏小家"。涉及薛涛的"古迹"最多。薛涛颇享哀荣,由西川节度使段文昌作墓志铭,墓在成都锦江河岸,即今成都东郊望江公园附近,唐末郑谷《蜀中三首》之三专写其坟,其碑题曰"唐女校书薛宏度墓"。薛涛的画像有多种,有石刻的,今存成都望江公园。薛涛笺与薛涛井,薛涛居住在成都西郊浣花溪时创制花笺,以后盛名传播千百年;大约是明朝人据以造出薛涛井,谓为造纸之水。明人何宇度《益部谈资》记载说,井在锦江南岸,时属蜀王制笺处,每年定期命匠制纸,"用以为入京表疏"。薛涛井,笔者亦因在成都浏览,专程往观,以验证有关记载的真实情况。柳如是自身遗留下多幅山水画和诗词,清人余秋室为她绘画的"河东君初访半野堂小景",保存完好。

古今人对沦落女子和她们的诗词给了许多赞扬的评论。明人编《名媛诗归》,收入薛、李等人的诗,把她们视作"名媛"。元人辛文房撰《唐才子传》,"下至妓女女道士之类,亦皆载入"。沦落女子被当作"才子"看待。唐末张为作"诗人主客图",将诗人区分为主客两类,每类又各分上入室、入室、升堂和及门四等,将薛涛列入李益为主的"清奇雅正"类的升堂等第,也即给了一个不错的诗人位置。宋人编的《宣和书谱》说薛涛"虽失身卑下,而有林下风致",将她视为士大夫一流的人物。在以理学为官方哲学的清代,康熙间官修《全唐诗》辑录薛涛时,在她的小传中,也认为她"有林下风致"。稍后官修《四库全书总目》,认为薛涛的诗"托意深远""宜其名重一时"。同时评价李冶的诗,与"大历十子"相提并论。明人胡应麟在《诗数》中更说她的诗"幽闲和适,孟浩然莫能过"。明清之际黄周星在《唐诗快》中为鱼玄机的被杀而惋惜不已:"夫造物之待才人,固极刻毒矣,何其待才媛亦复尔尔耶?"

大体说来,古人赞赏著名沦落女子的地方,多在承认她们的文学造诣,特别欣赏她们的诗画有男子气,以及像男人一样关心国事。在这些评述中夹杂着她们的一些史实,而对明清之际的董小苑、柳如是、陈圆圆、李香君等人,则有专文传记——《冒姬董小宛传》《柳夫人小传》《圆圆传》《李姬传》《影梅庵忆语》。还有专写沦落女子的《板桥杂记》,称赞她们"侠而慧""能辨别士大夫贤否"。

近现代学者对沦落女子的历史亦行关注,有专门论著,而评价之高,则为古人所未及。国学大师陈寅恪因柳如是作有《金明池·寒柳堂》词,晚年仍用"金明""寒柳"为书斋名和著作名,如《寒柳堂集》《金明馆丛稿初编》《金明馆丛稿二编》。陆键东在所著《陈寅恪的最后二十年》书中,盛赞柳如是为"性格奇异、人格闪耀着光芒的历史人物"。王书奴的《中国娼妓史》在讲到董小苑、柳如是等人时,说她们"亮节高风,柔情侠骨,其可泣可歌举动,真非晚近士大夫所能做得到的"。20世纪初楼藜然在《灵峰草堂本洪度集序》里,认为薛涛的留名后世,是历史上有些须眉男子所无法比拟的;又以为,若薛涛生在"震旦维新,女校林立"的他的写序时代,"教习员中必当高置一席"对待她。康正果对古人赞扬沦落女子的立足点和某些论点颇不以为然,提出着眼于维护女性尊严的观察角度,认为"妓怨诗的中心愿望:向往一种与男人建立伦理关系的生活",并从鱼玄机的《游崇真观南楼睹新及第题名处》七律中,看到女诗人提出了过去从来没有提出的怀才不遇的新问题(《风骚与艳情》,河南人民出版社,1988年)。乔以钢指出:唐代女冠、乐妓生活方式上有开放型特点,从而放任不羁地表现爱情心理为其诗歌创作的一个重要内容(《中国女性的文学世界》,湖北教育出版社,1993年)。

三、名妓受褒奖的原因

"为失三从泣泪频,此身何用处人伦。虽然日逐笙歌乐,长羡荆钗与布裙。"(《全唐诗》卷802)唐代江淮间娼妓徐月英的沉痛"叙怀",正如康正果所说,表达出她们要求的是正当的、也是正常的两性关系和家庭生活。由此可见,在研究沦落女子历史时,需要摒弃男性中心观念,只用女子主体论也不理想,而要考察两性关系和使用性别理念。综观古往今来人们对著名沦落女子褒奖的原因,笔者以为可以归纳为下述几点:

(一)适应上层男性社会生活需要,被捧成名角

与上层男性交往的沦落女子,知名度历久不衰的,自然有其自身的条件,同时也是受知于男性,是被男子捧出来的。在古代,对于伤风败俗的女子,诅咒犹恐玷污了嘴和笔,怎么会彰扬呢?原来在"男女授受不亲"的社会规范环境下,男性为寻求异性刺激和抒发抑郁感情,为研讨诗文,为显示雅士风度,为出锋头和提高名声,需要名妓配合,著名沦落女子正是这些因素的综合产物。唐代科举制度正式确立,进士中式时,大会长安曲江池,招引官妓,纵情调笑,更有甚者平时带着妓女,驾着小牛车,前往名园曲沼游玩,脱去帽子,又把衣服脱掉,用草遮盖,并且狂呼大叫,不拘礼节,也不管旁观的人怎么看,还将这种情形叫作"颠饮"。著名沦落女子的聪慧过人、谈吐风雅诙谐、深谙音律、擅长诗赋,是文士雅集的理想座客和监令,有她们出场,男士们兴致就上来了。据《唐语林》记载,一次西蜀官中聚会,薛涛在座,行酒令,要求语带禽鱼鸟兽内容,一位刺史说"有虞陶唐",其实"有虞氏"非鱼,说错了,大家忍住没笑出来;轮到薛涛,她说"佐时阿衡",众人说她话里没有鱼鸟,应当罚酒,她却笑着辩解:"衡"字里有小鱼子,刺史大人的"有虞陶唐"才没有一点小鱼呢!说得众人大笑起来,那时刺史也才恍然大悟。薛涛机智风趣的应对,令满堂生辉,

妙趣横生,士大夫当然要征召她们游宴了。

士人雅聚,往往要吟诗作赋,工词赋的沦落女子,可以参与讨论,并可即席演唱,主人自然高兴与她们唱和。文士特别爱读她们的诗词,因为她们写的情诗,比较能反映心声。如同乔以钢所说,不像良家妇女那样受礼教观念的约束,男士当然爱看,而赞赏她们有才。所以元稹《寄赠薛涛》七律中称赞薛涛:"言语巧偷鹦鹉舌,文章分得凤凰毛。纷纷词客皆停笔,个个公侯欲梦刀。"薛涛写了那么多的赠答诗,原因就在这里。在伴君如伴虎的时代,官员地位不稳定,妓女年老色衰就更悲惨,两者之间有着命运无常的共同点。是以被贬江州的白居易,见到"老大嫁作商人妇"的长安妓,同病相怜,写出"同是天崖沦落人,相逢何必曾相识"的著名诗句。

在"内讳不逾闲"的古代,良家女子的笔墨不宜传诸社会,避免人家把她们的诗词与僧道、娼妓的放在一起。而沦落女子的文字不存在这个问题,士人尽可评说。良贱女子作诗的不同社会处境,令男士较欣赏沦落女子的作品。不仅如此,士人还需要妓女传播他们的诗词,以提高和保持知名度。沦落女子歌唱词曲,为其作者扬名,白居易就是受益者。白离开杭州任所几年后,犹赠诗云:"故妓数人凭问讯,新诗两首情流传。"把他的新作请旧识的妓女去歌唱传播。因为他的歌普及民间,许多沦落女子知道他,以致他在汉南,主人请客,他一露面,诸妓就知道是《秦中吟》《长恨歌》的作者到了。

妓女,尤其是官妓,要想出头,必须自身素质好,并得到士人的赏识。但士人能抬举她们,也能贬抑她们。据说以写侠士诗著名的唐人崔涯,每将诗题于娼肆,不胫而走。他的毁誉,能令这个娼馆或者车马络绎不绝,或者门可罗雀。他写诗嘲笑李端端,李忧心如焚,请他可怜自己,另写一首好的,他应允了,于是豪富争到李家去。南曲妓颜令宾能作诗词,见到举人就尽礼侍奉,并乞求他们写诗歌,结果装满了箱子;病重时,宴请士人,请求他们为她写挽词,他们照办了。颜死后,人们按那些词给她唱挽歌,声调悲怆,以后长安人送葬也唱这些挽歌,颜令宾因此而有诗遗留下来,并被收在《全唐诗》里。由这两个事例可知,沦落女子出名与否,在名士的掌握之中。因此,不论她们的本意如何,总要竭力逢迎名士。

要言之,士人的社会生活需要捧出名妓,双方相得益彰。但是前者站在主动地位,而后者则处于被动和屈辱境地。

（二）超俗的真情相恋，受到一点同情、理解或尊重

沦落女子被认为是只认钱不认人、不讲感情的人，并因此受到鄙视们。其实她们中的许多人像前述徐月英一样，厌恶那种人不人、鬼不鬼的处境，渴望有正常的家庭生活，盼望从良嫁人，哪怕是去做妾。但是这也仅仅是她们的追求，难于实现。有的人有了意中人，为觅求合法的结合，不惜殉情而死。河中府娼崔徽，与从兴元节度使署来的幕客裴敬中相爱。裴离开后，崔极度怀念他，托人给他带去自己的画像，并传话说，若裴见不到画中人，那就是她为情郎而死了。后来真的思念成疾，得了精神分裂症而死。

还有一位太原妓恋情欧阳詹，欧阳离开太原时约定回来迎娶她。于是她日日夜夜盼着情人的到来，想出了病，又把发髻剪下连同情诗一并寄给他，但是过了约定日期欧阳还是没有到，她绝望地写下遗恨诗而死。诗曰："自从别后减荣光，半是思郎半恨郎。却识旧来云髻样，为奴开取缕金箱。"恨爱交织，然最终仍为爱而死。欧阳闻讯之后，伤心至极成病而离开人世。"不是情人不泪流"，他显然不是负心郎，是客观的因素造成这对情人的悲剧。"愿天下有情人终成眷属"是人们的美好愿望，而这对于沦落女子却难以实现。

男子也有为沦落女子痴情亡故的。唐朝左庶子薛宜僚眷恋乐籍段东美，奉派出使新罗时，思念段氏不已，终因病重辞世。待到灵柩运返青州，段氏赶到驿馆，痛哭身亡。薛与段、太原妓与欧阳詹之类的爱情悲剧，被古人当做逸闻趣事记载下来。对于士人的死多以为是怪诞不值，而对烟花女子则认为是殉情，很难得，故给予同情。

古人的同情，也表现在小说戏曲中对负心郎的谴责。唐人小说《霍小玉传》，写公子李益的忘情负义，抛弃名妓小玉而同卢氏结缡，迫使小玉卧病，痛斥其非而死。后人以此衍化出明人的平话《杜十娘怒沉百宝箱》和汤显祖的传奇《紫萧记》《紫钗记》。这种文艺作品表达的对沦落女子的同情，与文献对薛涛等真实人物记载中所流露的感情相一致，表明古代确实有人多少能理解沦落女子的情感。

（三）"才"在人们心中的实际展示：爱才与重才轻德

著名沦落女子有才不必赘述了。古人之所以赞赏她们，在很大程度上是欣赏她们的才华，尤其是文采，因而原谅她们的卑贱身世和下贱生活。元人辛文房在《唐才子传》里写了薛涛的才智之后说，"殊不意裙裾之下，出此异物，岂得以非其人而弃其学哉？"人们说不以人而废言，他这是不以学而废人。持

这类观点的人不少,前面提到过的楼黎然,说薛涛"不幸流入乐籍,不获以名节显,(犹幸)以才自拔,俨然与卓文君、巴寡妇鼎峙于蜀都也,乌得以妓少之哉?"据说,清代文坛怪杰、杭州人袁枚有"苏小乡亲"闲章,竟然与妓女认同乡,从而招致他人的讥笑。他却说,几百年后人还知道苏小小,不会晓得吾辈,为什么嫌丢人呢!也就是说著名沦落女子能以才彦而留名。因才留名是好事,哪里是耻辱!才华—盛名—留芳,"才"是先决条件。对人的评价,中国的传统观念和评论标准,虽说是德才兼顾,但在官方,主要以德行衡量人,所谓崇人伦优于重事功,实际是重德轻才。对于女子的三从四德要求,尽管有妇功的内容,然而基本上是德的条件。可是在对著名沦落女子的评价中,一些人与官方准则相反,轻忽伦理,注重才学。官方的哲学与人们的实际观念常常脱节,对著名沦落女子的品评差异,正好说明这一点。

(四)高贵与卑贱的政治情操对比:抒发政治情怀,鞭挞无耻男性

肯定著名沦落女子的人常常对国家、民族前途具有高度的责任感,并从这个角度比较达官贵人与沦落女子对重大政治事件的不同态度,以抒发他们向往清明政治的理想,展现他们爱憎分明的爱国精神。

沦落女子对自身的不幸往往发出无可奈何的哀怨,薛涛更为自己被发配松州流露不快,她在《罚赴边有怀上韦令公》二首写道:"闻道边城苦,而今到始知。羞将门下曲,唱与陇头儿。""黜妾犹违命,烽烟直北愁。却教严谴妾,不敢向松州。"使用对比的方法表现自己的不满。唐朝受吐蕃侵扰,不能保护百姓,却把贱妓罚到边疆劳军,这算什么道理!明人杨慎在《升庵诗话》中就此称道她的诗"有讽喻而不露,得诗人之妙,使李白见之,亦当叩首,元、白流纷纷停笔,不亦宜乎?"把李、元、白非要比下去,并非是公允之见。但这番评论既同情薛涛的不幸遭遇,又对唐代中期腐败政治表示含蓄的谴责。

对比法被人们更明显、更广泛地运用于明清之际的人事上。吴伟业《圆圆曲》、丁传靖《沧桑艳》,不是为陈圆圆而作,书写"冲冠一怒为红颜",是斥责吴三桂假复明之名而降清。虽然吴伟业于此不足道,但是此曲本意是明确的。王书奴以高风亮节评价董小苑、柳如是等人,是把做不到的士大夫比下去。陈寅恪欣赏桂剧《桃花扇》有感,赋诗云:"殉国坚贞出酒家,玉颜同尽更堪嗟。可怜浊世佳公子,不及辛夷况李花。"褒奖李香君的坚贞,谴责参加清朝科举的侯方域之流。他在失明膑足的晚年写《柳如是别传》,发"奇女"之"幽光",是为"痛哭古人,留赠来者",寓意深矣!

这种政治态度的对比,就作者讲,有两种情况:一是一般性地发点感慨,古人多如此;另一是怀有高度的忧国忧民意识,借助著名沦落女子的政治气节抒发自身的感情,鞭挞无耻政客和欺世盗名的文人。因此这种评论是针对不同类型的男女两性人物,是表彰性与抨击性同时并存,不单是为沦落女子而发。

男性为主体的社会,男子对女子的评价无疑是以男子的尺度来衡量,所欣赏的女性,或所能够接受的女子行为,必是不触犯男子利益的,必是一部分男子受益的,这在古代尤其如此。近现代以来,由于人权观念深入人心,政治的民主化和妇女运动的开展,对女性的评论逐渐从两性关系来考察,就比较接近客观实际了。所以,人们对女性的认识在演变,在发展,在前进,相信随着时代的进程,人们对著名沦落女子的看法还会出现变化。

(载台湾《历史月刊》1996 年 11 月号)

清代节烈女子的精神世界

　　清代有一批女子,丈夫死了,自尽追随于地下,或誓死守寡,在艰难困苦中上侍公婆,下抚孤儿;还有的妇女遇暴,宁死抗争,不失节操;有的未嫁而未婚夫亡故,不再改聘,甚而自杀明志。这类现象,大得舆论的赞扬,被广泛地记录,以为风俗纯朴的明证,不少人获得政府的旌表,贞节牌坊矗立通衢,供人瞻仰。女人要为夭亡或中道而去的丈夫、未婚夫守寡,或跟着而去,今人不仅难以想象,甚而认为是匪夷所思的事情。那么她们是在何种理念支配下采取这样的行动呢?她们的人生追求是什么?今日如何认识此种观念和行为?清代学者李兆洛(1769—1841)在《张烈女冯孝妇传》中讲,有的忠臣孝子以死完节,“而其心仍不敢求白于天下”①。人是死了,其“隐曲痛苦”的内心世界却没法表达出来。因此,我们要想真正了解节烈女性,并非是一件容易的事情。故而本文只是试图对此历史课题作出某种解释。

一、情爱与殉情

　　殉情而死,是小说、戏剧中常见的动人故事,在清代的社会生活中也能见到这种现象,虽然是极少的。

　　江苏常熟人张廷桂,娶妻甘肃秦安人章孔荣,廷桂家贫,出游在外,客死直隶抚宁县,灵柩归来后,章氏尽心营葬,迨到下葬时她跳往墓穴,意欲殉葬,被家人拉住。等到丧事终了,她自缢求死,又被家人发觉解救下来,但是第二天晚上,乘人不备,投水自杀。死前将幼女托付给丈夫的从弟,并作绝命词数章,最后一章写道:“忆往事兮,双泪沾巾。相当年兮,妾病沉昏。感君爱兮,信誓殷情。云妾殁兮,君必亡身。嗟今日兮,命不由人。君先亡兮,妾岂偷存!痛万里兮,生会无因。轻一命兮,地下从君。求神明兮,引我孤魂。觅天涯兮,不

---
① 李兆洛:《养一斋文集》卷15。

惜艰辛。得伴君兮，死亦欢欣。十七年兮，夫妇深恩。食糟糠兮，敢怨君贫！中路诀兮，命蹇时屯。丧葬毕兮，不死何云？伤幼女兮，失母谁亲！死为君兮，此外奚论？"①原来丈夫在妻子生病时发出生死相伴的誓言，表示爱情的深笃，如今丈夫先走了，妻子感念亡夫的深情厚意，决心舍命追随夫子于九泉，虽然有幼女难于割舍，在了安排后，也就顾不得她了。

山东掖县女子王氏受聘于陈三义，突然双目失明，她的父亲怕影响人家，提出退婚，陈三义拒不应承，理由是：当初订婚时，她的眼睛是明亮的，现在虽然没有成亲她眼睛坏了，但如同娶回来后不好是一样的，我不能抛弃她。于是同她结亲，三年下来，王氏眼睛居然复明，但不幸的是丈夫不久身亡，王氏感念夫婿待她的恩义，抱着"夫不负吾，吾岂负夫"的报恩之情，自缢而亡。②

以上两对夫妇，恩恩爱爱，如胶似漆，一个不生，另一个则不存，正如同古诗所云："在天愿作比翼鸟，在地愿为连理枝"，黄泉路上妻子紧追随。倘若章孔荣先走了，张廷桂是否实践诺言，不得而知，事实是两个妻子殉夫确实是为情爱而牺牲，与即将说到的因从夫道义的殉死是不同的。

还有另一种类型的殉情。武进周小姗是婢女，为主母所钟爱，在主母过六十大寿时，出现在众人面前的她，"鬓云肤雪，柔若无骨，而姿态闲逸，娟娟楚楚，如不胜衣，立而望之，殆神仙中人也"！与前来拜贺的举人黄永一见钟情，在先富贵子弟来求婚，姗姗听说后就有怒色，及至黄永请人来说，即显出高兴之容。黄永张罗迎娶，但时值顺治五年（1648）的会试，乃父命其进京赶考，不能完婚。大约是钟情的缘故，姗姗生病了，黄永被迫不得不走，动身前赋《减字木兰花》一阕给姗姗，词云："东君有意，知许梅花花也未。小漏春光，怎禁西风一夜霜？凄然相对，花底温存花欲泪。残月如弓，几减灯花又晓钟。"于是启程，姗姗因而病情加重，后来黄永考试失败的消息传来，她说郎君是天下的大才，这次失利，不是他的无能，而是因为我扰乱了他的心思。现在梦见上天召我，将赴瑶池，请你们转告黄郎，我不能等他了，但是感谢他的恩情。从此不吃药，数日后夭亡。第三天黄永回到家乡，得知噩耗，在梦中与姗姗相会。③黄永于顺治十二年（1655）中进士，官至刑部员外郎，工诗古文辞，《清史列传·文苑传

---

① 《清史稿》卷 511《列女传四》。
② 《清史稿》卷 511《列女传四》。
③ 张潮辑：《虞初新志》，黄永：《姗姗传》。

一》有他的传记。他写的钟情女子为恋人而死,容或有小说成分,然而确系反映人间真情。

二、维护濒临破灭的家庭

在男性为主的社会,丈夫死亡可能会招致家庭的毁灭,是否能免除这一厄运,在很大程度上要看妻子的态度:殉夫而死,抑或再婚而去,还是留下来养老抚孤?许多寡妇选择了后一条道路。

诗歌理论家张惠言(1761—1802)的祖母白氏当丈夫死时,有幼小的三男二女待哺,她的公爹说我老了,这些孩子全靠你了,她说我不敢自尽,扔下子女。第二年,公公临终又说,我将死了,小孩们与你相依为命,你存一日,他们活一天,但是家里穷,不知道你们怎么活!白氏说,请放心,我们母子生死在一起。其时最大的儿子十一岁,大女儿也只有十二三岁,她领着女儿纺织,让三个男孩读书,别人说你的儿子能不能读得成,读成了又要到哪一年,何不如让他们学种田,解决眼前的难处。她却说,自我公公这辈起,上数五世文儒,不能到我这断了家风。终于将儿子培养成儒生,到她的第三代家业兴起了。①

山东潍县李氏,儿子刚过周岁,丈夫死去,公婆不明她的志向,遂询问她:你很不幸,但是我们都老了,孩子又这么小,你打算怎么办呢?她回答说,我早考虑好了,若不是公婆年老和子幼,我就寻死了,我一定和你们一起生活,请二老放心。公爹卖浆,听到敲梆子声,她赶紧迎出去,把担子挑回家。平时抱着儿子埋头做活,从不说闲话。以后为公婆送丧,替儿子娶妇生子。②她不舍弃舅姑,维持了家庭,令公婆的担心成为多余的精神负担。

安徽合肥蔡吴氏与上述李氏有类似的经历,二十一岁守寡,儿子才周岁,不久殇逝,为了侍奉婆母而活下来,以子妇代行子职,她作有自叙辞,兹节录于后:"十六归君子,同心祀先祖。归时舅已殁,姑老谁为主?嗟嗟夫质弱,终朝抱疾处。……儿生甫一载,忽然夫命殂。姑妇并时啼,眷属群相抚。死者不复生,弱息堪承父。那知天夺儿,骨肉又归土。姑祗有哭时,我岂无死所!还念朽

---

① 张惠言:《茗柯文二编》卷下《先祖妣事略》。
② 《清史稿》卷509《列女传二》。

姑存,我死谁为哺? 隐痛敛深闺,衰颜愿长护。奇灾偏遇火,焦烂姑肌肤。和血以丸药,年余仍如故。灾退宜多寿,云何复病殂! 送姑归黄泉,夫缺我今补。"①正是吴氏的媳代子职,蔡家才得以保存下来,并立嗣传家。

　　直隶献县人张守仁寡妻梁氏,照顾老人,还受虐待,却心甘情愿。梁氏夫死,家有祖姑,老、瘫、盲集于一身,脾气暴躁,动辄大骂孙媳妇,抓破她的脸。家里穷,靠梁氏做佣工维生,有人劝她再婚,梁氏说:"我今日嫁,明日祖姑饥且死,义不忍。"②本来就穷苦,家人间再缺少温暖,日子更加难熬,然而梁氏可怜老人、病人,心地仁慈,胸怀宽大。

　　以著作《佐治药言》传名的汪辉祖(1731—1807),他的寡母王氏、徐氏遇到另一种困难,即族人想把她们撵走。汪辉祖年幼,其叔不肖,赌博,把汪辉祖绑架,索钱还赌账,又唆使汪辉祖祖母离去,王氏、徐氏卖田产和嫁衣营葬丈夫,孝敬婆母,应付族人的迫害,也不离开家乡躲避,同时严格教育儿子。因为贫困,常常省下口食尽儿子吃。迨到汪辉祖外出做刑名师爷,每次回来必问有没有死刑案子,曾否破人家产? 当听说没有,就很高兴。她们将心比心,最怕造成他人家破人亡的惨事。③

　　还有聘妻在未婚夫死后到夫家,承担抚孤的重任。江都人杜思宽为幕宾,妻妾均亡,遗有二子二女,乃聘陈氏为继室,未婚,嘉庆十三年(1813)客死南昌,友人戴廷璋送其灵柩和子女回籍,这时陈氏正寄住在姐夫家,闻听未婚夫的事,要求姐姐允许她奔丧,姐姐不同意,说他家穷得无立锥之地,孩子又幼小,你去了如何生活? 她说这正是我要去的理由,遂去杜家,经理丧事,安葬杜思宽及其父母妻妾,抚养其子女,杜思宽的幕主听到这样的义行,厚予赠送,陈氏才勉强糊口,又勤于纺织,补助生活,给两个儿子娶亲,出嫁长女,次女原由戴廷璋收养,所以四个子女都有了着落。④这个家若不是陈氏前去料理,必定是孩子流浪街头,亡散败落,不再成为家庭。

　　有老有小,经济困窘,是家中主要男子丧失后的普遍情形,这时的寡妇、聘妻支撑家庭,不仅要克服贫穷带来的麻烦,还要同欺负孤儿寡母的社会恶

---

① 《清史稿》卷 509《列女传二》。
② 《清史稿》卷 508《列女传一》。
③ 《清史稿》卷 508《列女传一》。
④ 李兆洛:《养一斋文集》卷 15《记陈贞妇事》。

势力作斗争,所以她们的生活是难上加难。坚定她们留下来持家的是仁爱和信义的观念,她们认为养老抚孤是理所当然的事情,是做子妇、母亲的责任,即一成为妻子,就是这家的人,就必须照管家庭。前述梁氏说的"义",用今天的话来说,就是婚姻契约,"义不忍"即不背约。因此丈夫死了,她们自觉地将维持家庭的责任承担起来。她们认为抛下老亲稚子是不义的行为,不做这样的事。结果是她们成为顶梁柱,使家庭延续下去。

三、从一而终的名节观念

支配女子节烈行为的主导思想, 人们历来认为是从一而终的名节观,事实也是如此。

拙文《袁机评传》(收入《庆祝王钟翰先生八十寿辰学术论文集》,辽宁大学出版社,1993 年)文中叙述的袁机(1720—1759),"少守三从太认真",坚决不退高家的婚约,往火坑里跳,支配其行动的就是从一而终的意识。

武进谈氏出嫁董家,仅有半年,丈夫病殁,她视含敛完毕,即不进饮食,公公让人劝她,为她立嗣,她主意已定,对姒娌说:"女子适人,以事人也,所事既死,留身何为!有夫兄和嫂嫂侍候公爹,我到地下跟从丈夫服侍婆母。"遂在乾隆五十九年(1794)绝食而亡。①她认为女性的天职就是侍候男人,夫亡从死,是理所当然的事情。她的殉夫,与第一个子目所写的殉情,在观念上有不少的差异。

向氏,四川涪州人,能作诗文,嫁给农家子王如义,常常劝他读书,道光十六年(1836)如义暴亡,婆母劝她改嫁,誓死不从,迨到公爹死后,家中更穷困,强迫她改适,她遂投江自尽,死前作绝命诗十首,其序云:"妾涪陵向氏女,适王氏,未一年,而夫即逝。昨岁翁又不幸。孤苦茕独,人劝以非礼,衣食事小,名节事大。夜题诗十首,藏筒中,他日阅妾诗,毋累阿姑也!"在临入水时,将写有"名节江中见"的字条贴在桥柱上,时年二十五岁。②她把宋儒程颐的饿死事小、失节事大牢记心中,并为之而实践,还怕因为她的死使婆母受连累,特地说明与其无关,心地善良,临危不乱。

---

① 李兆洛:《养一斋文集》卷 15《董烈妇谈孺人传》。
②《清史稿》卷 511《列女传四》。

上述妇女的共同特点是把名节看得比生命贵重得多,以为妇人就是丈夫的附属品,包括性命在内的一切,莫不如此,而且这种意识业已殖入骨髓,根深蒂固,一言一行都会表现出来。华亭女子张氏是金景山的童养媳,但是金不要她,直至临终还向乃母说,她不是儿的配偶,把她嫁出去,金死,她矢志不嫁,有人劝她,未婚夫不认你,你何苦不走,她说“我知夫死妇节而已,不知其他”①。常熟朱孙氏,寡居抚养嗣子成为名诸生,嗣子要为她请旌,她不答应,说:“此吾分内事,何足以告人哉!”②康熙年间浙江钱塘人曾如兰殉夫绝命诗的结束语云:“我自归家去,人休作烈看。”③这些寡妇、贞女将守寡和殉死视为理所应当,临事想都不要想,自发地做出来,脱口说出来,从夫的名节观成为下意识的东西,所以做起来就那样自觉。

自觉实践名节不是每个人都能做到的或一开始就能那么自觉的,而是有不许改嫁的社会舆论,从另一方面警告妇女必须走从一而终之路,否则名节有亏,将在社会上抬不起头来,受到各种侮辱,亲戚会认为她玷污门风,看不起她,所谓“再嫁者不见礼于宗党”就是指此。④这样的情况下日子可是不好过,现实迫使一些寡妇不得不耻于再婚,灵魂深处接受从一而终的名节观。

四、天命、认命与自强

一些寡妇、贞女,将她们的不幸遭遇视为命中注定的,是天意,应该顺其自然,而绝不可违抗;自己虽然命决多舛,有时受人同情,但是尽量不要接受怜悯,应当自食其力,否则宁可去死。

乾隆时直隶抚宁人樊正许字杨某,杨病重,樊母乃将她另许别人,她不同意,逃到杨家,说“夫病,天也;我为病夫妇,亦天也;违天不祥”,否则我只有一死。终于嫁了过去。⑤江西高安大学士朱轼的女儿未婚夫早卒,仍去夫家,侍奉祖婆和婆母。一次家里失火,端坐屋中不动,别人叫她外逃,她却说“死,吾分

① 《清史稿》卷 511《列女传四》。
② 李兆洛:《养一斋文集》卷 15《记朱节母事》。
③ 《清史稿》卷 511《列女传四》。
④ 民国《崇明县志》卷 4《风俗》。
⑤ 《清史稿》卷 509《列女传二》。

也"！还是她婆母打破窗户挟着她逃出来。①阳湖史月英字于常熟钱廷兰，钱家犯案，廷兰戍边，后遇释放还，不得已入赘于史家，由于幼失教养，行为时或不检点，月英勤加劝慰，廷兰时时出游，月英则斋居疏食，道光九年(1829)廷兰死于无锡，月英遂绝食，别人安慰她，不听，说"吾向之生，非乐生也，不敢不生耳！今而获死，乃吾分也"②。

樊正认为嫁给病夫是天命，而天命不可犯，因之不能改字，所以天命制约她忠于杨某。朱氏、史月英都讲死是她分内的事，这"分"是名分，也可以视作"命"的另一种说法。就朱氏的观念而言，命中注定应殉夫而去，所以当时没有自尽，因祖母要她等候父命，这时而死，就是追随夫君于地下，因此遇火不必逃跑。就史月英讲，许配给犯案的人家，是命中有灾难，所以还要活下去，是由于丈夫尚在，不应当自戕，而今丈夫死了，自家正好结果性命。她们认为命苦，活着是多余的，都求早死。识天命而认命，主宰了她们的行动。

孀妇的境遇为人所同情，以至有人给予精神上的安慰和物质上的舍施。可是一些孀妇认命而不接受援助，或不安于他人的帮助，她们要做正常的人，自立的人。直隶蠡县魏庞氏，夫死无子，以女红养祖婆和孀姑，人们可怜她，买她的布多给钱，而她绝不多收。两位老人相继辞世，有人要资助她办丧事，她还是不接受，说借给我就用，"如不使我偿，是视我非人也"！果然，借贷后，日夜纺织，很快还了债。雍正三年(1725)，县里大水无收，官方赈济，县役在外叫她领米，她问朝廷领的米要不要还，县役告诉她，是放赈，当然不要还，她听了后说，要还我就领，不还，我一个弱女子，无功于朝廷，怎么能白吃！县役再劝，她关了门，听都不听。后来知县命令县役单独给她送米，说是表彰她节义的，她才收留下。③她不要人白给的东西，否则接受舍施，是自己把自家不当作常人看待，是自取其辱，她要保持做常人的人的尊严，不因为是贫穷的孀妇而自轻自贱。广东名诗人张维屏的祖母黄氏，丈夫和公公相继死亡，婆家无所依，只得回娘家，但独立生活，不要援助，说"吾母子依吾母吾兄，惟母兄保护之，然苟不自食，此鬈龀者长无立志矣！且张氏之祖宗子孙何以为门户乎"④?这个

---

① 《清史稿》卷509《列女传二》。
② 李兆洛：《养一斋文集》卷12《烈妇钱史氏事状》。
③ 《清史稿》卷509《列女传二》。
④ 恽敬：《大云山房文稿》二集卷4《黄太孺人墓表》。

家庭后来能够发达,不能不说肇始于黄氏的自立精神。

五、守清、慕清与独身的追求

本标题所述的事情,守清的贞女之外,似未被人广泛注意,其实倒是社会新现象。

前面讲到未婚妻(贞女)到死去的未婚夫家守寡,是为"守贞",或曰"守清",她们没有举行过婚礼,从未与未婚夫同房,去守贞,是守空房,实即过独身生活。与此类似的是女子不愿意出嫁。如乾嘉间钱塘武端姑,不愿出阁,父母自然不答应,不知她是故意还是不小心,从楼上摔下来,成了残废,自为庆幸嫁不出去了,遂在家帮助父母、弟弟料理家务。①守贞和不嫁都是女性追求独身生活。

不嫁,不能像武端姑那样因残疾而能实现,一些少女为此而奋斗,广东的女子金兰会即为此而出现。结拜异姓兄弟本来是男子的事情,可是道咸间广东顺德的未婚女子结义为干姐妹,矢志不婚,父母逼嫁,就逃到义姐妹家里躲藏;不得已出阁的,回娘家后赖着不走,若强迫去夫家就投河、上吊。后来地方政府强力干涉,责令其父兄严行管制,才改变这一风气。②光绪时奉天产生闺女不嫁教,参加者居住盛京西关紫霞宫,系年轻姑娘,她们信佛扶乩,然而不是尼姑、道姑,也不是秘密结社成员,而是打定主意不嫁人,有的人已订婚也坚决推掉。自谋生计,立教为谋生,以实现不嫁的目的。③不嫁的另一种方式是慕清,即未字闺女誓死不出阁,碍于家长的逼嫁,答应找一个未婚的已故男子作为名义上的丈夫,并到"夫家"生活。据说此类事出于广东的许姓少女,她的小姑也走了这条路。④

无论是单个活动,是慕清,抑或是结盟、立教的集体行动,表明社会上存在着一些少女厌弃成亲,希望并争取独身生活,不能说这种状况已经形成某种风气,但可以认为在局部地区的某个时间内独身要求的苗头已显现出来,

---

① 李兆洛:《养一斋文集》卷15《记孝女武端姑事》。
② 咸丰《顺德县志》卷3《风俗》。
③ 徐珂辑:《清稗类钞·宗教类·闺女不嫁教》。
④ 俞樾:《右台仙馆笔记》卷1。

尤其是在清朝后期。

人之需要婚配,是天经地义的事情,为什么会产生独身的愿望和行为呢?前面讲到的许氏女慕清,行前对父母说的一番话,颇足供我们分析。她因双亲不允许她不嫁人,向二老说:姐姐嫁给了不顺心的丈夫,生活痛苦,父母亦为她担心,如果我再遇到这样的男人,不是让你们更难过吗?况且我身子瘦弱,不能担当繁巨的家务劳作,嫁出去,怕公婆不高兴,我就受罪了。不如爹妈给我找个死人做名义上的丈夫,我就可以安心地生活,二老也不用为我发愁;倘若不答应这个要求,女儿就出家当尼姑,那样名声反倒不好,而慕清的做法被人视为节烈行动。她的父母无法可想,恰好有个未婚的陈姓男子死亡,就将她"嫁"过去了。她说了两条不嫁的理由:第一是嫁不到好丈夫,一辈子心里别扭,活得没意思,也就是说丈夫要可心,夫妻关系要和好,生活才能幸福,但在父母之命媒妁之言的择婚条件下好男人不易求得。第二是家庭人际关系要协调,而这先决条件是自家要四德具备,要能做家务,会主中馈,会孝敬翁姑,会和睦姑娌,这些要求不是每一个儿媳妇都能做得好的,因而婆媳关系、姑嫂关系的不和谐是常见现象。人人都知道这种事,若再考虑到自己性格、能力、身体的状况,有的未婚女子先有了这种惧怕,就不敢结婚了。许氏女只讲了两条,其实尚有第三个原因,即灾难降临造成的家庭生活的不幸,诸如男人的早逝或外出不归,不育,特别是不生男孩,家庭经济状况的极度恶劣,等等,这些不幸的社会现实也有降临自己身上的可能,想到如此可怕的生活,对婚姻也会觉得索然无味了。

家长的包办婚姻,门当户对的婚配原则,三从四德的要求,不是哪一家、哪一个人的事情,而是社会的婚姻制度。所以女子的独身要求,是家庭生活不如意的现实教育了她们,是婚姻制度的不合理迫使她们采取的抗争手段。

一些女子的独身愿望,在清代社会不被人们理解,被看作是怪事,当政者和家长反对,社会舆论持批评态度,将独身的要求给扼杀了,而婚姻制度则没有变化,所以独身社会问题的产生依然如故。

六、如何理解节烈女子的观念和行为

节烈女子的思想和行动,在清代受到主流社会的大肆褒扬,前述政府的旌表,官方和私人的历史记录,无不表明了这一事实;另外也有一种声音,虽然不强烈,还是发出来了,即认为嫠妇的殉死不值得,是愚蠢行为。前述袁机是从一而终的典型,她的堂弟、知府袁树在《哭素文三姊并序》中,盛赞袁机为"不栉进士"的才女,若为男子必定是大名士,同时又写了这么两句诗:"少守三从太认真,读书误尽一生春"①。信守三从是必要的,太过认真就不好了,而之所以如此,就因为读书误信的缘故,在同情、惋惜袁机不幸的同时,多少含有批评的意思。至于今人数说她们愚蠢的就更多了。

笔者认为,批评殉夫、守贞之类的事情,不能着眼于受害者个人,她们已经非常不幸了,还要对其说三道四,于心何忍!其实应当看到社会制度的决定性作用:婚姻制度上的家长包办,青年男女没有自主权,男子如不满意对方的话,有条件的可以另娶妻妾,而女子只能嫁鸡随鸡,嫁狗随狗,别无选择,唯有认命;财产及其继承制度的基本排斥女性,男主外,女主内,使妻子经济上不能独立,不得不依附于丈夫,甚而本身都是丈夫可以出卖的财产;法律制度上男女的不平等,双方之间的同样罪行,判刑时男轻女重;行政制度方面,男子可以读书出仕,女性被绝对地排斥在外;思想意识上,男尊女卑,丈夫有刑于之义,是做表率,而妻子三从四德,在观念上甘心做附属品;旌表制度名为表彰节烈妇女,实为男子的家庭、家族增光,女子家庭、家族也增光,而逼迫女子走此无奈之路——所谓"族人欢笑女儿死,请旌藉以传姓氏。三尺华表朝树门,夜闻新鬼求还魂"②。这些制度所造成的社会现实,令女子屈从,并视从一而终的名节观念为自身的行为准则,自觉地实践。归根结底是不良社会制度的造成了节烈女子的不幸,她们是受害人,应该诅咒的是害了她们的社会制度。

三从四德成为节烈女子的自觉行为,对此也要有全面的理解,是社会制度造成的,但是它变成女子思想的内在成分,似乎又应当尊重她们自身的选择,在这里,我们既不赞扬她们的殉夫、守贞和无条件的守寡,也不就此作出指责,重要的是说明她们为什么会采取这种不能说是明智的行动,社会的原因和她们内在的因素结合在一起。如此来看,始有可能认识此种社会现象。

节烈女子的名节观念和无可奈何的认命意识是历来研究者所注意考察的课题,本文留心到出于爱情的殉情,维持家庭的守节和冲击传统家庭的独

---

① 袁树:《红豆村人诗稿》。
② 俞正燮:《癸巳类稿》卷 13《贞女说》。

身。情爱,一般来说是近代社会以来的事情,那么对清代出现的殉情需要有怎样的认识呢? 守节、独身是两种现象,但都同家庭发生关联,又都影响社会秩序的稳定与否,因此,节烈女子的行为、意念与家庭、社会的关系问题,似宜深入探讨。

(载台湾《历史月刊》1999 年 4 月号)

避暑山庄的当代文化价值

作为世界文化遗产的避暑山庄,笔者拟从文化的视角作出某种侧面的考察,主要是从清代的制度文化、物质文化着手,进一步了解它的思想文化层面,以及作为文化遗产它在今天的社会价值。

对于清代避暑山庄的文化,笔者认识到的是:

一是近似两京制的制度文化。辽、金、元少数民族政权有两个或多个京师制度,清朝没有明确的两京制,但避暑山庄的建立,在事实上形成两京制度,虽然它非常不完善,且不是贯彻有清一代的。

二是理政、休闲互动关系的理政观。避暑山庄作为夏都,为皇帝和朝廷处理政务之所,同时是皇帝休憩渔猎之地,休憩为当政者所讳言,然实有必要,问题是如何处理好理政、休闲两者关系;康熙帝所谓"一游一豫,罔非稼穑之休戚",他在京城南海丰泽园试种水稻,到避暑山庄莆田丛樾仍然试种,并将所得种子交臣下在江南推广,体现休憩为理政的观念。

三是融汇南、北方文化与各民族文化形成的园林建筑文化。江南精致园林与北方天然山水浑然一体的避暑山庄三十二景;移植的嘉兴烟雨楼、镇江金山寺、范氏天一阁等建筑群;汉藏建筑文化的共处,汉族烟波致爽大屋顶宫殿与藏式小布达拉宫、须弥福寿庙的并存。

四是多元文化理念的展示。建设避暑山庄和外八庙的主导思想是汉族传统文化与满人文化的结合,同时将藏族文化(藏传佛教文化)、蒙古族文化(万树园所体现的游牧民族文化)充分考虑进来,令避暑山庄成为多民族文化融合的象征,是多元文化政策的体现。

避暑山庄文化遗产具有重大的现实意义,可以成为当代思想文化建设的宝贵资源,这里仅从政治文化来看:

一是气度恢宏地承认和吸收一切有益的文化资源。康乾之世君主具有恢弘大气,能够容纳各民族文化,各种合法宗教以及佛教中的不同教派,为文化选择开放了领域,而少排他性;今日我们在国内古今、民族文化,国外各种文化方面,若能以恢弘的气魄,有选择地多所汲取,必对建设现代化的国家和人们生活有所裨益。

二是放眼世界与民族主义。清代的康雍乾三帝,对内来说是杰出的君主,对外往往显得渺小,他们对外不是全然无知,如康雍二帝看到俄国的作用,为解决准噶尔蒙古问题而对它让步,对西方国家的兴起及企图建立资本主义世界圈则茫然不晓,以致乾隆帝以天朝无所不有的狂妄自大,在避暑山庄上演了会见马戛尔尼的仪礼之争。大气度如何贯彻到正确对待世界多元文化,特别是西方制度文化方面,从视西方科技为奇技淫巧到学习西方科技文化是一大进步,然而不止于此,有更多的政治、经济、文化内容需要探讨。

三是从政的灵活性。康乾诸帝并未宣布避暑山庄为都城,只是将它作为秋狝之地,可是谁也不否认它是夏都,可知他们施政的灵活性。

(2003 年 6 月草拟提纲,载戴逸《清史研究与避暑山庄》,辽宁民族出版社,2005 年)

"天道酬勤"成语的检索

　　20世纪80年代后期,我经常在一个公共场所碰到某君,也常海阔天空地闲聊。一天,他说得到一位朋友书写的"天道酬勤",极为喜爱,装裱把玩,然而不知这个成语,或者说词汇的出处,问我是否知道,这下把我难着了,只好答应回家查书再谈。到家就查找,利用常见的工具书,没有达到目的,因为业务忙,就不想找了,但是想到顾炎武做学问以不知为耻的态度,我忝充大学人文学科的教员,不能就此放手,得继续寻求答案。于是真下了一些功夫,只得到不理想的结果:只知"天道""酬勤"二词词源,而"天道酬勤"仍属茫然,不得已,遂于1989年6月30日草成《"天道酬勤"与检索"天道酬勤"》回复某君。今因翻阅旧稿,想到90年代以来出版的辞书,特别是上网检索,何不一试,因之又用了一点功,倒是查到了"天道酬勤",不过并未提供出处,或虽提出,但经不起复案。这样,我的兴趣上来了,有了续写旧作的冲动,就是想将寻觅"天道酬勤"成语的全过程叙述出来,以及由此而来的感触。这篇小文是在旧稿基础上加工的,由两个部分构成,一是将80年代末的旧文移植过来,二是叙述近日检索的经历和感触。

　　"天道酬勤",出于何典,谁人所创,云何道理? 此语究属稀见(此指80年代情形而言),我是做了思想准备:先用现代的工具书,不行,再求助于古人。无非是先易后难的意思,不费力查到最好,否则也要不怕辛苦,查他个水落石出。决心和方法已定,就着起手来。

　　20世纪上半叶出版的《辞源》《辞海》是常用的大型工具书,检索也方便,谁知它们未能提供线索;《文史辞源》之类的专门词书,亦不见这个词条;当今最大的汉语辞典——台湾版《中文大辞典》,收词37万多条,在"天"字词内有着"天道""天道不谄""天道自会""天道将军""天道无亲""天道宁论""天道福善祸淫""天道难知",偏偏没有要找的"天道酬勤";(当时)上海汉语大辞典出版社的《汉语大辞典》虽然才出版二册,但其价值至少应与《中文大辞典》相等,就在它的第二册里包含"天"字词目,令人精神为之一振,翻检后发现,其词条不多于《中文大辞典》。

现代辞书的无有,只好走向第二步:向古人问道。清朝康熙年间,官方为读书人写作诗词歌赋、时文八股的便捷,编纂了《骈字类编》《佩文韵府》《分类字绵》和《渊鉴类函》四部类书,将清代及此前的词语择为词目,依其内容性质或字韵分类编排,注明它的原始出处和故事缘起。因为它们带有总结性,部头都很大,依次是240卷、440卷、64卷、450卷,它们应该是解决问题的所在,希望鼓舞我去索取。《分类字绵》《渊鉴类函》没有现代人所做的词目索引,只能按它们的分类翻检,估计"天道酬勤"会在"天文"(或"天地")、"人事"类里面,可是没能检出。因为没有索引,查漏了?这种可能性不是不存在,但实在是不大的。《骈字类编》以字韵分类,不像也是康熙年间编撰的《康熙字典》使用部首分类法,这就得知道"天"字在哪个韵,才能查找。我不懂字韵,借助《辞源》获知天字属"先"韵,就找到了"天"字下的词汇,遗憾的是依然不见"天道酬勤"四个字。《佩文韵府》亦是按韵分类,不过它的词目编排,不是把第一个字相同的词放在一起,而是将末一字相同的置于一处,欲找"天道酬勤",不能从"天"字入手,而是要找"勤"字,"勤"字类我是翻检到了,依然未见"天道酬勤",不过意外发现"酬勤"一词。为此,将上述诸书重检一过,得知《中文大辞典》也收有"酬勤"。

除了这些,还有古人的什么辞书可供利用呢?清人翟灏编辑的《通俗编》、阮元主编的《经籍籑诂》,试查之后,亦无结果。辞书没有,经书有没有?特别是对于"天道",古代圣贤是否讲到过,可能性应当很大。我于是转向《十三经》,检索最令人信赖的叶绍钧编的《十三经索引》,"天"字下词语约有800条,含有"天道"字样的有7条,分别为"天道下济而光明""天道不谄""天道多在西北""天道在教""天道远""天道福善祸淫""天道盈亏而不益谦",并不见我所渴望的那四个字——"天道酬勤"。至此,还到哪里觅求?辞书恐怕是不会提供信息了,找不到"天道酬勤"成语语源了。这个结论不管武断与否,总让我打消了溯源的念头。

所幸在《佩文韵府》和《中文大辞典》查到的"酬勤"条目,对其渊源,共同提供的是《左传》注疏的线索。《左传》记载,昭公六年(公元前536年)三月,郑国铸刑鼎,鲁国叔向为此给郑国子产写信,内有"制以禄位,以劝其从"的话,唐初的国子祭酒孔颖达为作疏解:"位以序德,禄以酬勤,有德能勤,则居官食禄,制为禄位,以劝其从,顺教令也。"孔氏成为最早解释"酬勤"的学者。近世杨伯峻撰著《春秋左传注》，对叔向的话作出这样的注释："立官品高下厚薄之制，以勉励顺从教诲者。"所说的比孔颖达好懂一点。用白话文来说，"酬勤"是君主制定官爵俸禄制度，酬劳官员，以鼓励他们上进，办好公事。至于"天道"之意，辞源、词书多有披露。前引《十三经索引》的7条天道词语，即出自儒家典籍《易经》《春秋左传》《书经》《礼记》。此外《庄子》中有"天道"篇。天道的意思有多种，为天理，老天爷，占验天象等。"天道"与"酬勤"联在一起，意思是老天是会酬劳廉洁勤谨的官员，也就是后世所说的代表上苍老天爷的皇帝会奖励清（清廉）、慎（谨慎）、勤（勤劳、勤恳）的官员；扩大这句话的适用对象，则可理解成：认真办事的人，都会得到老天爷的恩赐（实惠），或者说天理是要让正直勤劳的人得到报酬。俗语"皇天不负苦心人"，坚持追求正当目标的人是会有所得的。

天道酬勤，可以激励人勤奋向上，踏实苦干，相信种瓜得瓜，种豆得豆，下一分功夫，得一分收获。天道酬勤也是人们的愿望，以为努力做事，能够换来好报酬。然而不一定都能实现。当社会分配制度不合理时，勤劳者收获不多，怠惰者、取巧者所得不少，甚而远远超过勤奋者。天道要能酬勤，还得有社会条件，这就是制度合理，政治清明。

以上是1989年6月的文字。下面是近日追询"天道酬勤"的新进程。查检1997年四川辞书出版社推出的宋永培主编《汉语成语词典》，令人喜出望外，收有"天道酬勤"条目，释文是："天道：天理。酬：报酬。上天会酬报勤奋的人。指下功夫的人必然有收获。『例』学习是一种艰苦的劳动，但天道酬勤，有一分耕耘，就有一分收获。"整个解释中没有指出这一成语的来源，而此书的《凡例》第六条云："引例：引例一般列出古今两个例证。古例载明出处……释义之后标『例』，先引证古例，再出示今例。"按此凡例要求，制作者是要给每一个词条提供古、今二例，尤其是对古例应当标明出处，即原始材料的根据。可是"天道酬勤"这一条破例了，并没有举出古例，更不可能交待词目的来源。这就表明《汉语成语词典》的编者虽然将"天道酬勤"收入词书，可是依然不知它的来源，所以"天道酬勤"的辞源问题还是没能明了。

现在上网检索已经成为普通的事情了，不像80年代，电脑对我还是神秘之物。如今，即2007年1月，我利用百度网站检索"天道酬勤"，乍一查吓了一跳，竟然有1250000条；再查谷歌网站，亦有661000条。无疑"天道酬勤"业已成为流行语汇。我在这两个网上各查阅了若干条，得知这样的一些信息：有用作网站名称的,是所谓"天道酬勤品位高尚修身养性的个人文化网站",或为"老师网络办公室系统个人主页";有公司用之勉励职工敬业的;有公司以之命名设立奖学金的;有的商家用作广告词的;有在奖杯底座书写此词,颁发金榜题名奖的;有学校用以教学的;有学生将它作为座右铭的;有的人将它翻译成英文;等等。至于"天道酬勤"的释意,多数和《汉语成语词典》理解的一样:"天道即天意,酬即酬谢、厚报的意思,勤即勤奋、敬业的意思就是说天意厚报那些勤劳、勤奋的人。"

说到"天道酬勤"的辞源,网上文字亦颇有提及的,有说出自《论语》的,有谓源于《尚书》的,有说韩愈曾题词"天道酬勤"勉励后来者的,亦有实话实说者,明确表示不知其源,而在讨论之中:"'天道酬勤'没找见最初的出处,可能《尚书·大禹谟》中的'满招损,谦受益,时乃天道'是最为接近的,原文如下:三旬,苗民逆命。益赞于禹曰:'惟德动天,无远弗届。满招损,谦受益,时乃天道。帝初于历山,往于田,日号泣于旻天,于父母,负罪引慝。祗载见瞽叟,夔夔斋栗,瞽亦允若。至诚感神,矧兹有苗。'"与此相同的则是"高手请进《寻'天道酬勤'最早出处及典故》:一朋友寻'天道酬勤'最早出处及典故不得,问我,《尚书》《周易》遍寻,不得,顾求之!"

走笔至此,得知词书收有"天道酬勤"一词,我也同有些同好一样做了一点查询其词源的努力,然而不无遗憾的是仍然未知其出处,而且与有些同好相同,以后有机会再做探求。

1250000 条信息,不能不认为"天道酬勤"成语已深入人心,为人们所钟爱,反映它是有生命力的、有活力的,是新鲜活泼的语汇。人们喜爱它,我想是它蕴涵的人生哲理和做人准则的缘故。它告诉人们社会有其游戏规则,敬业、勤奋、向上而有道德的人,会得到人生的乐趣和社会的回报。它是中华传统文化的精华,被世人发掘出来,成为一种奋发向上的精神力量。网上文字云:"在我的家里挂着一幅字——天道酬勤。我比较欣赏这句话,也相信天道酬勤。"又有文字讲:"'天道酬勤'这个成语的意思是:上天偏爱于勤奋的人们,付出的努力一定会有所回报, 也说明了机遇和灵感往往只光顾有准备的头脑,只垂青于孜孜以求的勤勉者。有耕耘就会有收获,我们只要不懈努力,最大限度地完善充实自己,千方百计地提高自己的竞争实力,就会有一个美好光明的明天。"或谓:"天道酬勤,是指一分耕耘,一分收获,是古今中外所称道的多劳多得……我们只要不懈努力,最大限度地完善充实自己,千方百计地提高自己的竞争实力，就会有一个美好光明的明天。"另有叙述自身认识"天道酬勤"的故事及感受：第一次我在电视上看到它，第二次从一朋友口中听到，第三次是从公司总经理口中听到。短短一段时间，便在三种不同的场合看到和听到这句话。至此，算是与"天道酬勤"结缘了，并将之理解为是对本人的一种教诲和鞭策。

纵观天下，天道酬勤的案例可说是不胜枚举。凡是正常人都期盼取得成功，都期盼得到回报，但我们同样懂得天上不会掉馅饼的道理。让我们以"天道酬勤"共勉。如此等等的网友用"天道酬勤"鼓励自己，也以它的精神自律，创造美好的未来。

"天道酬勤"，用这种精神探讨其词源，愿与同好共勉，继续探索。

（2007 年 1 月 20 日于顾真斋）

峨眉行四题

——文化兼容中警惕芜杂

峨眉山以佛教圣地著称,位于四川峨眉市境内,属乐山市辖境,乐山市在清代为嘉定府,乐山县为府之首县。笔者于五月有乐山市之行,在友人许氏宅和旅舍阅读同治《嘉定府志》,往峨眉山诸梵宫盘桓二日,又对乐山城郭凌云、乌尤二寺做竟日之游。观实景,阅牌示,读简介,查府志,听导游介绍,其印象深刻者,是多处与皇帝有关的地方。其有独特故事的,为明太祖朱元璋避难到峨眉,明神宗万历帝为母后做寿在峨眉建造佛寺,清圣祖康熙帝为寻找父皇私访峨眉。离乐山返回居地,遂翻检历史文献,对照行间所摄影的图片资料,因将所见所闻,做点学术性考察,撰拟笔札,得四则,故曰"四题"。

康熙帝与峨眉山的佛缘

据同治《嘉定府志》记载,伏虎寺始建于南宋高宗绍兴年间(1131—1162),清朝顺治(1644—1661)中重建。而该寺门票的简介则云唐代行僧心庵禅师创建。始于唐代或宋代,就笔者而言无需考订,知道顺治间重修则可,盖明末犍为人性一和尚于顺治八年(1651)到峨眉山,初住洪椿坪,后与僧可闻等人修缮伏虎寺。无疑,伏虎寺确系古刹。

进寺,巍峨大殿迎面而立,"离垢园"巨匾映入眼帘,导游介绍说,这三个字是康熙皇帝写的,因为大殿屋脊从来不积存树枝树叶,故云无垢。随着他的话音举目扫视,四周树木虽多,殿瓦之上果然没有残枝败叶。树叶肯定会落在殿脊上,因何不能存留?门票简介云:"这里山环林障,气流回旋",故而殿堂屋顶不能积存枯枝败叶。离垢园之"垢"字,污垢、尘埃之意;"离垢",无污秽尘埃,是清净之所;离垢园,尘埃不染,岂非佛家清净圣地!康熙帝以此赞扬伏虎寺的佛性(道行)大显。导游接着解说康熙帝为什么题字,原来他的父皇顺治帝剃发为僧,云游四方,到峨眉山微服私访,希望找到乃父。这是很动人的故事,说明顺治帝确实出家了,而康熙帝很孝顺。导游此说,并非他的杜撰,容后补叙。

康熙帝果真到峨眉山私访吗?康熙帝是四处巡幸的皇帝,南巡至江苏、浙江,北狩热河(所谓"秋狝")、蒙古,东临松花江、盛京(今沈阳),西幸陕西、宁夏、山西,不止一次去五台山。笔者在20世纪80年代前期到太原出席学术研讨会,随后与会者赴五台山观光,在某寺院的一块碑前,同行者们驻足研读,谓其中的一句话是暗含康熙帝到此寻访乃父之意。惜于当时笔者无照相机,未能拍摄资料,今日已无从准确回忆原文。看来顺治帝出家的传说流传各地,而五台山、峨眉山均与自家联系起来,这倒不必视为自作多情,然与事实相悖。顺治出家之谜,经史学家的研究可以说已经解开:他曾经剃了头发,但未能出家,死在宫中,实行的是火葬,陵园在河北遵化,即清东陵之孝陵。既未出家云游,葬地也确凿,康熙帝私访的话就无从谈起,不攻自破了。康熙帝没有去过四川和峨眉,但是他同峨眉山却有缘分。他对佛教,无论是喇嘛教还是汉化佛教,均有浓厚兴趣,如给杭州灵隐寺、镇江金山寺等多处寺庙题匾。

他同峨眉山缘分甚深,集中表现在康熙四十一年(1702)的交往上。这年正月二十八日,康熙带着皇太子、皇四子、皇十三子出巡五台山,二月初九日到达,观光罗睺等寺,驻跸菩萨顶,次日去中台、西台等寺,接着去清凉寺、南台等寺,再至妙德庵、碧山寺,日日未闲,十三日回銮途中,幸广宗等寺,三十日才回到京城大内(资料见《清圣祖实录》卷207)。三月,康熙帝就有接见峨眉山和尚的活动。据《嘉定府志》卷38《艺文志·宸翰》记录,三月,康熙帝在畅春园召见卧云庵僧照玉等人,赐卧云庵《金刚经》《心经》《药师经》各一部,同时赐光相寺《药师经》一部。十一月十五日,康熙帝派遣内大臣郭齐哈(葛其哈)、头等侍卫海清、乾清门头等侍卫五哥、兵部员外郎德其内到峨眉山降香,给各大寺院御笔字联和佛家经典。观其派遣的人员,全部是旗人,从他们的职务上看,兵部员外郎之外,是皇帝的管家、侍从,类似于家人。如此看来,皇帝的降香,具有私人活动的性质,是以《清圣祖实录》不载此事,郭齐哈等人的历史,在《清史稿》《清史列传》二书亦未提供任何信息。

康熙帝降香峨眉山,僧众自然喜出望外,举行了隆重的迎接仪式。在今清音阁附近有"接王亭",又名"接御亭",由名称可知,颁赐御书字诗、楹联、佛经是在这里进行的。康熙帝赐物甚多,具体为:赐伏虎寺"离垢园"三个大字,御书诗一章:"宿世身金粟,初因社白莲。瞻依神八万,接引路三千。果结菩提树,池分阿耨泉。无生能自悟,雨似散天花。"御书十字对联:"到处花为雨,行时杖出泉。"另赐金字《心经》《金刚经》《药师经》各一部。赐善觉寺《金刚经》一部。为大峨寺书写十字对联:"洗钵泉初暖,梵天晓更晴。"赐洪椿坪御书"忘尘虑"三个大字,十字对联"锡飞常近鹤,怀度不惊鸥",并赐《金刚经》《药师经》各一部。赐白龙洞御书对联:"挂衲云林静,翻径石榻凉",又《金刚经》一部。赐御书毗卢殿诗一章:"钓艇去悠悠,烟波春复秋。惟将一点火,何处宿芦洲。"赐雷洞坪御书二大字"灵觉",又《金刚经》一部。御书赐铜殿藏经阁三个大字"玉毫光",十字对联:"绝顶来还晚,寒窗睡达明",并《金刚经》一部。赐卧云庵御书"野云"两个大字、"卧云庵"三个大字,御书诗一章:"何问新津梁,行行到上方。天香飘广殿,山气宿空廊。石漱泉声细,林穿鸟路长。疏钟沉片雨,坐觉俗情忘。"赐光相寺四个大字"慈灯普照",《药师经》一部。笔者迻录同治《嘉定府志》这些记事,读者可能会看得繁琐,不过由此可见康熙帝与峨眉山的密切关系,尤其对卧云庵、伏虎寺赐书字、佛经之多,关系又比其他寺宇近了一层,这也许是传言康熙帝到伏虎寺私访顺治帝、赐书"离垢园"的根据,虽然是子虚乌有的事。

往洪椿坪去的路上有一组崖刻,康熙御书的"忘尘虑"三个大字铭刻于此,下方有峨眉山管理处立的牌示,写道:"君临天下,敬天地父母师长为先,康熙为寻出家的父亲顺治,从简潜行到了峨眉,被沿途的男耕女织,秀美景色,袅袅梵音,超凡脱俗所感悟,欣书'忘尘虑'三字,敕刻于岩上。"这儿说康熙帝私访,与伏虎寺导游所讲均系一事,可知此间对康熙帝"私访"一说是很认真的。

康熙帝没有到过峨眉山,但与这里佛缘笃厚,确是峨眉山的一笔宝贵遗产。

明太祖朱元璋与峨眉山的传说

在前述"忘尘虑"崖壁刻有一片雕刻造像,内容可分成几组,其中一幅以孝道为中心,图面正中突出一个"孝"字,左上方浮雕祥云,底衬一篇阴纹字,浮雕人物信士造型庄严。佛家本来是不许讲孝道的,自传入中国,国人将它中国化,为信众接受佛教,至迟在唐代就大讲孝道,产生有关孝道的佛经和变文,如变文有《舜子变文》《目连救母变文》佛经有《大方便报恩经》和《佛说父母恩重经》,宣讲孝道及孝子事迹,孝道从而成为佛教文化的组成部分。这里反映孝道的造像,特别是大幅"孝"字,在这佛家圣地给人强烈的刺激:原来佛教的容纳孝道,竟是如此彰显,毫无遮掩。另一组以祈福为中心的造像,凸显一个"福"字,就在雕刻"忘尘虑"刻石的下方,"福"字为阳文,也以一篇阴文为底衬,"福"字下端有信士、僧衲浮雕像,居士系一老者,双手合十,作祈祷状,僧人盛装,像做法事,应系为那个造像的居士祈福。讲求福、禄、寿,是儒家的观念,在这幅造像中,儒家思想与佛教教义糅合在一起了。由孝、福两组浮雕图面,令人感受儒、佛合一的历史状况。看来,哪一"教"教义都不那么纯粹。古人是现实的,哪个教的哪个方面适合于用,就选择哪一方面,适用性胜过了原则性。古人又是善于综合的,善于糅合各家各派的思想成分,令其合为一体。

写到这里,和本节所标的子目还没有发生联系,现在就要说到了。在孝和福两组雕刻图的中间有图一组,上方是楼阁、祥云,下方是相向而行的两组人群,右侧是信士,左侧是僧侣,互相合十致礼。在他们的脚下有今人用中英文书写的卧牌,中文有大字标题"明太祖朱元璋",接着写道:"相传朱元璋小的时候,安徽凤阳发生灾荒,他的母亲带着他投奔在峨眉山出家的舅舅宝昙和尚,受到佛法启迪。后来朱元璋做了皇帝,封宝昙为国师,主持峨眉山佛事。宝昙居蜀数十年,戒律大行,奠定明代峨眉山佛教鼎盛的基础。朱元璋亲撰律诗予以褒扬:'山中静阅岁华深,举世何人识此心。不独峨眉幻银色,从教大地变黄金。'"这儿讲朱元璋随从母亲到峨眉山,明白告诉人们是传说故事,不一定真实,而后来赐宝昙国师及七绝,则像是真有的事情。

关于朱元璋青少年的经历,《明史》《明史纪事本末》以及朱元璋亲自撰写的《御制皇陵碑》,都说得很清楚。他17岁时,家乡凤阳蝗灾、饥荒、瘟疫流行,父母兄长染上瘟疫离世,他孤苦无法生存,由邻居老太太介绍进入皇觉寺做和尚,其时寺院也没有饭吃,就外出游方觅食,先后到了合肥,河南的光州、固始、汝州、颍州,这样游历三年,返回皇觉寺,到了25岁,投奔郭子兴反元部队。他的母亲死于瘟疫,哪里能带他逃荒峨眉山寻找娘舅?他在皇觉寺好几年,兵荒马乱中不会学到很多佛学知识,但总会得到一点,也无须去峨眉山领悟。所以到峨眉得悟佛性之说难于得到事实的支持。至于舅舅宝昙,据史书记录,朱元璋父母哥哥死后,家人只存一位寡嫂和一个侄儿,另有姐夫和一个外甥,若有舅舅这样的长辈,他也不会不承认而要隐讳,史书也不会漏载,因此舅舅之说恐无其人。至于赐诗,朱元璋倒是有御制文集传世,我所在的南开大学图书馆亦有收藏,20世纪70年代后期我就阅读过,因年久,不记得有无此诗,本来可以去图书馆查核,奈因写作本文时正值放暑假,借书不方便,也就存而不论了。朱元璋当过和尚,佛家之地藉此为由演义出故事,是很自然的事情。

万历皇帝为母后做寿修建万年寺无砖殿

万年寺,据该寺门票简介所述,始建于东晋隆安三年(399),名普贤寺,唐末僖宗光启三年(887)重建,改名白水寺,宋太宗太平兴国五年(980)扩建,改称白水普贤寺,明神宗万历二十八年(1600)奉慈圣皇太后、万历皇帝诏,派遣宦官二人,赍赐铜印,命金台泉禅师仿照印度热那寺样式建造无砖殿,殿壁两侧上方有横芜,上三层供铁佛三千,下三层供五百罗汉。万年寺供奉普贤,无砖殿呈正方形,大殿内有置于白象之上的莲座金身普贤菩萨像。万历皇帝母子敕建应是事实。据《明史·孝定李太后传》记载,李太后是万历皇帝生母,明穆宗的皇贵妃,万历帝继位,尊为慈圣皇太后。因皇帝年幼,慈圣太后过问政事,万历二十九年(1601)十月加上尊号"贞寿端宪",三十四年(1606)加"恭熹",四十二年(1614)崩。这位李太后笃信佛教,舍施建寺,不惜花费,万历帝为奉承母后,给予赞助,于是"京师内外多置梵刹,动费巨万,帝亦助施无算"。修建寺庙,不仅在京城,还到外地,峨眉山作为佛教圣地,到此兴建,不足为奇。简介说是万历二十八年建设无砖殿,应该是这一年动工,而到下年竣工。因为万历二十九年是慈圣高龄整寿,万历给她加上尊号,且以"贞寿端宪"为词,显然是庆寿上尊号,在峨眉山万年寺建造无砖殿,应为做寿庆典的一个项目,工程不能早,也不能迟。故笔者说无砖殿应系二十九年庆寿之时落成。

同治《嘉定府志》是一部上乘之作

前面多次引用同治《嘉定府志》的材料,深感这是一部好的志书。它的好表现在三个方面,一是体例严整,二是内容丰富,三是见识过人。此外,府志作者对其后人的深刻影响,亦颇有令人称道之处,笔者将次第写来。

嘉定府有完整的府志,始见于清朝嘉庆八年(1803),由知府宋鸣琦主修,全书48卷,35万言,笔者见到的是它的续修本,写作于咸同之际,先后三任知府主持其事,这些知府依次是文良;史致康,举人出身;朱庆镛,进士出身,以吏部主事外放知府,他于同治三年(1864)完成府志的编纂,协助他的有(协修)乐山县令、举人刘仰祖,举人、嘉定府教授、秀山人龚应阁。他们遵循嘉庆志的体例,成书48卷并卷首1卷,现将其目次迻录于下:

卷首:序,修撰人,凡例;卷1,星野;卷1—7方舆志:沿革,疆域,山川,古迹,风俗,礼俗,物产;卷8—17公建志:城池,公署,学校,祀典,坛庙,水利,津梁,铺递,兵制,寺观;卷18—20赋役志:田赋,盐茶,铜政,铁政;卷21—24职官志:文秩,武秩;卷25—31选举志:进士,举人,贡生,武进士,武举人,藩府,封荫,应例;卷32—33宦绩志:政绩,边防;卷34—37人物志:行谊,列女,流寓,仙释;卷38—48艺文志:宸翰,赋,诗,文,典籍附金石,祥异,杂著。

笔者不厌其详地抄录目录,乃因他的体例详瞻和具有强烈的乾嘉考据遗风。乾嘉时期考据学盛行,在关于方志定位方面出现一场争论,就是方志是属于历史学的还是地理学的。同治嘉定府志体例来源于嘉庆府志,从体例来看,府志是强调记录地理学内容的,从它将"风俗"隶属于"方舆志"可知,这样的从属关系,是认为风俗的产生是根源于地理因素,而不是历史社会因素。笔者在这里不是讨论"风俗"放置在方舆志的利弊问题,而是以此为例,说明嘉庆《嘉定府志》是乾嘉考据学成果,同治方志流衍其遗风。对于乾嘉考据学,后人有过不公正的评论,认为它将学人引向故纸堆,钻象牙塔,脱离政治。乾嘉考据学者在满人君主专制制度高压下,不敢接触满汉冲突及满人统治问题,在这方面不得不脱离政治,然而在其他方面就不是这样了,与前人一样总结历史经验,而其考据学的方法颇具科学性,一直为后人沿用,到20世纪与西方实验主义结合,形成实证史学。所以,乾嘉考据学的历史功绩应当得到尊重,歪曲就是对前人的亵渎,严肃的学者似乎警惕为宜。

体例的完整才有可能令内容丰满,同治嘉定府志的编纂者们是群认真的人,细致搜集材料,分门别类编写出来,使得府志含量丰富。笔者不拟在此罗列资料加以印证,就从前引康熙帝降香峨眉山一事就可知了——写明康熙帝派遣使者峨眉山降香及赐书字、赐佛经之事。府志是官书,写成要送中央派到省里的学政审查,因此涉及到皇帝与地方事务的事必定格外严肃对待,不敢随意增减,更不敢编造。笔者阅读之时,虽然还想从中获得更多的信息,但知道府志纂写者尽力了,不能指望再多的东西。

同治嘉定府志成于朱庆镛之手,他还撰写了一篇序言,今天读来,既感到亲切，又感到特别赋有警世作用。朱氏认为修志出现过"五弊"：其一，"就前人之书，略为增减，遂谓远迈前人"。这种毛病我们实在见得太多太多了，做一点事就自负了得，视前人为蔑如。其二，"攘窃前人，遂为己有"。昧着良心，剽窃前人的成果为自家的创造。此类事什么时代都有，不过人们对待的态度大有不同。在先，对剽窃行为人人痛恨，剽窃者遂不齿于士林，可哪里想到，今日之剽窃行径出现频率甚高，人们倒有点见怪不怪了，甚至宽容到照样当他的学官，照旧"为人师表"，痛哉！其三，"矜奇立异，炫己之长，诋毁前人"。人各有长处，后人比前人有进步，本不足骄傲，因此而诋毁前人，实乃自暴其短：妄自尊大，修养极差。特别是在朱氏之后，自从进化论、各种革命论传入以来，后人总以为古人愚昧、落后，而自身了不起。须知后人超过前人，是本分，不必沾沾自喜，更不能枉议、贬低先人。其四，"有可疑之处，或偏袒一方，或任意删削，昧圣人阙如之意"。对待疑难问题应当老老实实，知之为知之，不知就是不知，承认就是了，而不能强不知以为知，妄自判断，闹出笑话。其五，"掠美市恩，瞻徇情面，于职官则滥称名宦，于人物则谬赞贤良，弄月吟风之句辄入艺文，索引行怪之谈诧为仙释"。这里讲的是因心术不正而在人物评价方面犯的错误，为了讨好于官员、地方头面人物，不尊重事实，谬加颂扬，使方志不能成为信史。这种弊病，历来有之，今日尤其值得警惕。朱氏的五弊，抓住了志书修纂成功与否的要害，它主要是讲修志者的观念、品德问题，只有谦虚谨慎、恪守社会公德、尊重并继承前人遗产和具有实事求是态度的人才能编写出合格的方志。同治《嘉定府志》成为上乘之作，就是朱庆镛及其合作者具有高尚的品德和努力实践考据学风的结果。

同治府志的协修、秀山人龚应阁，后来定居乐山，他的后人在乐山从事教育，参与修志，在他是后继有人，在地方是出现教育、修志世家，也是一方之佳话。龚应阁之子龚骧（字旭东），为嘉定府学廪生，执教嘉定府中学堂，乐山县立男中、女中，并任乐山县立高等小学校长，在他的学生中有文豪郭沫若。旭东之子龚啸风，生于宣统二年（1910），1934年毕业于国立四川大学中文系，秉承先人遗风，投身嘉定教育，先后执教于乐山县立男中、女中，也曾出任乐山县立小学校长，父子校长，为该校校史添采。抗战军兴，作为后方的嘉定内迁人多，急需增设学校，啸风乃与同仁创办私立凌云中学，出任校长，以岳飞《满江红》、文天祥《正气歌》的民族气节和爱国主义精神教导学生，勉励他们学成报效祖国。1944年，有四名学生违反校规，偷偷离校，与另一位离校生增报年龄,被驻印远征军录取,事后回校报告,啸风很高兴,破例在晚自习时间开欢送从军大会,当场发动学生捐款,为五人赠送程仪,同时又"责打"每人四竹板,表示维护校规。他说:"你们报国从军的志节和勇气值得称赞敬佩,我非常欣赏,但是你们偷离校门,翻墙出去报名,是违反校规的,当挨罚。"抗战胜利后,继续教学,20世纪50年代后期啸风被定为右派,开除公职,判刑入狱。1979年平反昭雪,退休。80年代后期,乐山市市志办编写方志,决定重印同治《嘉定府志》,乃聘请啸风担任校印工作。啸风承续乃祖的事业,越发精心核实校对,然事未竟于1991年故世。不过乐山市坚持其事,终于在2003年将同治府志重刻线装问世。笔者所阅,即市志办赠送龚啸风后人的。

以上关于龚啸风的事迹,系据龚啸风欢送的五名学生之一的谈宗昌撰文《雷霆与雨露 一例是春风——怀念恩师龚啸风先生》,龚氏后人口述的《龚啸风教育生涯追述》,二文亦由龚氏后人提供,笔者特此鸣谢。龚骧将女儿、啸风之妹季和出嫁乐山许昭义,昭义亦读书人,教学为生。季和善于持家,教子有方,长子高中毕业,即命服务公职,维持家计,命次子、三子从学,皆于50年代大学毕业,在高等学校任教,累迁至教授。季和之长孙,业余热衷于学,笔者之得龚氏历史资料,系他及乃叔、笔者同窗许教授帮助搜集、提供。笔者研治谱牒学,深知族谱的编纂常常是在一个房分内传承,父祖修谱,子孙就以续谱为己任。这是文化传承,形成修谱世家。今观龚应阁、龚骧、龚啸风祖孙及龚应阁曾外孙许氏,继承纂修方志、教书育人的事业,由此令笔者认为,文化教育上的世家精神需要培养,值得赞扬,社会需要给予关注、扶持。

以上四则故事都同皇帝扯着边,朱庆镛、龚应阁是进士,进士就是"天子门生",不过进士凭其资格做官,不必再强调什么天子门生,与皇帝套近乎,所以这里没有特别可说的。万年寺无砖殿系万历皇帝母子所建,笔者所听到的故事当属实情。康熙帝给伏虎寺赐字确有其事,而来此私访顺治帝则属无根之谈。朱元璋没有到过峨眉山,他的故事不知从何说起。三个与寺庙有关的皇帝故事,半真半假。是谁编故事,可能是好事的俗家,更可能是寺院自身,因为一旦与皇家沾上关系,住持地位上升,容易招徕信众,而且民众也爱听这种故事。这是笔者俗人的猜想,也许亵渎佛家,但是寺庙历来同皇帝关系非浅,须知皇帝还设有僧录司衙门管理它呢!编造和流传皇帝的故事,笔者以为它反映了民众隐藏的皇帝崇拜文化心态。在古代,民家都供奉包括皇帝在内的"天地君亲师"的牌位,百姓笃信"好皇帝主义",所以"只反贪官不反皇帝",是公开地崇拜帝王。在今天则是隐蔽的了。好皇帝的帝王崇拜文化心态本应成为历史陈迹,今日仍有其遗存——主要表现在民众对清官的厚望方面,某种人治社会因素也许就是它存在的空间吧。

峨眉山合儒、佛于一炉的崖刻,见证国人对宗教的实用主义态度,虽说有文化宽容、善于吸收的长处,但从维护宗教信仰纯真性来看,不足为训。

峨眉山崖刻表现的儒佛合流,在崂山宗教文化中更明显,而在清代河南人将释迦佛、太上老君、大成至圣先师孔子置于一殿崇拜,显现中国文化历来有吸收外来文化的传统,具有极大的包容性,丰富了自身的文化,但是实用主义的态度,造成文化芜杂,容易丧失追求真理的精神,无疑国人需有坚定的科学的思想信仰,尚需努力!

(2007 年 7 月 19 日草于顾真斋,载《文化学刊》2008 年第 1 期。2018 年 11 月 4 日修订)

大众的史学读物及相应的文笔

大众的史学读物,要有大众乐于接受的内容。多数人对于历史知识的兴趣,大约在于家庭、家族和婚姻,岁时节日和社区风俗,衣食住行,人际交往,杰出的历史人物和故事,大致说来是属于群体和生活方式的历史知识,在历史学内部是属于社会史的研究范畴。近年,有兴趣的学者和出版家就此做了许多工作,单是社会史的丛书约有十种,商务印书馆国际有限公司印行的《中国古代生活丛书》(以下简称"商务丛书")即为其一,不过它有独自特色。"商务丛书"从古代社会群体、人群和生活方式中的有趣内容来选题,有人群方面的,如《中国古代的工匠》《中国古代的恶霸》等;有社会群体的,例如《中国古代的家》《中国古代的宗族与祠堂》等;更多的是社会生活的专题,比如《中国古代的告状与判案》《中国的宫廷饮食》《中国古代的养生》《中国古代的平民服装》等。单看这些题目,就知它们是大众喜闻乐道的历史命题,如果写得好,必为民众所欢迎。

如何写好,让历史知识不多的人易于接受,是摆在通俗历史读物作者面前的严肃课题,"商务丛书"的各位作者作了很多努力。笔者仅见到十来部,感到他们在表现手法上有如下特点:

1.用生动的事实反映历史

历史著作不能像文艺作品一样编造故事,难得写得有声有色,因此要用力寻找有戏剧色彩的史实,并用轻松的笔调把它写出来。《中国古代的饮茶与茶馆》在叙述饮茶的社会风俗时,讲了"扬州八怪"之一的郑板桥与寺院方丈的故事,方丈见郑着装简朴,遂慢待他,开始命他"坐",对小和尚说声"茶",次后见郑不俗,改称"请坐",转令"敬茶",寻又"请上坐""敬香茶"。态度三变,盖其以势利眼看人。上茶本来是敬客之道,可是方丈却是那么俗气。作者用这一事例,使读者很容易明了等级观念产生的饮茶恶俗。《中国古代的商人》讲到商贾的经营手段,利用《夷坚志》的资料,即在南宋初年,临安大火,裴姓商人不忙救火,却派人赶紧采购建筑材料,灾后人们兴建房屋,他发了大财。从而

294

说明商人预测市场、捕捉信息的重要。历史著作采用生动的史实,是令读者易于接受的最好方法。

2.采用平铺直叙的写法

写史著要用历史文献资料,为了准确,往往加以引用,使大段古文与白话文掺杂在一起,文笔不流畅,令读者阅览不便。"商务丛书"的各位作者为避免这种毛病,不引或尽量少引古文,把原始资料理解透了,用自己的语言表达出来,文字就好读多了。

3.深入浅出

通俗读物不能只讲一些故事,而要把所研究的对象吃透再吐出来,能综合大量历史现象,分析清楚,说明事物的本质。"商务丛书"每册文字不多,但内容的涵盖量却相当大,常常能将事物的主要方面交代到了。如《中国古代的酒与饮酒》一书,对酒的起源与发展、古代酒的品类与名称、酒的度数与古人的酒量、名酒与酒具、酒楼与酒旗、酒令、饮酒习惯、饮酒养生术、帝王与酒、文人与酒、酒祸与酒禁诸方面都作了叙述,并从古今度量衡的不同等方面分析了古今人的酒量。不仅令人读来有趣,更能获得关于古代酒与饮酒的较全面知识。《中国的师爷》对师爷的性格、《中国吸烟史话》对烟民心态、《中国古代士兵生活与征战》对古代如何打仗的归纳分析都相当成功。通俗读物要能深入浅出,写好了,很不容易。

4.图文并茂

《中国古代的乞丐》一书的八幅彩图,选得精彩,把乞丐的构成和类型都能体现出来。

大众的史学读物,要有相应的内容和文采,"商务丛书"的编者和作者就此尽了心,然而这是需要长期努力的事情,非一朝一夕所能做到的,我们史学工作者的职责真是任重而道远啊!

(载《北京日报》1996 年 10 月 19 日)

清代帝王敬天的政治思想浅谈

　　清朝皇帝政纲"敬天法祖勤政爱民"，涉及天、祖、民三者及其间的相互关系；作为人君，关键在探索天人相与的奥秘，寻求高度有效的治理之道。

　　清朝皇帝和官民对天与敬天的理解，要义在于：信仰的天，是神，是天神，是拟人的神，天有意识，司人间祸福，因此人的行事要合乎天理，要畏天、敬天；天，同时有自然神的含义，具有某种物质性，有大自然的威力，能导致异常灾害，被人们理解为天怒、天象示警，故而讲求天人感应捷于影响；天理是人的行为准则，反映人类社会君臣、父子、夫妇的伦理体系，人们应当认知与顺从；帝王是膺天命，顺天应人，臣民必须服从之。

　　在敬天观念中，清朝的康雍乾三帝特别关注的是：

　　一、探究天人相与之奥秘。康熙帝推崇理学，命大学士、理学名臣李光地等编辑《朱子大全》，将朱熹抬入十哲之列，他认为理学反映"天地之正气，宇宙之大道。朕读其书，察其理，非此不能知天人相与之奥，非此不能治万邦于袵席，非此不能仁心仁政施于天下，非此不能内外为一家"。康熙帝之意有三：一为探究天人相与之奥；二为理学得天地之奥秘，明大道、正气；三是用以行仁政、治万邦、合内外。康熙帝的认知与传统的"究天人之际"观念相一致，是继续思索这个说不尽的话题。

　　二、皇帝与臣民均以天心为心。雍正帝在经筵中评论《书经》讲义："讲章内君以天之心为心，臣以君之心为心，朕谓君臣一德一心，人君钦崇天道，人臣寅亮天功，皆当以天之心为心也。总之，元首股肱原属一体，若云人君以天之心为心，人臣以君之心为心，是君臣之间尚有分析矣。"雍正帝强调获取天心，臣子之心不在于求合君心，而是谋求合于天心。君心与臣心均源于天心，以天心为心，臣下之心遂与天心无间隔，力求合于天心，于是君臣一体，休戚相关。

　　三、帝王听天命，即须了解民心民愿，强调君民一体，应行仁政。《尚书》讲"天矜于民，民之所欲，天必从之""天视自我民视，天听自我民听"，意思是上天可怜百姓,必从百姓之愿,让他们受益得福;作为治理者的君主是听天命的,但是天是顾恤百姓的,是体恤民间疾苦、倾听百姓呼声的,所以君主听天命不如去了解民气,理会民间愿望。康熙帝云:"古人所谓民可近不可下者,即孟子所谓民为贵之意。盖天视自我民视,天听自我民听,斯岂非邦本之谓乎?"康熙帝就是理会经典的本意,具有民本观念,他的理想是"愿天下安,生民乐业,共享太平之福"。雍正帝讲"君民上下之间,休戚相同,本属一体,《论语》曰'百姓足,君孰与不足',是民间之生计即国计也"。帝王尊天命,以君民一体的意识实行利民恤民政策,是帝王受天之福,百姓从而受福,所以雍正帝对官员讲,"朕之福,即为尔等之福;尔等之福,即为万民之福。其间,实无丝毫悬隔区别"。乾隆帝在皇子时代,将居室命名为"乐善堂",汇编诗文集,名曰《乐善堂文钞》,乾隆元年编订成《乐善堂全集》。以"乐善"为名,是予人以善的意思,因为给人以善,所以最为欢乐;而善是孝悌仁义,是孝以养亲,弟以敬长,仁以恤下,义以事上。作为皇帝,主要是仁以恤下了。在文论中,乾隆帝阐发宽平之政的政治理想,他在论述唐太宗、宋太祖时,赞扬他们"以仁爱之心,宽平之政,保养百姓,治功灿然,昭于千古"。为何实行宽平之政,乃因它能赢得众人之心,他理解孔子的"宽则得众"道理,是"自古帝王受命安邦,遐迩向风,熏德沐义,非仁无以得其心,而非宽无以安其身,二者名虽二,而理则一也。故至察无徒,以义责人则难为人,唯宽能并育兼容"。他的结论是宽能得众,而宽是仁的体现。

四、董仲舒的天人感应说仍为清帝所尊奉。当自然灾害发生,康熙帝认为是天象示警,教导臣工修省人事,弥补政事的缺失。雍正帝凡事大讲天人感应捷于影响之理,连去天坛祭天之日,路上有雪,祭典时雪止,而后又有雪飘,都认为是上天的关爱,更要求修省人事。乾隆帝回到康熙帝的态度方面,不那么极端地宣传"捷于影响"。

五、臣民通过君命而理解天命之所在,即以君命为行动准则。皇帝讲臣心民心直接源于天心,而臣工则以透过君心领会天心。李光地说"君命譬天命,最明切易晓"。臣民认识天命难,不可测,而从君命则容易知晓。他实际是强调听君命就是听天命,令人服从皇帝及其政令。

思想指导行动,清朝敬天的政治理念,落实到政治经济文化等各种措施之中,其荦荦大者,有:

一、固定农业税、人口税政策,控制赋税和加派清朝鉴于明代后期的"三饷"和其他加派,导致民不聊生和灭亡,制定固定农业税的政策,不得增加税收。康熙朝宣布滋生人丁永不加赋,固定人口税;雍正朝实行摊丁入亩制度,无田产者不再交纳人口税,并有平均赋役之义。制定和施行耗羡归公制度,限制、减少官员的税外赋敛。减免钱粮,平常灾荒中按灾情酌减税粮;皇家有大典加恩宽免钱粮积欠;康熙朝、乾隆朝先后普免钱粮一次,并令田主随之适量减租。康熙帝以康熙四十九年(1710)国库存银五千万两,多存无益,遂普免钱粮一次,在全国分三批进行,总计免收地丁银三千二百余万两,同时蠲免各省旧欠。乾隆帝效法康熙帝,亦普免钱粮一次。他早年批评过宋神宗,"信任王安石,用其新法,取利尽于锱铢,掊克罔不在位,于是民心已瓦解矣"。可知他的蠲免在于收取民心。清帝这些措施皆予民实惠。

　　二、调整宽严政策

　　施行仁政是理想,但政情有异,是行宽仁之政,还是行严猛之政,无有定准。乾隆帝继位一个多月后,召见总理事务王大臣,宣布宽严相济的施政方针:

　　　　治天下之道,贵得其中,故宽则纠之以猛,猛则济之以宽……皇祖圣祖仁皇帝,深仁厚泽,垂六十年休养生息,民物恬熙,循是以往,恐有过宽之弊。我皇考绍承大统,振饬纪纲,俾吏治澄清,庶事厘正,人知畏法远罪,而不敢萌侥幸之心,此皇考之因时更化,所以导之于至中,而整肃官方,无非惠爱斯民之至意也。……兹当御极之初……惟思刚柔相济,不竞不绿,以臻平康正直之治。

　　康熙末年,纲纪有所废弛,出现宽纵之弊,雍正帝即位乃实行严猛方针,进行整饬,于是又产生严峻之弊,形势要求予以改正,乾隆帝当政,就用宽仁方针取代烦苛之政。康熙朝的宽仁、雍正朝的整肃与乾隆朝的宽严相济均为形势使然,不是当政者随意采取的,不是出自当政者个人的好恶。所谓宽严相济,当"宽政"出现弊端,就用"严政"来补救,而"严政"出了毛病,再以"宽政"纠偏,如果又发生问题,只好复行"严政",这是因时制宜的政治思想。"严峻"并非好事,是不得已而行之,最终要走到"宽容"的政治轨道上。

三、重视农业生产

康熙帝在京师瀛台丰泽园种植稻米,培养修竹、花卉等植物,大约还试种西瓜,另在避暑山庄莆田丛樾栽植稻谷。他还将御田生产的稻种赐给苏州织造李煦,命其分别送给河道总督、两江总督、江宁织造以及苏州在籍缙绅,各自试种,希望成功种植双季稻,指示注意节气和种法。李煦采访行家,得知应在谷雨时节插秧。雍正帝说"稼穑为天地之宝,实民生之攸关,我皇考圣祖仁皇帝临御六十余年,无刻不以重农力穑为先务""故朕竭诚效法",不过他的重农,不像乃父那样关注农作物的试验,而讲求信仰形式和增加垦田两项。他认为农民勤业尚有缺欠,遂采取授予"老农顶戴"措施,赋予督促农民生产的责任,然而不起作用,似农非农的豪民却去钻营顶戴,故乾隆帝继位即予取消。雍正帝认真祭祀先农,举行亲耕耤田礼,又下令州县官设立先农坛,置耤田,举行耕耤礼,为民祈谷,对不认真办理的官员严惩不贷。

兴修水利,是历代王朝的要务,清朝更加关注。修治黄河、淮河、运河,持续进行,康熙帝并以视察河工作为南巡的主要理由。浙江、江苏的海塘工程,康雍乾三帝发帑银修筑。康熙帝大力修治浑河、清河,并赐名永定河。

在直隶垦辟水田,明代进行过,康熙朝官员在天津种水稻,雍正朝大肆督办直隶营田,兴修水利,用南方老农指导北方农民耕植。

移民四川,康熙朝着力推行,康熙二十九年(1690)准许入川垦荒者子弟在川一体考试,此后移民入川者甚重。

康熙朝在宁夏维修汉渠、唐渠,引黄河水灌溉,经常丰收。雍正朝修治大清渠、汉渠、唐渠,与垦荒同时进行,期望能够垦田二万余顷,移民二万户,后因西北两路用兵,财力人力不足,未能达到预期效果。

在人口增加而耕地有限的情况下,重要的是增加粮食生产,于是有处理粮食作物和经济作物争田地和劳力的问题,雍正帝要求凡是适合种粮食的土地,劝令农民种植粮食作物,不得培植果木取利,不得用谷物养猪养鸡,有的地方官奉行时,甚至铲除经济作物,改种粮食,简直是一种破坏。

四、赈济与慈善机构的设立

康熙帝在京城设立普济堂,收养老病无告贫民,要求各地仿效建立,地方上陆续出现一批同类性质的善堂。此类善堂,至晚产生在唐代,宋代为"福田院",元代在各路设立济众院,明初诏令府县设置养济院,嘉靖年间命在京师五城各设养济院一区。康熙帝是在这种基础上建立普济堂的。其中江苏松江普济堂,有田地几千亩,田产来自官田和富人捐助,每年收养 220 人,病故给棺材、安葬费。管理人员由绅衿充任。雍正帝扩充京城育婴堂。民间建立善堂和捐助者,政府往往给予"乐善好施"匾额,以资鼓励。

在京师于冬季开办粥厂,供贫民取食,原来是十月初一日开始,十二月结束,康熙帝命延长两个月供给,遂成惯例,后延至三月二十日。雍正帝令五城开设粥厂,照定例每城每日发米二石、柴薪银一两,并令煮米赈银由五城御史亲身散给,务使贫民得到实惠,不让胥役侵蚀中饱,都察院堂官亦应不时察看。

五、爱惜生命

民间的割股疗亲行为造成伤残甚至死亡者,历朝政府为提倡孝道,多予表彰寡妇、贞女殉夫政府亦因妇道之故加以旌表。康熙帝考虑到这种表彰,更令人轻生,造成死亡悲剧,为爱惜生命,一般不再旌表,唯对尤为特殊者开恩。雍正帝坚持这一做法,表示殉夫、割股疗亲"戕生者众,为上者之所不忍也"。罗源县民李盛山的母亲病了,他割肝为母治疗,母病愈而己身亡。雍正帝以其"迫切救母之心实难得而可悯",予以旌表。但事后又发出上谕,声明下不为例——不能成为旌表案例,表示不赞成伤害自己的身体救亲。他特别宣布:"保全生命之为正理,则伦常之地皆合中庸,不负国家教养矜全之德矣。倘训谕之后,仍有不爱躯命,蹈于危亡者,朕亦不概加旌表。""保全生命",爱惜身体,不鼓励戕害身体的孝亲、妇道行为,多少体现出爱惜生命之心。

六、控制行政成本

摊丁入亩制度实行之后,没有必要再像过去那样进行户籍编审,至乾隆年间乃取消编审制度,也是减少行政开支。民间小纠纷交由宗族、乡约处理。控制官员数量,不增设官员,如分置县官,一县之官,分发二县,学官亦然。

清朝皇帝礼敬苍天的天坛大祭,致礼天祖及各种神灵的祭祀堂子,以及祭日坛、月坛、风神、雷神等,都很隆重。那么敬天法祖勤政爱民政纲,皇帝是真的信仰上苍和神灵吗,是真爱护子民吗?还是做样子做秀,给人错觉来欺骗愚弄百姓?笔者以为他们是真诚信仰,真诚信天,真诚爱民,因为他们相信帝位是天授,必须敬天,否则会改授他姓,而上苍爱惜民众,皇帝也必须爱护子民,才合于"天视自我民视"的道理。应当说他们是真诚的。唯在实践中有时有做秀成分。如京师粥厂每年开办将近半年,在雍正间,用米约一千七百石,用银八百五十两,为数实在有限。开粥厂是善政,值得称道,饥寒交迫的人能够领到粥喝。不过这是"小惠未遍",远不能解决贫民无食的疾苦。

(载《清史研究》2010 年第 2 期)

失败的外交事例

——写在马戛尔尼使华 200 周年之际

200 年前的此时,正值英国使臣马戛尔尼到达天津,将要北上京都和承德。多年来,稍知马使之行者莫不欲晓其在避暑山庄觐谒乾隆皇帝是否按照清朝礼仪行了三跪九叩首礼,抑或按马戛尔尼自己的说法,是依照对英国君主的礼节屈一膝鞠躬礼。其实他是遵照清朝礼仪行事的,本文且不管它,唯思考马使之行的结局——双方外交的失败,谈点感想。

英国派遣马戛尔尼使华的目标,在马使给内政大臣单打士的函件和英国政府给马使的训令中,可知英国的意图是:(1)两国互换常驻使节,英国派公使驻北京;(2)通商互利,为正常进行贸易,英国可以不进行鸦片贸易;(3)清朝开放浙江宁波、舟山和天津、广东通商口岸;(4)给予英国一小岛或片土,作英商储存货物和居住之用。英国和马使为达此目的,采取一些措施。诸如投乾隆帝之好,宣称乾隆皇帝八十大寿未能朝贺,如今特送贺礼补行祝寿,又因礼品极大极好,怕由广州转陆路运送损坏,要求由海路直达天津,仍以水运进京。交往中要展示英国强盛威严,异于清朝藩属。

清朝对于马使来意似乎考虑不多,而对如何接待倒是谋划周详。清朝以为英使之来就是为朝贡祝暇,又是极西国家使节,决定接待的隆重礼仪,昭示天朝怀柔远人的政策,同时要显示天朝国富兵强民殷。于是准许英使船只到大沽口转水路进京,而后携带部分礼品至承德,朝见后,返程走水路,经过江浙富裕地区,到广州后离去,整个行程,清朝给予优厚生活待遇和赏赐。

对于英国的要求,清朝一概拒绝。理由是驻使节,"与天朝礼制不合,断不可行";做生意,是天朝"贵重之物""无所不有","更无需尔国制办物件";占小岛,是"天朝尺土俱为版籍疆址森然,即岛屿、沙洲,亦必划界分疆,各有专属"。这后一点义正辞严,维护国家主权,实属正当,他则纯系自大之词,不达国际事体。

如上所述,马戛尔尼的要求完全落空,他虽然创了西方使臣由海道到达天津、北京的事例,也为后来鸦片战争英军欲北上、英法联军由大沽登陆进京作了预演,但这不是使命本身的内容。他多少获知清朝的虚实,冒出武力侵华的念头,给日后军事侵略以启示,同样是使团之行的副产品。所以说马戛尔尼使团的活动,以失败而告终。清朝方面并没有像预想的迎来一个恭顺的使团,获得一个虔诚的属国,以致乾隆帝越来越讨厌马使,斥之为贪得无厌,殊为可恶,从而一度降低对使团的供应规格,清朝也是大失所望。

马戛尔尼使华,要循着正常的外交途径与清朝谈判,毫无结果。这次中英外交接触,由英方主动,失望更多于中方。不管怎么说,这是一次失败的外交,对双方均是一样。

为什么结局与双方愿望相左?原因自然是多方面的,这里仅就双方思维方式不同而言。马戛尔尼和英国政府决策人按照西方人的思维方式考虑中英谈判和英国的条件。他们以为可以按西方的习惯,两国通过谈判,建立平等关系,互派使臣驻节对方政府所在地,发展两国关系和商业贸易,以利其商品输出。马戛尔尼未到中国之前,以为循着外交途径,通知中国欲来谈判,就会被接待。在东方的英国人比马使多懂得一些中国人的思维方式、办事原则和程序,如东印度公司董事会主席百灵知道马使想派领事驻广州,并通知中国政府他来华的意向,这种方式行不通,应由东印度公司常驻广州代表通知两广总督,请其代达马使来华意愿,果然成功。这是具体事情上,而在大的谈判条件上,英国人真是不理解中国人的思维逻辑和事体。清朝皇帝、官员按照传统的思维方式思考问题,只能接受附属国的贡使,不能考虑与外夷的平等关系,所以把马使看作贡使,在载运使团船只上插上"英吉利贡使"的旗子,便是这种思维方式的现实表达。

两种思路不同,各按自身思路,想把观点强加给对方,双方又是不可一世的国家,一方面是蒸蒸日上的资本主义强国,一方面是尚未被识破的中华老大帝国,互不相让,必然的结果是外交谈判失败。

这一历史事件告诉人们,凡外交、涉外事务,任何一方要获成功,用中国古语说是知己知彼,这知彼,就是要用文化系统、思维方式考虑交谈事务的内容,我之愿望其将如何考虑,能否接受,或接受到何种程度,以便调整自家的要求及实现方法。这种道理看似简单,但不见得容易明白。20世纪初的《皇朝经世文五编》的辑录者蛟川求是斋主人曾随薛福成出使英、法、意、比等国,开阔了眼界,看到当时讲求学习西方、倡导变法的人,不真正懂得西法为何物,他批评说："言西法者,仍以中国言西法,非以西人言西法也。"即不按照西人观念及思维方式考察西方,而按照中国观念及传统思维方式认识西法,当然就不能准确认识西法和把它正确运用于中国。不幸求是斋主的批评对象并未在当时改变态度,多年后还有不少人达不到求是斋主的认识水平。任何外国优秀文化传到中国,都有个中国化的问题,但其前提却是要对它有正确认识,而要做到这一点,则需要懂得西方文化和能运用西方思维方式。反之,西方人认识东方也一样,也要能具有东方文化知识和东方人的思维意识。1793 年中英外交失败史,引发笔者这番思考,可能是从历史事件的固有内容得出的。

(写于 1993 年 8 月 12 日,2019 年 4 月 7 日阅定)

利顺德饭店的历史启示

百年老店利顺德,过去对它微有所闻,如今又获知一二,觉得它的历史具有丰富的内容,今日的经营颇有特色,它的历程很有令人回味的价值,笔者就从它的若干历史资料中得到认识社会的一点启示。

一、自强者昌盛

利顺德饭店建于 19 世纪 60 年代,那正是第二次鸦片战争之后。1860 年英法联军打到北京,咸丰皇帝逃亡承德,被迫与英、法分别签订不平等的《北京条约》。皇帝好面子,不肯回京,次年死在避暑山庄。那时的清朝统治者仍在虚妄中生活,自以为是天朝上国,不敢承认"西夷"的力量,实际上又包含惧怕对方的成分。虚骄心理下不会处理好国际事务,更严重的是不可能去奋发图强。《北京条约》规定天津为通商口岸。天津本来就是进京的通道,至是开为商埠,西方商人、传教士、官员来此落脚,或路经于此,日趋增多,正是在这种情况下,利顺德饭店建立了。它适应了西方人的需要,它是西方殖民主义的产物,而当时清朝统治者不知图强,浑噩自毙,却是它产生的社会环境。虚骄妨碍图强,道、咸两代如此,乾、嘉又何尝不是这样。

19 世纪 80 年代,利顺德饭店大规模扩建,由平房改建成三层楼房,为当时天津洋式建筑的佼佼者,也使它成为豪华宾馆,以适应日益增多的西方商人、科技人员投宿的需要。这时中国官僚、买办、商人兴起洋务运动,创办机器制造业,造轮船,开矿山,筑铁路,设立电话、电报。洋务运动,旧时称为"自强运动",它的先驱者曾国藩就以自强为目的,他认为对外事务的准则,凡争执虚文礼仪的可以让步,而涉及民生的则要坚持中国利益,他倡办江南制造局,选派学童出洋学艺,是着眼于中国自强。中法战争和中日甲午战争使洋务派的政治目标破产,但自强精神则彪炳史册。洋务运动中天津及其附近出现近代企业,如天津机器局、开平矿务局、天津电报总局、承平银矿等,尤其是电报总局,始设于天津,后来才移至上海。其时在天津地区经营新式企业的唐廷枢、徐润等人往还于津、沪之间,使天津成为洋务运动重地。洋务派官、商及与其企业有关的洋人,也成为促使利顺德发展业务的力量,粤籍买办梁炎卿成为它的大股东。所以说利顺德的发展与中国洋务运动的自强有密切关系。

20世纪20年代,利顺德又一次扩建,其时留下的大楼外景、豪华套间、贵宾休息厅、宴会厅、西餐厅的图片,犹令人领略当年豪华绰约的丰姿,是令旅客得到高级享受的处所。二三十年代天津多有下台军阀、失意政客,末代皇帝溥仪不就蛰居津门吗! 他们需要高级饭店,或者小住,或就餐、娱乐,利顺德这时的扩建,也是情理中的事了。推翻清朝后的一二十年代,是中国人民奋发图强的时期,民族工业有了较大发展,文化事业的成就非常可观,白话文运动的开展,从西方传入许多新学科,五四运动更从政治思想领域促进国人思考国事,一二十年代是北洋军阀统治时期,过去人们把那时认为一片黑暗,其实前述那些成就不说外,议会政治自此开始。当然曹锟贿选被正确地认为是政治丑剧,但那些后来成为“猪仔议员”的人开始不服,至被圈禁,始被收买,这也反映议会制深入人心,骄横的军阀也不能不对它有所顾忌。中国有后代为前朝修史的传统,北洋时期编纂出《清史稿》,出版后虽被国民政府禁止,但几十年后的实践证明,它虽然不是一部好的历史资料书籍,但仍有参考价值,故而被一再重印,说明它不是禁止得了的,废弃得了的。时至今日,仍无能立足二十四史之林的清史问世,是则《清史稿》的修成实属不易,说明其时文化建设颇有可称述者。一方面是军阀政治的腐败,另一方面是人民的奋发图强,并探索强盛道路,但是它被日本军国主义的全面侵华战争所打乱。人民图强爱国的时候,军阀政客亡命天津,20世纪的利顺德饭店即在这种形势下得到了发展。

太平洋战争爆发后,日本侵略军从英国人手里接管利顺德饭店,把它改称“亚细亚饭店”。这时中国处在民族灾难之中,国力虚弱。日军接管利顺德,不由得令人联想到日俄战争,双方在中国的国土辽东半岛打仗,而让中国“中立”,使中国成为最大受害国。日本因向英国开战而接管利顺德,其实利顺德还有中国股东,他们因此而倒霉。弱国被欺凌,一个国家不图强怎么能立足于世界!

50年代起的三十年,利顺德改名“天津大饭店”,实际成为内部高级招待所,变得鲜为人知。这个时期中国人很想改变贫穷面貌,大有改天换地的气慨，但是惧怕商品经济，与世界隔绝，人家经济大发展，我们则政治斗争不息，拉大了和人家的距离。想图强，不得其法，利顺德也因此难于有经得起推敲的业绩。

80年代改革开放，利顺德成了合资企业，恢复原名，兴建大厦，有了新气象。改革开放，引进外资，是为我利用，是为我之富强起促进作用，关键还在自强，不自强就不可能很好地利用外资，建设国强民富的社会。

利顺德的历史与中国近现代史是那样的岌岌相关，它的兴衰与近现代社会的演变相一致，它是殖民主义的产物，兴旺于社会变革时期，衰落于社会动乱年代。它反映了中国社会、国计民生的状况、国家的荣辱，是近现代中国历史的缩影。一个饭店的历史能够反映了近现代中国的历史，这种事例不可多得，所以利顺德史，作为中国近现代史的典型事例，需要深入研究，这既是利顺德本身的需要，更是研究中国近现代史的需要。

在利顺德与中国社会的关系史上，我们看到自强精神的作用和重要。道、咸时代的自大和萎靡不振，只能使国家沦落；洋务运动与20世纪五六十年代的图强，未见多少成效，是不得其法；20世纪一二十年代和80年代的图强效果较好。说明自洋务运动以来，我们中国人一直有建立强盛国家的愿望，这是极其可贵的民族精神；也说明我们始终在探索如何迈向富强之路，愿望不能实现就是空的，方法不对同样无济于事，探索通向富强之路的方法，也是精神财富，值得总结。自强者总会找到道路，总会昌盛的。

二、重视文化资源的开发

利顺德饭店管理机构内设有文化办公室，当笔者初听说这一机构时，有点茫然，也有联想：是不是人浮于事，为安置职工，才设置此机构？多年来，我们谈精兵简政、裁撤机构，为此甚而成立精减办公室，但是职工不但没有减少，还在不断增多，这可给了漫画家好素材，画出机关林立中的新成员——精减办。这几年这种漫画不见了，也可能是麻木了。君不见，说体制改革，干部离职下海者虽说报道也热闹过一阵子，然而究竟有几人？！不过是突击提干，司局长、处长大增而已。那么利顺德的文化办也是这类机构吗？笔者了解其实情后得出否定的答案。

利顺德的文化办为发掘和宣传该店的历史，做了大量的工作。该办公室人员和外聘专家相结合,调查该店历史资料,作出分析,在此基础上,加强店堂建设,特设翠亨北寓、文都乡、兰芳轩等名人套间,翠亨邨、泰晤士厅等中西餐特色餐厅,把寓居过该店的孙中山、班禅十世额尔德尼·确吉坚赞、梅兰芳等名人与该店的寓室设置联系起来。该店以自身的文物、文献资料展现古老历史。20 年代启用的电梯,在原来的位置迎接客人,人们驻足留恋,赞叹这具据说是中国现存最古老的电梯的保存完好和它的古雅、雍容的美。在"白金汉宫",人们在西欧古典宫殿的环境中,看到该店文物、档案的陈列,使人有了历史的感受。该店在专家帮助下写出自身的历史专著,已出版的有《利顺德大饭店与近代天津》《利顺德百年风云》两部。近日还特地召开了"利顺德文化国际术学术研讨会",并计划成立利顺德文化研究会。可见该店不满足它的文化研究成就,还要继续努力,扩展开去,很有气魄。

利顺德的文化工作,对于它的发展,无疑已经起着并将继续起着巨大的推动作用。当人们进入该店名人套间,见到 20 年代的电梯、"白金汉宫"陈列的文物和文献,立即感到置身于历史博物馆中,受着历史文化的熏陶,增长了见识;也会联想到其他现代豪华宾馆,给人舒适的物质享受,也会有现代文化气息。但这种东西在各种高星级宾馆中似乎都能具备,但唯独没有像利顺德那样的历史文化。拥有丰富的历史文化,这是利顺德独具的特点,是它发展的优势。发掘、利用这种文化资源,可以吸引广大顾客,特别是追求高层次文化享受的顾客,这是利顺德发展的得天独厚的条件。

利顺德的管理者在认识文化的重要性上,异常高明,成立了文化办,开展工作,真是独具慧眼。它提高了老店的知名度,提高了服务质量,获得了业务发展,诚堪赞赏。旅馆业的百年老店何止利顺德一家,笔者孤陋寡闻,尚不知其他饭店的文化工作的发展,或许有的已在进行,或许有的还没有认识到这项事业的重要性。如果尚未认识的话,利顺德的工作给人一种启示,不妨分出一点精力重视一下自身的历史文化,那将给你的事业带来你现时尚未体会到的好处。

利顺德重视历史文化和今日之国学不昌形成了鲜明对照。今年高考历史试卷出了常识性错误,把问前秦阳平公苻融事的题,注释成问三国孔融。呜呼!"孔融四岁,能让梨",往日儿童皆知的人物,今日命题的历史专家们竟然不知(应该说不真知),而将苻融、孔融混为一谈,这能不说是国学衰微的表征吗?一个有着悠久历史的民族而忘本身的历史,她能够长足进步吗?!能不让人产生疑虑吗?! 那么利顺德的重视历史文化,给了人们一点希望! 我们的民族总不会完全忘掉自己的过去,忘掉民族美德和优秀文化传统。因此说利顺德的重视历史文化的意义,超过了它本身的范围,给忽视历史文化的人一副清凉剂:要钱,也得要靠文化的发展。从长远看就是如此,而不管认识否!

(载田玉堂主编《利顺德文化论集》,天津人民出版社,1994 年)

漫话历史疑案

　　1992 年台湾《历史月刊》举办"清宫疑案大家谈"座谈会,笔者欣喜与会,不但获知史学同行的见解,更高兴的是听到行外各界先生、女士的高论,他们对某些历史疑案的了解,如荣妃是否就是香妃,比我知道的多,由是我亦发坚定继续向史学界之外的有识之士学习的信念,同时越发明了历史疑案为大众所关注,治史者需要有所回应,不宜忽视对它的研讨。今时隔三年,草此小文,继续探讨历史疑案何以成为疑案,以及如何破解。

　　历史疑案,人们也常称他为历史之谜,就是对于历史上的人物、事件、制度,由于历史文献和传说不一,无法澄清,或者无法取得一致见解,因而像迷一样令人猜不透、断不定,遂成疑案,长存下来。疑案繁多,古今中外皆有,即以中国历史而言,大约要以百十论数。笔者曾思索过明代历史疑案,随想随写,顷刻之间,数十个题目出来了。细思各个疑案的产生,可以分为若干类型。

　　1.历史真相不明造成的疑案

　　明朝崇祯帝的太子朱慈烺下落,历史本身不清楚,造成北京明太子下落之谜。朱慈烺生于崇祯二年(1629),次年被立为皇太子,甲申之变(1644)崇祯帝自杀,朱慈烺被李自成封为宋王,李自成败走陕西之时,押解朱慈烺西行,随后朱慈烺下落不明。原东宫官员范养民特意去陕西寻觅旧主,未果而流落华山。①可知朱慈烺去陕西可能性不大。当年 12 月,清朝宣布有个叫刘应元的人,自称是故明太子,清朝政府假意让与太子有过关系的人员辨认真伪,实际上却把他当作是假冒者予以处死,凡是认定他是真太子的,如内监杨玉、常进节,指挥李时荫等人均被处死。明清史泰斗孟森根据《东华录》《鹿樵纪闻》《明季北略》及明清档案有关文献记载,著长文《明烈皇殉国后纪》,认为刘应元就是崇祯太子,为清朝故意杀害。②刘应元案数月之后,即顺治二年(1645)春天,

　　① 顾炎武:《顾亭林诗文集·复庵记》。
　　② 孟森:《明清史论著集刊》上册,中华书局本。

南明弘光政权所在地的南京,又有王之明冒称崇祯太子,这是真正作伪,可以不谈。至于北京明太子案,由于官方宣布刘姓诈伪,可是案中疑窦丛生,笔者虽亦以孟森观点有理,但总是明清易代的战乱和清朝制造的混乱,闹得事实本身不清晰,因而出现崇祯太子下落不明的疑案。政治斗争、宫闱秘事,当事者或曲意宣传,或秘而不谈,使得外间不能明了事实真相,形成历史疑案。

2.文献记载存疑出现的疑案

史事本身,社会上传说不一,史家也难于论定,抱着存疑的态度,将各种说法都记录下来, 供后人参考。如建文帝的下落,《明史·恭悯帝本纪》云: "……都城陷,宫中火起,帝不知所终,燕王遣中使出帝后尸于火中,越八日, 壬申葬之;或云帝由地道出亡。"对建文帝在燕王朱棣攻陷南京后的下落,提出三种说法:一是燕王宣布的建文帝在宫中被烧死,至于是否如此,不好认真,只是燕王宣布罢了;二是不知所终,即谁也不知道是死是活,结局如何;三是从宫中地道逃出去了。这是以存疑态度将建文帝下落之谜记录下来。

3.史书记载不清晰造成的疑案

有些事情和制度,文献讲到了,但又没有交代清楚,特别是在关键地方,令后人不能明了,遂生出疑案。如烛影斧声之谜,文莹在《湘山野录·待续》写道:"(宋太祖召太宗于寝殿)酌酒对饮,宦者、宫妾悉屏之,但遥见烛影下,太宗时或避席,有不可胜之状。饮讫,禁漏三鼓,殿雪已数寸,帝引柱斧戳雪,顾太宗曰:'好做,好做!'遂解带就寝,鼻息雷霆。是夕,太宗留宿禁内,将五鼓,阃庐者寂无所闻,帝已崩也。太宗受遗诏于枢前即位。"如此记载,必然令人有不同的理解,或以为太祖要传位于太宗,或认为太宗戕害太祖而继位,"烛影斧声",遂成了千古之谜。

4.文献歧义造成的疑案

唐赛儿下落的几种说法,即为一例。唐赛儿是永乐年间在山东领导民众暴动的女首领,失败之后怎么了结的,官方和私家记载都说下落不明,不过在具体说法上却有三种内容的差异。一说她逃逸了,永乐帝怕她混迹于僧道中,下令将全国一万多女尼和女冠逮捕到北京审讯,然而毫无结果,此说见于《明实录》《明史》等官书;另一说唐赛儿在永乐帝搜查中被捕入狱,处刑也伤不了她,并被她成功越狱,此说见于《明史纪事本末》、祝允明的《野记》、毛奇龄的《后鉴录》。还有一种说法是唐赛儿被囚,在押解途中,借讨一碗水喝的机会逃跑了。此说原出《存砚楼二集》,笔者转见于《霞外捃屑》。记载的不同,形成了唐赛儿结局的诸种说法。

5.记载错误形成疑案

"人生自古谁无死,留取丹心照汗青。"如此诗章,何人不知。它的作者文天祥,是汉民族气节的代表,高尚的完人,可是《宋史·文天祥传》却写他要以出家当道士的身份帮助元朝统治者,造成文天祥是否当道士的历史疑案。《宋史》的传文是这样写的:被囚的文天祥对元朝官员说"国亡,吾份一死矣。倘缘宽假,得以黄冠归故乡,他日以方外备顾问,可也;若遽官之,非直亡国之大夫不可与图存,举其平生而尽弃之,将焉用我"?简直是一副外形忠贞内怀奸诈的小人嘴脸。考之其他文献获知,降元的宋官,如王积翁、谢昌元等佩服文天祥的为人,商议救他出狱,办法是请求元朝准许他做道士,以便把他放出来。可是另一降官留梦炎不同意,怕文天祥恢复自由后造反,连累自己,因此这一建议没有向元朝提出。这些降官议论的事情,《宋史》错误地把它作为文天祥自身的要求作了记录,制造了不应有的疑案。

6.文献记载无异词,而事情不易被人理解,因而成为疑案

如宋高宗立宋孝宗为后嗣,文献记载清清楚楚,毫无破绽可言,问题是为什么要以宋太祖的遗胤为嗣子?宋孝宗是宋太祖的七世孙,自从皇位转到宋太宗血系之后,宋太祖裔孙根本无染指皇位的可能。宋高宗在太子夭折之后,欲立后嗣,偏偏不在自身的太宗血系中选择近亲,却在别支疏属中找出宋孝宗,这究竟是为什么,需要作出合理的解释。再如宋高宗为何要当太上皇?他如何禅位,如何安度晚年,他和宋孝宗的和睦关系,记载也说得一清二楚,问题是他为何要退位?他在21岁的建炎元年(1127)称帝,在位36年,56岁时(绍兴三十二年、1162)退位为太上皇帝,此后又活了25年,于淳熙十四年(1187)寿终正寝,享年81岁。如此高龄,在古代皇帝中是罕见的。他退位时虽已步入老年,但从此后他还活了四分之一个世纪的情形看,绝非老病不能理政。皇位是尽人企羡的,是人们不惜身家性命,不顾荼毒天下之肝脑相争的,他为何让出呢?而且他的退位,同唐高祖、唐玄宗及他的皇父宋徽宗退出政坛的情形迥异,这不就是一个疑问吗,人们需要了解他册立宋孝宗为皇太子以及退居太上皇帝的缘由。

7.起初文献无疑异而后人翻案,形成疑案

如李清照的再嫁问题。宋代女词人易安居士李清照为后世所称道。她出身世家,在18岁上(建中靖国元年、1101)与太学生赵明诚结婚,公爹赵挺之

是宰相,丈夫是有名学者,著有《鉴古录》,伉俪感情甚笃,46岁时(建炎三年、1129)赵明诚病故。宋人有七八种文献述说李清照于51岁时(绍兴二年、1134)和右承奉郎监诸军审计司张汝舟结婚,不久离异,其中叙述较详细的文献是胡仔的《苕溪渔隐丛话·前集》、李心传的《建炎以来系年要录》卷58、赵彦卫的《云麓漫钞》卷14。宋朝人众口一词,李清照再婚本无异议。可是到了明代《徐氏精华》的作者徐火勃、清代著作《雅雨堂文集》的卢见曾、撰述《癸巳类稿》的俞正燮等学人,都认为李清照不会再嫁,宋人的记载是对她的污蔑,不可信。这样为定案的事情作翻案,平白地又生出李清照再嫁之谜。

8.事情蹊跷令人不解,遂成疑案

如光绪帝之死。光绪帝与慈禧太后势不两立的状态,世人皆知,而他们的死亡又相差不到24小时,偏偏又是被囚瀛台的光绪帝早一点步入黄泉,光绪帝在三十四年十月二十日病重,二十一日(1908年11月14日)辞世,慈禧太后死在二十二日,终年七十有四,是寿终正寝。他们走的是这样一前一后的巧合,不由得不让人怀疑,是否慈禧太后怕她死后政权落入政敌光绪帝手里,改变她的施政方针,因而加害于光绪帝,让他先于自己亡故。这就产生害死光绪帝的说法。又有一说是总管太监李莲英怕太后老佛爷驾崩,光绪帝复辟报复,先下手为强,抢在太后咽气前害死光绪帝。此外还有袁世凯害死说。医生屈桂庭的文章,讲光绪帝逝世前三天的腹痛情状,似乎使光绪帝被毒害说得到证实。光绪帝之死,就这样成了历史之谜。

9.化名,或者说笔名,后人无法确知其人,而成疑案

如《金瓶梅》的作者问题。《金瓶梅》的一个版本上署有"兰陵笑笑生作"字样,这兰陵笑笑生是谁呢?如今学者的考证,提出不下20种说法,诸如王世贞、贾三近、屠隆、李开先、张竹坡等等,有的逐渐被否定,有的得到较多人的认可,但根本不可能有统一认识。《水浒》的作者,是不是施耐庵,施耐庵是不是今天江苏兴化白驹镇(今属大丰市)人,学术界多年探究的成果虽属可观,但却远不能成为定论。至于《红楼梦》的著作权,众多学者倾向于曹雪芹,但仍有异议,认为曹雪芹是"抄写勤"的谐音,不会是作者的名字,而成一说。古典小说的作者多有不愿暴露真实姓名的,从而就为后人留下了若干疑案,兰陵笑笑生不过是个显例。

10.初无记录,后经传说,愈传愈纷纭,附会形成疑团

乾隆公主下嫁衍圣公疑案即是一例。今人孔德懋在所著《孔府内宅轶事》

中说乾隆帝将公主嫁给第 72 代衍圣公孔宪培,因满汉不能通婚,故而公主是以大学士于敏中女儿名义出嫁的。笔者去曲阜三孔(孔庙、孔林、孔府)参观,导游对此津津乐道,并叙说于夫人坟墓的高大,超过他人。笔者告诉他,有学者研究,遍查清朝皇家玉牒,乾隆帝的每一个女儿出降何人均很明确,并没有嫁给孔家的,而于夫人,经考证是于敏中的妾生女。显然公主下嫁之说不确。孔德懋的记载晚在所谓事情的近 200 年之后,并无文献根据,只是孔府内的口耳相传的故事,导游人员的介绍也是根据当地传说作出的,不作史学研究的参观者,也会把公主下嫁孔府当作谈资去传播。如此由孔府传到社会,疑案也就产生了,也会引起学者的著文讨论。

11.从准神话衍化出的疑案

发生在上古历史上的带有某种神话性的传说,都会构成历史疑案。如盘古开天、女娲补天、三皇五帝,乃至于炎帝、黄帝故事,都是历史之谜,大约渊源于上古人们的祖先崇拜和英雄崇拜,制造出一些英雄人物,并认定为自己的先人。因为有很大的人为想象成分,故事自然有可塑性,所以内容不一,自相矛盾,不好解释。即如黄帝,春秋时代人们传说他活到 300 岁,宰我因而问老师孔子:我听人讲黄帝 300 年,那么他是人,抑或不是人(神)?(《孔子家语·五帝德》)真是问得妙极了,大成至圣先师孔子也无法回答,因为这本来就是人造的谜团,哪里解得开。

上述种种因文献、传说致令后人理解歧异而产生的历史疑案,今日还在继续发生。政治人物的秘闻疑案频生不必说了,跟近世以前有关的事和传闻也还可能成为疑案。20 世纪 60 年代前期,笔者发幽古之思,漫步于河北霸县(霸州市)六郎堤,听当地人讲附近有个村庄叫"包裹庄",是穆桂英生育杨文广的地方,因在这里分娩包裹,故而留下这个庄名。其实这个村子叫作"包格庄",冀中一些地区有以"格庄"命名的习俗,北京郊县亦有此现象,哪里是什么穆桂英的包裹庄。杨家将的小说、戏剧广为人知,因此在民间把小说戏剧人物坐实成了历史人物,这个故事如再衍化,"包格庄"也要成为历史之谜了。笔者还到过沧州市、盐山县,当地老乡说,有个地方叫野猪林,就是林冲发配沧州,受到鲁智深救护的地方,民众又把《水浒》故事坐实为历史。近几年见报载,山东梁山搞了个"水浒城",会不会让"梁山泊聚义厅"成为历史之谜呢?

前面主要从文献学的角度分析历史疑案的类型及其产生,其实要把这些问题说清楚,又要从政治、民族、社会、民俗诸方面去考察。在"清宫疑案大家谈"会上,人们就此谈了很多高明见解,笔者也述说了浅见,不在这里重复。只想探讨历史疑案有没有释疑解惑的方法问题。

历史的疑案,有的经过研究,说清楚而后消失;有的会得到局部的或大部分的释白,而疑案仍在;有的虽会有多种见解,但根本不可能开释,人们无法取得共识,依然是千古之谜。因此对历史疑案,要保持实事求是态度,能解则解,能解多少是多少,否则就老实说不知道是怎么回事。对历史之谜,最不能强不知以为知。真要去解谜,笔者注意到下述三种方法。

其一,警惕主观性,摒弃政治、伦理观念的干扰。有些疑案的产生来自政治伦理观念,如李清照再嫁、文天祥妻殉夫、李师师自杀等疑案,就是儒家政治伦理观念的产物。前面说过,李清照再婚本无异议,卢见曾、俞正燮等人认为李清照是大家贤媛,怎么可能再嫁,这是用明清时期士大夫强烈的节妇观念看待宋朝人的再婚历史,殊不知宰相王安石因儿子身体原因嫁儿媳,倡导"饿死事小失节事大"的二程亲属中也有二婚的人。宋代社会上层女性的再婚绝不像明清时期有那么大障碍。再说李清照是在宋室播迁的战乱年头,自北方逃亡浙江,夫死无依靠,才不得已再婚的。这具体情形,是应当注意到的。其他如文天祥夫人欧阳氏殉夫、汴京名妓李师师为宋徽宗殉主吞金自尽,本卷另有专文,这里不谈了。要之,我们在分析历史之谜时,不妨从观念形态方面作一些考查,察其原委,争取破解其谜。

其二,丰富知识,完善知识结构,扩大视野,对历史疑案作多学科知识的理解,或许有助于疑团的清理。历史学包含的知识极其广泛,治史的人自然会有知识缺陷,大约对政治史、经济史、文化史注意较多,有相关的知识,但往往不深入,停留在一知半解上,而对一些知识领域,很少能够涉猎,如天文、历算、医学、音乐等等,这样就很难破解历史疑案。所以治史者需要学习,掌握各种学科必要的知识,以便运用。对于烛影斧声,光绪帝之死疑案,有学者运用医学知识作研究,获得新成就。笔者的同事刘洪涛教授撰文《从赵宋宗室的家族病释烛影斧声之谜》[①],根据文献资料,发现赵宋皇室有躁狂忧郁症家族病,此病属遗传性,有轻重两种程度,轻型患者肆言无忌,好说大话,轻举妄动,重型患者疑神疑鬼;此病还有显、隐二性,隐型患者基本无症状,显型患者则会病症发作;此病有自愈可能性,若自愈,40 岁以后易得脑栓塞症(脑溢血),宋

---

① 《南开学报》1989 年第 6 期。

真宗、仁宗皆因此亡故，而宋太祖崩年 50 岁，死前"鼻息如雷霆"，即得脑栓塞症状。刘洪涛的结论是宋太祖系病逝，并非宋太宗戕害。从家族遗传病及具体到宋太祖本人症状，说明其死因，成为破解烛影斧声千古之谜的一家之言。

光绪帝之死及同治帝是否死于天花、梅毒之谜，中国第一历史档案馆学者和中医学家合作，利用光绪帝、同治帝脉案，分别作出结论：光绪帝死于肺病、同治帝则因天花而亡。后来又有医家化验光绪帝头发，有砷中毒之说。还有利用多种语文知识解谜的。如厄鲁特首领噶尔丹是怎样死亡的疑案。噶尔丹是 17 世纪后半叶叱咤风云的人物，康熙帝三次亲征讨伐他，并预言他的结局，不是投降、战死，就是自杀。清朝官书《清圣祖仁皇帝实录》卷 193，谓其兵败"仰药死"。今人吕一燃作《噶尔丹"服毒自杀"说辨伪》，根据比《实录》早写作的《亲征平定朔漠方略》卷 43 的记录，指出噶尔丹系病故，并非服毒自裁。庄吉法又在台北故宫博物院所藏满文文献中，找出抚远大将军费扬古于康熙三十六年四月初九日所写的满文奏折中获知，噶尔丹是"晨得病，晚即死，不知何病"①。看来，可以论定噶尔丹死于疾病，而不是《实录》说的喝毒药自杀。《实录》那样写是要圆康熙帝的预测，以显示皇帝的圣明，实在是编造历史，制造了噶尔丹死亡之谜。赖以破解它的，是要多读史书，特别是要有满文知识，能够利用满文文书。

其三，准情度理分析历史疑案。既要把握所论述的历史时代的社会总体状况，诸如政治情况和动向，社会风情，人们的心态，以综合了解为前提，再作具体研究，所得出的结论还要合乎当时的情理，而不是后世后人的情理和想象。如韦贤妃何以南归的疑案，笔者是这样探究的。韦贤妃是宋高宗生母，与徽、钦二帝同被金军掳去，南宋举国上下一致呼声要迎回二圣，可是韦贤妃却于绍兴十二年(1142)被金朝送回临安。其时宋徽宗已死，她离开五国城时，宋钦宗在她的车前苦苦哀求，请她告诉宋高宗，本人绝无重登皇位愿望，唯愿回南，请宋高宗请求金朝释放他南归。宋钦宗不能南归，而韦贤妃却能，这是为什么？解答这个难题，要把握宋金双方的各自总体形势、双方关系及宋钦宗、韦贤妃在其中的地位。宋高宗要达成绍兴和议(1142)，在内部对臣民的解释是为实行孝道，为把母亲迎回来，不得不屈辱求和(《宋史·韦贤妃传》)，以此压服主战官员，所以韦贤妃是宋高宗政治棋中的一步棋，是他求和的借口和

---

① 庄吉法：《故宫档案述要》，第 64—69 页。

遮羞布,并不是为行什么孝道,不要宋钦宗回归是怕他复辟,可见他不讲忠孝之道。其时金朝也因为不能继续战争,乐得以和议巩固已取得的战果,这样作为交换条件,放回一个妇人又何足惜。韦贤妃就是在这种情形下南返的,而宋钦宗只能老死金朝。

拉拉杂杂的漫话历史疑案,就写到这里吧!

(写于 1995 年 8 月 22 日,2019 年 4 月 27 日阅定)

北宋词人李清照有否再婚

被誉为一代文宗的宋代女词人李清照(易安居士),她的同时代人说她年近半百第二次出嫁,而到了明清时期,却有很多学者极力给她辩护,指责再婚说是对她的侮辱,不可信。其中持论最力的为明人《徐氏精华》的作者徐㶿、清人《雅雨堂文集》的作者卢见曾、著作《癸巳类稿》的俞正燮,20世纪50年代黄盛璋作《李清照事迹考辨》①重新认定李清照的再婚,有着赞成和否定的不同反响,迄今尚无定论。那么,是宋人的记载可靠?还是明清学人的辩驳有理?近人的论说又如何呢?

宋徽宗建中靖国元年(1101),十八岁的李清照与太学生赵明诚结婚,宋高宗建炎三年(1129)八月即将出任湖州知府的赵明诚病死在建康,当时李清照四十六岁,正值宋金交战,南宋初建的扰攘之际。宋人记载李清照再婚的有七八种,其中有具体情节的是:

胡仔:《苕溪渔隐丛话》前集卷六十:"易安再适张汝舟,未几反目,有《启事》与綦处厚云:'猥以桑榆之晚景,配兹驵侩之下材。'传者无不笑之。"

李心传:《建炎以来系年要录》卷五十八:绍兴二年九月戊子朔,"右承奉郎监诸军审计司张汝舟属吏。以汝舟妻李氏讼其妄增举数入官也。其后有司当汝舟,徒,诏除名,柳州编管"(注:十月己酉行遣)。"李氏,格非女,能为歌词,自号易安居士。"

赵彦卫的《云麓漫抄》卷十四录有李清照的《投内翰綦公崇礼启》,云及她与张汝舟结婚及离婚的经过,中有"信彼如簧之说,惑兹似锦之言",即被骗结婚,婚后遭到对方的"侵凌""击殴",而其人鄙俗,与己性情完全不合——"视听才分,实难共处",所以不得不打离婚——"取自宸衷,付之廷尉。被桎梏而置对,同凶丑以陈词"。在离婚诉讼中揭发张汝舟的贪污。不为得奖励,而是为达到离异的目的——"但祈脱死,莫望偿金"。

---

① 《文学研究》1957年第3期。

这些资料意思是说,绍兴二年(1134),李清照与张汝舟结婚,婚后感到所嫁非人,很快提出离婚,因张汝舟管理军队财务,虚报军饷,贪赃自肥,李清照即以此告发他,于是同他脱离了夫妻关系。据史籍记载,张汝舟是进士出身,徽宗宣和中为宣教郎、直秘阁,知越州,已是显官。如此看来,宋人的记载对李清照再婚的对象、婚姻离合的原因、结局都有交待,事情基本清楚。

李清照的公公赵挺之是宰相,丈夫是郡守,她"必无更嫁之理",因此说关于她再嫁的记载是"太诬贤媛"。卢见曾说假使李清照再嫁,也在五十二岁之外,行将就木,像她那样聪明的人也不会希望与后夫的关系如同赵明诚那样和好,何以会因此闹离婚,所以说她再嫁也是无根之谈。卢见曾主要是从义理上分析李清照再嫁的不可能,即年老了,门第高,智力强,不会干出再嫁的蠢事。

俞正燮从原始材料中下功夫,企图以证明它的虚假来替李清照翻案。他的论点是:(1)对李清照给綦崇礼的谢启别作解释。原来赵明诚生前,有学士张飞卿请为他的玉壶做鉴定,可是赵明诚死后,有人告到朝廷,说赵、张二人要以玉壶投降金朝,李清照非常害怕,为表明心迹,愿意把家藏古器物献给朝廷。俞正燮以此认为綦崇礼在这件事上帮了忙,清照才写信感谢他,后人把张飞卿改为张汝舟,又改了一处,就改变了原信内容,成了污蔑清照再婚的资料。(2)说李心传的《建类以来系年要录》采进小说家之言,把它当作史料,非常可恶。(3)从宋人文献搜集记载清照的资料,均称她为赵明诚夫人,没有说她是张汝舟妻子的,以此表明说她改嫁不是事实。

到了现代,为李清照再婚辩解的,主要在所谓的社会原因。人们注意到李清照的这些诗句:"南渡衣冠少王导,北来消息欠刘琨。""南游尚觉吴江冷,北狩应悲易水寒。"认为她不满和讥讽南宋小朝廷对金朝屈辱求降的方针,痛责了当权者和士大夫,因而遭到这类人的嫉恨,蓄意攻击她,遂在男女之事上造谣诬陷。

从义理上、原始资料上以及所谓篡改文献和诬陷再嫁的社会原因诸方面的分析,否认清照再嫁说似乎言之凿凿,但疏漏太多,给反对论者以批驳的余地,这就是:

(1)宋人的记录可信。在记叙李清照改嫁的文献中,固然不乏笔记之作,记载可能有失实之处,但是其中《建炎以来系年要录》是公认的比较好的史籍,它记载李清照离异案清楚明确,怎能无根据地怀疑其记事的真实性。陈振孙《直斋书录解题》中介绍李清照的《漱玉集》，说李"晚岁颇失节"；晁公武的《郡斋读书志》在叙述《李易安集》时，也说它的作者"无检操"。陈、晁的著作是古典目录学的重要载籍，学术性强，它们的作者不会在这类著作中给李清照造谣的。另外洪迈在碑铭学专著《隶释》中，讲到赵明诚的《金石录》，说"赵君无嗣，李又更嫁，其书行于世，而碑亡矣。"是感叹赵的藏碑散佚，而非有意谴责李清照。这些学术专著的众口一词。怎么能说李清照再嫁是笔记作家的无稽之谈呢！

（2）他人篡改《投内翰綦公崇礼启》之说的不能成立。从现存的谢启看，只能看出李清照向綦崇礼的致谢是为离婚案，而非诬陷赵、张投金的案事。宋《刑统》记载，政府规定，妻告夫属实，也要判处二年徒刑。谢启讲李清照在对质时被监禁几天就放出来了，免遭二年囹圄之苦，是得了綦的帮助。俞正燮说谢启被人改过，但提不出任何证据，不能让人信服，只能按现存的文字解释它的内容

（3）分析李清照再嫁的原因。李清照与赵明诚没有子嗣，赵明诚死后，她孤寡无依，又遭人诬陷，恰好她弟弟李迒在高宗身边任敕局删定官，因此在建炎三年冬天往皇帝身边跑，既为献出家中古董，也为依靠弟弟。皇帝跑得快，她追不上，建炎四年（1130）正月到了台州，以后才追上皇帝，并随皇帝返回路线到越州、杭州，年底自行到衢州，绍兴元年（1131）又到了越州，当年或次年到杭州。在兵荒马乱的战争年代，又有政治陷害重负，家产为人偷窃，李清照的窘迫万状可想而知。张汝舟在建炎三年任台州守。李清照可能在逃难路上遇到过他，得他的帮助。张汝舟在官场既是爱钱的贪赃不法之人，向李清照求婚，也是贪图李清照手中保留的赵明诚的金石遗物，故婚后向李清照要东西。李清照考虑他的求婚时，心情矛盾，在主观上讲没有再嫁的愿望，以客观上说没有依傍，遭人欺凌，正在她彷徨的时候，张汝舟"强以同归"，结了婚，李清照事后回顾，检查自己的行为不够谨慎："既尔苍皇，因成造次。"（《云麓漫钞》卷14）可以这样说，李清照在处境艰难和是否再嫁的矛盾心情下，受张汝舟催逼而仓猝结的婚。结合不久就分手了。

（4）宋人为何始终称呼李清照为赵明诚夫人。女子有其夫主，再嫁之妻从后夫，这是古人的习惯，但李清照与张汝舟的结合时间极短，且主动要求离异，得到政府承认，所以人们不把她看作张汝舟之妻。李清照离婚后，保持与赵家的关系，继续完成赵明诚的金石学事业，为他整理《金史录》，作《金史录

后序》,讲她与赵明诚的共同研究生活,承认是赵明诚的妻子。根据这种实际情况,人们依旧称她为赵夫人。

(5)再嫁为耻的观念与李清照再婚与否的两种说法的关系。明清时期极度歧视妇女再婚,因而对才人李清照的再嫁在思想上接受不了,这就是俞正燮说的:"余素恶易安改嫁张汝舟之说",因此写他的《事辑》。他既然有了感情色彩,就不能客观分析史料,因而作出不合实际的结论。北宋人以再嫁为非的观念较为淡薄,宰相王安石因儿子王雱精神失常,主动给儿媳庞氏择婿而嫁之,宰相薛居正的儿媳、澶州知州薛惟吉之妻柴氏寡居,拒绝宰相向敏中的求婚,打算嫁给右仆射张齐贤,这是上层社会不以再嫁为耻,下层社会更是如此了。南宋人们观念有所变化,一部分瞧不起再嫁妇,胡仔、晁公武等就是这类人,他们记叙此事,制造舆论,反对改嫁。但这种观念没有成为绝对的统治意识,宰相贾似道的母亲胡氏就是再嫁妇,似道对她很孝顺,她死后宋廷命以天子卤簿礼埋葬,起坟如同皇陵。皇帝宰相这样做,不把改嫁当作丑事。因此记叙李清照再嫁之事的人有两种情形,一是故意奚落,一是尊重事实,并无恶意。在这个问题上宋人比明清人思想开明,比较尊重实际,所以李清照再嫁的事反映了出来。

看来只能是这个结论:李清照有过二次结婚的事。

(1987 年 7 月中旬稿,2019 年 4 月 6 日阅定)

李师师与宋徽宗的故事之真伪与结局如何

李师师,在大型辞书里,如《辞源》《辞海》《中文大辞典》《中国人名大辞典》,都有她的词条,说她是北宋末年汴京的名妓,即承认有这么个人;有的又说宋徽宗常去她家,封为明妃,有的持存疑态度,以"相传"如何如何来表示;至于她的结局,或谓作了商人妇,或云为徽宗尽节而死,都不拿肯定的意见。诸种辞书对李师师的叙述,表明学术界对李师师与宋徽宗关系和故事的真伪以及由此而来的李师师的下落问题还没有统一的看法。我们这里介绍关于李师师与宋徽宗关系的历史文献资料,试图作粗浅的分析,与读者共商这个历史疑案的解决方法。

张端义的《贵耳集》、周密的《浩然斋雅谈》、佚名的《宣和遗事》、佚名的《李师师外传》以及《青泥莲花记》《墨苑漫录》《汴都平康记》《水浒全传》等都记有李师师与宋徽宗的故事。综合其内容,主要是:李师师是汴京工匠王寅之女,父将其寄到佛寺而名师师,幼年双亲亡故,为李媪母所养,长大为名妓;宋徽宗爱作狭邪游,伪装秀才,受李师师接待,或说是扮作商人,李师师傲慢待之,后知为天子,曲意奉承;徽宗与师师打得火热,为不使臣民知晓,特造大内至师师家的地道,以便秘密往来,或云徽宗径将师师召进宫中,封为明妃,又有说是封作瀛国夫人的;师师在接待徽宗同时,又同朝臣周邦彦、李邦彦交好,周邦彦还有讥刺徽宗嫖妓的辞章,为徽宗发现,要处理他,或说师师要好的是贾奕,贾亦以词怨徽宗,徽宗也要惩治他;又或云梁山泊的宋江再求招安,想通过李师师见徽宗,而同行的浪子燕青得到师师的爱慕;徽宗与师师的事早为宫内外人所知,郑皇后劝皇帝自重,言官曹辅以奏章向徽宗进谏;徽宗退位为太上皇,师师申请出家为女冠,得到同意,不久金兵入汴京,搜查师师,师师乃吞金簪自杀;或说徽宗追究宰相蔡京逢迎谀佞之罪时,将师师废为庶人,她后来流落到湖湘,成了商人的家小。诸种记载中师师与徽宗的关系多有不同,在结局上的两种说法更是不可调和的。两人间的这些故事,有真有假,需要辨别。

宋徽宗以太平天子自居,蔡京提出的以"丰亨豫大"为政治指导思想的主张,正合徽宗心意,他想恣意享乐,用表示君主有德的"丰亨豫大"来遮盖,于是铸九鼎、建明堂、修方泽、作《大晟乐》,以表示典礼的完善、太平的气象。同时以大内狭窄为名,大筑宫室,修建延福宫、景龙江和万岁山(艮岳)。徽宗本人,用好听的话说是多才多艺,不好听的话则是耽于玩乐挥霍。他善书法,写的字"笔势劲逸",自号"瘦金书"(《宋史会要》)。做端王时就喜好饲养禽兽,后在万岁山设来仪所,用薛翁驯养飞禽,当徽宗来时,数万只鸣禽飞翔在空中,薛翁献媚地说:"万岁山瑞禽迎驾。"徽宗高兴得不得了。(《桯史》)徽宗早年没有子息,自从同道士刘混康交往,生子渐多,于是大肆崇道,建造上清宝箓宫。此宫在大内附近,他为来去方便,在宫墙和楼阁间建复道,供他行走。他自称道君皇帝,封宠妃刘贵妃为九华玉真安妃。徽宗喜近女色,他的同时代人庄绰指出,宫中妃女以万计数。①徽宗就是这样一个不同于众的荒唐皇帝。说他出入平康里大约不是不可能的了。究竟有没有佐证呢?

其一,徽宗去李师师家是其微行一个内容。张端义、周密都说徽宗临幸李师师家。张端义还说徽宗被俘虏到金朝,每逢凶吉丧祭节序,金朝都要给他赏赐,每得一次就写一次谢恩表文,金朝把它汇集刊刻,在金宋边境贸易地点出售,四五十年来,南宋的士大夫皆能得到它,张端义本人也见过。他又说:"更有《李师师小传》,同行于时。"徽宗谢恩表册是真的,《李师师小传》也是确有的。张端义把他们联系一起,无形中说明,徽宗与师师的暧昧关系、徽宗微行至师师处当是事实,再证诸徽宗的其他微行更可了然。徽宗微服到蔡京、蔡攸父子家就有七次,蔡京以此上疏称谢,朝臣才知其事。其实徽宗为微行方便,在宫内置"行幸局",负责他出行的事。凡出行日叫"有排当",夜间不归,第二日早上就假传圣旨,说皇帝病了,不坐朝。因为微行频繁,引起正直朝臣的不满,秘书省正字曹辅上疏,指斥皇帝"厌居后宫,时乘小舆,出入廛陌之中,郊坰之外,极游乐而后反……玩安忽危,一至于此"。希望他"深居高拱",不再微服出行。②徽宗不听谏告,把他发配郴州管制。徽宗微行成习,后在宣和七年十二月金兵南下之际退位为太上皇帝,带着蔡攸几个人变服乘花石纲的小船出避,路上买鱼,讨价还价,卖鱼人把他看作是商人,称他为"保仪",徽宗与蔡攸

---

① 《鸡肋篇》,中华书局,1983年,第107页。
② 《宋史》卷352本传,第32册第11128页。

相视而笑,随后以此为题赋诗取乐。①毫无避难的忧伤之情,更不以国事民忧为念。据记载,他逃到睢阳一民妇家,自称"姓赵,居东京,已致仕,举长子自代"。隐隐地道出皇帝身份,跟从的人听了发笑,从而也觉得自己的话说得不伦不类,跟着讪笑起来。②如此微行无度,又有去李师师家的记载,相信这种载籍是可信的,至于在那里的情形当别有考证。

其二,徽宗到李师师家一事,从周邦彦、李邦彦与他们的关系亦可得到证明。张端义、周密皆讲徽宗去师师家,适有周邦彦先在,乃躲避去,遂就此作词,由师师唱给徽宗听。周邦彦《宋史》有传,他在哲宗朝官秘书省正字,徽宗任其为徽猷阁待制,提举大晟府。他是"博涉百家",有才而放荡不羁的人。尤其喜好音乐,能够作曲,所作乐府长短句,为世人所传唱。李师师作为名妓,自然精于词曲。周邦彦那样性格的人同她来往,自是情理中的事。张端义还说李邦彦是徽宗狎客,这个邦彦《宋史》也有传,他自称"浪子",因官至宰相,汴京人以"浪子宰相"蔑视他,由此可知他的为人。他"善讴谑,能蹴鞠,每缀街市俚语为辞曲,人争传之"。嫖娼宿妓对他是无所谓的事,言官因而弹劾他"游纵无检"。③这样的浪荡人必是李师师的常客。周李二邦彦与李师师有情应是事实,记载说宋徽宗去李家探到他们的踪迹,应当是可信的。记载既然把他们去李家同徽宗联系在一起,反转来由他们去的事实,倒可以坐实徽宗是确实去李家了。他们之间的关系,应如记载所说,互相吃醋,皆想独占李师师。但以情理分析,徽宗是君主,他恋情于师师,两邦彦自然不敢染指了。而师师尚愿同他们来往,是要他们的词曲,好演唱给徽宗听,所以徽宗虽有醋意,但不厉害,也就没有处置他们。

其三,从徽宗喜好新奇和民间的生活方式看,有同李师师往来的可能。徽宗到蔡京家,不许行君臣礼,要叙家常,令蔡氏家属入席,传觞饮酒作乐。他觉得这样自然、有趣。他对宫廷生活的严格程式腻烦了,种种的玩乐花招,都是对帝王生活规程的破坏。嫖妓对皇帝是极不名誉的事情,他是明知故犯,因为他觉得那样有趣。《外传》写徽宗表现出"调寒送暖情态",到李师师家要李姆不要把他当官家对待,搞得像宫中那样。又写徽宗回答韦妃的为什么那样喜

---

① 《鸡肋编》第 73 页。

② 王明清:《挥麈后录》。

③ 《宋史》卷 352,第 32 册第 11120 页。

欢李师师的问题说:她不是只容色好,而"幽姿逸韵"是宫眷所没有的。这样描写徽宗的猎奇心理、审美观和生活方式,同徽宗其他生活的表现是一致的。由此推测徽宗眷恋李师师是有这么一回事的。

《李师师外传》是传奇,《宣和遗事》是"准平话"(鲁迅的看法),即都是小说,《水浒全传》更不必说了。它们的记载仅可作一般性的参考,绝不能当作史料论定徽宗与师师的事。《贵耳集》是笔记著作,《四库全书总目》认为"所载颇有轶闻,足资考证,其论诗论文论时事皆往往可取",[①]《浩然斋雅谈》有诗话性质,《四库全书总目》说作者是南宋遗老,"多识旧人旧事,故其所记佚篇断阕,什九为他书所不载"(卷195,第1790页)。这类书所提的资料具有可信度。我们根据对以上诸种载籍的认识,对它们提供的资料核诸史籍,作综合的分析,认为宋徽宗出入平康李师师家确有其事,并有周邦彦等的词曲为他们的往来推波助澜。至于封明妃造地道之类的具体情节,疑是小说家敷衍出来的,因为宫中爵位要经过政府正式册封,这就不可能出现封明妃的事。

李师师结局究竟怎样?《外传》写她的死事有政治用意。它说金人破汴京,主帅闼懒为金朝皇帝虏获李师师,闼懒的走狗张邦昌为之寻觅,捕获,师师痛骂他:宋朝高官厚爵,现在却干起助敌灭宋的事,还想拿一个妓女去作进见礼,太可耻了;至于其本人身为贱妓,却因徽宗眷顾之恩,要以死报答。果然自杀了。很明显作者是借用对比的方法,谴责降金的达官贵人。为了表达这样观点,作者可以不顾李师师的事实。因此说她的死节太戏剧性了,不能令人相信。《宣和遗事》说李师师被贬,此为无中生有之说,因没有封爵,哪有贬废之理?该书又说师师因斥而流落湖湘,成为商人妇。战乱时代,京中娼妇流亡外地,嫁给商人是常有的事,不足为怪,但正因为它是常情,用到李师师身上却令人怀疑起来,这是否为小说家根据常理给她安排的结局,而与她本人的实况并不相干?这二说都是小说家言,均不足信,李师师的下落,我们只能老实地说不知道。这样不能满足读者明了她真实下落的要求,不能不说是遗憾的事情,但是史料无征,又怎能打破砂锅问到底呢!

(写于 1987 年 8 月 7 日,2019 年 4 月 26 日阅定)

---

① 中华书局,1965 年,卷 121,第 1047 页。

十二道金牌召岳飞之疑

　　岳飞在绍兴十年(1140)北伐中原之始节节胜利,却于七月下旬从郾城班师,究其原因,宋人《鄂王行实编年》《三朝北盟会编·岳侯传》以及元人《宋史·岳飞传》,都说秦桧想实现宋金和议,唆使宋高宗连下十二道金牌,促令撤军,岳飞悲愤遵命而回。长期以来,人们相信这种说法,以为岳飞本可直捣幽燕,叹息他的功亏一篑。对十二道金牌的如此作用,20世纪的中外学者有提出怀疑的,也有异议的。日本市村瓚次郎因现存宋高宗给岳飞的文书中没有班师的专门诏书,怀疑宋廷传令班师的事实。①宋史学者徐规在《朱仙镇之役与岳飞班师之辨》②一文中,承认高宗班师之诏,但不以为它有那么大的作用。他说淮北宣抚判官刘锜得到"择利班师"诏并未遵行,岳飞大举北伐之初也得到同样诏书亦不遵行,而后何以按令行事,可见不在诏书,而是在七月间开封附近地区宋金双方兵力对比发生不利于宋军的变化,岳飞被迫撤军。论点实际是提出了两个问题:一是究竟有没有命令班师的十二道金牌,二是即令有金牌,是否为岳飞班师的主要原因。徐规和市村瓚次郎的观点,在岳飞撤军原因上是一致的,即岳家军实力不足,形势不利,不得不后退。

　　绍兴十年五月,金兵分路南下,宗弼部迅速占领在上一年让给南宋的汴京,前进至顺昌(今安徽阜阳)遇到刘锜的反击,败回汴京。金军东路与韩世忠部争夺淮阳等地(今江苏邳县东),在陕西遭到吴璘、杨政等部的坚持反抗,都处于僵持状况。岳飞率部于六月投入战斗,占领郾县,并于此设立司令部,分军攻下郑州、洛阳,主力部队在颖昌与金军激战获胜,军锋进至开封仅四十五里的朱仙镇,从西南方向进逼开封。由全局看岳家军处于进攻的态势。真是的,在这种情况下为何班师呢?

　　前述否认班师由宋高宗决定的理由是,现存的高宗给岳飞的八十六份御

---

　　①《岳飞班师辨》,载《史学杂志》第15编,1904年。

　　②《杭州大学学报》1978年第1期。

笔中没有一份是班师诏,对此,一部分学者不以为然,因为高宗给岳飞的御笔有几百份,大部分遗失了,不能以现存的概括所有御笔的内容,也即不能因此断定高宗没有写过班师诏!人们注意到班师诏原件虽然没有了,但在现存御笔中反映令岳飞抑军的内容是有的。《金佗稡篇》卷三收录的高宗大约在七月底写的诏书,说到"得卿十八日奏,言措置班师,机会诚为可惜"。显然岳飞在十八日当天或以前接奉高宗"措置班师"的手诏,他才在十八日的奏疏中表示不愿班师,怕失掉收复中原有利时机的意见。由此可见高宗确实向岳飞发出过班师的手谕,只是原件亡失罢了。上述高宗讲的岳飞十八日奏疏现已无存,据岳珂转述,有如下内容:"契勘金虏重兵尽聚东京,屡经败衄,锐气沮丧,内外震骇……况今豪杰向风,士卒用命,天时人事,强弱已见,功及垂成,时不再来,机难轻失。臣日夜料之熟矣,惟陛下图之。"①岳飞谆谆请战,如果不是高宗下令班师,他何必苦苦哀求,这一记载从侧面反映高宗要求岳飞回师的事实。

据记载,高宗给岳飞的班师诏书的内容有两点,一是撤军回原防地,二是岳飞本人到临安朝见。岳飞班师时,遵旨取道淮南路前往临安,他在路上有个报告,说廿七日已过顺昌府,"恭依累降御笔处分,前赴行在奏事"②。他之去临安,是根据高宗屡次发出的指示进行的,在战斗激烈进行中,把主帅召回后方,要不是与撤军同时进行的话,那是不会这样做的,它同样证明高宗屡屡降诏要岳飞班师。宋人李埴《金宋十朝纲要》在讲到岳飞撤军时,直截了当地说是"被旨班师",可以说是正确反映了事情的真相。基于以上记载,岳飞史专家王曾瑜在《岳飞新传》③和《岳飞几次北伐的考证》④中认为高宗十二道金牌诏岳飞班师确有其事,它是岳飞撤军的主要原因。另一位岳飞史专家邓广铭的《岳飞传》也认为金牌班诏是事实。

在金牌班诏说中,史学家还注意到,文艺家往往把金字牌当作令牌,这是误解。金字牌是一种表示传递公文速度的信牌,即它标志皇帝发出的诏谕以日行五百里的速度递送,而与所递送的公文内容并不相干。所以说十二道金牌召岳飞,正确的理解,应当是高宗连着发出十二份命令岳飞班师的手谕,用

① 《金佗稡篇》卷 12《乞止班师诏奏略》。

② 《金佗稡篇》卷 12《赴行在札子》。

③ 上海人民出版社,1983 年。

④ 载《文史》第六辑,1979 年。

金字牌的递送速度下达,可见高宗要求岳飞班师的决心和急迫心情。

　　岳家军进逼金军前线指挥部,和金军主力宗弼部直接对垒,当时东方与西方战场如前所述处于僵持状态,不影响全部战局,而起决定作用的是金方宗弼部,宋方处于中原战场的力量,即在亳州(今安徽亳县)、宿州(宿县)的张俊部,在顺昌的刘锜部和岳飞部。张俊以怯懦著名,历来为保存实力而不敢打硬仗,闰六月底奉高宗之令从亳、宿前线退回庐州。刘锜只有一万多人,在今淮北战场已处于前沿阵地,不敢挺进。同时,他的驻地离开封尚远,因此岳家军前进最远,缺乏友军支援,在张俊撤退后已处于孤军深入的境地。岳飞出师前共有上万军兵,留一部分驻守鄂州基地,前线节节胜利需要分兵布防,所以机动的战斗部队并不多,待到远离后方时这个问题更突出了。相反宗弼及时补充力量,在两河地区征兵十几万,加上原有部队,实力大增,在获知张俊退兵后,就把力量集中对付岳飞,这时,岳家军的形势是:有胜利鼓舞下的旺盛士气,但兵力不足,孤军深入,面对增强了实力的敌人,处于危险的形势。可能岳飞认识到这种严峻的现实,在高宗的诏书逼迫下,做出班师的决定。宋人李心传在《建炎以来系年要录》书中写到岳飞的退兵时说:"初,岳飞以重兵驻颍昌,欲为久驻之计。会张俊自亳州南归,金人谍知飞孤军无援,于是并兵以御飞。飞不能支吾……官军乃还。"①指出岳飞孤军深入不得不后退的原因和事实。岳飞在胜利进军中确有军力不济难免失败的可能。如杨再兴、王兰在临颍小商桥之役中全军覆没。后来岳飞撤军,"旗靡辙乱不整"②。很快失去收复之地,表明军队战斗力并非人们想象中那样大,这当然是班师决定之后的事,但它反证不撤军也难于坚持的实际情况。

　　说了这么多,现在回到本篇十二道金牌召岳飞之疑的命题上来。高宗多次通过金牌速度传递的班师诏书,使岳飞无法违抗,这是他决定班师的基本原因,而敌人宗弼增强了军力,友军张俊在高宗、秦桧指使下的撤退,使岳飞陷于孤立无援、可能全军覆没的险境,这是岳飞在预见到"十年之功,废于一旦"③严重后果情况下,在极端痛苦和绝望的心情下决定奉诏班师。因此说班师与金牌传诏无关不合事实,只看到金牌传诏而忽视前线已出现不利于岳家

---

① 卷137,绍兴十年七月乙卯。

② 《三朝北盟会编》卷204。

③ 《三朝北盟会编》卷207《岳侯传》。

军的形势,也不能明了班师的究竟。

　　人们或许要问高宗和秦桧何以要制造前线的不利形势,在顺利进军的时候要岳飞及其他将领班师呢? 秦桧作为金朝奸细,破坏抗金战争自然容易理解,宋高宗是为什么呢? 他对宰相赵鼎说过的一句话是回答这个问题的线索。绍兴六年(1136)刘豫派其子刘麟等分头攻宋,宋将张俊、刘光世、杨沂中、韩世忠等都遵命应战,岳飞在听到诏令后立即起兵,南宋终于取得战争的胜利,可是高宗却说:“诸将知尊朝廷为可喜。”①原来他的喜忧不以战争胜负为转移,他的兴奋点在于诸大将是否听命于他。他怕将帅功大势大影响他的皇位,故而遏制其势力的发展和控制其行动。由此决定他对岳飞北伐的态度是“一怕大败,二怕全胜”②。只要金军攻不过来,岳飞又不能坐大,能保住他的东南江山就行了。这样他怎么能允许岳飞长驱北进呢,怎么能不下班师诏书呢! 归根结底,金牌传诏是情理中的事,也是实事,是造成岳飞班师的重要原因,这是无可怀疑的。

　　　　　　　　　　　　　　(1987 年 6 月 12 日稿,2019 年 4 月 6 日阅定)

---

① 《宋史纪事本末》卷 67《金人立刘豫》。

② 王曾瑜:《岳飞第一次北伐的考证》,《河南师范大学报》1981 年第 3 期。

黄天荡之战的真伪

1130 年发生的宋金黄天荡之战煞是有名,双方的统帅分别是韩世忠、完颜宗弼(兀术),他们的传记《宋史·韩世忠传》《金史·宗弼传》、赵雄《韩蕲王碑》及其他记载对这次战事的叙述,或者互相矛盾,或者凌乱不清。后世学者对战争的时间、地点也有议论:黄天荡究竟在何处,宗弼开老鹳河与战争是怎样关系;战争的时间,有四十八天、三十天、四十六天等说。此次战役究竟在何时何地如何进行,规模有多大,对这些问题弄不清,就很难理解这次战役的历史地位了。

1129 年(宋建炎三年、金天会七年)冬天,宗弼统领金军南下,如入无人之境,直把宋高宗追到温州海面。金朝因水军弱捉不到高宗,次年二月,宣布"搜山检海已毕"(《建炎要录》卷 31 四年二月丙子),即已获胜利,遂从杭州撤军北返。因虏获物太多,金军决定乘船沿江南运河行进,企图在镇江过长江,到对岸的扬州,黄天荡战役就是在这样形势下发生的。

金军三月中旬抵达镇江,十五日与宋军在镇江江面大战。由于宋方水军的优势,金军无法通过,遂由长江南岸上行。四月十三日又在建康江面打仗,二十五日金军击败宋军,渡过长江到了六合,此次战役遂告结束。这年三月是小月,只有二十九天,从三月十五日到四月二十五日,计时四十天整。上述战斗日期是据《宋史·高宗纪》的记录。《金史·太宗纪》则谓三月二十五日宗弼在镇江失利,四月二十五日在江宁胜利渡江,如此则战争打了三十天。《韩蕲王碑》和《宋史·韩世忠传》说宋金双方在黄天荡相持了四十八天,则整个战斗时间还要长了。这两个资料只有战斗天数,而无战事起讫时期,不像"四十天说"有首有尾,不好认真对待。此次战斗僵持时期长,但并非天天大战,《金史》把其中一个激战的日子定为战争的起始也是很有可能的,而它不一定反映战斗的真正开始之时。从这几说看,"四十天说"比较可信。现代宋史学家王曾瑜在

《岳飞新传》里即指出此战"历时四十天"①。另一位宋史专家周宝珠在《关于宋金黄天荡之战的几个史实问题》②一文中说战事进行了四十一天，然而他对战事起讫日期与四十天说并无异议，只是忽视了三月是小月，故多算了一天，所以实际上也是四十天说。

战斗发生的地点，是镇江至江宁的江面上，但这一段水程很长，不可能处处是战场，或是主战场。《韩世忠传》说是在镇江黄天荡，《宗弼传》说是始战于镇江江口，转战到黄天荡，在此开老鹳河故道，进至江宁江面决战。双方都说黄天荡是战场，但它究竟在何处呢？据顾祖禹《读史方舆纪要·江南·江宁府·江宁县》记载："自老鹳咀度白沙，横阔三十余里，俗名黄天荡，在江宁府东北八十里。"《清史稿·地理志》记叙到江苏省江宁府上元县，云其"东南黄天荡"③。由此我们知道，黄天荡在后世属于江宁府的上元县，水域离江宁府治八十里。这样就使人认为它是江宁（即宋时建康）黄天荡，不与镇江发生关系。然而它在老鹳咀渡口至白沙之间。白沙，按《宋史·淮南路·真州》所记，是扬子县所在地。所以黄天荡处在镇江、江宁之间，北面是真州（今仪征），因此可以说它地近镇江，而隶属于江宁。宗弼原想在镇江渡长江到北岸扬州的瓜洲步，为韩世忠所截，略向西行，拟渡江至真州的白沙，这就发生了黄天荡的相持，仍达不到目的，又西行。为水军得出黄天荡，记载说他开老鹳河故道，或说开芦阳池新河，或说是芦门河、蕃人河。周宝珠对此作了考证，认为宗弼疏通了两条河，一是为从黄天荡出逃，开芦门河（即蕃人河）；二是在建康，为把水军开到韩世忠军的上游作战，疏通白鹭洲新河。

黄天荡之役战斗情况可注意的是：

焦山江面之战挫败宗弼之锐气。宗弼南下，所向披靡，势盛气傲，从杭州回军时，号称十万，沿路拿下苏州、常州，以为镇江也不会有什么战事。宋朝镇江守将浙西制置使韩世忠在金军南进时，就把战略物资装在海船上，撤退到江阴，虽有退避之诉，但保存了实力，以便在金军回还时予以截击。他引八千兵先到镇江，驻扎焦山江心岛，以逸待劳。金军从运河进入长江，双方即在焦山附近江面上展开激战。宋军以少敌众，奋勇当先。韩世忠妻梁夫人亲自击

---

① 王曾瑜：《岳飞新传》，上海人民出版社，1983年，第69页注①。

② 《史学月刊》1981年第5期。

③ 《清史稿·地理志》，中华书局，第8册第1984页。

鼓,鼓舞士气。宋军消灭金军数百人,俘虏宗弼女婿龙虎大王,并接受金将李选部的投降,宗弼无法渡到瓜洲步去。

黄天荡的相持。宗弼在焦山附近不能渡江,企图摆脱宋军,向西转移,韩世忠乃尾随其后,于是金军在长江南边水面,宋军在江中水面,边打边行,金军船小,屡次被宋军打败,渡不过江。四月十三日金军开通老鹳河故道,进入建康。宋金双方在焦山至黄天荡江面相持了二十八天,宋军处于战略主动地位。

建康江面的激战。宗弼到建康,得到移剌古部从江北来的援助,增强了战斗力;同时凿通白鹭洲新河,占据宋军的上游,又针对宋军船大的特点,采取火攻的战术。原来宋军船大,张着草蓬帆,有风行动才捷便,宗弼采纳王姓福建人的计策,决计用火攻法。四月二十四日杀白马祭天,次日大战,恰巧无风,宋军大船运转不灵,金军以小舟接近宋船,射出带火的箭,将宋船烧毁,韩世忠率残部退回镇江,宗弼因而渡过长江。

总起来说,黄天荡之役,发生在建炎四年三月十五日至四月二十五日的四十天里,宋军在镇江附近的黄天荡与金军相持,成功地扼制金军渡江二十八天,迫使其改变了在镇江渡江的计划,到建康才渡过长江。宋人因在黄天荡成功地扼制了金军渡江,故乐于以黄天荡表示宋金的这次战斗,而金军虽受一些挫折,但总是完成了战略退却的目标,是最终的胜利者。

韩世忠失败了,虽败犹荣。因为金军南下,宋军没有进行过大的战斗,唯独韩世忠同金军统帅宗弼激战四十天,迫使对方改变行军路线,表现了宋军的一定战斗力,使金朝不敢完全藐视它。韩世忠的威名在金朝传播,所以宋高宗母亲韦贤妃回到南宋,特别会见韩世忠。高宗对这次战役下了六道嘉奖令,将韩世忠由少保晋爵少师,赏赐大量金银,大肆宣传战绩,以稳定军心民心,巩固南宋政权。

黄天荡之役,韩世忠固然虽败犹荣,但宋朝渲染太过,当时就引起舆论的不满。生活在两宋之际的庄绰在《鸡肋编》一书中说,宋室南渡,典籍亡散,政府的条令就以南来的老吏记忆的为准,称之为"省记条",当然他们的记忆条例不免有徇私而臆造的。又说"敌骑自浙中渡江北归,官军败于建康,江中督将尚奏功,云其四太子几乎捉获,亦为之推赏。时谓以"省记条"推"几乎赏",表面是讥笑韩世忠的邀功,更深刻的是讽刺南宋的朝制不立。由此可知,当时人看得很清楚,黄天荡之役并不是宋朝的胜利,它的宣传虚伪成分太多,记录它的《韩蕲王碑》《宋史·韩世忠传》不完全可信,不能根据它的描写叙述这次战斗。

(写于 1987 年 6 月 6 日,2019 年 4 月 5 日阅定)

韦贤妃何以能南返

靖康二年(1127)春天，金朝把宋朝皇帝、后妃、诸王、公主、驸马三千余人俘虏北去，其中有宋徽宗和郑皇后夫妇、宋钦宗和朱皇后夫妇，宋高宗生母韦贤妃也是这批人中的一员。这些人相继在北方死去，只有韦贤妃例外，于绍兴十二年(1142)离开金朝，到了南宋都城临安。

韦贤妃，元丰三年(1080)生，入宫诞育徽宗第九子高宗，被封为龙德宫贤妃。高宗称帝后，遥尊她为宣和皇后，待到徽宗和郑皇后死耗传到南宋，高宗遥尊她为皇太后。1142年韦贤妃回到宋朝后，又生活了十七年，到绍兴二十九年(1159)八十岁时亡故。徽宗、郑后是高宗生父和嫡母，钦宗是高宗长兄及君上，血缘与名分关系都重，高宗没有从金朝把他们迎回来，仅要回韦贵妃，其间除母子关系之外，必然还有重大原因。

高宗自建炎元年(1127)五月称帝，面临强敌金朝的威胁，为保住帝位，一意对敌求和，希望金朝承认他的藩属地位。即位第二月，派遣傅雱出使金军，致书金左副元帅宗翰，次年(1128)二月命宇文虚中为金国祈请使，奉表称臣，在给宗翰的文书中不敢称大宋皇帝，写做"宋康王赵构谨政书元帅阁下"[1]。建炎三年(1129)五月向金朝派遣通问使，再次表示愿做藩臣。绍兴以后，遣金求和使不绝于途。

高宗为金廷承认其为藩属，在军事、政治诸种政策及实施方面，怕触怒金朝引起战争，与派遣使臣一样，唯求和平。建炎元年六月金朝以向伪楚张邦昌派遣使节为名派人到开封，侦查高宗政权的情势，东京留守宗泽请求斩杀侦探，高宗却令从优接待。对金朝的傀儡张邦昌不敢明正其罪，以至建炎三年二月金军把高宗追到杭州时，高宗下令录用张邦昌的亲属，同时大赦，唯独不赦故相李纲，因李纲在靖康建炎之际主战最力，反对逃向东南，又请对张邦昌公开声罪致讨，所以高宗以不用李纲表示对金朝的谢罪，争取对方的好感。建炎

---

① 《金史》卷74《宗翰传》，中华书局本，第5册第1698页。

四年(1130),金朝立刘豫为齐帝作为统治汉人的工具,刘豫本来是宋朝济南知府,得立后,专意与南宗为敌,屡次出兵南犯。高宗对伪齐只有抵抗,而不敢出兵进攻,为的是怕得罪它的主子,影响对金朝的和议。伪齐出兵不利,金朝视其为累赘,于绍兴七年(1137)把它废掉,岳飞、韩世忠相继上书,要求乘机北伐中原,高宗都不予理睬。

高宗媚金求和的方针,为主战派的官僚所不满。李纲讲要收复旧疆,迎回徽、钦二帝,不是靠对金朝卑辞修好,而是要自强:"今日之事,正当枕戈尝胆,内修外攘,使刑政修而中国强,则二帝不俟迎请而自归。"①绍兴四年(1134)中书舍人胡寅上疏反对向金朝派人求和,说近十年来使节不绝于途,而"黄河、长淮、大江相继失险矣"②。八年(1138)当宋金和议紧张进行之时,宰相赵鼎、参知政事刘大中反对和议,都被高宗罢了官。直学士院曾开拒绝撰写议和诏书,其他官员也纷纷上书反对,坚持和议的不过是高宗、秦桧等少数人。

高宗求和,要堵住主战派官员的口,就倡言他讲和是为尽孝,希望以此迎回徽、钦二帝和母亲韦贤妃。建炎初派出的使臣叫作"通问使",就是以向父兄请安为名。绍兴七年(1137)初得知徽宗和郑皇后死信,此后专提迎请韦贤妃,说她年龄大了,"朕思之不遑宁处,屈己讲和,正为此耳"。又说:"朕有天下,而养不及亲。"对徽宗已经不可能尽孝了,现在无论如何也要为太后屈己求和。③徽宗临死希望把尸体运回南宋,高宗向金朝提出迎回徽宗夫妇遗体和韦贤妃作为和谈的条件,随后急于谈判成功。他决定尸首可以暂时不要,仅要其母回还,这种不讲孝道的行为,暴露了以孝求和的虚伪性,引起主战官员的强烈不满。赵鼎告诉他,还是要梓宫与母后并提,对群臣说:"讲和非吾意,以亲故,不得已而为之,但得梓宫及母后还,敌虽渝盟,吾无憾。"④在全孝道的借口下压服了百官,与金朝达成和议。

金廷同意送交徽宗夫妇尸首及韦贤妃,也有一个决策过程。南宋初建,金朝一心消灭它,以便在其地建立张邦昌式的傀儡政权。按照这一方针,对高宗穷追不舍,扶植刘豫政权。但奴才无用,只得废弃,到绍兴八年(1138)金朝内

①《宋史》卷358本传,中华书局本,第32册第11257页。
②《宋史》卷435本传,第37册第12920页。
③《宋史》卷243《韦贤妃传》,第25册第8641页。
④《宋史》卷360本传,第32册第11292页。

部出现对宋朝政见不一的两派,太师领三省事宗盘、左丞相宗隽、左副元帅宗弼(兀术)主张把战争继续打下去,主和派势大,决定承认宋为藩属,征岁币,予宋原来的三京及陕西地方,放回韦贤妃暨徽宗夫妇尸身。主战派寻又得势,宗弼于绍兴十年(1140)夏季南侵,然而多年的灭宋战争实在打不下去了,次年冬季议和成功,与八年协议唯一不同的是宋金以淮水为界。和议于绍兴十二年(1142)生效,韦贤妃遂返抵临安。

以上事实说明,韦贤妃得以南返,是宋高宗实行对金朝的屈辱求和的政策,以要回生母作为投降的借口和遮羞布,以实行孝道钳制朝中抵抗派,达到求和的目的。至于金朝同意放出具有人质性质的韦贤妃,则是为了实现和议,巩固对宋战争的胜利,也是给宋高宗投降受辱有个台阶可下。

上面总说高宗迎养韦贤妃是求和需要,是否冤枉他呢?这里再补充一点史实。建炎元年七月,曹勋携带徽宗手书从金朝来见高宗,转述徽宗要高宗即位及"来救父母"的意思,并且说只要对中原有利的事就办,不要顾及父母。曹勋建议招募勇士从海道到金朝东北,偷着把徽宗由原路迎回来,高宗对此完全不感兴趣,反而把曹勋派出去做地方官。后来对他父亲的遗体也表示可以不要,可见他不想让乃父回来。当韦贤妃由北地启程时,宋钦宗躺在她的车前,要求她向高宗讲:我只要求回归,回去了没有一点奢望。即绝不会抢高宗的皇位,请他放心,不必存有疑忌。他的话分明洞穿高宗腑肺,他不能回去的障碍不在金朝,而在于高宗不要他。据说韦贤妃回来后不敢转达钦宗的意思,高宗也不会问到他。徽、钦二宗在名分上都比韦贤妃重,高宗不顾他们的生死,只是口头上说要迎养尽孝,由此可以想象,他对韦贤妃又能有多大孝心!总之,韦贤妃是幸运的,能归故土享晚年之乐,这是宋金会谈的结果,是高宗实现求和统一内部思想的条件。可怜,她不过是个工具罢了。

(1989 年 6 月稿,2019 年 4 月 6 日阅定)

文天祥被俘后是否提出过要当道士

南宋祥兴元年(元至元十五年,1278)年底,文天祥被元军俘虏,次年十月解至大都(今北京),囚于兵马司监狱,至元十九年(1282)十二月被处死。经历囚徒生活四年,在京三年余。在京期间,迭受丞相博罗、阿合马、元世祖的审问和劝降,降元的宋官留梦炎、王积翁等也劝他改辙仕元,均遭到文天祥的拒绝。但《宋史·文天祥传》记载,文天祥曾表示愿意出家当道士,与元朝作不公开的合作。《宋史》的原文是:"国亡,吾分一死矣。傥缘宽假,得以黄冠归故乡,他日以方外备顾问,可也。若遽官之,非直亡国之大夫不可与图存,举其平生而尽弃之,将焉用我?"①观此说明,好像文天祥不是不想投降,只是以不公开投降对元朝及他本人最适合。如果文天祥真是这样气节有亏之人,焉能成为当时和后世人们崇拜的顶天立地的伟男子的楷模?《宋史》的这个记载遭到史家的非议。毕沅等修《续资治通鉴》,认为通观文天祥在狱中表现,他不会有此要求,这肯定是留梦炎等降官诬蔑他,以便给自己投降遮丑。②近人沈起炜在《文天祥》一书中认为《宋史》那段语"是对文天祥的污蔑"③。万绳楠在《文天祥》中谈到此事,同意《续资治通鉴》的看法。④

文天祥想过以当道士暗中与元朝合作么?笔者读文天祥的有关史料也不能认同《宋史》本传这种说法。请允许我先谈文天祥与道士的关系,再来回答这个问题。文天祥平日与道士有所往还,给道士著作写过题跋,游道观,与道士唱和。在他七岁时,乃父文仪给洞岩观道士题诗,到他二十五岁时,两次见到乃父这一遗墨,因作《敬书先人题洞岩观遗墨后》,云乃父"天韵冲逸,神情简旷,使一日脱人了之累,黄冠野服,逍遥林下,真所甘心焉"⑤。他以不能使父亲

---

① 中华书局本,第 36 册第 12539 页。
② 卷 184,至元十六年十月,《考异》,古籍出版社,1957 年,第 4 册第 5037 页。
③ 沈起炜:《文天祥》,中华书局,1962 年,第 157 页注①。
④ 万绳楠:《文天祥》,河南人民出版社,1985 年,第 232 页。
⑤《文山先生文集》卷 8,下列文中各卷同此文集,不再一一注明。

过道士般的优逸生活而抱憾。表明他对优游林下的隐士生活有所向往。1265年至1267年两年多的时间里,文天祥被无端罢官回籍,遂在文山建居室。这里自然环境幽美,人烟稀少,文天祥奉母家居,得天伦之乐,兼与牧童野老为伍,垂钓饮酒,自得其趣。他本是忠于职责、一心报国的人,而横遭打击,在三十岁左右过起隐士生活。1270年,因不党附当权的宰相贾似道,再度落职回到故里。1272年他三十七岁时患了两个月的病,心情不好,穿起从道士那儿借来的衣冠,摇着羽扇、拄着拐杖,去看人家下棋。小孩们看他穿道士服装感到很新鲜、奇怪,笑得东倒西歪,与他玩乐,他却不以为意。(《宋史》卷10《又赋三首》《借道冠赋》)这时他穿道服,是为修行养病,由借冠可知,并非真信道教要当道士。虽然如此,也说明他与道家有缘分。

更要了解的是文天祥狱中与道士的关系。1279年天祥到大都不久,汪元量到监中探望他。汪元量,钱塘人,音乐家,宋末常被召进宫中演奏,宋亡后被元军带到大都,他不愿为元廷效力,出家为道士,号水云子,又号灵阳子。汪元量的来访,给文天祥以深刻的印象和一定的影响。文天祥当即写了两首诗,一首送给客人,题名《遇灵阳子谈道赠以诗》,另外的一首五言绝句,抒发其感受。他们读的"道"是道家的"道"。文天祥在赠诗中说:"昔我爱泉石,长揖离公卿。结屋青山下,咫尺蓬与瀛。至人不可见,世尘忽相缨。"以在文山的隐居生活,表示与道家的相接近。他接着写道:"指点虚无间,引我归圆明。一针透顶门,道骨由天成。"文天祥把同灵阳子的见面称为"遇异人",说他"指示以大光明正法,于是死生脱然若遗矣"。(卷13)从这些文字看,灵阳子对文天祥宣讲了道家思想,文天祥把它与自身的处境和思想意识结合起来,凝聚为"死生脱然若遗"的观点。他本来就为忠于宋室而将生死置之度外,若能离开大都后再干一番复兴宋朝事业的幻想也破灭了,经灵阳子一谈逃世思想,他就更坚定了追求壮烈死亡的心,打消一丝一毫苟活的念头,也就是说他把世事看得更透彻了,为赵宋而死的意志更坚定了,思想更开阔了。

这次会面之后,1280年汪元量还有两次探监,第一次是客人为主人弹琴,第二次是主人给客人自撰《胡笳曲》,并写小序,序末署名"浮休道人文山"。(卷13)之后文天祥就义,汪元量给他作《浮丘道人招魂》悼念词。文天祥取了浮休道人(浮丘道人)这样的道家名号,是否意味着他皈依道教呢?从他整个监禁生活看,他始终不忘忠孝,不避刀斧鼎镬,他并不想避世,根本不是要出家当道士。换句话说,文天祥受道家思想的影响是局部的,他的政治观没有改变,所以第一次见汪元量后的十几日,即至元十六年除夕,他写诗云:"至性讵可迁,微躯不足恋。"(卷12《己卯岁除》)所以他取道家名号和受汪元量的一定影响,无非表示他更坚定的要以死求忠。

笔者说文天祥不想出家从道是否武断呢?从道避世和儒家的忠孝观念及实践是截然对立的,因此从文天祥见过汪元量以后在狱中的生活来作进一步的讨论,不用说是有必要的。

文天祥对已经灭亡的宋朝的态度,在他同元朝皇帝、宰相交谈中鲜明地表现出来。1282年十二月初八日元世祖面见文天祥,文天祥当先指斥元朝消灭宋朝的不义,元世祖不与计较,说你只要以对待宋朝的态度侍奉于我,就用你为中书宰相。文天祥回答说:"天祥为宋状元宰相,宋亡惟可死,不可生。"元世祖又争取文天祥,说你不愿做宰相,就做枢密使。文天祥又以"一死之外,无可为者"加以拒绝。①文天祥置生死于度外,唯以忠于宋室为念。一个以气节自励、不惜其死的人,是不会避世的,文天祥被俘后一贯忠于宋朝的行动表明,他不会想出家当道士及做元朝的谋士。

文天祥被囚后对家庭的态度,依旧是敬老爱幼。1281年九月九日其母忌辰,天祥作诗《先两国初忌》悼念,痛伤自己被羁,不能修子职送丧安葬,恨不得追随母亲于地下。(卷13)同年他又作一首《伤感》:"家国伤冰泮,妻孥叹陆沉。半生遭万劫,一落下千寻。各任汝曹命,那知吾辈心。人谁无骨肉,恨与海俱深。"(卷13)表述了对家属因随自己而遭到恶运的悲伤感情和对他们深沉的爱。文天祥在受刑半年后作诗,有句:"家山时入梦,妻子亦关情。"(卷13,自叹)如此怀念故乡、家属,思想绝非达到摆脱俗事、超凡入圣的境界,由此可见,他不会真想出家当什么道士。

写道这里应当考察《宋史》说法的由来了。有个叫王积翁的人,是文天祥在宋朝的同僚,后来投降元朝,在大都做官,他对文天祥很钦佩,向元廷推荐文天祥,说南方人中能当宰相的无过于文天祥。他与文天祥有私交,并向文天祥转交赵宋皇裔馈赠的金银。他同几个降元的宋官谢昌元、留梦炎等商量:请求元朝允许文天祥做道士,以便他恢复自由。但是留梦炎不同意,他从文天祥的经历看,在赣州起兵勤王,于镇江逃出元军围困,都是在艰难困苦中崛起,怕他出狱再次兴兵反元,他们就要跟着倒霉。因此王积翁不敢向元朝提出他

---

① 《文山先生文集》卷16,刘岳申《文天祥传》。

的这个建议。①所以说出家当道士的主意不是文天祥想的,也不是他的愿望,而是南宋的一些降官替文天祥设想的,而且仅是议论,既未同当事人商议,又未向政府提出,自然构不成文天祥欲当道士的事实。把他人的私议加诸文天祥,且又增加文天祥要当方外备顾问的话,纯属是对文天祥的污蔑。当道士的主意是降官出的,他们卖主求荣与文天祥的忠贞不二形成了鲜明对比,他们有愧,想把文天祥也拉下水,大家彼此彼此,也可稍减汗颜,是以留梦炎辈因王积翁之议造出了文天祥要当道士与元朝合作的谣言,脱脱等修《宋史》不明究竟,误以讹传为真,把它写进文天祥传,给后人出了辨误的难题。

综上所述,文天祥平生同道家有所联系,被俘前一度想做与道家生活方式有所相同的隐士,被俘后受道家思想影响,对世事看得更透彻,进一步促成了他为忠于赵宋而死的信念,但是他从来没有想以入道而逃世,更不想苟活而与元朝合作,他在狱中的行为及最终的就义证明了这一点,因此《宋史》说他想当道士是不合事实的。不过事出有因,一方面是他同道家有纠葛,其他方面则是宋朝降官的有此主张。我们希望这篇文字能够纠正《宋史》之谬,不知读者以为然否?

(1987 年 7 月中旬稿,2019 年 4 月 6 日阅定)

---

① 《宋史》卷 15《纪年录》注引邓传。

文天祥之妻有否自杀殉夫

文天祥以"人生自古谁无死,留取丹心照汗青"的名言和舍生取义的精神而名垂千古,在夫为妻纲、夫唱妇随的古代,人们认为他的妻子欧阳氏似乎也应有相应的表现,似乎应该是殉夫的节烈女子。按照这个逻辑,自然地出现了文天祥妻子殉夫自杀的记载。

欧阳夫人殉夫之说有两种,一是说在文天祥被俘之后,另一说是文天祥就义之际。张枢《文丞相传补遗》说文天祥被俘,夫人欧阳氏"遂自到死"。1280年文天祥在未得知妻子儿女消息之前,作《哭妻文》:"烈女不嫁二夫,忠臣不事二主,天上地下,唯我与汝,呜呼哀哉!"①抒发了他们夫妇的恩爱和生死与共的感情,但题目和内容,也容易令人误会,以为文天祥一被俘,欧阳夫人就做了烈女。文天祥友人汪元亮悼念天祥的《浮丘道人招魂》有咏欧阳夫人一歌:"有妻有妻不得顾,饥走荒山汗如雨。一朝中道逢狼虎,不肯偷生作人妇。左掖虞姬右陵母,一剑捐身刚自许。"(同上,卷16)也让人认为欧阳夫人是殉夫了。毕沅的《续资治通鉴》不同意被俘殉夫说,认为欧阳夫人死于文天祥受刑之际,他说欧阳夫人在文天祥死后表示:"我夫不负国,我安能负夫!"于是自尽。②又说文天祥的好友张毅夫在文天祥死后,寻访欧阳夫人骸骨,连同文天祥的,一同送到文天祥故乡,交给其嗣子文升。对此也有不同的记录,《宋遗民录》则说张毅夫找到欧阳氏本人,与她火化文天祥的尸体。清代《知不足斋丛书》的编辑者鲍廷博就此记载,认为欧阳夫人已经先文天祥而死,张毅夫没有寻访她的事,而近人丁传靖则说张访的是欧阳氏的遗骸,焚的也是她。③如此,鲍、丁都相信欧阳夫人死在文天祥遇难前。

欧阳夫人死于元成宗大德九年(1305),距离文天祥就义的至元十九年已

---

① 《庐陵文丞相文山先生全集》卷13。

② 《续资治通鉴》卷186,至元十九年十二月己未,古籍出版社,1957年,第4册第5079页。

③ 《宋人轶事汇编》,中华书局,下册第1032页。

有二十四年,较之文天祥被俘的1279年则二十六年了。在这最基本的事实面前,殉夫之说的不能成立是自不待言的了。话虽然可以这样说,但也应当就现有的史料把欧阳夫人被俘后的生活经历研讨清楚,才能更有力地破解殉夫之说。

宋景炎二年(元至元十四年,1279)八月,文天祥在江西南部兵败,欧阳夫人和文天祥的妾黄氏、颜氏以及女儿柳小娘、环小娘被元军俘获。一年多以后,即祥兴元年十二月,文天祥战败被俘,欧阳夫人比她丈夫早当一年多的俘虏。欧阳夫人被执后,在向北方押送过程中,想遇到险崖深水时自尽,但没有碰上合适的地方,活着到了北方。柳小娘是她的亲生女儿,这时虚龄十一岁。估计欧阳夫人的心情是矛盾的,既想寻死免遭屈辱,又舍不得年幼的弱女,就这样活下来了。①

欧阳夫人到大都后,被分配给东宫,当了高等女仆,柳、环二女和她在一起。她们母女三人穿戴道家衣冠,每日诵读道教经典,成了在家修行的女冠。(同上)欧阳夫人由命妇跌为奴婢,思想上如何受得了,故而信仰道家的避世哲学以谋求思想上的平衡。女儿幼小,思想不成熟,一定是在她引导下崇奉道家的。

1279年文天祥被解到大都后,他家尚存的人在一个城市里,但均不是自由人,不能往来。可是元朝政府想利用欧阳夫人等劝说文天祥投降,有时令他们相见。有着强烈汉民族意识的郑思肖在《文丞相叙》里讲到了这事:"后贼(指元朝)俾公妻妾子女来,哀哭劝公叛,公曰:'汝非我妻妾子女也,果曰真我妻妾子女,宁肯叛而从贼耶?'"(《心史》)这是说欧阳夫人和颜氏、黄氏、柳女、环女在元朝驱使下去劝说文天祥降元,文天祥硬着心肠拒绝了她们的要求。欧阳氏探监的情形史无记载,不得而知,但柳、环二女见过她们父亲,柳女还写过信。文天祥在怀念女儿的诗中写道:"痴儿莫问今生计,还种来生未了因。"②又在给妹妹文懿孙信中,说收到了柳女的信,读后伤心,"痛割肠胃",又说:"人谁无妻儿骨肉之情,但今日事到这里,于义当死,乃是命也。"③文天祥深知,由于自己的拖累使妻女落入困境。如若自己投降元朝,会使她们重新富

---

① 《宋史》,卷15《纪年录》注引邓传。
② 卷13《得女儿消息》。
③ 厉鹗:《宋诗纪事》卷67文天祥《乱离歌》附注。

贵起来。但是他决心忠于赵宋,誓死不降,因此告诉女儿不要幻想父亲给她们幸福生活,但他准备来世加以补救。文天祥对女儿的劝降,抱着完全谅解的态度,因为她们毕竟年幼,不懂政治斗争,不理解他的政治观,是应该原谅的。对于欧阳夫人的劝降,文天祥大约有些不满意。文天祥在狱中给嗣子文升写信,说明立他为嗣的过程,希望他读书立身,并要求他在自己死后将遗骨归葬故里。①这等于是一份遗嘱。文升同样是欧阳夫人的嗣子,文天祥一语未及嗣子对嗣母的应尽义务,大约这不是疏忽,而是认为不值得给她特殊的关照。

至元十九年十二月初九日(1283年1月9日)文天祥就义,东宫传出皇帝命令,让欧阳夫人收尸,这时南宋十义士也谋求收葬,欧阳夫人与他们配合,把文天祥安葬在距离大都小南门外五里远的大路旁边。②埋在南边,是为将来起运文天祥遗骸回江西老家方便。欧阳夫人对文天祥尽到了做妻子的义务。

文天祥死后,欧阳夫人被元朝指派给公主,随驸马高唐王到了大同路丰州,居住在栖真观中。大德二年(1298)因为年老,不能忍受朔漠的寒冷,请求南归,得到主人的允许,回到大都,嗣子文升迎养,于1304年返抵故乡江西庐陵。文升对嗣母很孝顺,在大都特为她购买南方食物,朋友馈赠的也收贮起来专供她食用。1305年春天,欧阳夫人得病,叫家人将文天祥写给她的、我们在开篇引录的《哭妻文》抄录好放在她胸前,表示她无愧于丈夫,随即亡故。③

在关于文天祥夫妇的记载中,人们出于对文天祥的崇敬,常常按照自己的信念来加以记录,对于与他有关系的人的记叙也往往赋予感情色彩。如对欧阳夫人,一些古人认为她殉夫自尽才配得上她的丈夫,所以流传了种种殉夫的说法,被记录下来。文家本身不以殉夫说为光荣而予以承认,他们尊重事实。宋元之际的刘岳申作《文丞相传》说:"大德中(文)升奉母欧阳夫人归自丰州。"(卷16)文升之子文富为流传刊刻,表示认可他的说法。文富亲见祖母欧阳夫人回归故里,同意刘岳申按事实去写,并不要他人捏造的祖母殉夫的美名。像这样的史料是可信的,以之检验那些殉夫说的文字,就不足取了。

(写于1987年7月20日,2019年4月26日阅定)

---

① 卷14《狱中家书》。
②③ 卷15《纪年录》注引邓传。

贾似道为什么叫"蟋蟀宰相"

明清之际江南福王小朝廷宰相马士英，为人很像南宋末年的宰相贾似道，爱好"声色货利无一不同"，在军书傍午之时，"犹以斗蟋蟀为戏"，因此当时人把他看作"蟋蟀相公"。①贾似道可谓后继有人，不过他当时还没有"蟋蟀宰相"的称号，这是近代人根据他的作风给予他的蔑称。既名蟋蟀宰相，喜斗蟋蟀自不必论了，如果他政事理得好，即令他有此癖好，也不会以此讥讽他，所以他的恶嗜同其为人、行政糅为一体，因此要同时从各个方面了解他，才能洞悉他何以成为蟋蟀宰相。

贾似道是宋理宗宠妃贾贵妃的弟弟，为此仕途畅达，三十岁多一点就出任方面大将，朝中宰相也要看他的脸色。开庆元年(1259)元军蹂躏宋朝长江中上游地方，宋朝的贾似道为右丞相督师援鄂，贾似道秘密与元军统帅忽必烈约定，宋朝称臣输岁币，忽必烈挥军北去，贾似道谎言败敌大捷，宋理宗以他有再造社稷之功，召入主持朝政。待到忽必烈称帝派郝经使宋，要求践约，贾似道怕泄露投降真情，囚禁使节。理宗没有儿子，要立度宗为嗣，丞相吴潜不同意，贾似道赞助理宗，排挤了吴潜，度宗继位，他又有了策立之功，成为元老重臣。他为了挟持度宗，动不动就掼乌纱帽，迫使新皇帝对他礼拜挽留，称他为"师臣"而不叫名字。咸淳三年(1267)特授他"平章军国重事"，恩允三日一上朝，赐第西湖的葛岭，在府中办事。

贾似道的行政一以搜敛民财为务;二是耍弄权术，排斥异己;三是隐瞒军情，愚弄皇帝。贾似道提出公田法，收买民田，所出价格，少得如同抢掠，以至浙江"六郡之民，破家者多"②。他在鄂督师时，猛将高达瞧不起他，因而忌恨在心，吕文焕在襄阳被围，朝臣提议派高达往援，贾似道以吕家为心腹，不用高

---

① 王应奎:《柳南续笔》,中华书局,1983 年,第 152 页。
② 《宋史》卷 474《贾似道传》,第 39 册第 13782 页。

达,人们不得不叹惜地说:"吕氏安则赵氏(指宋朝)危矣。"①权直学士院文天祥讥讽贾似道的乖政,被报复罢官。所以《宋史》说"一时正人端士,为似道破坏殆尽"②。襄阳被元军围困三年,贾似道对度宗封锁消息,一个宫嫔偶然向皇帝透露了,贾似道得知后竟然置她于死地。这样的政治自然是非常腐败无能的。当时杭州妇女以琉璃代替珠翠做头饰,遂有民谣:"满头都是假,无处不琉璃。"(《佩韦斋辑闻》)讽刺贾似道施政,人民流离失所。稍后文天祥说南宋的灭亡,贾似道是第一个罪人,虽不那么准确,也有一定道理。

贾似道在青年时代就游乐赌博成性,理宗在夜间凭高观看西湖游船,见一与众不同的,臆度为贾似道的,次日一问果然不错。贾似道在葛岭建后乐园、养乐园,亭台楼榭"据胜专奇,殆无余恨"③。可见其豪奢华丽。贾似道饮食重在鲜美,天台县出产的桐蕈,怕摘了送到杭州变了色味,就连着桐树一起运来,供他享用。他喜欢吃苕溪出产的鳊鱼,有人特为他蓄养千条,不停地用舟船输送到杭州。④每年八月八日贾似道过生日,大肆庆祝,收的贺词数以千计。他叫人誊录汇编,评出次第,令人传诵,因用纸过多,连纸价也上涨了。颂词中把他比作周公,编造他鄂州的"胜利",他不以耻,却陶醉于虚妄之中。贾似道对道教颇感兴趣,可能是想从中得到壮阳和长生药。理宗有一次问贾似道:听说你的长生酒很好,我可以喝吗?贾似道遂进酒和配方。(《齐东野语》)贾似道在葛岭建筑半闲堂,置放自身塑像,曾开云水斋,有上千的道士和尚参加,他有时到堂中打坐。(《西湖游览志余》)贾似道癖好宝玩,特建珍宝阁,每日去赏玩一会,因要宝多,不惜掘人坟墓以搜求。

贾似道贪婪地霸占妇女,姬妾众多,钱塘美女张淑芳,理宗时选入宫,贾似道竟敢将她收为妾,又把宫人叶氏以及尼姑、道姑娶为妾,与她们淫乐无度。他对姬妾严密控制,据记载,一次带同姬妾倚楼望西湖,恰有两个道装青年从船上登岸,一姬不自觉地说多美的少年,贾似道当即把她杀了。令众姬看她的头颅,以警告她们不得有外心。(《钱塘遗事》)这群姬妾还是他斗蟋蟀取

---

① 《宋史》卷 474《贾似道传》,第 13785 页。
② 《宋史》卷 474《贾似道传》,第 13783 页。
③ 周密:《齐东野语》。
④ 张端义:《贵耳集》,中华书局上海编辑所,1958 年。

乐的伙伴。

蟋蟀,古人管它叫促织,蟋蟀善叫,秋天一鸣,古人认为是催促妇女纺织了。它的叫声,早为人欣赏,阮籍有诗句:"开秋兆凉气,蟋蟀鸣床帷。"杜甫的《促织诗》讲:"促织甚微细,哀音何动人。"以斗蟋蟀为乐,至迟在唐代已经兴起。首先是宫中的妃嫔把蟋蟀捉到小笼子里,放在枕头边,夜间听它的叫声,随后人们用蟋蟀相斗取乐,再进一步就用它赌博了,而且赌注很大,所谓"万金之资付之一喙"(顾文荐《负曝杂录》)。两宋斗蟋蟀之风又有发展,南宋杭州专有一种名叫"棚头"的闲人,"养百虫蚁、促织儿"①。其职业之一就是斗蟋蟀。京城之外也不乏斗蟋蟀的,镇江南宋墓出土有蟋蟀笼,以之作为随葬品,可见斗蟋蟀之风的流行。贾似道在相府和姬妾一道以斗蟋蟀作乐,为观看和促使蟋蟀相斗,有时蹲在地上,趴在地上,玩得津津有趣。他玩乐的房间,除了宠姬,下人不能进去,只有青年时代的老赌友可以进入,一次正在斗蟋蟀的兴头上,一个狎友抚着他的肩背说:"此平章军国重事耶?"(《西湖游览志余》)本来他以挟君主辞职,故让他在葛岭私第治时,手握国柄,又不怎么干正经事,却对斗蟋蟀非常投入,比处理政事还用心。狎友的话说得滑稽,也很到位,贾似道却没有特殊反映,可以想见,他把宋元间战争都可以放置不理,其他政事不知耽误多少。斗蟋蟀真不亚于他的"平章军国重事"。

如果说贾似道从政重在研究和使用权术上,他的斗蟋蟀却在认真总结的经验上。他以"平章军国重事"的精神研究蟋蟀及其斗法,著有《促织经》专书。这部著作今已无存,然而明朝人周履靖著有续增本,保留了贾似道的研究成果。该书说明了蟋蟀的捕捉、收购、饲养、斗胜、医伤、治疗、繁衍等方法。养蟋蟀是为了看它们争斗,所以"论斗"一节颇吸引人。据说《促织经》是世界上第一部关于蟋蟀研究的专著,是中国昆虫学研究的开创著作之一,是昆虫学史的一部有价值的史料。②这种学术价值是贾似道以蟋蟀作乐时想不到的。

关于斗蟋蟀主要是贾似道晚年的事,占他的精力不能说是非常多的,管他叫蟋蟀宰相不有点冤枉吗?不冤枉他,这是总观他的为人与政治而言的,他败坏朝政,使南宋国是日非,国力日弱,而包括斗蟋蟀在内的极度声色犬马之

---

① 吴自牧:《梦粱录》卷19《闲人》。
② 参阅莫容:《斗蟀源流》,《文史知识》1987年第4期。

乐,也是他政治败坏的表现,他这样的"平章军国重事",难道不应该叫作"蟋蟀宰相"吗!

(1987 年 7 月 29 日稿,2019 年 4 月 5 日阅定)

八股文始于何时

　　八股文,也即八比文、四书文、时文、时艺、制艺。这么多名目是从不同的角度产生的。制艺指的是国家科举考试的文体,是皇帝钦定的,是承考人应试的艺术,此与本题"八股文始于何时"没有关系,下面不再涉及它。四书文指八股文所写的内容,因为当时考试从《论语》《孟子》《大学》《中庸》四书和五经中出题。人们的写作叫作"代圣人立言",或说"代圣贤立言",即模仿儒家圣人孔子、孟子以及程颐、朱熹等的口气来讲道理。因此才把这种文章叫作"四书文"。八股文、八比文是从文章的体裁讲的,它每篇包括破题、承题、起讲、入手、起股、中股、后股、束股等部分,文字讲究对仗、排偶。起、中、后、束四部分中的每一部分又要有两股相对比偶的文字,合起来就有八股,即八段对比文字,这八股是文章的主旨所在,也是衡文的重点,所以它有八股文、八比文之名。可以这样说:八股文的内涵是文章的八股(八比)形式,外延是文章的四书内容。我们考察八股文的形成,要注意到它的形式与内容两方面,才可能把事情弄清楚。

　　八股文起始于何时,学者们说法不一。《明史》说定制于明初,是明太祖和诚意伯刘基商议的办法。[1]顾炎武认为始于明宪宗成化(1465—1487)年间。[2]商衍鎏论证较详细,说它"定于明初,完备于成化,泛滥于有清"[3]。这些说法都没有离开明朝,只是具体时间有所不同,其间的差别一在明朝建国,一在成化时期。这都讲的是八股文作为制度的成立时间,人们在观察这个问题时不可避免地要注意到它的渊源,为此又有不同的认识。有人认为它来源于唐代的帖经墨义,如黄宗羲说:"时文者,帖经墨义之流也。"(《明夷待访录·取士上》)有认为它源出于宋神宗王安石考经义,颁行《大义式》。顾炎武说:"今之经义

---

① 《明史》卷70《选举二》,中华书局,第6册第1693页。
② 《日知录》卷16《试文格式》。
③ 《清代科举考试述录》,生活·读书·新知三联书店,1958年,第227页。

348

始于宋熙宁中王安石所立之法。"①商衍鎏不赞成帖经墨义说,认为顺着宋元的经义科去溯源是对的,他具体认为八股文肇端于南宋绍兴、淳祐间。(第229—231 页)在宋制衍化说里,业师郑天挺先生提出源于宋朝的"四六"的看法,他说四六文与骈文不同,骈文专尚辞藻和对仗,不用虚字,而四六文不尚辞藻,常用虚字。②此外,清人焦循在《时文说》中认为八股文来源于金元的戏曲,因为曲子有固定格式,有比对,与八股文相像。诸家的说法各执一词,解决这一问题要把八股文的渊源与定制统一考察,以明了其来龙去脉,它的起始问题自然容易得到较合实际的解释。在这个研究中商衍鎏的成果令人信服,我们叙述中多所采用。

宋神宗设经义解,士子要考《易经》《诗经》《尚书》《周礼》《礼记》和《论语》《孟子》,当时考四场;头两场先考经书义理,后两场蔡氏子史论和时务策。这一改变是为清除此前科举专重辞章的弊病,"使学者得专意经术",也就是司马光说的"取士之道,当先德行,后文学"③。所以经义科自始就同解经联系在一起,即要求士人掌握儒家的世界观。元朝和宋代一样,"试艺以经术为先",以《大学》《论语》《孟子》《中庸》和"五经"命题。④明朝继承元代的制度,专以"四书""五经"命题,三场取士,第一场试五经义二道,四书义一道。四书五经版本不同,文字有所差异,明朝政府为考试的顺利进行,制定标准本,颁布《四书大全》《五经大全》。⑤上述事实表明,宋、元、明三代科举,一脉相承地重视四书五经,八股文是阐发经义的,所以从内容上讲,明代的八股文渊源于宋元的经义。

作为八股文的形式,商衍鎏从宋人的文章找出与八股文相同的地方。宋宁宗时宝谟阁待制陈傅良的《保民而王》文云:

> 论成汤之王者,不观于万邦咸怀之日,而观于予惠困穷之初。
> 论文王之王者,不观于三分有二之时,而观于不侮鳏寡之始。

---

① 《日知录》卷 16《经义论策》。
② 《清代考试的文字》,《故宫博物院院刊》1982 年第 2 期。
③ 《宋史》卷 155《选举》,中华书局,第 11 册第 3618、3620 页。
④ 《元史》卷 81《选举》,中华书局,第 7 册第 2015、2019 页。
⑤ 《明史》卷 70《选举》,中华书局,第 6 册第 1693 页。

其后文天祥作《事君能致其身》，有句：

> 不为不忘沟壑之志士，则为不忘丧元之勇夫。
> 不为杀身成仁之仁人，则为全身取义之义士。

　　陈傅良、文天祥的文章都讲究排偶、对仗。陈文两段，每段之句，第一句均六字，二三句各九字；文天祥文中的"志士"与"仁人"、"勇夫"与"义士"则是对仗的。南宋末年魏天应《论学绳尺》一书记载当时应举文字，已有破题、接题、小讲、大讲、入题、原题诸种格式，从文章布局上也有与八股文相似的地方。元代进士王充耘著《书义矜式》一书，提出写作八比文章的方式，这虽然是个人议论，不是官方颁布的，但它的出现表明八比文作为官方文体已是可以预见的了。同时元代科举规定，第一场考五经的题，文字要在五百字以上。[1]明清八股文也有字数的限制，如明朝定例考四书题文字要二百字以上，五经的题则需三百字以上。[2]这里只有下限，没有上限，所以士子文字越写越长，到清代加以限制。起始规定初场文字不得超过五百五十字，康熙二十四年（1685）改为不逾六百五十字，五十四年（1715）会试，原拟第一名尚居易，后来发现他的首场文字多至一千二百字，不但不取为会元，连殿试资格也取消了。[3]可见字数限制的严格。
　　八股文代圣人立言的精神，在南宋人的文章中已体现出来。如汪立信作《与谗谄面谀之人启》一文，讲到：

> 国有大兵，而虏寇猖獗，所恃以无恐者虎贲干城，而彼习为谗谄面谀之庸谈，卒所以益之疾而增之忧。
> 国有大祲，而流离载道，所恃以无患者保障茧丝，而彼好为谗谄面谀之回邪，卒所以阶之祸而梯之乱。

　　此文讲究排偶对仗不说了，内容上反对谗佞，讲道理则是模仿圣人的口

---

①《元史》第 2019 页。
②《明史》第 6 册第 1689 页。
③《清史稿》卷 108《选举》，中华书局，第 12 册第 3152 页。

气,说国家兵戎或巨灾大事时所应该依靠的力量和需要办理的事情,切不可听信谄媚小人的话,给国家造成祸乱。综上所述,宋元经义科的文章,解释经文外,出现代圣人立言及行文上的排偶对仗格局的趋向,明清的八股文就是由这里发展起来的,商衍鎏说它肇端于宋代确有道理。

顾炎武说八股文始于成化年间,根据是成化二十三年(1487)会试,"乐天者保天下"一题,作法是起讲之句,即讲"乐天"四股,中间有四句过渡的话,又讲"保天下"四股。接着以四句话小结,最后再有一段话收敛。又据弘治九年(1496)的会试,题为"责难于君谓之恭",也是起讲之句,即讲"责难于君"四股,中间过渡二句,接写"谓之恭"四股,承结二句,截后归结全文。这样文章"四股之中,一反一正,一实一虚,一浅一深"。文中前后四股,合为八股。(《日知录·试文格式》)。顾炎武之言确有证据。不用说,成化时间有八股文是毫无疑义的,问题是成化以前有没有?商衍鎏找出了成化之前写作的八股文的实例,即后世鼎鼎有名的兵部尚书于谦撰的《不待三然则学之失伍也亦多矣》文章,王家贯作的《知者乐水,仁者乐山》《知者动,仁者静》《知者乐,仁者寿》等文,都是八股文体的文章,所以说明初已有了八股文,不是等到成化年间才出现的。因此说明初已经确定了八股文制度是没有什么问题的。这就是我们对八股文始于何时的回答。

(写于 1987 年 8 月 4 日,2019 年 4 月 25 日阅定)

张太后的家政与明英宗的不知生母

明英宗临终之际,皇后钱氏告诉他:你一向尊为母后的宣宗孙皇后并不是亲生母亲,你的生母只是一个宫女,也早死了。英宗贵为天子,不知生母,说来可悲,也反映明代宫中管理的混乱。

英宗出生时,他的祖母仁宗张皇后正在宫中主事,那时是英宗父亲宣宗坐天下,张后是皇太后。她参预一些朝政,要求儿子宣宗爱护百姓,勉励大臣用心辅佐宣宗,同时不许娘家人倚势胡作非为。宫内之事,她身为皇太后当然更能做主。

宣宗的皇后胡氏,结婚多年,没有生育,又常生病,但是人品很好,没有疵瑕。宣宗喜爱孙贵妃,孙贵妃也没有生养。有个宫女生了英宗,这宫女有说是姓纪的,究竟是不是,人们闹不清了。在她生了儿子后,孙贵妃把她害了,并把英宗抢夺为己子。宣宗以为孙贵妃真生了儿子,更加宠幸她,废掉胡皇后,册立她为皇后。

胡后无故被废,退居冷宫,张太后可怜她,经常召她到自己的住所,令人仍以皇后的礼节对待她,凡是宫中的朝拜宴会,命令胡后居上座,孙后坐下位。孙后尽管很不痛快,却不敢发作。张太后在英宗做皇帝时死去,胡后失去保护,跟着忧愁亡故。这时孙后已经是皇太后,只把胡后当作宫嫔草草葬了。孙太后主持宫中的事情,没人敢说她夺宫人儿子的事。她死了,依然没有人说。钱皇后知道事情的经过,直到英宗病笃,才说明真相,请求追尊胡皇后;但是诞育英宗的宫人不知是谁,也没法追尊了。

清代的史官称赞明朝的家法超过汉朝、唐朝,就在这样的皇家,发生了害死皇帝生母、且使皇帝终生不知其母的悲剧。张太后是贤明的人,竟然不知孙贵妃的作恶。孙贵妃的得逞,说明皇室家大业大,这个家很不好当,更说明当家人要有能耐,要精明,要懂得家政学,才有可能把家当好。

(写于 1988 年 1 月 21 日,2019 年 4 月 6 日阅定)

边氏抚育独生子的方法

　　在三百四十年前,也即清代初年,直隶滦州(今河北滦县)边家发生的教育独生儿子故事,也许有的读者会对它感兴趣。

　　故事是边晋公写的他父亲的事,记在《边氏家谱》中。古人儿子讲说父亲,没有敢提名字的,我们只好以边某代替他父亲了。边某是独生子,小时身体极端虚弱,邻居亲戚见他那样子怀疑他能否长大,家里大人不放心,请算命的、测字的、看风水的看相,都断定他要夭亡,他自己也担心自己是短命人。就在这样身体状况下,到了上学的年龄边某的父亲送他到学塾读书,他的祖父害怕功课紧加速孙子的死亡,不让他去了。他的父亲认为体弱也不能耽误孩子的学业,对他祖父爱护孙子的心情也不能不照顾,因此在儿子停课两三天后,又悄悄地把孩子送去学习,终于使边某坚持了学业,身体也慢慢好起来,到二十七岁中了秀才,仍继续求学。后来边某有边晋公等两个儿子,也都成了生员,他才停止参加科举。边某在做人上严于要求自己,家中清贫,替人抄书挣钱养活父母,对妻子讲恩义,抚养儿子以仁慈。他活到六十一岁去世,古人寿命短,能过花甲的很少,他算是长寿的了。

　　边某在那个时代是积极向上的人,是一个有用的人,他能达到这种地步,得力于他父亲的教诲。他回忆说,在学校有严师教育,在家里有严父教导,才能比别人进步快。他说的是实情,也是他成人的原因。严父之教,对于子女确实是不可少的。边某的父亲是能教子和善理家政的人,他深知儿子体弱的毛病,不因此放松对儿子的要求,错过儿子求学的时机。他还善于处理好与他父亲的关系,他知道老人爱护孙子才命其辍学,就此不应与老人计较,所以尊重老人的威严,在儿子停学两三天后再让其去学习,同时悄悄地处理,不使老人苦恼,以至再加阻拦。处理好了,儿子就顺利复学了。边某的祖父也是通情达理的人,虽怜爱孙子,也同情儿子,对儿子处理孙子上学的事,不过分干预,也表现出尊重儿子意愿的精神。

　　幼弱的独苗边某没有成为废人,不能不说得力于他父亲的严格教育。他父亲能在儿子面前施展应有的影响,也是靠着全家的团结、老人的支持。良好的家教才是根本的保障。

(写于 1988 年 1 月 20 日,2019 年 4 月 6 日阅定)